AKADEMIE WISSENSCHAFTEN UND KÜNSTE
NORDRHEIN-WESTFALEN

ABHANDLUNGEN
DER NORDRHEIN-WESTFÄLISCHEN AKADEMIE
DER WISSENSCHAFTEN UND DER KÜNSTE

Sonderreihe

PAPYROLOGICA COLONIENSIA

Herausgegeben von der
Nordrhein-Westfälischen Akademie der Wissenschaften und der Künste
in Verbindung mit der Universität zu Köln
Vol. XLVII

PAPYROLOGICA COLONIENSIA · Vol. XLVII

# Die Iliasglossare auf Papyrus

*Untersuchungen zu einer Textkategorie*

Valeria Fontanella

BRILL | SCHÖNINGH

In Zusammenarbeit mit der Arbeitsstelle für Papyrusforschung
im Institut für Altertumskunde
der Universität zu Köln
Leiter: Professor Dr. Jürgen Hammerstaedt

Bibliografische Information der Deutschen Nationalbibliothek

Die Deutsche Nationalbibliothek verzeichnet diese Publikation in der Deutschen Nationalbibliografie; detaillierte bibliografische Daten sind im Internet über http://dnb.d-nb.de abrufbar.

Zugl. Dissertation (2022) an der Philosophischen Fakultät der Universität zu Köln



www.schoeningh.de

Herstellung: Brill Deutschland GmbH, Paderborn

ISBN 978-3-506-79139-9 (hardback)
ISBN 978-3-657-79139-2 (e-book)

# Vorwort

Der vorliegende Band enthält die leicht überarbeitete Fassung meiner Dissertation, die von der Philosophischen Fakultät der Universität zu Köln im Sommersemester 2022 angenommen worden ist.

Für die Möglichkeit, meine Dissertation an der Universität zu Köln zu schreiben, bedanke ich mich an erster Stelle bei meinem Betreuer Jürgen Hammerstaedt. Mein herzlicher Dank geht an ihn auch für die wissenschaftliche und menschliche Unterstützung, die diese Arbeit ermöglichte.

Ich bedanke mich bei Stephanos Matthaios für die wertvollen Hinweise und die Drittbegutachtung der Dissertation, bei Giovanni Indelli für die Möglichkeit, meine Cotutela an der Università di Napoli Federico II durchzuführen, und bei Charikleia Armoni für die wertvollen Lehren, die wesentlich zu meiner papyrologischen Ausbildung beigetragen haben. Mein Dank gilt weiterhin Giancarlo Abbamonte, von dessen Erfahrung und Hilfsbereitschaft ich seit langer Zeit profitieren konnte, und Carlo Lucarini für die vortrefflichen Anmerkungen zu den Neueditionen.

Für die unbezahlbare Geduld bei den sprachlichen Korrekturen meiner Dissertation danke ich Timo Lehnert.

Meine Dankbarkeit gilt der Nordrhein-Westfälischen Akademie der Wissenschaften und der Künste für die Publikation dieser Arbeit.

Ich danke allen anderen Kolleginnen und Kollegen des Instituts für Altertumskunde der Universität zu Köln und allen Mitgliedern des von Rudolf Kassel und Jürgen Hammerstaedt geleiteten Doktorandenkolloquiums für das wissenschaftlich anregende und menschlich freundliche Arbeitsklima. Insbesondere möchte ich Riccardo Vecchiato und Eleni Skarsouli danken. Für die wertvollen Hinweise danke ich auch meinen ausländischen Kollegen und Freunde Antonio Stornaiuolo und Chiara D'Agostino.

Schließlich möchte ich Salvatore Marino danken, der mir mit seiner jahrelangen Erfahrung bei sprachlichen Fragen mehrmals geholfen hat, nicht zuletzt aber dafür, dass er mich auf das zutreffende Zitat von Johann Georg Hamann, *Kreuzzüge des Philologen* (hg. von Josef Nadler, Bd. II, 126) aufmerksam gemacht hat: „Wer in einer fremden Sprache schreibt, der muß seine Denkungsart, wie ein Liebhaber, zu bequemen wißen. Wer in seiner Muttersprache schreibt, hat das Hausrecht eines Ehmannes, falls er deßen mächtig ist". Damit will ich den Lesern meine Entschuldigung für eventuelle Fehler auch ausdrücken, die das Verständnis meiner Sätze hoffentlich nicht beeinträchtigen.

Die Unterstützung meiner Freunde und Familie in Italien hat für mich mehr bedeutet, als ich sagen kann.

Für die bedingungslose Liebe, die sie mir gegeben haben und geben, möchte ich dieses Buch meiner Familie und meinen *nonni* widmen, ὡς οὐδὲν γλύκιον ἧς πατρίδος οὐδὲ τοκήων / γίνεται (Hom. *Od.* 9.34-35).

INHALTVERZEICHNIS

# Hinweise zur Benutzung

Die Referenzausgabe des Iliastextes ist die von Helmut van Thiel. Moderne Iliaskommentare werden nach den auf S. 310 auffindbaren Abkürzungen zitiert. Griechische literarische Werke werden um der Klarheit willen nicht nach der Kurzzitierweise des LSJ zitiert. Für die Abkürzungen der erwähnten Quellen sei auf S. 310-312 hingewiesen.

Stichwörter und Worterklärungen der Papyri werden durch einen Hochpunkt, mehrere Worterklärungen durch ein Komma getrennt. Ebenso wird bei Zitaten lexikographischer Quellen und mittelalterlicher Scholien zu Homer das *interpretamentum* nach dem *glossandum* durch einen Hochpunkt eingeleitet, ungeachtet dessen, dass in den jeweiligen Editionen eine andersartige Interpunktion verwendet wurde.

In der vorliegenden Arbeit wird es zwischen drei Arten von Anführungszeichen unterschieden. Wörtlich wiedergegebene Texte, Übersetzungen und Begriffe werden durch deutsche Anführungszeichen („“) gekennzeichnet. Zitate bzw. Übersetzungen innerhalb eines Zitates werden durch deutsche einfache Anführungszeichen (‚‘) gekennzeichnet. Die durch die jeweiligen modernen Autoren gegebenenfalls unterschiedlich verwendeten Anführungszeichen werden ebenso durch einfache deutsche Anführungszeichen ersetzt. Schließlich werden Wörter im übertragenen Sinne durch einfache englische Anführungszeichen (‘’) gekennzeichnet.

Die Iliasglossare werden mit ihrer Identifikationsnummer zitiert (s. den Katalog, S. 274ff.). Papyrologische Editionen werden nach John F. Oates / William H. Willis, Checklist of Editions of Greek, Latin, Demotic, and Coptic Papyri, Ostraca, and Tablets abgekürzt, im Internet verfügbar unter https://papyri.info/docs/checklist. Darüber hinaus wird immer die Trismegistos-Nummer (TM) angegeben, die das Finden sowohl literarischer als auch dokumentarischer Papyri erleichtern soll.

## Einleitung

### I. Gegenstand und Vorhaben

Von Homer und seinen Epen ist die ganze Antike durchdrungen. Er verkörperte die griechische kulturelle Identität; Seine Werke wurden die Grundlage der Schulbildung und der Ausgangspunkt für die Philologie. Die hohe Bedeutung der homerischen Dichtung in der Antike spiegelt sich auch in den papyrologischen Zeugnissen wieder, die auf die Erklärung und Kommentierung des Homertextes abzielen bzw. vom Homertext abhängen – den sogenannten Homerica[1].

Dem Verständnis des Homertextes, das in der Erklärung seiner Worte seinen Ausgangspunkt hat, dienen die Homerglossare. Aus den zu dieser Textkategorie gehörenden Dokumenten besteht der große Teil der papyrologischen Zeugnisse der Homererklärung. Von diesen in Papyri überlieferten Glossaren betreffen ca. 90% die Ilias. Sie sind der eigentliche Gegenstand dieser Untersuchung.

Diese Fokussierung hat nicht nur praktische Gründe, vor allem die schier unerschöpfliche Menge erhaltener Homerica in mannigfaltigen Erscheinungsformen. Sie leitet sich zudem aus der Tatsache ab, dass die hier zu behandelnden Glossare bestimmte formale und inhaltliche Kennzeichen aufweisen, die eine Eingrenzung als Textsorte innerhalb der gesamten Erscheinungsformen von Homerica auf verlässlichere Weise als bei anderen dem Gesamtbereich angehörigen Zeugnisgruppen ermöglichen. Auch für die Schwerpunktsetzung auf Iliasglossare gibt es Gründe. Bezüge und Vergleichsmöglichkeiten zwischen den Homerglossaren auf Papyrus und späteren Quellen, vor allem den mittelalterlichen Scholiencorpora, treten besonders deutlich im Falle der Scholien zur Ilias hervor. Denn zum einen ist deren Überlieferungsgeschichte klarer, zum anderen liegen ihre Texte in größerem Umfang in modernen Ausgaben vor[2]. In der Tat nahmen die

---

[1] Zum Begriff „Homerica“ s. S. 4-5.

[2] Für einen Überblick über die mittelalterlichen Scholien zu Homer und ihre modernen Ausgaben s. Erbse 1969-1988 I XI-XIII; Dickey 2015. Zu den verschiedenen Scholien-Klassen s. auch Pagani 2020; Montana 2021, 6-7. Eine neue Edition der Iliasscholien ist in Vorbereitung, s. Montana/Montanari/Muratore/Pagani 2017; Montana 2021. Für Exegese und Scholien zu der Odyssee s. Pontani 2005 und 2007-2022, der die Scholien zu den ersten zehn Gesängen der Odyssee publiziert hat.

grammatischen, lexikographischen und philologischen Studien der Alten die Ilias als bevorzugten Gegenstand. Die in den Glossaren erhaltenen *Scholia Minora*[3] sind Teil der uralten Traditionskette der Homererklärung, die uns vor allem dank der mittelalterlichen Scholiencorpora durch Veränderungen, Zusammenlegungen, Verkürzungen und Erweiterungen überliefert ist. Sie finden Parallelen in verschiedenen Quellen, die die römische Epoche bis hin zum Eustathiuskommentar umspannen. Hinzu kommt, dass nach der Untersuchung von Lucia Raffaelli zu den Homerglossaren nur ein einziges neues Glossar zur Odyssee veröffentlicht worden ist, während die entsprechende Dokumentation zur Ilias stetig zunimmt[4].

Ziel der vorliegenden Untersuchung ist es zunächst, eine vollständige Liste der bekannten Glossare zur Ilias zusammenzustellen und ihre formalen und inhaltlichen Merkmale herauszuarbeiten. Es handelt sich somit in erster Linie um eine Systematisierung und Zusammenfassung der verfügbaren Dokumentation. Diese Arbeit ist nicht zuletzt aufgrund des fragmentarischen Charakters des Materials und der verstreuten Erklärungsansätze in den entsprechenden Veröffentlichungen erforderlich. Erst mit dieser Systematisierung wird die Basis für die Beschreibung der materiellen und inhaltlichen Merkmale der Textsorte und für ein tieferes Verständnis der in ihnen gegebenen Erläuterungen geschaffen. Aus diesem Grund sind die in der Einleitung behandelten Themen für die Eingrenzung und Definition der betreffenden Texte sowie für die Erstellung eines neuen Verzeichnisses von Iliasglossaren notwendig.

Der Aspekt des Fortlebens Homers, den die Glossare zeigen, betrifft zunächst einmal vor allem den allgegenwärtigen Charakter der Homererklärung im kulturellen Panorama Ägyptens. Dass das Verhältnis der Iliasglossare zu verwandten Quellen (mittelalterlichen Scholiencorpora, alphabetischen Lexika, usw.) sich nicht auf eine einfache Formel bringen lässt, wurde schon von Albert Henrichs in seiner eingehenden Untersuchung der Homerglossare hervorgehoben[5]: Die Iliasglossare können das relative Alter einer Erläuterung aufzeigen, vermögen aber kein direktes Abhängigkeitsverhältnis zwischen den Papyri und den verwandten Quellen zu beweisen. Gleichwohl ist es möglich, einige Tendenzen der Iliasglossare nachzuzeichnen und ihre

---

[3] Zu dem Begriff *Scholia Minora* s. unten, S. 8ff.

[4] Raffaelli 1984. Das neueste veröffentlichte Odysseeglossar ist P.Lips. Inv. 1397 (TM 69057). Zu den Odysseeglossaren s. Pontani 2005, 117-126.

[5] Henrichs 1971, 105; dazu s. S. 145ff.

Merkmale tiefer zu untersuchen. Außerdem ist zu hinterfragen, ob die Dokumentation auf eine Entwicklung der Glossare selbst und der kulturellen Bedürfnisse, auf die sie ausgerichtet sind, hinweisen kann. Bei einer solchen Untersuchung sollen somit die Iliasglossare nicht nur im Zusammenhang mit verwandten Texten, sondern auch *per se* als Zeugnisse der Material- und Kulturgeschichte betrachtet werden.

Da diese Texte zudem die Merkmale der Gebrauchsliteratur aufweisen[6], empfiehlt sich auch ein Ansatz, der die Verwendungskontexte und die jeweiligen Zwecke mitberücksichtigt, für die die Texte geschrieben wurden. In der Tat beleuchtet die Zunahme der publizierten Homerglossare auf Papyrus auch einen anderen Aspekt, der bislang nur am Rande untersucht worden ist, nämlich das Vorkommen der Homererklärung in unterschiedlichen kulturellen Kontexten. Wie die Niederschriften des Homertextes kommen auch die hier zu betrachtenden Gebrauchstexte einem weiten Spektrum von Anforderungen nach. Die Auseinandersetzung mit dem Homertext erfolgte auf verschiedenen Niveaus. Die Iliasglossare entsprechen nämlich den jeweiligen Interpretationsbedürfnissen eines breit gefächerten Publikums. Die Umstände, unter denen der Text verfasst wurde, die Verwendungszwecke, denen er diente, und die Kenntnisse der Verfasser bestimmten seine Eigenschaften. Angesichts der offenen Natur von Texten dieser Art konnten die Verfasser bzw. Benutzer die Form und den Inhalt der einzelnen Urkunden individuell variieren[7]. Somit ergibt sich die Frage nach den Verwendungskontexten, Verfassern und Ausprägungen der Dokumente.

---

[6] Für die Definition der Gebrauchsliteratur s. Belke 1975, 320: „unter Gebrauchstexten werden … solche Texte verstanden, die nicht, wie poetische Texte, ihren Gegenstand selbst konstituieren, sondern die primär durch außerhalb ihrer selbst liegende Zwecke bestimmt werden. Gebrauchstexte dienen der Sache, von der sie handeln; sie sind auf einen bestimmten Rezipientenkreis ausgerichtet und wollen informieren, belehren, unterhalten, kritisieren, überzeugen, überreden oder agitieren". Zu den Merkmalen der Gebrauchsliteratur, insbesondere der byzantinischen Zeit, s. Garzya 1981; Gerlach 2008, 111-113 und 361ff.; Tosi 2013.

[7] Bemerkt sei Gerlach 2008, 362 (*mutatis mutandis*): „anders als in der hochliterarischen Überlieferung ist die strukturelle Abweichung der Textzeugen in der gnomologischen Überlieferung ein konstitutives Merkmal, – und dies hat Folgen für die Forschungsmethodik. Denn während ein nur von relativ geringfügigen strukturellen Veränderungen betroffener ‚geschlossener' literarischer Text meist lediglich im Wortlaut der Zeugen schwankt, dabei also immer seine Identität bewahrt und als ein und derselbe Forschungsgegenstand gegeben ist, können die Rezensionen einer bestimmten Sammlungstradition so stark untereinander divergieren, dass der Forschungsgegenstand gewissermaßen unscharf wird oder aber sich in lauter handschriftliche ‚Unikate' vervielfältigt."

Was wird dem Leser genau erklärt? Wer verfasst bzw. liest den Text? Wer sind die Adressaten der Papyri: Schüler, Gelehrte, 'bloße' Leser oder interessierte Laien? Gibt es Merkmale, die eher auf einen als auf einen anderen Verwendungskontext hinweisen? Solche Fragestellungen zeigen, dass die Iliasglossare nicht nur für die Überlieferungsgeschichte der Homerphilologie, sondern auch für die Kulturgeschichte des römischen und spätantiken Ägyptens von Belang sind.

Die Dreiteilung der vorliegenden Untersuchung in materielle (Kap. 1), inhaltliche (Kap. 2) und kontextbezogene (Kap. 3) Aspekte, die zugegebenermaßen artifiziell ist, ermöglicht es zum einen, jeden der Aspekte der Glossare eingehend zu untersuchen und zum anderen, sie in einem endgültigen Zusammenhang zusammenzufügen, der die Bedeutung dieser Texte wiederherstellt.

Drei Anhänge sind der Untersuchung beigefügt. Im ersten werden drei Iliasglossare publiziert. Denn neue Lesungen bzw. ausführliche Kommentare können ein neues Verständnis der betreffenden Papyri liefern. In dem zweiten Anhang werden die Addenda zu John Lundons alphabetischen *Scholia Minora in Homerum* geboten[8]. Lundons Verzeichnis ist heute ein unentbehrliches Hilfsmittel für alle, die sich mit solchen Dokumenten beschäftigen. Diese Aktualisierung sei der Dank für seine bedeutende Arbeit. Anschließend findet sich ein Katalog der behandelten Iliasglossare mitsamt einem synoptischen Verzeichnis, der die Grundangaben über die Fragmente enthält und die Benutzung der vorliegenden Untersuchung erleichtern soll[9].

## II. Homerica und Homerglossare

Die Lektüre der homerischen Epen wurde stets mit exegetischen Hilfsmitteln in verschiedenen Formen und zu unterschiedlichen Zwecken begleitet. Von der beständigen Präsenz Homers in dem kulturellen Leben Ägyptens zeugt in der Tat nicht nur die Zahl der Ilias- und Odyssee-Fragmente, die Homer zum weitaus am meisten vertretenen Autor machen, sondern zeugen auch die Texte, die um den homerischen Text herum 'gravitieren' und auf verschiedenen Ebenen als exegetische Hilfsmittel für sein Verständnis fungieren. Die Papyruszeugnisse bieten bemerkenswerte Hinweise auf das

---

[8] Lundon 2012a.

[9] Zu dem Verzeichnis und dem Katalog s. unten, S. 26ff.

philologische Phänomen der Homererklärung. Solche Dokumente, die die Praxis der Exegese zum Homertext im Altertum bezeugen, werden als „Homerica“ bezeichnet[10]. Angesichts ihrer heterogenen Beschaffenheit können die Homerica *ex negativo* als die papyrologischen Quellen charakterisiert werden, die den Homertext nicht direkt überliefern, sondern in Zusammenhang mit dessen Exegese entstehen[11]. Sie stellen keine autonomen Exemplare des Textes dar, sondern überliefern Erklärungen und Auslegungen des Homertextes in verschiedenen Formen und zu verschiedenen Aspekten seiner Dichtung.

Von solchen Texten gibt es eine ständige Zunahme sowie eine bemerkenswerte typologische Vielfalt[12]. Dazu gehören Paraphrasen, Glossare, Lexika, Hypotheseis, Hypomnemata und mythographische ἱcτορίαι (die Papyri des sog. Mythographus Homericus). Es handelt sich offenkundig um ein schwer zu bändigendes *mare magnum*[13], bei dem die typologische Zuordnung der Fragmente, wo dies möglich ist, als Versuch der modernen Forschung einer diesbezüglichen Systematisierung dient.

Die Notwendigkeit einer Systematisierung der gesamten Homerica, die als Grundlage für die Textuntersuchung dienen kann, wurde mehrmals zum Ausdruck gebracht[14]. Systematisierungsansätze führten bereits zur Anfertigung von Übersichten über verschiedene Texttypologien. Zur Verfügung stehen heute Verzeichnisse der homerischen Hypomnemata, Hypotheseis, Paraphrasen und des sogenannten Mythographus Homericus[15].

---

[10] Zur Definition s. bes. Montanari 1995, 69ff. und 2012. Diese exegetischen Quellen der philologischen Tätigkeit sollten wegen ihrer Eigentümlichkeiten von den mittelalterlichen Homerscholien getrennt gehalten werden, wie Montana/Montanari/Muratore/Pagani 2017, 4 in Bezug auf eine neue Ausgabe der Iliasscholien bemerkt haben: „the increase, during recent decades, of the papyrological findings that provide Homeric exegesis, as well as the substantial difference of ‚genre‘ between hypomnemata and exegetical marginalia, on the one hand, and the scholia transmitted in the Medieval manuscripts, on the other, both advise against the inclusion of this kind of material into the edition of scholia“.

[11] Aus dieser Gruppe sind daher die mit Text und *marginalia* ausgestatteten Papyri auszuschließen, weil sie auch den analysierten Text überliefern. Zu solchen Texten s. McNamee 2007.

[12] Zu den verschiedenen Homerica-Typologien s. vor allem Montanari 1995, 69-85, Montanari 2012.

[13] So bereits Montanari 2012.

[14] Zuletzt Montanari 2012, 1-15, insb. 11-12.

[15] Für die Hypomnemata zu der Ilias ist die Referenzliste jetzt Pagani 2019; s. auch Lundon 2011. Für die Papyri des Mythographus Homericus s. Montanari 1995a und van Rossum-Steenbeek 1998, 85-116. Zu dem Mythographus Homericus im Allgemeinen s. jetzt

Mehr als eine Liste ist für Homerglossare erstellt worden, die die Mehrheit innerhalb der papyrologischen Dokumentation darstellen. Obwohl die Systematisierung der Homerica vielfach problematisch ist[16], scheint es in der Tat außer Zweifel zu stehen, dass unter der unerschöpflichen Menge von Homerica die Homerglossare die am meisten ausgeweitete Typologie bilden. Während die Zugehörigkeit eines Fragmentes zu einer bestimmten Gattung von Homerica nicht immer eindeutig zu erkennen ist[17], zeigen Homerglossare eindeutige Merkmale, die eine auf einer soliden Grundlage beruhende Eingrenzung aus den gesamten Homerica ermöglichen.

## III. Eingrenzung der Homerglossare und verwendete Terminologie

Bei der Betrachtung der Iliasglossare stellen sich zwei Vorfragen. Erstens, ob es, angesichts der fragmentarischen Natur der Dokumentation und der verschiedenen Gattungen von Homerica, die sowohl formal als auch inhaltlich in enger Beziehung zueinander stehen, überhaupt gerechtfertigt ist, scharfe Unterscheidungen vorzunehmen. Die zweite Vorfrage ergibt sich bezüglich der verwendeten Terminologie.

Abgesehen von den oben erwähnten Bedürfnissen der modernen Forschung angesichts der unerschöpflichen Menge der Homerica scheint eine Eingrenzung nicht unbegründet zu sein. Dank der großen Anzahl der überlieferten Fragmente stellt diese Typologie einen guten Ausgangspunkt für die Systematisierung der Homerica dar. Der Vergleich zahlreicher

---

Pagès/Villagra 2022. Zu den Hypotheseis vgl. Montanari 1988, 1995 und van Rossum-Steenbeek 1998, 53ff.; Pontani 2005, 115-17 in Bezug auf die Odyssee. Homerische Paraphrasen auf Papyrus, Tafeln und Ostraka sind in Fernández Delgado 2011 gesammelt. Für das *syngrammata*-Verzeichnis s. Montanari 2012, 12: „uno dei più problematici da costruire, partendo dalle liste di ‚Homerica' disponibili"; für die *syngrammata* zur Odyssee vgl. Pontani 2005, 130-33. Nach Landolfi 2018 sei die moderne Übersetzung von *syngramma* als Monographie problematisch, weil die Quellen sie nicht bestätigen. Es handele sich um eine moderne Denkweise, die von Lehrs eingeführt und von Pfeiffer verbreitet worden sei. Zu den homerischen Anthologien als Homerica-Typologie s. Nachtergael 1971; van Rossum-Steenbeek 1995.

[16] Dazu Montanari 2012; Pagani 2019.

[17] Hier fällt die große Zahl an *incerta* auf, die sich aus dem Homerica-Verzeichnis von Mertens-Pack[3] (http://cipl-cloud09.segi.ulg.ac.be/cedopal/MP3/dbsearch.aspx, zuletzt gesehen am 20.04.2022) ergibt. Zu diesem Verzeichnis s. Colomo/De Kreij 2019, 10 und unten, S. 25 Anm. 87. Für einige Typologien wird in Frage gestellt, ob man von bestimmten Gattungen sprechen sollte, s. z.B. oben Anm. 15 zu den Anthologien und unten zu den Paraphrasen, S. 18ff.

Exemplare ermöglicht es einerseits, sie als eine einheitliche Textkategorie zu identifizieren; andererseits wird auf diese Weise deutlich, wie jedes Glossar ungeachtet der scheinbaren Gleichmäßigkeit der Vorgehensweise eine eigenständige Bearbeitung des Textes darstellt. Trotz der großen Vielfalt und der häufigen Unbeständigkeit im Detail behalten Homerglossare ihre Grundstruktur unverändert bei. Diese Grundstruktur steht gewiss, verglichen mit Paraphrasen bzw. Lexika, in einem anderen Verhältnis zum Referenztext, was auf seine Zwecke zurückzuführen ist. Zwischen den Paraphrasen, die auf die Erstellung eines autonomen und neuen Textes abzielen, und den Lexika, deren Beziehung zum homerischen Text weniger eng wird, weil homerische Wörter aus dem Verwendungskontext völlig herausgelöst sind, nehmen die Glossare eine Zwischenstellung ein. Natürlich verlangen der fragmentarische Charakter der uns zur Verfügung stehenden Urkunden und die schmalen Unterschiede zwischen einigen exegetischen Typologien, dass Eingrenzungen bei Zweifelsfällen flexibel gehalten werden. Trotzdem scheinen die Homerglossare unter dieser heterogenen Dokumentation auf Papyrus eine bestimmte philologische Gattung darzustellen (s. auch S. 64-65), die eine spezialisierte Forschung erlaubt und erfordert.

Den angenommenen Unterschieden zwischen Homerica-Typologien muss eine differenzierte Terminologie entsprechen, vor allem weil sich in dieser großen Vielfalt manche Homerica-Typologien überschneiden[18].

Die Definition der Homerglossare hat in den Ausgaben einzelner Fragmente starke Schwankungen erfahren[19]: „Präparation", „Lexikon", „Paraphrase", „commenti minori", „Wörterbuch", „Scholien", „Scholia Minora" und „Glossar" kommen nebeneinander vor, um solche Texte zu bezeichnen. Die Variation des verwendeten Begriffes für Homerglossare war zuweilen auf die Hervorhebung bestimmter Aspekte seitens der Editoren zurückzuführen, z.B. eine angenommene Verwendung im Schulkontext[20] oder den Charakter des Glossars selbst. Ein Beispiel sei hier erwähnt: Als Bernard Pyne Grenfell und Arthur Surridge Hunt die beiden Homerglossare P.Amh. II 18[21] und P.Amh. II 19 (hier **050**) publizierten, benutzten sie „Scholia Minora" für das erste und

[18] Der Fluss identischen Materials zwischen verschiedenen exegetischen Gattungen wird von Montanari 1995, 72 und 81 sehr treffend als „osmosi" bezeichnet.

[19] Wie schon Montanari 1995, 80 merkte.

[20] Siehe vor allem **028** und **043**.

[21] Glossar zu dem 15. Gesang der Odyssee (1./2. Jh. n.Chr., TM 60542).

„homeric lexikon“ für das zweite Fragment. Die differenzierte Terminologie ist vielleicht auf die Absicht zurückzuführen, die beiden Homerglossare im Hinblick auf ihre inhaltlichen Eigenschaften zu unterscheiden. Die Herausgeber beobachteten, dass das von P.Amh. II 18 überlieferte Odyssee-Glossar „more than a mere vocabulary“ ist, weil es auch ausführlichere Anmerkungen bietet. Im Gegenteil dazu beschränken sich die Worterklärungen bei **050** auf die prosaische Wiedergabe der homerischen Wörter, die meistens durch ein einziges Synonym umschrieben werden. Deswegen wurde **050** als „mere vocabulary“ definiert. Trotz des Unterschieds in Niveau und Charakter gehören beide Texte jedoch zu derselben Gattung. Die Verwendung in unterschiedlichen kulturellen Kontexten und die Vielfalt auf der inhaltlichen Ebene werden erst dann deutlich, wenn die Homerglossare als Gruppe betrachtet werden.

Die begrifflichen Schwankungen tragen zu einer gewissen Verwirrung bei und fügen der Fragmentierung der Zeugnisse und Ausgaben das Hindernis einer ungleichen Behandlung hinzu. Die Folgen der terminologischen Schwankungen schlagen sich in allgemeinen Homerica-Verzeichnissen nieder, wie im Folgenden gezeigt wird.

Insbesondere nach der Arbeit von Albert Henrichs hat es sich als üblich durchgesetzt, solche Gebrauchstexte als *Scholia Minora in Homerum* zu bezeichnen[22]. Dass der Begriff *Scholia Minora* unangemessen und vieldeutig ist, ist bereits ausgesprochen worden[23]. Die Diskussion betrifft zunächst das terminologische Problem, das den Begriff *scholium* bzw. Scholiencorpus in Frage stellt, wenn er in Bezug auf von Papyri überlieferte Anmerkungen verwendet wird[24]. Blendet man im Moment diese allgemeinere Problematik aus, so bleibt zu klären, was überhaupt im Bereich der homerischen Papyrologie mit *Scholia Minora* gemeint ist.

---

[22] Henrichs 1971, 99 Anm. 7. Gelegentlich durch „Glossar“ ersetzt, aber „Scholia Minora“ ist noch der gängigste Begriff.

[23] Montanari 2012, 11 mit Anm. 34. Auch bei der Verwendung des einfachen *scholium* sind mehrere Bedeutungen eingeschlossen: unter den Homerica kann *scholia* Randnotizen zu dem Homertext (*marginalia*), Hypomnemata und gelegentlich die mythographischen ἱcτορίαι bezeichnen, s. Montanari *ibid.* und Pagani 2019.

[24] Montanari 2012, 11 Anm. 34 und vor allem Montana 2011, der den systematischen Charakter der mittelalterlichen Scholien und Scholiencorpora unterstreicht. Vgl. auch Dickey 2007, 12: „medieval scholia are dense and systematic collections of extracts from different sources“. Zu der Bedeutung von cχόλιον in den Quellen s. Lundon 1997.

Bei *Scholia Minora* steht vor allem die Inhaltsart im Vordergrund, unabhängig von der Form bzw. der äußeren Anordnung, in der das Material gegliedert ist. Die Definition umfasst im Allgemeinen knappe (*minora*) Erläuterungen zu homerischem Wörtern glossographisch-paraphrastischen Charakters. In diesem Sinne könnte man die in verschiedenen Homerica-Typologien vorkommenden Worterklärungen als *Scholia Minora* bezeichnen: Worterklärungen am Rand des Homertextes, die in homerischen ὑπομνήματα enthaltenen Wortbedeutungen, die neben philologischen Anmerkungen überliefert sind, sowie Worterklärungen der handschriftlichen Überlieferung und alphabetisch angeordnete homerische Wörter mit dem entsprechenden Erklärung[25]. Da sich dieser Begriff auf den Charakter der Auslegung konzentriert, wird er auch zur Bezeichnung des lexikographischen Kerns der D-Scholien verwendet, dessen Hauptbestandteil eben aus Worterklärungen besteht[26]. Der Begriff *Scholia Minora* wurde jedoch im Lichte ihrer kurzen glossographisch-paraphrastischen Erklärungen zur Bezeichnung homerischer Glossare verengt[27]. In der Literatur kann man daher zwischen einer 'breiten' und einer 'engen' Verwendungsweise von *Scholia Minora in Homerum* unterscheiden, bei der der Begriff entweder als knappe Worterklärungen im allgemeinen Sinne oder als das in Glossaren enthaltene Material bzw. als „Glossar" tout court verstanden wird.

Wie bereits erwähnt, ist *Scholia Minora* wegen der von diesem Begriff aufgeworfenen Verwirrung problematisch, wenn man das Gesamtbild der Homererklärung betrachtet. Noch wichtiger ist jedoch, dass er zwar die Inhaltsart allumfassend charakterisieren kann, die Gliederung des Textes hingegen nicht in Betracht zieht. Bei Texten, die denselben bzw. ähnlichen Inhalt aufweisen könnten, scheint die Berücksichtigung der Struktur von grundlegender Bedeutung zu sein. Im Gegensatz zu *Scholia Minora* umfasst

---

[25] Nach der äußeren Anordnung gliedert Henrichs 1971, 100-101 die *Scholia Minora* in vier Gruppe: Interlinearerklärungen, Glossare, Lexika und Paraphrasen mit Bezug sowohl auf die Papyri als auch auf die mittelalterliche Überlieferung; so auch Nagy 1997, 116-117.

[26] Nach Henrichs 1971, 99 Anm. 7 „wird das byzantinische Corpus als D-Scholien bezeichnet und sein Kern an Worterklärungen mitsamt ihren Vorläufern auf Papyrus als Scholia Minora".

[27] Montanari 1995, 80ff. versteht unter diesem Begriff nur die Homerglossare und die im Interlineum bzw. am Rand des Homertextes hinzugefügten Worterklärungen der Papyri; s. aber Montanari 2012, 10-11. *Scholia Minora* bezeichnet nur Iliasglossare auf Papyrus auch in Lundon 2011, Lundon 2012 und 2012a, Schironi 2012 und wird im Übrigen in diesem Sinne verwendet bei Editionen von Homerglossaren. Ich selbst verwende den Begriff in diesem Sinne in Fontanella 2021.

der Begriff „Glossar" auch die Struktur, in der die Einträge und entsprechenden Worterklärungen ausgestaltet sind. In dieser Kategorie von Texten werden die homerischen Lexeis nämlich ausgewählt, nach der Reihenfolge ihres Auftretens im Homertext angeordnet und mit den entsprechenden Worterklärungen versehen.
Zusammenfassend lässt sich sagen, dass alle Glossare *Scholia Minora* überliefern, wenn man solche von Papyri überlieferte Erklärungen *scholia* nennen möchte und wenn der lexikographische Charakter des Inhalts hervorgehoben wird. Trotzdem müssen nicht alle *Scholia Minora in Homerum* Teil eines Glossars sein. Während der Begriff „Homerglossar" alle formalen und inhaltlichen Merkmale der Kommentartypologie umfasst, kann *Scholia Minora* die Homerglossare nur durch eine Art Synekdoche bezeichnen. Es stimmt schon, dass sich „Glossar" in erster Linie auf die Struktur der Homerglossare bezieht[28], während der Inhalt in den Hintergrund rückt. Doch ist genau die Struktur das entscheidende Merkmal für die Klassifizierung dieser Texte. Daher scheint der Begriff „Glossar" für die betreffende Textsorte am besten geeignet zu sein.
In der folgenden Betrachtung werden daher die den Gegenstand dieser Forschung ausmachenden Papyri immer als „Glossare" bezeichnet, während der Begriff *Scholia Minora* nur in seinem treffendsten Sinne in Bezug auf den Inhalt der Homerglossare verwendet wird, für den sie eine praktische und insgesamt passende Gesamtbeschreibung anbieten. Aus diesem Grund kann man in den Addenda den Titel *Scholia Minora in Homerum* von John Lundon beibehalten, womit man sich auf die aufgelisteten Erklärungen bezieht, ungeachtet dessen, dass sie mit einer verschiedenen Anordnung in den einzelnen Papyri überliefert sind[29]. Trotzdem werden die sogenannten *scholia Didymi* mitsamt ihren Worterklärungen immer als D-Scholien erwähnt, um Mehrdeutigkeiten zwischen papyrologischen bzw. von mittelalterlichen Handschriften überlieferten *Scholia Minora* zu vermeiden[30]. Schließlich wird

---

[28] So Spooner 2002, 3.
[29] Es sei auch daran erinnert, dass Lundons Liste auch einigen mit Marginalien versehene Papyri einbezieht, d.h. *Scholia Minora*, die nicht von Homerglossaren überliefert sind; dazu s. unten, S. 28ff.
[30] Zu der falschen Zuschreibung an Didymos sowie zu den verschiedenen Begriffen, mit denen die D-Scholien bezeichnet wurden (*scholia vulgata, minora* und *scholia Didymi*), s. Montanari 1979, 5-6.

die Verwendung von „Scholien“ in Bezug auf die Worterklärungen der Iliasglossare vermieden.
Bei der Terminologie müssen auch die Begriffe zur Bezeichnung von Stichwörtern und Worterklärungen berücksichtigt werden. Was erstere betrifft, sind die griechische Entsprechungen die Begriffe λέξις bzw. γλῶccα. Obwohl der Unterschied zwischen γλῶccαι und λέξεις wohl bekannt ist[31], lohnt es sich, die Grundsätze dieser Unterscheidung zusammenzufassen. Die γλῶccαι sind auf mundartliche, veraltete und ungebräuchliche Wörter beschränkt, die typisch für das Epos sind[32]. Breiter ist die Bedeutung von λέξις. Denn damit sind Wörter allgemeiner Art und der Wortschatz eines Autors gemeint. Die erklärte oder interpretierte λέξις kann Besonderheiten unterschiedlicher formaler, semantischer oder kontextueller Art aufweisen. Demzufolge wird nicht nur der lexikalische Aspekt der Sprache in Betracht gezogen. Während die Erklärung homerischer γλῶccαι uralt ist, entstand die Lexikographie als eigenständige Wissenschaft in der alexandrinischen Zeit[33]. Die Entwicklung der Lexikographie, aufgrund derer nicht nur die γλῶccαι, sondern auch besondere Wörter aus irgendeinem Grund in lexikographischen Sammlungen aufgenommen wurden, verursachte die Verdrängung des ersten Begriffs durch den zweiten. Obwohl im Sprachgebrauch der römischen Zeit die Begriffe gelegentlich als Synonyme verwendet werden[34], greift Galen in seinem *Vocum Hippocratis Glossarium* den eindeutigen Unterschied zwischen λέξεις und γλῶccαι auf, indem er angibt, dass er sich nur mit letzteren beschäftigen wird. Bevor man die Aufgabe der lexikographischen Erklärung von Hippokrates übernimmt, muss man bestimmen, „in welcher

---

[31] Zum Unterschied zwischen Glossographie und Lexikographie und deren Beginn s. Degani 1995; Alpers 2001 und unten, S. 36 mit Anm. 120.

[32] Die Definition geht auf Arist. *Poet.* 1457b 3 zurück: λέγω δὲ κύριον (*sc.* ὄνομα) μὲν ᾧ χρῶνται ἕκαστοι, γλῶτταν δὲ ᾧ ἕτεροι; vgl. auch sch. D zu *Il.* 1.249: ἡ γλῶccα τρία cημαίνει [...] καὶ τὸ ἀπεξενωμένον τῆc λέξεωc.

[33] Degani 1995, 505-506: „se la lessicografia non nasce prima dell’età ellenistica, più antica è la glossografia, sua naturale progenitrice, che consisteva nella raccolta ed interpretazione di parole o locuzioni oscure e obsolete, estranee alla lingua usuale. Alle γλῶccαι, per lo più ancorate all’esegesi di determinati testi, gli alessandrini affiancheranno le λέξεις, termine generico con il quale – a documentazione di un più ampio interesse linguistico – si designavano voci peculiari per forma o significato, indipendentemente dal fatto che fossero o no ancora in uso“.

[34] Henrichs 1971, 232 und Anm. 8 mit Sammlung der Belege. Zu der semantischen Entwicklung des Wortes γλῶccα, das in späterer Zeit (wie auch heute) ausschließlich die Erklärung bezeichnet, s. Holtz 1996.

Hinsicht sich die Auseinandersetzung nur mit den γλῶccαι von der Auseinandersetzung mit dem gesamten sprachlichen Ausdruck des Hippokrates unterscheidet"[35]. Nach Galen versteht man unter γλῶccαι Wörter, die ehemals gebräuchlich waren und jetzt dem Sprachgebrauch fremd sind[36]. Um den Unterschied zu verdeutlichen, zitiert Galen das berühmte Fragment 233 aus Aristophanes' *Schmausbrüdern*, dem frühesten Zeugnis für die Erklärung homerischer γλῶccαι als Teil der traditionellen Ausbildung[37]. Galen zufolge könnte man hingegen mit λέξεις Wörter bezeichnen, die, obwohl manchmal erklärungsbedürftig, dem allgemeinen Sprachgebrauch nicht unbedingt fremd waren und zu der Ausdruckweise des Autors gehörten[38]. Und in der Tat sind homerische Wörter, nicht nur seine γλῶccαι, Gegenstand der Erklärung der Homerglossare auf Papyrus, die sowohl schwierige als auch geläufige Wörter betrifft. Daher können die Stichwörter nicht im Allgemeinen als γλῶccαι benannt werden, weil das glossographische Kriterium, nach dem nur ungewöhnliche oder veraltete Wörter erklärt werden, zwar anwesend ist, aber nicht immer zutrifft.

Während der Begriff γλῶccα somit aufgrund seiner Enge in der vorliegenden Untersuchung zur Gesamtbezeichnung der Einträge ausgeschlossen wird, kann gegen den Begriff „Lexis" (im Sinne von „Wort" bzw. „erklärungsbedürftiges Wort"[39]) eingewendet werden, dass er als zu allgemein gilt. Er verweise weder auf die syntagmatische Ordnung noch auf den Primärtext, aus

---

[35] Gal. *Vocum Hippocratis glossarium* 1.7 (Perilli 2017, 142 = Kühn 1830, XIX 62): ὅπῃ διαφέρει τοῦ πᾶcαν ἐξηγήcαcθαι τὴν Ἱπποκράτουc λέξιν τὸ τὰc γλώτταc μόναc. Vgl. Perilli 2017, 103: „πᾶcα λέξιc: un sintagma, quest'ultimo, che ricorre più volte nel Proemio, ed è di interpretazione non univoca, dovendosi probabilmente intendere con esso l'intera terminologia, il lessico dell'autore nella sua interezza, piuttosto che, ad esempio, ‚l'intera frase'". Diese Bedeutung von λέξιc im Singular („sprachlicher Ausdruck", s. LSJ s.v.: „diction, style") taucht neben der des „Wortes" in demselben Werk auf, s. Gal. *Vocum Hippocratis glossarium* α 155, κ 20, *passim*.

[36] Gal. *Vocum Hippocratis glossarium* 1.8-10 (Perilli 2017, 142 = Kühn XIX 62-63): ὅcα τοίνυν τῶν ὀνομάτων ἐν μὲν τοῖc πάλαι χρόνοιc ἦν cυνήθη, νυνὶ δ' οὐκέτι ἐcτί, τὰ μὲν τοιαῦτα γλώτταc καλοῦcι.

[37] Fr. 233 K.–A.; s. unten, S. 36-37. Dieses Fragment ist auch von Poll. *Onom.* II 109 überliefert; dort werden die γλῶccαι als τὰc ποιητικὰc φωνάc definiert.

[38] Gal. *Vocum Hippocratis glossarium* 1.10f. (Perilli 2017, 142 = Kühn 1830, XIX 63): τὰ δ' ἄλλα πάντα ὅcα ζητήcεωc μὲν οὐχ ἧττονοc ἢ ταῦτα προcδεῖται, cυνήθη δέ ἐcτιν ἔτι καὶ εἰc τόδε, κατὰ τὰc τῶν cυγγραμμάτων αὐτῶν ἐξηγήcειc ἄμεινον ἐπιcκοπεῖcθαι.

[39] Mit dieser Bedeutung entspricht er dem lateinischen *verbum* bzw. *dictio*, s. Job 1893, 58. Auch bei Aristarch wird λέξιc für jedes beliebige Wort verwendet, aber auch mit der Bedeutung „Wortart", dazu Matthaios 1999, 198-200.

dem die Wörter herausgenommen werden und dessen Erläuterung das Glossar dient[40]. Trotzdem entspricht er dem antiken Gebrauch für die Bezeichnung der Einträge bei solchen Sammlungen[41]. Darüber hinaus zirkulierten die Homerglossare in der Antike wahrscheinlich durchgängig als Sammlungen von λέξεις[42].

Andere Begriffe finden sich in der Literatur, um das zu erklärende Textsegment zu definieren: „Lemma" („das Herausgenommene") bezeichnet als *terminus technicus* der modernen Lexikographie dasjenige Wort in Glossaren bzw. Lexika, das als Objekt der Anmerkung angenommen wird. Ebenso kann der Eintrag als *glossandum* bzw. *vox glossanda* („zu erklärendes Wort") definiert werden. Beide Begriffe eignen sich für das erklärte bzw. zu erklärende Textsegment[43], obwohl nur λέξις dem antiken Gebrauch entspricht[44].

---

40 Vgl. die Definition der „Λέξεις-type dictionaires" in Dubischar 2015, 581: „*Lexeis* reflect the emergence of the study of words as a component of grammar understood as an autonomous discipline that no longer needs to serve the ends of exegetical philological *Textpflege*". Ohnehin gehören die Iliasglossare ohne Zweifel zu seinen „Γλῶccαι-type dictionaries", und zwar „glossaries for individual authors or genres" (Dubischar 2015, 587), die hauptsätzlich dem Textverständnis dienen. Man wird aber im Folgenden merken, dass die primären exegetischen Zwecke gelegentlich in den Hintergrund traten und dass das Hauptinteresse einer Erklärung eher das Wort *per se* sein kann. Dubischar 2015, 584 hat angemerkt, dass „existing lexicographical works can be, and were, used for more than just one (their originally intended) purpose. This became especially prevalent in post-Hellenistic lexicography, when dictionaries were no longer compiled by extracting words directly from the actual primary texts themselves (e.g. Homer or Hippocrates). Instead, lexicography had formed into a more autonomous philological subdiscipline as the material for new dictionaries was taken – selected, compiled, and possibly refunctionalized – primarily from other, earlier dictionaries. In this process, works of one lexicographical branch often fed into new works of another branch". Dass Iliasglossare, obwohl sie für einen bestimmten Text geschrieben worden sind, auf indirekten Wegen enstanden sind, wird besonders in Fällen nahegelegt, in denen die Einträge oft von dem Homertext abweichen. Dies tritt nicht nur bei den Stichwörtern, sondern auch bei den Bedeutungen in Erscheinung, die an ihrer jeweiligen Stelle eher unpassend sind.

41 Für Sammlungen homerischer Wörter denke man nur an die λέξεις Ὁμηρικαὶ κατὰ cτοιχεῖον des Apollonios Sophistes. Für andere Sammlungen von Lexeis bezüglich eines Autors bzw. einer literarischen Gattung s. Dubischar 2015; Tosi 2015, 628ff. Ebenso werden die Einträge der Glossare in dem modernen Gebrauch als Lexeis bezeichnet, s. Lundon 2012, 198 n. 20.

42 Vgl. S. 75ff. zu den Titeln der Iliasglossare.

43 *Contra* Haslam 1994, 29 Anm. 26: „‚lemma', a term I see no reason to extend beyond contexts such as commentaries and scholia, where what are conventionally called lexeis serve to key the annotation to the text".

44 Ein zu erklärendes Wort wird nicht in der Antike als λῆμμα bezeichnet; s. LSJ: „matter, substance, or argument of a sentence, opposed to form or style (λέξις)"; OLD s.v. *lemma*.

In dem traditionellen Gebrauch bezeichnen μετάφραϲιϲ und *interpretamentum* die prosaische Wiedergabe einer λέξιϲ in das geläufige Griechisch. Im Grunde genommen handelt es sich um eine innersprachliche Übersetzung, wie sie von Roman Jakobson definiert wurde: „Intralingual translation or *rewording* is an interpretation of verbal signs by means of other signs of the same language“[45]. Die Arten sind vielfältig, in denen solche Übersetzungen ausgestaltet werden können. Das Verb μεταφράζω („umschreiben“, „in einen anderen Ausdruck übertragen“) eignet sich für alle Arten von Erklärungen: von der Übersetzung eines Wortes mit einem Synonym bis hin zu periphrastischen, etymologischen oder zusammenfassenden Erklärungen[46], einschließlich des in der lexikographischen Sprache verwendeten Wortschatzes, wie z.B. λέγεται oder τουτέϲτιν[47].

Die Verwendung von μετάφραϲιϲ für bedeutungsgleiche Ausdrücke findet Parallelen in der Fachsprache der alten Grammatiker[48]. Wie Rutherford aber bereits beobachtet, kann die Metaphrase auch eine Interpretation bzw. Erweiterung in der Umformulierung des Lemmas einschließen, damit das

---

Das Verb *glossare* kommt nur in dem 12. Jh. in dem übertragenen Sinne *aperire* vor (DuCange s.v.), der jedoch die Bedeutung „auslegen“, „erklären“ voraussetzt, s. Marzullo 1955, 88-89.

[45] Jakobson 1959, 233; zur intralingualen Übersetzung Homers vom Altertum bis zur ersten Übersetzung ins Neugriechische s. Montanari 1995, 59-68.

[46] Beispiele einer periphrastischen Erklärung eines Wortes bzw. Ausdruckes: **017.1** C, II 20-22 (zu *Il.* 1.434): ἱϲτ̣ο̣δόκῃ· ὅπο[υ] | ἐντίθεται | ὁ ἱϲτόϲ; **037** 10 (zu *Il.* 5.293): [ἀνθερεῶ]ν̣α· τὸν ὑπὸ τὸ γένιον τόπον. Sowohl die etymologische als auch die zusammenfassende Erklärung des Wortes καλλιπάρηον aus *Il.* 1.323 können von **015** II 34-35 exemplifiziert werden (hinzugefügt von einer zweiten Hand): κ̣α̣λ̣ὰ̣ϲ̣ [πα]ρ̣ε̣ί̣α̣ϲ̣ ἔχ̣ο̣υ̣ϲαν | κ̣α̣λ̣ή̣ν̣; s. auch **027.1** Fr. 3, III 8-10 (zu *Il.* 2.645): δουρικλ̣υ̣τόϲ (δουρίκλυτοϲ pap.)· ἔνδο|ξ̣ο̣ϲ κ̣ατὰ τὸ δόρυ, τοῦτ' | ἔ̣ϲτιν πολεμικόϲ; **016** VII 11-12 (zu *Il.* 1.607): ἀμφιγυήειϲ· ἀμφότερα τὰ ϲκέλη | γεγυιωμένοϲ, τουτέϲτιν χωλόϲ. Für zusammenfassende Erklärungen vgl. auch **005** I 16 (zu *Il.* 1.9): [Λητοῦϲ καὶ Διὸϲ υἱό]ϲ̣· ὁ Ἀπόλλων; **015** II 20 (zu *Il.* 1.312): ὑγρὰ κέλευθα· τὴν θάλαϲϲα̣[ν]; **038** (P.Yale II 127, 15 zu *Il.* 5.749): [πύλαι…οὐρανοῦ·] τὰ νέφη.

[47] Zu dem Begriff μετάφραϲιϲ s. Rutherford 1905, III 339 Anm. 5; Bottin 1977/78; Lundon 2012, 199 n. 21. Zu dem griechischen Vokabular für intralinguale und interlinguale Übersetzungen im Allgemeinen s. Rochette 2002, Országh 2019 (zu μετάφραϲιϲ insb. S. 118 und 128).

[48] Sch. A (Hdn.) zu *Il.* 12.137b: {βόαϲ} αὔαϲ· βαρυτονοῦϲιν οἱ πλείουϲ. Νικίαϲ δὲ ὀξύνει διὰ τὸ μεταφραζόμενον, ἐπεὶ καὶ τὸ ξηράϲ ὀξύνεται. εἴρηται δὲ περὶ τῶν τοιούτων ὅτι οὐ δεῖ πρὸϲ μεταφραζόμενα ταϲ λέξειϲ τονοῦν; sch. Dion. Thr. GG I/3 469.10: γλῶϲϲά ἐϲτι λέξιϲ ξένη μεταφραζομένη εἰϲ τὴν ἡμετέραν διάλεκτον, ἡ λεγομένη μὲν προϲεχῶϲ, μεταφραζομένη δὲ εἰϲ τὸ ϲύνηθεϲ; zu dem letzten Scholion s. Lallot 1998, 78-79. Vgl. auch Eust. *Il.* II 499.18-19: ἡ γὰρ διαϲαφητικὴ τῶν λέξεων ἑρμηνεία μετάληψιϲ καὶ μετάφραϲιϲ καίριοϲ λέγεται.

Wort bzw. die Stelle besser erklärt wird[49]. Ein solches Verhalten liegt beispielsweise vor, wenn ein im Homertext impliziertes Wort erläutert wird[50] bzw. wenn ein Wort nicht nur umschrieben, sondern auch kommentiert bzw. interpretiert wird[51]. Es trifft zu, dass die Grenzen der in der Umschreibung eingeschlossenen Erweiterungen bzw. Interpretationen sehr selten über das einzelne Wort[52], nie über den unmittelbaren inhaltlichen Zusammenhang hinausgehen. Streng genommen könnten sie jedoch nicht als „Umschreibungen mit anderen Wörtern“ bezeichnet werden. In Anbetracht der Tatsache, dass die meisten Erklärungen als Metaphrasen im engeren Sinne klassifiziert werden können und dass ohnehin weitere Ergänzungen zur Umformulierung zum normalen Vorgang des Text- und Wortverständnisses gehören, erscheint es nicht unangebracht, diesen Begriff zu verwenden. Hingegen sollte der Terminus „Glosse“ im Sinne von „Erklärung“ aufgrund der möglichen Verwirrung zwischen altem und modernem Sprachgebrauch in diesem Kontext vermieden werden.

---

[49] Rutherford 1905, III 342-346 in Bezug auf die Scholien zu Aristophanes. Diesbezüglich listet er drei verschiedene Arten auf, nach denen die Interpretation in der Metaphrase einbezogen wird: bei der ersten „the text is left as it is, and the amplification is indicated“, bei der zweiten „the text is written out anew with the amplification or amplifications, the interpretation or interpretations incorporated“, bei der dritten „the text is metaphrased with amplifications and explanations“. Angesichts der Daseinsberechtigung der homerischen Glossare ist es nicht überraschend, dass die erste von ihm aufgeführte Art in den Glossaren sehr selten vorkommt, da diese darauf achten sollten, die Lexis neu zu formulieren, bevor sie Erweiterungen bzw. Interpretationen einfügen; s. unten S. 106 mit Anm. 379. Die beiden anderen von Rutherford aufgeführten Arten finden sich in Iliasglossaren (s. die folgenden Anmerkungen für einige Beispiele). Typisch für Iliasglossare ist die dritte von Rutherford aufgeführte Art. In Bezug auf die Textkritik Aristarchs unterscheidet Schironi 2018, 81-85 zwischen „close and loose paraphrases“. Während die „enge Paraphrase“ den Homertext Wort für Wort umschreibt, konzentriert sich die „freie Paraphrase“ auf den Inhalt. Angesicht des Unterschieds zwischen den Iliasglossaren und den von Rutherford und Schironi behandelten Scholien scheint es auf jeden Fall nicht angebracht, die gleichen Differenzierungen zu übernehmen.

[50] Wie bei αὐτοὺς δέ in *Il.* 1.4, das durch τὰ δὲ cώματα αὐτῶν in **001** *recto* 13, **002** I 16 und **003** 23-24 erklärt wird (s. hier Tabelle 1); s. auch **011** VII 12-13 zu κατ᾽ ἔμ᾽ αὐτόν in *Il.* 1.271, das durch κατὰ τὴν ἐμαυτοῦ δύναμιν erläutert wird.

[51] **041** II 17-18 (zu *Il.* 7.63): φρίξ˙ ἡ προγ{ε}ινομένη κ{ε}ίνη|cιc τ̣ῆc θαλάccηc ἀ̣νέμου ἀρχομένο̣υ̣; **046** 14-15 (zu *Il.* 10.335): [κτιδέην˙ ἐ]ξ ἰκτίδοc δέρματοc. ($M^2$) ἰκτίc | [ἀγρία]c̣ γαλῆc μεῖζον ζῷον und (obwohl lückenhalft) **026** 31 (zu *Il.* 2.396): [cκοπέλῳ˙ τό]πωι, ἀφ οὗ | [ἔcτι cκοπεῖν]; **003** 33-35 (zu *Il.* 1.18): Ὀλύμπια δώματ᾽ ἔχοντεc˙| τὸν Ὄλυμπον κατοικοῦντεc θεοί. Ὄλυμποc δέ ἐcτιν | [θεῶ]ν ἐν Μακεδονίᾳ [οἰκ]ητήριον. Für Erklärungen, die eine Interpretation eingliedern, s. **020.1** *verso*, 8 (zu *Il.* 1.600): [ποιπνύοντα˙ ἐ]ν̣ε̣ργῶc βαδίζον̣τ̣α̣, dazu Matthaios 2004; s. auch hier **043** I 5-6.

[52] Für einen solchen Fall s. **034** IV 29-30, S. 106-107 und Kommentar zur Stelle.

In der vorliegenden Arbeit wird deshalb mit „Glosse“ gemäß dem antiken Sprachgebrauch ein ungewöhnlicher poetischer oder dialektaler Begriff bezeichnet, der oft das erklärte Lemma darstellt.

## IV. Iliasglossare als Kommentartypologie und ihr Verhältnis zu verwandten Homerica

Unter dem Begriff „Homerglossare“ versteht man nach dem Homertext angeordnete Wortlisten, die ausgewählte Wörter bzw. Wortgruppen der homerischen Sprache erklären[53]. Dafür wird der Homertext nach Stichwörtern unterteilt und durch Synonyme bzw. Umschreibungen in das geläufige Griechisch übersetzt. Unter dieser Kategorie werden Texte zusammengefasst, die die folgenden Strukturmerkmale aufweisen:

- zerstückelte Homertexte (im Gegensatz zu *marginalia*);
- diskontinuierliche Stichwörter (im Gegensatz zu Paraphrasen);
- fortlaufende dem Homertext folgende Anordnung (im Gegensatz zu Lexika[54]).

Die Kolumnen der Homerglossare bestehen normalerweise aus zwei parallelen Reihen von Stichwörtern (λέξεις, Lemmata, *glossanda*) und Worterklärungen (μεταφράσεις, *interpretamenta*), die sich durch eine typische Mise en Page auszeichnen. Die Stichwörter und gelegentlich auch die *interpretamenta* sind jeweils untereinander angeordnet und durch einen Zwischenraum oder andere graphische Hilfsmittel getrennt[55]. Wie schon bemerkt, ist der Hauptbestandteil der Homerglossare lexikographischen Charakters.

Unter den Homerica gehören sowohl die Textgliederung als auch der Inhalt der Glossare nicht exklusiv dieser exegetischen Gattung an. Der Inhalt von Glossaren kehrt in verschiedenen Kommentartypologien wieder, da die wörtliche Auslegung einen grundlegenden Einstieg in das Verstehen und damit in tiefergehende Kommentare zum Text bietet. Dieselben Erklärungen können neu kombiniert werden und zur Abfassung eines fortlaufenden Textes

---

[53] Montanari 1995.

[54] Im Mertens-Pack Katalog sind folgende Glossare als „lexique“ bezeichnet: **017, 037, 044, 048, 050, 051, 052, 053, 054, 057** (gesehen am 14.06.2022). Davor steht aber die Angabe der kommentierten Iliasstelle.

[55] Wobei die Position der Erklärung öfter entsprechend der Länge des Stichwortes wechselt. Gelegentlich tritt eine fortlaufende Anordnung auf, s. S. 65ff.

führen. Die von Franco Montanari eingeführte Definition der homerischen Paraphrase verdeutlicht den Unterschied zu den Homerglossaren: „Per parafrasi infatti intendiamo una versione in prosa continua del testo omerico, la cui caratteristica decisiva è la indipendenza formale del testo, la sua leggibilità come discorso autonomo dotato di continuità e compiutezza grammaticale e sintattica: una interpretazione quindi che deve procedere in modo del tutto sistematico e non può permettersi di frantumare i propri elementi in singole parole o espressioni né di introdurre spiegazioni plurime e alternative. Essa è comunque ben aderente al testo, fino alla più stretta letteralità: la dettagliata corrispondenza biunivoca che intrattiene con esso è tratto distintivo rispetto al riassunto“[56]. Diese Definition mag somit die terminologischen Schwankungen vermeiden, die bei Glossaren auftraten, die den Homertext in dichter, aber nicht vollständiger Weise kommentierten[57]. Beide Arten wörtlicher Auslegung – die Erklärung einzelner Wörter und die Paraphrase – sind auch bei alexandrinischen Gelehrten weit verbreitete Methoden. Ihr Vorkommen neben exegetischen oder philologischen Kommentaren ist durch Papyruskommentare bezeugt[58]. Dieselbe Inhaltsart ist in rein homerischen bzw. poetischen Lexika enthalten, die sich in alphabetisch angeordneten Wörterlisten gliedern. Auch in diesem Fall ergeben weder die Stichwörter noch die Erklärungen einen fortlaufenden Text. Wenn in den Homerglossaren aber einerseits die Unstetigkeit der Erklärungen verhindert, einen fortlaufenden Text nachzuvollziehen, da man

---

[56] Montanari 1995, 80-81. Zu dem Unterschied zwischen Glossaren und Paraphrasen s. auch Montanari 2006; Fernández Delgado 2011, 4. Zu den homerischen Paraphrasen auf Papyrus s. Fernández Delgado 2011 und 2012.

[57] S. insbesondere den Fall von **001**. Aus verschiedenen Gründen (Übereinstimmung mit der sog. Psellos-Paraphrase, Dichte der Erklärungen, Hinzufügung der Artikel) wurde der Papyrus oftmals als Paraphrase bezeichnet. Dass hier **001** als Glossar statt Paraphrase erfasst ist, ist nicht nur aufgrund des Layouts und der Abwesenheit mancher Lexeis, sondern auch wegen der alternativen Erklärungen nahegelegt. Die Synonyme – selbst wenn sie selten vorkommen – zeigen, dass die Interpretamente kein ‘vertikaler’ Text in der Absicht des Schreibers waren. Ein weiterer Hinweis, der hierfür spricht, ist die *scriptio plena* der im Homertext elidierten Wörter (μυρία, ἄλγεα usw.), s. S. 101-102. Zu den verschiedenen Definitionen des Fragments und seinem Vergleich mit synoptisch angeordneten Paraphrasen s. Lundon 2007 und Fontanella 2021, 46-47 Anm. 51; in dem letzten Beitrag werden die Schwankungen der Begriffe für **001** mit derselben Schwankung verglichen, die auch für **005** nachgewiesen werden kann.

[58] S. z.B. P.Oxy. II 221 (TM 61125) und P.Oxy. VIII 1087 (TM 60508). Für die Ptolemäerzeit P.Oxy. VIII 1086 (TM 61148, 1. Jh. v.Chr.). Zu dem Austausch zwischen Hypomnemata und Lexika s. Montanari 1995, 84, Ucciardello 2006, 54ff. und unten, Kap. 3, S. 175-176.

ebenso wie in den Lexika sich auf die einzelnen Bestandteile des Textes konzentriert, hält andererseits die fortlaufende, dem Homertext folgende Anordnung eine engere Verbindung mit der kommentierten (wenn auch physisch separaten) homerischen Stelle aufrecht, deren Verständnis erleichtert wird. Nicht selten werden die Wörter im Lichte ihrer Verwendung an einer bestimmten Stelle erklärt. Doch bereits in den ersten Jahrhunderten der römischen Zeit wird deutlich, dass die Glossare sich zu immer eigenständigeren Texten entwickelt hatten. Denn obwohl der Iliastext und die Iliasglossare inhaltlich voneinander abhängig waren, konnte die physische Trennung nicht ohne Folgen bleiben[59].

Nicht nur der Inhalt, sondern auch die Form trägt zur Definition von Glossaren als einer bestimmten Textkategorie bei. Die grafische Gestaltung in zwei parallelen Reihen ist ebenso nicht auf Glossare beschränkt, sondern befindet sich auch in zwei anderen exegetischen Gattungen: den Lexika und den synoptisch gestalteten Paraphrasen.

Während der Unterschied zu den Lexika angesichts deren alphabetischer Anordnung eindeutig ist[60], erweist es sich als komplizierter, eine Grenze zwischen Homerglossaren und synoptisch angeordneten Paraphrasen zu ziehen[61]. Im Übrigen ist die graphische Anordnung bei Paraphrasen kein Unterscheidungsmerkmal, da sie in den Papyri mannigfaltig gestaltet zu sein scheinen. Sie können einen autonomen ohne den homerischen Text überlieferten Text bilden oder zwischen einem Vers und einem anderen eingefügt werden[62]. Zwischen dem Ende des 4. und dem 6. Jh. tauchen jedoch Fragmente auf, die die typische Anordnung des Glossars in zwei Reihen aufweisen; indem sie jedes Wort des Homertextes erklären, ergeben sie jedoch in der Kolumne der *interpretamenta* einen durchlaufenden Text. Beispiele dafür wären P.Cair. J.E. 45612, P.Vindob. Inv. Gr. 26221 und der noch unpublizierte P.Sorbonne Inv. 2088. Die ersten beiden Fragmente beziehen sich auf den ersten Ilias-Gesang, was aufgrund der auch sonst zu konstatierenden Dichte der Einträge zum ersten Gesang zu den

---

59 Zu der Folgen der autonomen Überlieferung der Glossare s. Kap. 2.

60 Zu den Typologien von lexikographischen Werken s. Dubischar 2015 (insb. 581ff.) und Tosi 2015, 622-36.

61 Diskussionen dazu befinden sich in Gallazzi 1986 und Lundon 2007.

62 Jeweils **031** und PSI XII 1276 (TM 61131). Zu homerischen Paraphrasen s. Bartoletti 1939, Fernández Delgado 2011 und 2012.

Schwierigkeiten bei der Bestimmung der Gattung beiträgt[63]. Das dritte Fragment kommentiert *Il.* 2. 45-57[64]. Diese Glossare befinden sich in den aktuellen Verzeichnissen der Homerglossare mit den Identifikationsnummer 007.1 (P.Cair. J.E. 45612), 021 (P.Vindob. Inv. Gr. 26221) und 022 (P.Sorbonne Inv. 2088). Der aus den Erläuterungen resultierende Text stellt eine ‘vertikale’ Paraphrase dar, und zwar einen durchlaufenden Text, dessen Elemente nicht fortlaufend in derselben Zeile stehen, sondern untereinander aufgeführt sind (s. Tafel XIII). Liest man die einzelnen Erklärungen Zeile für Zeile, ergibt sich eine Umschreibung des Homertextes in das geläufige Griechisch. Als Beispiel können wir den besser erhaltenen P.Cair. J.E. 45612 und die byzantinischen Paraphrasen zu *Il.* 1.43-44 (ὥϲ ἔφατ᾽ εὐχόμενοϲ, τοῦ δ᾽ ἔκλυε Φοῖβοϲ Ἀπόλλων / βῆ δὲ κατ᾽ Οὐλύμποιο καρήνων χωόμενοϲ κῆρ) zum Vergleich anführen[65].

**P.Cair. J.E. 45612 *recto* 1-11**

[ὥϲ ἔφατο˙ οὔ]τ̣ωϲ ε̣[ἶπε]

[εὐχόμενοϲ˙ .]υχομ̣[

[τοῦ δέ˙ τ]ο̣ύτ̣ου̣ [δέ]

[ἔκλυε˙ ]η̣κουε

[Φοῖβοϲ Ἀπόλλων˙ ὁ] κα̣[θα]ρ[ὸϲ καὶ | ἀμίαντο]ϲ̣ Ἀπό[λ]λ̣ω[ν]

[βῆ δέ˙ ἐ]πορεύθ̣η δ[έ]

[κατ᾽ Οὐλύμποιο] καρήνων˙ [ἀπὸ | τῶν ἀκρωτηρ]ίων τ̣ο̣ῦ Ὀλύμ̣[που]

[χωόμενοϲ˙ ὀ]ργιζό̣μ̣ε̣ν̣ο[ϲ]

**Paraphrase des Ps.-Psellos**
οὕτωϲ εἶπε προϲευχόμενοϲ, τούτου δὲ ὑπήκουεν ὁ καθαρὸϲ Ἀπόλλων. ἐξέβη δὲ τῶν ἀκρωτηρίων τοῦ Ὀλύμπου ὀργιζόμενοϲ τὴν ψυχήν.

**Moschopulos’ Paraphrase**
οὕτωϲ εἶπεν εὐχόμενοϲ, τούτου δὲ ἐπήκουϲεν ὁ Φοῖβοϲ Ἀπόλλων. κατέβη δὲ τῆϲ κορυφῆϲ τοῦ Ὀλύμπου ὀργὴν βαρεῖαν ἔχων κατὰ τὴν ψυχήν.

**Cod. Gazae**
οὕτωϲ εἶπεν εὐχὴν ποιούμενοϲ, τούτου δὲ ἐπήκουϲεν ὁ μαντικὸϲ Ἀπόλλων. κατέβη δὲ ἀπὸ τῶν τοῦ Ὀλύμπου ἀκρωτηρίων ὀργὴν βαρεῖαν ἔχων κατὰ τὴν ψυχήν.

---

[63] Dazu s. S. 82ff.

[64] Beschreibungen von P.Sorbonne Inv. 2088 sind in Gallazzi 1986 und Lundon 2007 verfügbar.

[65] Für P.Cair. J.E. 45612 folge ich der letzten Ausgabe des Papyrus (18.02.2008), die unter http://www.aristarchus.unige.net/Scholia/it-IT/Database/ViewInfo/50 verfügbar ist (zuletzt gesehen am 11.05.2022). Für Moschopulos’ Paraphrase der Ausgabe von Grandolini 1982; für die anderen byzantinischen Paraphrasen folge ich Ludwich 1885, 502.

[κῆρ˙ τὴ]ν ψυχ̣ή̣ν

**Ven. A**
οὕτως εἶπεν ὁ Χρύσης εὐχόμενος, τούτου δὲ τοῦ Χρύσου ἐπήκουσεν ὁ καθαρώτατος Ἀπόλλων. κατῆλθεν ἀπὸ τῶν ἐξοχῶν τοῦ Ὀλύμπου ὀργιζόμενος κατὰ τὴν ψυχήν.

**2** [ε]ὐχόμ̣[ενος] *vel* [προσε]υχόμ̣[ενος] **4** [ὑπ]ήκουε *vel* [ἐπ]ήκουε **11** *vel* [κατὰ τὴ]ν ψυχήν

Die resultierende Paraphrase stimmt stark mit der des Pseudo-Psellos überein. Die einzelnen Interpretamente von P.Cair. J.E. 45612 finden Entsprechungen sowohl in jedem der anderen Glossare[66] als auch in den D-Scholien. Dies ist nicht überraschend, da es, wie oben erwähnt, auf den Fluss von identischem Material durch verschiedene Arten von Kommentaren zurückgeführt werden kann. Leider umfasst kein anderes publiziertes Iliasglossar *Il.* 1.43-44, wo die Dichte der Worterklärungen zu erwarten ist[67]. Ein Vergleich sowohl mit Glossaren als auch mit byzantinischen Paraphrasen ist für P.Vindob. Inv. Gr. 26221 möglich und vielleicht erfolgreicher, da der Papyrus das Ende des Gesanges erklärt. Da die Reihe der *interpretamenta* aber beschädigt und lückenhaft ist, wird der Vergleich hier auf die vollständigere Erläuterung von *Il.* 1.610 (ἔνθα πάρος κοιμᾶθ’ ὅτε μιν γλυκὺς ὕπνος ἱκάνοι) beschränkt:

**P.Vindob. Inv. Gr. 26221** *verso* 5-9
[ἔνθα πάρος˙ ὅ]π̣ου πρὸ τ̣ο̣ύ̣τ̣ο̣υ̣
[κοιμᾶθ’˙] ἐκοιμᾶτο
[ὅτε μιν˙] ὅτε αὐτόν
[γλυκὺς ὕπνος˙] ὁ γλυκὺς ὕπνος
[ἱκάνοι˙] καταλαμβάνοι

**P.Colon. Inv. 2281** (= **016**) VIII 17-18
ἔνθα˙ ὅπου
πάρος˙ ἔμπροσθε

**Paraphrase des Ps.-Psellos**
ὅπου πρότερον ἐκοιμᾶτο, ὅτε αὐτὸν ὁ γλυκὺς ὕπνος κατελάμβανε

Aus dem Vergleich ergibt sich zunächst, dass die Dichte der ausgewählten Lemmata bei Iliasglossaren sich bereits am Ende des ersten Gesangs verringert, beim P.Colon. Inv. 2281 (hier **016)** nur zwei Wörter kommentiert. Die bis zu den letzten Zeilen des Gesanges beibehaltene Ausführlichkeit von P.Vindob. Inv. Gr. 26221 ist zumindest auffällig im Vergleich zu der üblichen

---

[66] **016** I 21 zu *Il.* 1.357: [ἔ]κλευε˙ ἐ[π]ή̣κ̣ουσε; **009** I 10-1 zu *Il.* 1.64: [Φοῖ]βος˙ ὁ καθαρὸς καὶ ἀμί|αντος.
[67] Auch die D-Scholien erklären tatsächlich alle betreffenden Wörter, aber geben in einigen Fällen mehr als ein einziges Synonym an.

allmählichen Verringerung der Zahl der Erläuterungen gegen Ende der Gesänge. Die prosaische Wiedergabe von P.Vindob. Inv. Gr. 26221 ergibt einen fortlaufenden Text, der die Wortfolge so eng wie möglich an den homerischen Text beibehält, ohne sie an die Bedürfnisse der Prosa anzupassen. Auch in der Paraphrase des Ps.-Psellos wird die Reihenfolge des Wortlautes so weit wie möglich gehalten[68]. Im Vergleich zu letzteren wird bei P.Vindob. Inv. Gr. 26221 mehr darauf geachtet, jedes epische Wort durch ein einziges gängigeres Wort zu ersetzten und grammatikalische Kategorien so weit wie möglich beizubehalten. Bei καταλαμβάνοι wird der Optativ bewahrt, während Ps.-Psellos den iterativen Aspekt durch κατελάμβανε zum Ausdruck bringt[69]. In ähnlicher Weise erklärt P.Cair. J.E. 45612 das von βῆ δὲ κατά ausgedrückte Herabsteigen des Gottes durch die Umschreibung einzelner Wörter entsprechend ihren grammatischen Kategorien, während es Ps.-Psellos auf das Verb ἐξέβη überträgt und somit die folgende Präposition nicht umschreibt[70]. Die Beibehaltung der grammatischen Form ist jedoch auch in Iliasglossaren zu sehen, die Vollständigkeit des Textes – oder besser gesagt „la dettagliata corrispondenza biunivoca“ zwischen dem Homertext und der Paraphrase – hingegen nicht[71]. Neben der inhaltlichen Vollständigkeit des Homertextes hat John Lundon folgende Unterschiede zwischen Homerglossaren und P.Vindob. Inv. Gr. 26221 festgestellt, die sich teilweise auch auf die beiden anderen Fragmente übertragen lassen[72]:

- Beibehaltung der Elision homerischer Wörter zwischen den Zeilen, während die Homerglossare die *scriptio plena* bei elidierten Wörtern aufweisen;
- Ausrückung (ἔκθεϲιϲ) des ersten Wortes des Verses;
- Markierung des Beginns des neuen Verses durch die Paragraphos.

Das Fehlen bzw. sporadische und unbeständige Auftreten dieser Merkmale in Homerglossaren legt nahe, dass sie nicht als charakteristische Merkmale der Gattung angesehen werden sollten. Darüber hinaus stellt die *scriptio plena* in

---

[68] Dieser Ansatz ist auch bei autonom überlieferten Paraphrasen in Papyri zu sehen: In **031** wird die Wortfolge geändert, um das Hyperbaton zu vermeiden; z.B. Τρωϲὶν ἐφ' ἱπποδάμοιϲιν (*Il.* 4.352) wird durch ἐπὶ τοῖϲ ἱππικοῖϲ Τρωϲί ersetzt.

[69] Die D-Scholien überliefern καταλάβοι, vgl. auch Bastianini 1980, 88.

[70] Berücksichtigt sei nochmal die Tabelle auf S. 19-20.

[71] S. oben, S. 17.

[72] Lundon 2007. Zu diesen Fragmenten s. auch Spooner 2002, 20-21; Fernández Delgado 2011, 40-43. Zu P.Vindob. Inv. Gr. 26221 s. auch Bastianini 1980, der bereits von einem „parafrasi continuativa“ spricht.

der Vielfalt der Erklärungsarten und -formen eines der beständigsten Merkmale von Glossaren dar[73]. Wie Lundon bereits merkte, ist sie nur in P.Cair. J.E. 45612 zu finden, bei dem es sich auch durch den Einfluss der Glossarform erklären lässt[74].

Bei Homerglossaren und synoptisch angeordneten Paraphrasen überlappen sich daher Inhalt und Form, weil die beiden Textsorten dasselbe Material enthalten und eine Mise en Page in zwei Reihen aufweisen. Hinzu kommt, dass nur drei Beispiele für solche Paraphrasen vorhanden sind. Aufgrund der begrenzten Anzahl an Textzeugnissen bleibt zweifelhaft, ob man bei den synoptisch angeordneten Paraphrasen nur anhand der Vollständigkeit des Textes von einer eigenständigen Homerica-Typologie sprechen sollte. Entscheidend ist aber das von John Lundon rekonstruierte Verfahren der Niederschrift für P.Vindob. Inv. Gr. 26221: ἐνδεῆϲ ἦν, das in dem intercolumnaren Raum zwischen Stichwörtern und Worterklärungen eingefügt ist, sei nicht eine zweite, sondern die einzige Erläuterung zu ἐδεύετο in *Il.* 1.602 (s. Tafel XIII). Die intercolumnare Position sei darauf zurückzuführen, dass die Erklärung zu dem vorherigen οὐδ' ἔτι θυμόϲ (οὐδέ τι θυμόϲ van Thiel) den für die Erklärung zu ἐδεύετο vorgesehenen Platz eingenommen hätte. Daher müsse der Schreiber gezwungen gewesen sein, die Umschreibung von ἐδεύετο in den freien Raum zwischen Lexeis und Metaphraseis zu verschieben. Das bedeutet aber auch, dass er die homerischen Stichwörter bereits untereinander geschrieben hatte, sonst hätte er auch das Lemma ἐδεύετο einfach um eine Zeile verschieben und die Erklärung in die zweite Kolumne setzen können.

Aus diesem Abschreibverfahren müsse man schließen, dass der Schreiber die Texte 'vertikal' abschrieb: zuerst den in Einzellexeis zerstückelten Homertext, vielleicht Vers für Vers, und danach die entsprechenden Worterklärungen. Auf diese Weise konnte er nicht immer den notwendigen Raum für Erklärungen vorhersehen. Die graphische Anordnung der Glossare zeigt, dass hier der Text hingegen 'horizontal' übertragen wurde, d.h. durch

[73] S. unten S. 101-102.

[74] Lundon 2007, 410: „The Cairo papyrus may simply have taken over another characteristic of scholia minora without losing its basic identity".

Abschreiben des Stichwortes und der entsprechenden Erklärung, bevor man zum nächsten Stichwort überging[75].

Trifft Lundons Rekonstruktion das Richtige, ergibt sich, dass die Erklärungen nicht nur einen durchgehenden Text ergeben – ein Umstand, der auch eine unabsichtliche Folge der Dichte der Lemmata sein könnte – sondern auch, dass sowohl der Homertext als auch die resultierende Paraphrase vom Schreiber selbst als einheitliche Texte betrachtet wurden. Wie in dem Fall von interlinearen Paraphrasen hätte man zwei nebeneinandergestellte Texte, den Homertext und die Paraphrase, die jedoch nicht Zeile pro Zeile, sondern in Kolumnen gegliedert werden. Bei dem Abschreibverfahren hätte der Schreiber erst die Kolumne des Homertextes und danach die der Paraphrase vervollständigt. Es liegt nahe, dass diese Unterschiede, auch wenn sie scheinbar geringfügig sind, eine Verschiedenheit der Verhältnisse zum Ausgangstext aufweisen und daher die beiden Textsorten nicht dieselben Ziele verfolgen. Anders als die in zwei Reihen gegliederten Paraphrasen ergeben die Interpretamente der Homerglossare keinen durchlaufenden Text, sondern bieten die Übersetzung ausgewählter und schwieriger Wörter. Die Paraphrase ersetzt hingegen vollständig den homerischen Text und stellt gleichzeitig die enge Verbindung mit ihm wieder her, die die Glossare nicht immer gewährleisten. Zu beachten ist außerdem, dass bei diesen Paraphrasen die Lexeis mit sich selbst übersetzt werden können[76]. Bei P.Cair. J.E. 45612 könnte die Erklärung von εὐχόμενος identisch mit der Lexis sein[77]. Bemerkenswert ist auch die Worterklärung dieses Papyrus zu *Il.* 1.45: [τόξα˙] τọ́ξọ[ν] (bzw. [τ]ọ̀ τọ́ξọ[ν]), die lediglich auf die metrische Anpassung des unnötigen Plurals verzichtet und es trotzdem für notwendig hält, das Wort zu umschreiben.

---

[75] Hinweise darauf sind die Raumgestaltung bei langen Erklärungen und bei interlinearen Hinzufügungen. S. z. B. **002** I 4a (zu *Il.* 1.1); hier hat der Schreiber sowohl die Lexis als auch die Erklärung nachträglich hinzugefügt.

[76] Siehe die Worterklärungen zu ὅτε μιν und γλυκὺς ὕπνος in der vorherigen Tabelle. Die Wiederholung der Lexis in der Reihe der Erklärungen in P.Vindob. Inv. Gr. 26221 ist bereits von Lundon 2007, 408 bemerkt worden.

[77] Gallazzi 1986, 7 bemerkt treffend, dass die Ergänzung [προσε]υχόμ̣[ενος] „sarebbe preferibile nel caso in cui il frammento portasse scholia minora, giacché sembra poco probabile che in un glossario il lemma εὐχόμενος fosse ripetuto identico nella colonna delle spiegazioni". Wenn es sich um eine Paraphrase handelt, wie hier angenommen wird, würde die Wiederholung der Lexis keine Probleme verursachen und eine Parallele in P.Vindob. Inv. Gr. 26221 finden.

Somit scheint die von John Lundon aufgeworfene Frage, ob diese Fragmente vielmehr eine besondere Art von in der Spätantike gängigen Paraphrasen darstellen, berechtigt. Außerdem könnte es auch kein Zufall sein, dass sie erst in der Spätantike auftreten. Ihr Vorkommen kann mit den in der Zeit zunehmenden Tendenzen in Verbindung gebracht werden, den Homertext in Einzellexeis zu zerstückeln und dichter zu erklären[78]. Die ermittelten Ähnlichkeiten des unveröffentlichten P.Sorbonne Inv. 2088 mit P.Cair. J.E. 45612 und P.Vindob. Inv. Gr. 26221 führen dazu, die drei Fragmente als Beispiel solcher in der Spätantike vorkommenden Paraphrasen zu betrachten, die eine Fortsetzung in den byzantinischen Paraphrasen hätte[79].

## V. Homerglossar- und Homerica-Verzeichnisse

Die Zunahme der publizierten Homerica hält bis heute an und erschwert zusammen mit anderen Aspekten die Anfertigung eines endgültigen und aktualisierten Verzeichnisses, das die Grundlage für eine derartige Untersuchung bilden könnte. Obwohl die Zusammenstellung eines Verzeichnisses für Glossare auf einer solideren Grundlage als für andere Kategorien von Homerica steht, ist sie nicht problemlos. Die Schwierigkeit, ein aktualisiertes Homerglossar-Verzeichnis abzufassen, schlägt sich auch in den bislang vorliegenden Versuchen einer Erfassung der Homerica nieder, die stets überprüft und aktualisiert werden sollte.

Aristide Calderini sammelte 1921 erstmals diese Dokumente, die er „commenti ‚minori‘ al testo di Omero“ nannte[80]. Im Jahr 1984 wurde ein neuer Katalog von Lucia Raffaelli veröffentlicht[81]. Ihre Untersuchung berücksichtigt auch verschiedene Merkmale der Homerglossare auf Papyrus und diente als Grundlage für die erste alphabetische Sammlung der Lexeis aus den papyrologischen Glossaren, die John Lundon 1999 publizierte[82]. Nach der Liste von Raffaelli sind zwei digitale Verzeichnisse von homerischen Glossaren vorgelegt worden. Das erste ist die Liste von

---

[78] Dazu s. S. 96 und 102.

[79] Die formale Gliederung der byzantinischen Paraphrasen unterscheidet sich jedoch. Zu den byzantinischen Paraphrasen s. Ludwich 1885, S. 481ff. und Bartoletti 1939; zur Psellos-Paraphrase Vassis 1991.

[80] Calderini 1921.

[81] Raffaelli 1984.

[82] Lundon 1999.

Homerglossaren im Rahmen des Projektes „Aristarchus" der von Franco Montanari geleiteten Arbeitsgruppe der Università di Genova; sie enthält heute 81 Glossare zur Ilias und 11 zur Odyssee[83]. Das zweite wurde von John Lundon zuerst 2008 verfasst und ist im Portal der Universität zu Köln verfügbar[84]; es wurde von Lundon stets aktualisiert und 2012 letzlich auf Trismegistos publiziert[85]. In dieser letzten Fassung zählt Lundon 82 Iliasglossare und 17 Odysseeglossare.

Aus dem Vergleich zwischen den vorhandenen Listen ergeben sich zwei wichtige Aspekte: erstens die exponentielle Zunahme der veröffentlichten Papyri, zweitens die fehlende Übereinstimmung zwischen den Listen[86]. Die Abweichung zwischen den Verzeichnissen ist nicht nur auf die mehr oder weniger erfolgte Aktualisierung, sondern auch auf die verschiedenen Abfassungskriterien zurückzuführen: die Behandlung von zur selben Rolle gehörenden Fragmenten, die Einbeziehung bzw. den Ausschluss von Homertexten mit *marginalia* und den Zweck, zu dem diese Listen erstellt worden sind. So kann Lundons Liste, deren Zweck in der alphabetischen Auflistung der Worterklärungen besteht, unveröffentlichte Fragmente nicht berücksichtigen, da für diese kein Text zur Verfügung stand.

Gewiss nehmen die Schwierigkeiten und Verwirrungen zu, je mehr Textsorten berücksichtigt werden. Diskrepanzen in den bestimmten Homerica-Typologien gewidmeten Listen verbreiten sich leicht in maßgeblichen digitalen Homerica-Verzeichnissen[87]. Sie stellen ein Hindernis

---

[83] http://www.aristarchus.unige.net/Scholia/it-IT/Database (zuletzt gesehen am 11.05.2022).

[84] http://www.uni-koeln.de/phil-fak/ifa/NRWakademie/Lundon/ScholiaMinora.html (zuletzt gesehen am 11.05.2022).

[85] https://www.trismegistos.org/dl.php?id=14 (Lundon 2012a). Zu den vorherigen Versionen s. *ibid.*, Lundons Einleitung.

[86] Das Problem der fehlenden Übereinstimmung ist von Montanari 2012, 3 schon betont worden.

[87]Die Aktuellsten sind in Computerdatenbanken verfügbar, vor allem der Mertens-Pack Datenbank, die alle Typologien von Homerica enthält und es ermöglicht, eine diesbezügliche Untersuchung durchzuführen: http://cipl93.philo.ulg.ac.be/Cedopal/MP3/dbsearch_en.aspx. Hier sind 203 Homerica aufgelistet (zuletzt gesehen am 28.04.2022), obwohl einige von diesen eher Homerfragmente sind: vgl. z.B. P.Oxy. LIX 3963 (TM 60562, $MP^3$ 1232.010). Zu den Homerica in dieser Datenbank s. auch Colomo/De Kreij 2019, 10, die 181 Homerica zählen. Der ursprünglich von Dana S. Sutton erstellte Katalog Homer & the Papyri (früher http://www.stoa.org/homer/homer.pl) scheint online nicht mehr zugänglich zu sein; zu diesem s. Reggiani 2017, 85-86. Ein auf der Basis von Sutton erstelltes Homerica-Verzeichnis, das 142 Beispiele enthält, ist in West 2001, 130-136 verfügbar. Ebenfalls nicht mehr in Betrieb ist der Catalogue of Paraliterary Papyri (CPP).

bei der tiefergehenden Erforschung der Homerglossare und Homerica dar. Außerdem spielt in den Gesamtkatalogen die schwankende Terminologie eine wichtige Rolle, da die Beschreibungen der Fragmente oft aus den Titeln der Publikationen stammen[88]. Der bereits erwähnte Fall von P.Amh. II 19 **(050)** sei hier nochmal vorgeführt. Da das Glossar in der *editio princeps* als „homeric lexikon" definiert wurde, lautet die Beschreibung in Mertens-Pack „lexique", obwohl die kommentierte Stelle der Ilias neben der Definition angegeben ist; im Gegensatz dazu steht in der Leuven Database of Ancient Books „glossary"[89]. Unpräzise Beschreibungen des Inhaltes der Papyri, die Nutzung einer uneinheitlichen Terminologie und Inkongruenzen mit anderen Verzeichnissen sind in den allgemeinen Homerica-Verzeichnissen nicht selten anzutreffen. Angesichts des ausgiebigen Materials ist die Simplifizierung des Inhalts in den allgemeinen Verzeichnissen begreiflich und schwer zu vermeiden. Das Listenproblem ist aber erheblich. Wie Montanari feststellt[90], sind solche Listen in der homerischen Papyrologie ein grundlegendes Werkzeug der Arbeit. Die Konzentration auf die einzelnen Texttypologien ermöglicht daher erstens die Eingrenzung des Materials sowie zweitens, festzustellen, welche Merkmale die Zuordnung zu der einen oder anderen Typologie bestimmen.

Ein neues Homerglossar-Verzeichnis sollte daher nicht nur aktualisiert, sondern auch in seinen Kriterien definiert werden. Aufgrund des oben erwähnten Listenproblems wird es auch nicht sinnlos sein, die Unterschiede zu den bereits vorhandenen Verzeichnissen zu verdeutlichen.

## VI. Zu dem vorliegenden Iliasglossar-Verzeichnis

Die vorherigen Darlegungen legen nahe, dass die Diskrepanz der Verzeichnisse auf verschiedene Gründe zurückzuführen ist. Deswegen ist es notwendig, die Kriterien der Sammlung und die Behandlung von aus mehreren Fragmenten bestehenden Glossaren festzulegen. Diese Kriterien lassen sich nicht immer *a priori* festlegen, sondern müssen in manchen Fällen

---

88 Wenn man in der Mertens-Pack-Datenbank eine Suche nach Homerica durchführt, kann man feststellen, dass verschiedene Homerica-Typologien unter demselben Begriff genannt werden oder dass, umgekehrt, derselben Textsorte angehörende Texte auf vielfältige Weise definiert werden; vgl. auch oben, Anm. 54.

89 https://www.trismegistos.org/ldab/index.php (zuletzt gesehen am 11.05.2022).

90 Montanari 2012, 9.

an die Art der Dokumentation und den Stand der Forschung angepasst werden. Im Folgenden wird zunächst die Aktualisierung der Liste begründet und verdeutlicht. Anschließend werden ihre Kriterien bestimmt.
Dass diese Homerica-Typologie einer ständigen Aktualisierung bedurft, war schon ab den frühesten Sammlungen ersichtlich. Während Aristide Calderini in 1921 elf Dokumente dieser Art zählen konnte, zählte Albert Henrichs fünfzig Jahre später 42. Einen ausgiebigen Anstieg verzeichnete später das im Jahr 1984 veröffentlichte, bis 1982 aktualisierte Verzeichnis von Lucia Raffaelli, die 59 Glossare zur Ilias und 10 zur Odyssee zählte. Die Zahl der veröffentlichten Homerglossare auf Papyrus ist daher im Laufe des letzten Jahrhunderts stark gestiegen und steigt kontinuierlich weiter an, wie die digitalen Verzeichnisse zeigen[91]. In weniger als zehn Jahren (2012-2021) wurden sieben Iliasglossare veröffentlicht. Das neueste veröffentlichte Iliasglossar in der folgenden Liste ist P.Messeri 12 (hier **047.1**), das Anfang 2021 erschienen ist. Darüber hinaus sind weitere unveröffentlichte Stücke bekannt geworden. Gewiss handelt es sich um nicht unbedeutende Zahlen, besonders wenn man die enge zeitliche Spanne in Betracht zieht. In den letzten vierzig Jahren, und zwar seit Lucia Raffaellis Liste, ist die Dokumentation der Iliasglossaren um mehr als die Hälfte gestiegen[92].

Überblick die Zunahme an Homerglossaren über einen Zeitraum von 50 Jahren

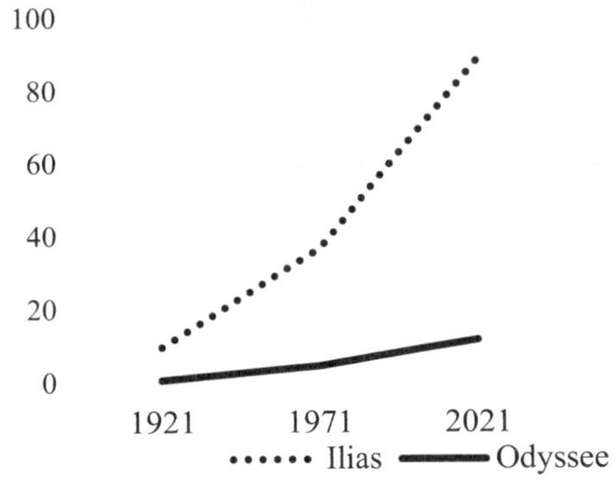


- 1921 → 11 (10 *Il.*, 1 *Od.*)
- 1971 → 42 (37 *Il.*, 5 *Od.*)
- 1984 → 69 (59 *Il.*, 10 *Od.*)
- **2021 → 100** (90 *Il.*, 10 *Od.*)

[91] Zu der steigenden Zahl vgl. Raffaelli 1984, 146; weiterhin Montanari 2012, 3, der bereits die Zunahme der Dokumentation um ein Drittel in ca. 25 Jahren konstatierte.

[92] Zu beachten ist, dass die vorliegende Liste 4 Papyri ausschließt, die in der Liste von Raffaelli enthalten sind: P.Berol. Inv. 9960 (Raffaelli 029, TM 60307) und P.Vindob. s.n. (Raffaelli 032, TM 61266), beide schon von Raffaelli mit einem Fragezeichen gekennzeichnet, s. unten S. 29; ferner P.Vindob. Inv. Gr. 26221 und P.Sorbonne Inv. 2088, die hier ausgeschlossen werden.

Viele Fragmente warten noch auf eine Veröffentlichung. In dem vorliegenden Register werden alle mir bekannten unveröffentlichten Iliasglossare aufgeführt und durch einen Asteriskus gekennzeichnet[93]. Unter diesen waren einige bereits Lucia Raffaelli bekannt und sind in ihrer Liste schon enthalten (***007** und ***008**). Für einige ist keine andere Information verfügbar als der Gesang, auf den sie sich beziehen; somit haben sie nur statistischen Wert. Ausführlichere Informationen sind für ***021.1** und ***058.1** dank der Mitarbeit der zukünftigen Herausgeber verfügbar[94].

Von dieser Liste sind *marginalia* enthaltende Homerfragmente ausgeschlossen[95], während aus derselben Rolle stammende Fragmente zusammen unter einer Nummer aufgelistet werden. Die Vereinheitlichung hat ihre Vorteile in der größeren Genauigkeit statistischer Auswertungen, z.B. hinsichtlich der zeitlichen und geographischen Verteilung der Dokumente. Dieses Kriterium findet eine Ausnahme in den Berliner Wachstafeln (hier **048**, **052**, **053**, **054**), die zu demselben Polyptychon gehören. Dafür gibt es zwei Gründe. Der erste ist die Tatsache, dass eine vollständige Edition der Tafeln noch nicht verfügbar ist[96]; der zweite ist die besondere Natur des Objekts[97]. In ihrem jetzigen Zustand zeigen die Tafeln mehrere Beschreibungsphasen, deren Abfolge sich nicht ohne Schwierigkeiten rekonstruieren lässt. Drei dieser Tafeln scheinen auf einer Seite für das Schreiben eines grammatikalischen Textes wiederverwendet worden zu sein, wohingegen eine (**053**) wahrscheinlich die Überreste einer primären Verwendung auf einer Seite beibehalten hat. Angesichts der besonderen Natur des Polyptychons und des Unterschieds in Inhalt und Richtung der Texte scheint es sinnvoll, die separate Nummerierung der bisherigen Kataloge beizubehalten.

---

[93] Ich bedanke mich bei Serena Perrone, die mir die Fragmente ***056.2**, ***056.3**, ***058.01** und ***060.1** bekanntgemacht hat, und bei Chiara D'Agostino, die mich über das Fragment ***003.1** informiert hat.

[94] Jean-Luc Fournet und Chiara D'Agostino, denen ich für die mitgeteilten Angaben danke.

[95] Iliaspapyri mit *marginalia* sind folgende Fragmente in Lundons Liste: P.Ant. III 158 (TM 60888); P.Berol. Inv. 11761 (TM 60400); P.Oxy. III 445 (TM 60674); P.Oxy. IV 685 (TM 60574); P.Oxy. IV 770 (TM 60418). Aus demselben Grund ist das unpublizierte 055.1 des Aristarchus-Verzeichnisses (P.Berol. Inv. 13230, TM 61029) ausgeschlossen.

[96] Die vollständige Edition der Berliner Tafeln ist in Vorbereitung, s. Montanari/Muratore/Reiter 2012 und Katalog, S. 299-301.

[97] Dazu s. Kapitel 1, S. 46f.

Wie oben gesagt, befinden sich in den bisherigen Katalogen auch P.Cair. J.E. 45612, P.Vindob. Inv. Gr. 26221 und P.Sorbonne Inv. 2088, die zur Typologie der in zwei Reihen angeordneten Paraphrasen zu gehören scheinen (s. oben). Das Verhältnis, das diese Dokumente zum Ausgangstext haben, scheint im Vergleich zu Iliasglossaren abzuweichen. Trotz der Notwendigkeit, die Kategorisierungen angesichts des fragmentarischen Charakters der Dokumentation flexibel zu halten, erschien es sinnvoll, diese Texte von den Iliasglossaren *stricto sensu* gesondert zu halten.
Bereits von Lucia Raffaelli mit einem Fragezeichen versehen und von den jüngsten Katalogen bereits ausgeschlossen ist das Fragment P.Berol. Inv. 9960, das ein Beispiel für ein ptolemäisches ὑπόμνημα darstellen würde[98]. Ausgeschlossen ist ebenso P.Vindob. s.n., der als Paraphrase zu Buch 4 der Ilias beschrieben wurde, aber nun verloren gegangen ist[99].

Die Unterschiede zu den online verfügbaren Listen sind in der folgenden Tabelle zusammengefasst. Unter den Ausschlüssen stehen auch die gesonderten Paraphrasen. In der Kolumne „Fragmente aus derselben Rolle“ werden die in der jeweils links davon befindlichen Referenzliste separat betrachteten und hier hingegen zusammengefassten Fragmente eingefügt: Da P.Oxy. XLIV 3158 und P.Yale II 127 (hier **038**) bereits in der Aristarchus-Liste zusammen aufgeführt sind, wird in der betreffenden Kolumne nur P.Palau.Rib.Lit. I 8 + P.Köln Inv. 2281 (hier **013+016)** erwähnt[100].
Zu den Neuerscheinungen müssen ferner unveröffentlichte Texte eingefügt werden, die in der folgenden Tabelle nicht aufgelistet sind. Sie werden in dem Verzeichnis und in dem Katalog durch den Asterisk gekennzeichnet.

---

[98] Lundon 2013, der das Fragment für einen Kommentar aus dem 3. Jh. v.Chr hält, aber nicht völlig ausschließt, dass es ein σύγγραμμα sein könnte; s. aber auch Colomo/De Kreij 2019, 10 Anm. 4, die an eine Paraphrase denken.
[99] Dazu Raffaelli 1984, Nr. 032 mit Bibliographie. Dieses Fragment ist im Aristarchus-Katalog aufgelistet.
[100] Zu der Vereinigung dieser Fragmente s. Lundon 2012, bes. 197 Anm. 16.

| | Ausschlüsse | Fragmente aus derselben Rolle | Neuerscheinungen |
|---|---|---|---|
| Aristarchus | P.Cair. J.E. 45612, P.Vindob. Inv. Gr. 26221, P.Sorbonne Inv. 2088, P.Vindob. s.n., P.Berol. Inv. 13230 | **013+016** | **007.2, 011.2, 025.01, 037.1, 037.2, 045.1, 047.1, 056.1** |
| Lundons *Scholia Minora* | P.Cair. J.E. 45612, P.Vindob. Inv. Gr. 26221, P.Ant. III 158, P.Berol. Inv. 11761, P.Oxy. III 445, P.Oxy. IV 685, P.Oxy. IV 770. | **011, 013+016, 038** | **007.2, 011.2, 025.01, 037.1, 037.2, 047.1, 056.1** |

Der angehängte Katalog (S. 274ff.) bietet die Grundangaben der Papyri: Material, Größe, Datierung, Herkunft, Form, Verwendungskontext, Inhalt, Editionen und Abbildungen der Fragmente[101]. Das vollständige Verzeichnis der Iliasglossare auf Papyrus ist am Ende der Untersuchung synoptisch dargeboten (S. 306-308). In den folgenden Ausführungen werden die Papyri mit der im Verzeichnis vorkommenden Identifikationsnummer zitiert. Um die Kontinuität mit den früheren Listen zu gewährleisten, werden hier die seit Raffaellis Liste verwendeten Identifikationsnummern beibehalten. Dies bewirkt, dass die Fragmente und die zugehörigen Informationen leichter gefunden werden können.

Die Identifikationsnummern laufen entsprechend dem kommentierten Gesang fort. Neuere veröffentlichte Fragmente werden durch eine zusätzliche Nummer nach dem Punkt eingefügt, entsprechend der bereits in der Aristarchus-Datenbank gängigen Praxis.

[101] Es wurde darauf verzichtet, die vollständige Bibliographie für einzelne Papyri einzubeziehen, wenn es sich nicht um eine vollständige Edition handelt. Natürlich sind die zahlreichen Forschungen über paraliterarische Papyri und Beiträge, in denen neue Lesungen, Ergänzungen und Kommentare zu den Glossaren vorgeschlagen wurden, von großer Bedeutung und gehören zusammen mit den Editionen zur Hauptbibliographie dieses Werks. Die Aufnahme im Katalog sowohl dieser Beiträge als auch der Studien über paraliterarische Texte, die aus verschiedenen Gründen Glossare zitieren, hätte jedoch zu einem hypertrophen Wachstum der Bibliographie und zu einer übermäßigen Belastung des Katalogs geführt, dessen Grenzen überschritten werden würden.

# ERSTES KAPITEL: DIE PAPYROLOGISCHE DOKUMENTATION

## 1.1 Zeitliche und geographische Verteilung der Iliasglossare

Die untersuchte papyrologische Dokumentation umfasst ungleichmäßig den Zeitraum vom 1. bis zum 7. Jh. n.Chr. Abgesehen von dem Glossar **056**, das zwischen dem Ende des 1. Jhs. v.Chr. und dem Anfang des 1. Jhs. n.Chr. datiert wurde[102], gibt es kein Iliasglossar vor der römischen Zeit.
In der folgenden Übersicht der zeitlichen Verteilung sind neun unveröffentlichte Fragmente (***003.1**, ***006.1**, ***007**, ***008**, ***025.5**, ***056.2**, ***056.3**, ***058.01**, ***060.1**) ausgeschlossen, für die keine sichere Datierungsangabe getroffen werden kann. Die Datierung der informellen Hände der Iliasglossare ist insbesondere bei kleinen Fragmenten nicht unproblematisch (z.B. **006** und **020**). Zweifelsfälle sind in der folgenden Tabelle mit einem Fragezeichen gekennzeichnet. In der letzten Spalte wird die Gesamtsumme angegeben[103].

Zeitliche Verteilung

| **Jh.** | **Hälfte** | | | | | | | | | |
|---|---|---|---|---|---|---|---|---|---|---|
| 1.ex. v.Chr. / 1.in. n.Chr. | | 056 | | | | | | | | 1 |
| 1. | | 012.1 | 021.2 | 028 | 046 | | | | | 4 |
| 1./2. | | 002 | 025.01 | 034 | 045 | | | | | 4 |
| 2. | 1. | 017.1 | 030 | | | | | | | 2 |
| 2. | | 005 | 012 | 017 | 018.1 | 020 ? | 022.1 | 023 | 025 | |
| | | 026 | 048 | 052 | 053 | 054 | 056.1 | 060 | | 15 |
| | 2. | 011 | 037.2 | 043 | 055 | 057 | | | | 5 |

---

[102] Für die neue Datierung s. Colomo 2018. Der Erstherausgeber ordnete das Fragment dem 2. bzw. 3. Jh. n.Chr. – wahrscheinlich im Lichte seiner Herkunft – zu; s. Colomo 2018, 75.

[103] Von Raffaellis Liste abweichende Datierungen betreffen folgende Papyri: Der Codex **027**, den Turner 1977, 111 Nr. 203 dem 6. Jh. zuschrieb, wird jetzt von Fournet 1999, 95 zwischen Ende des 4. und Anfang des 5. Jhs. datiert. Er ist aber lange Zeit benutzt worden, wie die dem 6. Jh. zuzuordnenden Hände zeigen. Für die Datierung von **042** folge ich Crisci 2000, 8 Anm. 16. Für **044** wurde von Del Corso 2015, 177 eine neue Datierung ins 6. Jh. statt ins 7. vorgeschlagen, die hier angenommen wird. Für die Datierung von **036** folge ich der des ersten Herausgebers (3./4. Jh.; Raffaelli 1990 dagegen schlägt das 2. Jh. vor). Zur Datierung von **013+016** Lundon 2012, 196 mit Anm. 10; zu **056** s. Anm. 102.

| | | | | | | | | | |
|---|---|---|---|---|---|---|---|---|---|
| **2./3.** | 007.2 | 009 | 010 | 011.2 | 013+016 | 025.3 | 025.4 | 027.1 | |
| | 027.2 | 031 | 037.1 | 038 | 049 | 058.1 | 059 | | 15 |
| 1. | 015 | 018 | 021.1 | 035 | 040.1<br>? | 045.1 | | | 6 |
| **3.** | 004 | 006 ? | 014 | 016.1 | 019 | 024 ? | 025.1 | 025.2 | |
| | 040 | 041 | 051 | | | | | | 11 |
| 2. | | | | | | | | | |
| **3./4.** | 003 | 009.1 | 016.2 | 036 | 037 | 058 | | | 6 |
| **4.** 1. | 033 | | | | | | | | 1 |
| | 039 | | | | | | | | 1 |
| **4./5.** | 027 | 047 | | | | | | | 2 |
| **5.** | 001 | 020.1 | | | | | | | 2 |
| **5./6.** | 029.1 | | | | | | | | 1 |
| **6.** | 044 | 047.1 | | | | | | | 2 |
| **6.ex./7.** | 042 | | | | | | | | 1 |
| **7.** | 011.1 | 050 | | | | | | | 2 |

Im Jahr 1984 wies Lucia Raffaelli bezüglich der Homerglossare auf zwei Haupttendenzen in der chronologischen Verteilung hin[104]: erstens auf die Zeitkonzentration der Homerglossare im 2. und 3. Jh.; zweitens auf eine gewisse Zunahme zwischen dem 5. und 7. Jh., die der im 4. Jh. abnehmenden Tendenz gegenübersteht. Die mehr als dreißig Papyri, die nach ihrer Untersuchung veröffentlicht wurden, ändern das Bild nicht. Die Mehrzahl der neuen Urkunden wird zwischen dem 2. und 3. Jh., nur zwei neue Iliasglossare (**009.1** und **016.2**) zwischen dem 3. und 4. Jh., und beide nicht später als die erste Hälfte des 4. Jhs. datiert. Der Anteil der aus dem 2. und 3. Jh. entstammenden Iliasglossare steigt damit von den bei Lucia Raffaelli verzeichneten 60% auf 66,6%. Ebenso ist eine Zunahme der Dokumentation nach dem 5. Jh. zu verzeichnen, zu denen nun vier neue Fragmente (**011.1**, **020.1**, **029.1**, **047.1**) gehören. Ein gewisser Anstieg ist auch für die ersten beiden Jahrhunderte der römischen Zeit zu registrieren, zu denen nun die Fragmente **012.1**, **021.2** und **025.01** dazuzurechnen sind. Schließlich stellte Lucia Raffaelli fest, dass nur wenige Dokumente der ersten Hälfte des 2. bzw.

[104] Vgl. Raffaelli 1984, 155ff.

der zweiten Hälfte des 3. Jhs. zugeordnet werden konnten. Daher schlug sie vorsichtig vor, die höchste Zeitkonzentration der Iliasglossare zwischen der zweiten Hälfte des 2. und der ersten Hälfte des 3. Jhs. weiter einzugrenzen. Diese Vermutung wird durch die neuen Veröffentlichungen bestätigt: Von 20 neuen Papyri, die dieser Periode zugeschrieben werden können, wird nur einer (**017.1**) in die erste Hälfte des 2. Jh., keiner in die zweite Hälfte des 3. Jh datiert[105]. In diese Richtung gehen auch die genaueren Datierungen von **011** und **013+016**, die dank der aus den Vorderseiten gewonnenen Daten präziser gegen das Ende des 2. Jh. bzw. Anfang des 3. Jh. datiert werden konnten.

Von einigem Interesse dürfte auch die Herkunft der Fragmente sein, obwohl oft keine Informationen darüber aufbewahrt werden. Hierzu kann man alle Fragmente in der Liste in Betracht ziehen. Informationen zur Herkunft sind für ca. 56% der Dokumente verfügbar (obwohl sie nicht immer schlüssig sind). Davon stammen die meisten aus Oxyrhynchus (ca. 63%); an zweiter Stelle steht der arsinoitische Gau (25,5%). Umstritten ist die Herkunft von **001**. Sowohl der Arsinoites als auch Panopolis kämen in Frage. Als Wilcken **001** zusammen mit einer Gruppe von Achmîm-Papyri publizierte, merkte aber er, dass das betreffende Fragment sich „in der Faijumer Sammlung des Berliner königlichen Museums" befand[106]. Schließlich stammen einige Glossare aus Antinoupolis (**019**, **056**), Panopolis (**003**), Aphrodito (**027**[107]) und Dura Europos in Syrien (**030**). Was die Fragmente aus dem Arsinoites anbelangt, ist gelegentlich die Herkunft aus bestimmten Dörfern bekannt. Sie sind in der folgenden Tabelle in Klammern angegeben, während eine unsichere Herkunft ebenso mit einem Fragezeichen gekennzeichnet wird[108].

---

[105] Zur Datierung von **058** s. hier die Neuedition.

[106] Wilcken 1887, 816; so auch Martin/Primavesi 1999, 45, Anm. 5. De Robertis 2013, 211 Anm. 23 listet **001** unter die Fragmente panopolitanischer Herkunft mit Fragezeichen.

[107] Dazu Fournet 1999, 87-88.

[108] Die Herkunft aus Tebtynis wird in der Edition von **044** als sicher angegeben. Trotzdem merken Harrauer/Worp 1993 und später auch Del Corso 2015, 177 an, dass sich keine literarischen Papyri aus Tebtynis nach dem 3. Jh. ermitteln lassen. Mir scheint die letztgenannte Tatsache allein kein Grund dafür, die Herkunftsangabe zu bezweifeln. vgl. auch van Minnen 1998, 166 und 179, der vermutet, dass dieses Glossar aus dem auf den Ruinen des Dorfes errichteten Klosterkomplex stammen könnte. Zur Herkunft von **020** s. Gallazzi 1990; anders Cribiore 1996 (Narmouthis). Zur Herkunft von **039** s. Kenyon 1893, 195. Papyri mit benachbarten Inventarnummern, die aus demselben Ankauf stammen, lassen

**Oxyrhynchus**

| | | | | | | | | |
|---|---|---|---|---|---|---|---|---|
| **1. Jh.** | 021.2 | | | | | | | |
| **1./2. Jh.** | 045(?) | | | | | | | |
| **2. Jh.** | 018.1 | 022.1 | 025 | 060(?) | 057 | | | |
| **2./3. Jh.** | 007.2(?) | 009 | 013+016 | 025.3 | 025.4 | 027.1 | 027.2 | 038 |
| **3. Jh.** | 004 | 015 | 016.1 | 018 | 025.1 | 025.2 | 041 | |
| **3./4. Jh.** | 016.2 | | | | | | | |
| **4. Jh.** | 033 | | | | | | | |

Unveröffentlichte Papyri aus Oxyrhynchus: ***003.1**, ***007**, ***008**, ***021.1**, ***056.2**, ***056.3**, ***058.01**, ***060.1**.

**Arsinoites**

| | | | |
|---|---|---|---|
| **1 Jh.** | 028 (?) | | |
| **2. Jh.** | 005 (Theadelphia?) | 020 (Tebtynis) | 043 |
| **2./3. Jh.** | 010 (Narmouthis) | | |
| **3. Jh.** | 014(?) | 040(?) | 040.1(Soknopaiou Nesos?) |
| **3./4. Jh.** | 058 (Philadelpheia?) | | |
| **4. Jh.** | 039 | | |
| **5. Jh.** | 020.1 | 001 | |
| **6. Jh.** | 044 (Tebtynis) | | |

Die zeitliche Verteilung der Texte entspricht derjenigen, die für literarische und paraliterarische Texte im Allgemeinen bereits festgestellt worden ist[109]. Amphilochios Papathomas' Analyse der Papyri „scholiographischen Inhalts“[110], die auch vierundzwanzig Iliasglossare umfasste, kam zu ähnlichen Ergebnissen[111]. Berührungspunkte mit seinen Feststellungen finden sich in der Vorrangstellung der Kaiserzeit, während derer die

die Vermutung zu, dass **028** aus dem Arsinoites stammt, s. Essler 2021, bes. 301. Zur Herkunft von **011** s. Katalog.

[109] Krüger 1990, 147-152 für die literarischen Papyri aus Oxyrhynchus; McNamee 1981, 84-85 für die von mehreren Händen revidierten Papyri.

[110] Ich setze hier Anführungszeichen, weil die in den Papyri enthaltenen Kommentare von Papathomas 2003 als Scholien bezeichnet sind, eine Definition, die ich in der vorliegenden Arbeit vermeide, s. S. 10f.

[111] Papathomas 2003, 259-262.

philologische Tätigkeit und Auseinandersetzung mit klassischen Texten am intensivsten gewesen zu sein scheinen. Nach der allgemeinen Abnahme im 4. Jh. lässt sich ein wachsendes Interesse zwischen Ende des 4. und dem 7. Jh. für die Iliasglossare beobachten, was der von Papathomas verzeichneten Zunahme im 5. Jh. entspricht[112].
Wie auch die Daten über die zeitliche Verteilung bestätigen die Herkunftsangaben die ungleichmäßige geographische Verteilung der literarischen und paraliterarischen Texte im Allgemeinen, bei der Oxyrhynchus und der arsinoitische Gau die erste Stelle einnehmen[113]. Da knapp die Hälfte der Dokumente unbekannter Herkunft ist, kann der statistische Wert der angeführten Angaben nur relativ sein. Mehr Bedeutung kann auf die Verbreitung der Glossartypologie gelegt werden. Aus der außerägyptischen Stadt Dura Europos kommt nämlich ein Iliasglossar zu dem 4. Gesang (**030**), das wahrscheinlich *in loco* hergestellt wurde[114]. Obwohl die Lesung des Textes durch den Zustand des Fragments erschwert wird, entspricht die Gliederung des Textes in zwei Reihen derjenigen, die unter den homerischen Glossaren ägyptischer Herkunft am häufigsten zu finden ist[115]. Schon vor der Identifikation als Iliasglossar bemerkte der erste Herausgeber, dass das Pergamentfragment als Zeugnis der Ausbildung der Griechen im östlichen Mittelmeerraum zu betrachten war[116]. Das Zeugnis gibt trotz seines isolierten Charakters guten Grund zur Annahme, dass Texte dieser Art in den Städten des Reiches weit verbreitet gewesen sein dürften und dass ihre Mise en Page als charakteristisches Merkmal der Texttypologie unverändert blieb. Dass Homer wie auch Herodot und Appian in der militärischen Umgebung von Dura Europos gelesen wurden[117], stellt einen weiteren Anhaltspunkt zugunsten der These von Papathomas dar, nach der die philologische Aktivität auch in anderen ägyptischen Zentren – und im Fall von

---

[112] Papathomas 2003, 261-262: „Erstaunlich wirkt in dieser Statistik die hohe Anzahl von dreizehn Texten aus dem 5. Jh. n.Chr., da dieses Jh. eine Zeit ist, aus der man insgesamt vergleichsweise wenige Papyri hat". Zu ähnlichen Ergebnissen kommt Cribiore 2007, 48 für die Schulpapyri.
[113] Papathomas 2003, 262-263.
[114] Crisci 1996, 149.
[115] Zu der Mise en Page von **030** vgl. Menci 2019; im Allgemein s. S. 65ff.
[116] Einleitung zur Erstedition **030**; die Bedeutung des Zeugnisses in dieser Umgebung wird besonders von Menci 2019 unterstrichen.
[117] Jeweils P.Dura 1 (TM 60015) und P.Dura 2 (TM 59208). Diese Papyri und **030** wurden bei der Mauer an der Westseite vom Block L7-L8 gefunden, wie die Mehrzahl von Papyri literarischen Inhalts. Zu dem Haus L7 s. Bellucci 2016.

Iliasglossaren auch in syrischen Zentren wie Dura Europos – ansehnlich gewesen sein musste[118], und zwar wo immer es eine Gemeinschaft von einiger Bedeutung gab, in der ihre Einwohner die griechische Kultur als ihren Identifikationspunkt ansahen. Eine gewisse Verbreitung von Glossaren auch in arsinoitischen Dörfern muss ferner beachtet werden. Die Anzahl der erhaltenen Papyri scheint im Arsinoites auf eine ausgedehnte literarische Kultur auch in den Dörfern hinzuweisen[119].

Eine besondere Bemerkung verdient das völlige Schweigen der Quellen für die ptolemäische Zeit. Dass die Erklärung homerischer γλῶccαι eine der ältesten Form der Homererklärung ist, ist längst anerkannt worden[120]. Homerische Glossen spielten eine bedeutende Rolle in der antiken Glossographie, die als Vorstufe der Lexikographie gilt[121]. Seit der archaischen Periode hat man indirekte Hinweise für die Beschäftigung der Gelehrten und Dichter mit homerischen Wörtern und Auslegungen[122]. Das berühmte Fragment 233 K.–A. aus Aristophanes' Δαιταλῆc (427 v.Chr.) bestätigt das Erlernen der Ὁμήρου γλῶτται als Teil der traditionellen Ausbildung (ἀρχαία παιδεία) im 5. Jh. v.Chr. Hier bittet der Vater seinen Sohn, die homerischen Wörter zu erklären: „Erkläre dann die Ὁμήρου γλῶτται: Was bedeutet κόρυμβα? Was bedeutet ἀμενηνὰ κάρηνα?" [123]. In seinen Φοινικίδηc machte sich der Komiker Straton (um 300 v.Chr.) lustig über einen Koch, der homerische Wörter für gewöhnliche Dinge gebraucht

[118] Papathomas 2003, 284-285.

[119] Papathomas 2003, 263 bemerkt, dass die philologische Tätigkeit sich hauptsächlich in den Gaumetropolen konzentrierte. Unter Vorbehalt der geringen Menge von Herkunftsangaben scheint die Auseinandersetzung mit dem Homertext im Arsinoites geographisch verteilt zu sein. Zu dem sozialen Kontext und der literarischen Kultur der arsinoitischen Dörfer s. van Minnen 1998. Zu den Gründen für den reichen Bestand an literarischen Texten aus den Arsinoites-Dörfern im Vergleich zu denen in anderen Gauen s. *ibid.*, 102-103.

[120] Henrichs 1971, 99ff.; Pfeiffer 1978, 28; Latte 1925, 148ff.; Montanari 1993, 259; Latacz in BK, *Prolegomena*, 3ff.; Novokhatko 2020.

[121] Zu den Anfängen der Glossographie und zu der Geschichte der Lexikographie s. Tolkiehn 1925; Tosi 1994; Degani 1995, 505-507; Alpers 2001; van Thiel 2000, 1. Zur Homerkritik vor der hellenistischen Zeit s. Pontani 2005, 25ff.; Novokhatko 2015, 30ff. und Novokhatko 2020.

[122] Zu der Auseinandersetzung der Dichter mit der Homererklärung Cannatà Fera 1986 (zu Pindar); Degani 1995, 506 Anm. 4 mit Bibliographie; Rengakos 1992 und 1993.

[123] πρὸc ταύταc δ' αὖ λέξον Ὁμήρου γλώτταc· τί καλοῦcι κόρυμβα; / ⏑⏑–⏑⏑–⏑⏑– τί καλοῦc' ἀμενηνὰ κάρηνα; Zu diesem Fragment s. Cassio 1977, 75ff.

und somit sich unverständlich macht[124]. Dem Gesprächspartner scheint es, als sei der Koch seit seiner Kindheit Sklave einer Art Rhapsode gewesen, so dass er von homerischen Ausdrücken erfüllt war[125]. Das alles legt die Vermutung nahe, dass homerische Wörterbücher zu dieser Zeit vorhanden gewesen sein müssen. Ohne solche Hilfsmittel, die das Verständnis schwieriger Wörter ermöglichten und über Wörter mit umstrittenen Bedeutungen berichten, hätte es die auf ein höheres Niveau gehobene *interpretatio homerica* der hellenistischen Dichter nicht geben können. Des Weiteren hätte der Knabe des Aristophanes nicht antworten können[126].

Titel und Fragmenten solcher homerischen Glossensammlungen aus der archaischen bzw. hellenistischen Zeit sind überliefert. Was die speziell Homer gewidmeten glossographischen Werke betrifft, wissen wir von einem περὶ Ὁμήρου ἢ ὀρθοεπείης καὶ γλωσσέων des Demokrit von Abdera[127] und von einem περὶ γλωσσῶν Ὁμήρου des Neoptolemos von Parion[128]. Über ihre Struktur und Inhalt ist jedoch nicht allzu viel bekannt[129].

---

124 Straton Fr. 1 K. – A. Dazu Dohm 1964, 198-200; Wilkins 2000, bes. 406-408.

125 Fr. 1, 48-50 K. – A.: καί μοι δοκεῖ ῥαψῳδοτοιούτου τινὸς / δοῦλος γεγονὼς ἐκ παιδὸς ἀλιτήριος / εἶτ' ἀναπεπλῆσθαι τῶν Ὁμήρου ῥημάτων. Diese drei Verse sind nur in P.Cairo Inv. 65445 (2. Hälfte des 3. Jhs. v.Chr, TM 59942) erhalten.

126 S. jedoch Anm. 129.

127 DK 68 A33. Zur Homerkritik s. DK B21–25a. Der Titel ist unsicher, vgl. Fronmüller 1901, 9ff.

128 Dazu s. Ascheri s.v. Neoptolemus, LGGA. Ob das Werk von Neoptolemos von Parion alphabetisch angeordnet war, ist unsicher, s. Tosi 1994, 154. Die Fragmente von Neoptolemos sind in Mette 1980 gesammelt. Diese zeigen, dass ein Schwerpunkt seines Werkes in etymologischen Erklärungen lag. Von anderen Werken wissen wir sehr wenig, s. Tosi 1994, 146 Anm. 3. Zu dem Werk Λέξις von Antidoros von Kyme s. Ucciardello s.v. Antidorus LGGA. Zu Simmias von Rhodos (4./3. Jh. v.Chr.) und seine Γλῶσσαι s. Dettori in SGG I, 344-369.

129 Nach Alpers 2001, 194-195 zeigt das oben erwähnte Aristophanes-Fragment: „zur Homererklärung angelegte, dem Text folgende, also nichtalphabetische Vokabelverzeichnisse muß es schon im 5. Jh. v.Chr. gegeben haben". Mir scheint, dass das Fragment nichts Bestimmtes über solche Vokabelverzeichnisse aussagt. Vor allem weist nichts in diesem Fragment auf die Reihenfolge hin, in der die Glossen angeordnet waren. Darüber hinaus möchte man sich fragen, ob man die Rolle der mündlichen Unterrichtung völlig außer Betracht lassen kann. Des Weiteren scheint es nicht sicher, dass sie aus einfachen synonymen Paaren bestanden, wie sie für Glossare auf Papyrus typisch sind. Vgl. auch Latacz in BK, *Prolegomena*, S. 4: „In den meisten Fällen waren solche scheinbar einfachen Wort-Erklärungen nicht durch 1:1-Wiedergaben zu erledigen, sondern erforderten (wie in den beiden Aristophanes-Beispielen) ein Ausgreifen in homerische Grammatik, homerische Realienkunde, homerische Religion usw. und setzten überdies die Fähigkeit zu sinnvollem Verständnis des jeweiligen Kontextes voraus". Novokhatko 2020, 96 beschreibt das περὶ Ὁμήρου ἢ ὀρθοεπείης καὶ γλωσσέων des Demokrit als „a kind of a Homeric-Attic dictionary,

Die Entwicklung der Lexikographie als eigenständige Wissenschaft führte zu einer Ausbreitung des Interesses an der griechischen Sprache. Homerische Vokabeln stellten einen zentralen Bereich in den ersten lexikographischen Werken dar, die jedoch nicht nur ihnen gewidmet waren und nicht den Homertext als allgemeines Anordnungskriterium hatten[130]. Der Erklärung homerischer Wörter widmeten sich die sog. Γλωccογράφοι[131], unter die auch Neoptolemos von Parion zu rechnen ist. Ihre Sammlungen entstanden wahrscheinlich aus Anmerkungen zu vereinzelten Stellen und wurden später – in voraristarchischer Zeit – alphabetisch angeordnet[132]. Obwohl die lexikografische Produktion eine wesentliche Entwicklung nach Zenodots Γλῶccαι erfuhr[133], wurden nach unseren Kenntnissen rein homerische

---

one of those proto-dictionaries dating back to the 5th c. BCE which served as a source for scholia minora, or the so-called D[idymus]-scholia. Such dictionaries looked like lists and were used by school-children. They explained Homeric expressions, translating them into contemporary (Attic) language"; s. aber Dettori in SGG III, 26 Anm. 61. Anhand von den Demokrits Werk zugeschriebenen Fragmenten teile ich hingegen die Hypothese von Fronmüller 1901, 25, nach der Demokrit sich neben der Erklärung der seltenen Wörter und neben den Hinweisen zur Richtigkeit des Ausdrucks auch über den inneren Zusammenhang der Sätze ausgelassen habe; vgl. auch Pfeiffer 1978, 64.

130 In seinen Ἄτακτοι Γλῶccαι hat sich Philitas von Kos mit dialektalen Glossen und poetischen Ausdrücken beschäftigt, die er „ungeordnet" (ἀτάκτωc) zusammenbrachte. Der Bedeutung des Titels Ἄτακτοι Γλῶccαι ist jedoch umstritten, s. Dettori 2000, 21-27 mit erwähnter Bibliographie. In Bezug auf die Fragmente des Glossenwerkes des Philitas lohnt es sich, die Beobachtungen von Dettori 2000, 27-28 zu betrachten, nach denen „la sua caratteristica di glossografo omerico, che sembra riflessa nelle fonti, ma che comunque è asserita senza questioni nelle moderne trattazioni, non riceve conferma dai frammenti in nostro possesso". Dettori beobachtet nämlich, dass die Erklärungen des Philitas sich nicht auf den homerischen Vers zu beziehen scheinen bzw. keinen notwendigen Zusammenhang mit der homerischen Stelle aufweisen, vgl. Philitas fr. 5 Dettori.

131 Zu den sog. Γλωccογράφοι s. vor allem Dyck 1987; Dettori in SGG III, 1-235; vgl. auch hier Anm. 369. Nach Lehrs 1882, 39 repräsentieren die Glossographen die Tradition der älteren Homererklärung, die im Schulunterricht stattfand und noch nicht durch die Methode der Alexandriner geprägt wurde. Deshalb datiert Lehrs ihre Homererklärung in die voralexandrinische Zeit. Die Datierung der Glossographen ist jedoch umstritten: zu den verschiedenen Positionen s. Dettori in SGG III, 10-12.

132 So Tosi 1994, 153-154; Dettori in SGG III, 13. Die alphabetische Anordnung ist auch von Tolkiehn 1925, col. 2343 als „Zeichen späterer Entstehung oder Bearbeitung eines Werkes" angesehen.

133 Erst mit Zenodot ist die alphabetische Reihenfolge bewiesen; seine Γλῶccαι beschäftigten sich hauptsächlich mit homerischen Vokabeln und dienten nicht nur der Erklärung, sondern auch der Begründung seiner textkritischen Entscheidungen. Zu den Glossen Zenodots vgl. Pusch 1890, 188-201, Pfeiffer 1978, 146f., Nickau 1972, 40ff.; Tosi 1994,151ff., Alpers 2001, 195. Unter dem Name Zenodots sind zwei lexikographische Werke überliefert: die Γλῶccαι und die Ἐθνικαὶ Λέξειc. Das erste wäre der poetischen und vor allem homerischen Sprache, das zweite die Dialektalglossen gewidmet. Die heutige bevorzugte Hypothese, der

Glossare erst ab der Wende zu der römischen Zeit in alphabetischer Anordnung hergestellt[134]. Ebenso enthalten die alphabetischen Lexika auf Papyrus aus ptolemäischer Zeit sowohl homerische als auch nicht-homerische Wörter[135].

Andere Homerica auf Papyrus sind aus der ptolemäischen Zeit überliefert; aber keines von ihnen weist die Struktur von Homerglossaren auf, auch wenn ihr Schwerpunkt glossographisch zu sein scheint[136].

Unter diesen sind O.Berol. Inv. 12605 (3. Jh. v.Chr.) und P.Hamb. II 137 (3./2. Jh. v.Chr.) besonders erwähnenswert[137]. Das erste genannte Ostrakon bietet Erklärungen zu schwierigen Wörtern mit Zitaten aus Homer, Antimachos von Kolophon und Hipponax[138]. Noch wichtiger in diesem Zusammenhang ist das Fragment P.Hamb. II 137, das sich auf homerische Lemmata zu beschränken scheint. Doch entsprechen weder die Struktur noch der Inhalt dem von Homerglossaren. Denn die kommentierten Begriffe scheinen in unzusammenhängender Reihenfolge erklärt zu werden. In zwei Fällen werden offenbar ganze homerische Verse vollständig wiedergegeben, aus denen ein bestimmtes Wort herausgenommen und erklärt wird[139]. Im

---

Titel ’Εθνικαὶ Λέξεις sei als Variante für dasselbe Werk bzw. als eine Sektion davon aufzufassen, ist Nickau 1972, 40-42 zu verdanken, s. auch Tosi 1994, 152.

134 Man denkt dabei natürlich an Apions Γλῶccαι Ὁμηρικαί und an die Λέξεις Ὁμηρικαὶ κατὰ cτοιχεῖον des Apollonios, der Apions Werk als eine seiner Quellen benutzte, s. Neitzel 1977. Von des Grammatikers Philoxenos kennen wir ein περὶ τῶν παρ’ Ὁμήρου γλωccῶν, von dem kaum mehr als der Titel überliefert ist; dazu vgl. Theodoridis 1976, 11; Pagani 2015, 261.

135 Zu den alphabetischen Lexika auf Papyrus s. Esposito 2009, 255-297; Vecchiato 2022, 58-80 und S. 154. Unter die Lexika aus dem 3./2. Jh. v. Chr. rechnet jetzt man auch das kürzlich von Vecchiato 2022 veröffentlichte P.Köln Inv. 22323. Sowohl die alphabetische als auch die onomastische Anordnung der Lexika sind durch die Papyri für die ptolemäische Zeit bezeugt. Wie Tosi 1994 unterstreicht, wird in der hellenistischen Zeit die onomastische Anordnung im Übrigen bevorzugt; s. auch Esposito 2009, 259f. und unten, Anm. 154. Eine onomastische Anordnung weist P.Hib. II 172 (Mitte des 3. Jhs. v.Chr.; TM 62370) auf. Für die Hypothese, dass P.Hib. II 172 ein Exzerpt aus den Ἄτακτοι Γλῶccαι des Philitas sein könnte, s. Pfeiffer 1978, 119-120; Tosi 1994, 146-149.

136 Zu ptolemäischen Homerpapyri und Homerica aus dem Schulbereich s. Pordomingo 2012, die eine Liste davon bietet.

137 Jeweils TM 61222 und TM 61204. Zu O.Berol. Inv. 12605 s. West 1967, 260-263; Esposito 2014; zu P.Hamb. II 137 s. West 1967, 59-62. Beide werden in der Untersuchung von Pordomingo 2012 bezüglich der ptolemäischen Homerpapyri aus der Schule berücksichtigt (s. bes. S. 258-259).

138 Antimachus, *Lyde* fr. 68 Matthews; Hipponax Fr. 49 West IEG.

139 Z. 2-5: Zitate aus *Il.* 14.349-350, Wiederholung des betreffenden Lemmas und Erklärung; Z. 8-11: Zitate aus *Il.* 9.230-231, Wiederholung des betreffenden Lemmas und Erklärung.

Gegensatz zu den Glossaren werden schließlich nach der Erklärung homerische Verse zitiert, die den Gebrauch des Lemmas veranschaulichen[140]. Wie die ältesten homerischen Wörterbücher strukturiert waren, ist demzufolge unklar. Eine dem Homertext folgende Anordnung scheint jedoch nicht sehr verbreitet gewesen zu sein und ist tatsächlich nicht für glossographische bzw. lexikographische Werke in Papyri bewiesen[141]. Trotzdem gibt es genügend Gründe zu der Annahme, dass homerische Glossensammlungen schon ab dem 5. Jh. verfügbar gewesen sein dürften. Wie die Iliasglossare auf Papyrus dürften sie in einer Vielzahl von sowohl schulischen als auch gelehrten Kontexten verwendet worden sein.
Die geläufige Erklärung der seltenen Wörter, die durch die Iliasglossare exemplifiziert wird, stellt den dritten Teil der γραμματική nach Dionysios Thrax dar[142]. Im schulischen Bereich entspricht das Fehlen von Glossaren aus der ptolemäischen Zeit dem allgemeineren Mangel an grammatischen Übungen in diesem Zeitraum. Raffaella Cribiore bringt dies mit der späteren Verfestigung der Grammatik im schulmäßigen *curriculum* in Verbindung, die erst im 1. Jh. n.Chr. erfolgt sei[143]. Ferner wird von Lucio Del Corso auch unterstrichen, dass die in der Schule verwendeten exegetischen Hilfsmittel der römischen Zeit die alexandrinischen Forschungsergebnisse voraussetzten. Solche Texte wurden daher für den Gebrauch in weiteren Bereichen, von der Schulbildung bis zur Selbsterziehung, angepasst[144].
Die Homerglossare haben allerdings ihre Funktion nicht nur im didaktischen Rahmen. Die von Papathomas analysierte Dokumentation umfasst sowohl

---

[140] Z. 6-7 erklären das Wort περιδέξιον (*Il.* 21.163) und zitieren den aus sch. T zu *Il.* 21.140 bekannten Vers *Il.* 2.848a, vgl. West 1967, 61. Z. 12-14 erklären das Lemma cτιβαρόν und fügen zwei Zitate hinzu.

[141] Die Reihenfolge des Homertextes als Anordnungskriterium tritt gewiss in der Ptolemäerzeit bei Hypomnemata auf Papyrus auf. Auf die Tatsache, dass die Anordnung nach dem Homertext nicht in anderen Quellen ausdrücklich bewiesen ist, sei lediglich hingewiesen. Die überlieferten Titel enthalten keinen Hinweis darauf, da sie meistens allgemein sind. Zu Γλῶccαι *et similia* als Titel der Werke der Grammatiker s. Dettori in SGG I, 237-238.

[142] Dion. Thr. GG I/1 6.1: τρίτον γλωccῶν τε καὶ ἱcτοριῶν πρόχειρος ἀπόδοcιc.

[143] Cribiore 2001, 210.

[144] Del Corso 2010, 109: „La γραμματική è, in origine, un sapere specialistico. Nel momento in cui, a partire dal II secolo a.C., esce dalle stanzette del Museo e comincia sempre più ad imporsi come uno dei pilastri del sistema formativo, i testi prima elaborati per esporre le conclusioni a cui i suoi adepti erano giunti conoscono a loro volta una trasformazione, finalizzata proprio a veicolare a un pubblico più ampio quei contenuti prima destinati a pochi".

schulmäßige als auch anspruchsvollere Kommentare, die ihre Funktion in verschiedenen Bereichen erfüllt haben dürften. Angesichts der spärlichen Dokumentation für die ptolemäische Zeit merkte er an, dass die Verbreitung der literarischen Interessen eine längere Zeit beanspruchte, um von Alexandria aus in die Zentren der ägyptischen Chora auszustrahlen[145]. Trotz der geringen Überlieferung aus der Ptolemäerzeit sind dennoch einige homerische Papyruskommentare aus diesem Zeitraum überliefert[146]. Nachdem sie für das 3. und 2. Jhd. v.Chr. nur vereinzelnd überliefert sind, werden sie ab dem 1. Jhd. v.Chr. allmählich zahlreicher[147]. Aus dem 3. Jh. v.Chr. stammen, wie gesagt, ebenso Lexika, die literarische, und somit auch homerische Wörter erklären.

Aus dieser beschränkten, aber trotzdem vorhandenen Dokumentation entsteht die Frage, ob man für solche Iliasglossare mit der Möglichkeit rechnen muss, dass sie mit ihrer bestimmten Anordnung und Form erst im 1. Jh. n.Chr. entstanden sind oder ob das Schweigen der Dokumentation einzig und allein auf den Zufall der Überlieferung zurückzuführen ist[148]. Gewiss ist die Unvollständigkeit der Papyrusdokumentation eine unbestreitbare Tatsache. Außerdem erklären die allmähliche Ausbreitung der in Alexandria entwickelten philologischen Interessen und die Entwicklung der γραμματική die allgemeine spärlichere Dokumentation der Ptolemäerzeit in diesem Bereich. Ob die Gesamtheit der beobachteten Umstände jedoch das völlige Fehlen der Homerglossare in gleicher Weise erklären kann, sollte eingehender erörtern werden.

Eine Tatsache, die die Homerica im Allgemeinen gut zeigen, ist, dass Texte mit ähnlichem Inhalt nicht unbedingt die gleiche Struktur haben müssen. Die Gliederung des Textes konnte je nach den jeweiligen Bedürfnissen, auf die sie reagieren soll, verändert werden. Wenn es also nicht zu bezweifeln ist, dass die in Iliasglossaren erhaltenen Worterklärungen älter als die überlieferten Glossare sind, muss man aufgrund dessen nicht unbedingt annehmen, dass die Homerglossare als Textkategorie mit ihren kennzeichnenden Merkmalen genauso alt sind. Vielmehr kann man sich fragen, welche Faktoren zur Entstehung und vor allem zur Verbreitung von

---

[145] Papathomas 2003, 261.

[146] Ab dem 2. Jh. v.Chr in Pagani 2019 (abgesehen von Zweifelfällen), ab dem 3. Jh. v.Chr. in Lundon 2011. Zu P.Berol. Inv. 9960 s. S. 29.

[147] In ähnlicher Weise steigt im 1. Jh. v.Chr. die Anzahl an Iliasfragmenten, s. Bird 2011, 64.

[148] Die Frage stellt sich schon Henrichs 1971, 103-104 Anm. 23.

Glossaren mit ihrer charakteristischen Struktur beigetragen haben – oder mit anderen Worten, welchen Bedürfnissen die Struktur der Homerglossare entspricht, und ob sie sich im Laufe der Zeit verändert haben und welche Gründe es dafür geben können.
Man kann vielleicht einen weiteren Faktor in Bezug auf Homerglossare in Betracht ziehen, um das Fehlen von Beispielen weiter zu erklären. In der für sieben Jahrhunderte bezeugten Form sind die Glossare an die Abfolge und Lesungen des Homertexts gebunden, die in der Regel der *vulgata* entsprechen. Die entsprechenden Metaphraseis konzentrieren sich hauptsächlich auf die glossographisch-parasprachliche Wiedergabe der poetischen Wörter. Doch sind hin und wieder auch Erklärungen grammatischer, mythographischer, etymologischer oder rhetorischer Art zu finden (s. Kap. 2). Der inhaltliche Zusammenhang steht meistens nicht im Mittelpunkt und mögliche Textvarianten werden nicht behandelt[149]. Darin zeigen die Glossare einen Ansatz, der sich von der alexandrinischen Auseinandersetzung mit den homerischen Lexeis unterscheidet, obwohl viele der einzelnen Erklärungen auf sie zurückgehen. Während die Worterklärungen der Philologen auch für die Ermittlung des Homertexts zweckdienlich sind, kehrt sich dieses Verhältnis im Falle der Glossare um. Denn der Text ist bereits vorgegeben und stellt den Ausgangspunkt für die Homererklärung dar. Dieser Umschwung im Ansatz entspricht der Ausbreitung des literarischen Interesses bei einem nichtspezialisierten Publikum, an dessen Bedürfnisse solche Texte angepasst wurden. Nun ist es bekannt, dass die ptolemäischen Papyri der Ilias und der Odyssee einen im Vergleich zur späteren Homer-*vulgata* besonderen Text überliefern. Denn die Varianten sind zahlreich und vor allem scheint der *numerus versuum* instabil, so dass sie als 'wilde' Papyri bezeichnet werden. Der Homertext hätte sich nach dem Zeugnis der Papyri in der zweiten Hälfte des 2. Jh. v.Chr. stabilisiert[150]. Während Störungen in der Abfolge der Lexeis häufig vorkommen, zeigen die Iliasglossare in der Tat kaum *plus*- bzw. *minus*-Verse,

---

[149] Diese Beobachtung findet nur eine Ausnahme in **027** Fol. 13 →, 14-5, s. unten, S. 152.
[150] Zu den 'wilden Papyri' s. West 1967; Bird 2011; s. aber auch Haslam 1997, 63: „the stabilization of the 2nd century B.C., however drastic, was still only relative. Manuscripts continue to show a great deal of textual variation [...] but its range is narrower than seems to have been the case earlier". Textvarianten und *plus*-Verses sind auch in den oben erwähnte O.Berol. Inv. 12605 und P.Hamb II 137 enthalten.

da sie aus der römischen bzw. byzantinischen Zeit entstammen[151]. Es ist somit anzunehmen, dass der zur Erläuterung zerstückelte homerische Text bereits eine Standardisierung durchgelaufen hatte.
Der stabilere Text, Produkt der alexandrinischen Bemühungen, könnte ein Faktor bei der Entstehung bzw. Verbreitung von der dem Homertext folgenden Anordnung der Iliasglossare gewesen sein, die somit den Bedürfnissen eines breiteren Publikums entsprach. Dieses bestand aus Lesern, deren Interesse eher erklärend als philologisch war. Diese Wörterbücher übernahmen die vorherigen Materialien, die in verschiedenen exegetischen Typologien zirkulierten, und gestalteten sie in einer Form, die offensichtlich praktischer und funktionaler für den zu verfolgenden Zweck war. Die Reihenfolge des Homertextes konnte systematisch auf Sammlungen homerischer Worterklärungen angewandt worden sein, als die Verfügbarkeit eines stabilen Ausgangstextes dieses Anordnungskriterium erlaubte. Als der oben erwähnte erklärende Ansatz diese Struktur für Glossensammlungen besonders zweckmäßig machte, hätten sich Iliasglossare weit verbreitet. Das bedeutet gewiss nicht, dass Homerglossare *ex nihilo* entstanden sind. Es sei auch darauf hingewiesen, dass schon die ersten überlieferten Iliasglossare sich mit späteren Gesängen beschäftigen. Es ist somit anzunehmen, dass im 1. Jh. n.Chr. die betreffende Anordnung nach dem Homertext schon systematisch auf das gesamte Werk angewandt war. Wie angedeutet, müsste es eine Vorgeschichte von Glossaren gegeben haben, die zur Festlegung der Textkategorie führte, wie man sie später sehen kann. Die Anordnung von homerischen Lexeis nach dem Homertext hatte hochwahrscheinlich Vorläufer gekannt. Diese dürften aber nicht immer systematisch gewesen sein, sondern sich vielmehr auf auserwählte Stellen beschränkt haben[152]. Darüber hinaus scheint das Fehlen von Glossaren aus der ptolemäischen Zeit darauf hinzudeuten, dass ihre Vorläufer im Vergleich zu der römischen Zeit eine begrenzte Verbreitung gehabt haben. In diesem Zusammenhang könnte

---

[151] Zu den Störungen s. S. 91ff. Einen interpolierten Vers scheint **009** I 18-23 zu enthalten. Die Erklärung von *Il.* 1.66 (αἴ κέν πως ἀρνῶν κνίϲηϲ αἰγῶν τε τελείων) beginnt mit dem zu erwartenden αἴ κεν, fügt aber unmittelbar danach *Il.* 4.102 ein. Ob **051** *verso* I 1-2 eine interpolierte Lexis enthält, wie der *editor princeps* dachte, bleibt unsicher, s. Montanari 1995, 144 zu der Stelle.

[152] Wie vielleicht in dem Fall der sog. Γλωϲϲογράφοι, s. oben. Ein Beispiel für Iliasglossare zu bestimmten Stellen kann **045** darstellen, s. S. 72-73.

die erwähnte Stabilisierung einen weiteren Anreiz für die Anordnung nach Abfolge des Homertextes gesetzt haben, die nicht viel Zeit beansprucht hat. Wenngleich die papyrologische Dokumentation zufällig und unvollständig ist, ist es durchaus berechtigt anzunehmen, dass die Menge der erhaltenen Texte, sei es von einem Autor oder einer bestimmten Textsorte, in jedem Fall ein Hinweis auf ihre relative Verbreitung ist. Die Gründe für diese größere oder geringere Verbreitung in einem bestimmten Zeitraum beschränken sich demnach nicht auf die Zufälle der Überlieferung, sondern spiegeln teilweise eine reale Gegebenheit wider, deren Gründe die vorliegende Darstellung zu erklären sucht. Außerdem scheint die chronologische Verteilung der Glossare nicht nur mit der allgemeineren Verteilung der Papyrusquellen, sondern auch mit den Entwicklungslinien der Lexikographie übereinzustimmen, die zwischen der hellenistischen und der Kaiserzeit eine große Entwicklung verzeichnet, die zur Schaffung von Speziellexika für einzelne Autoren, allen voran Homer, führt. Auch wenn unsere Dokumentation es uns nicht erlaubt, mit Sicherheit festzustellen, wann, wie und von wem eine solche Struktur zum ersten Mal verwendet wurde, so deutet sie doch auf den Zeitpunkt hin, ab dem sie zum Standard wurde. Es stellt sich also die Frage, welche Faktoren zu dieser Entwicklung geführt haben.

Wie die Entwicklung der Grammatik vom Gebiet der Wissenschaft zu einem Teil der Schulausbildung ist auch die Standardisierung des homerischen Textes eine der kulturellen Ausstrahlungen, die von Alexandria herstammten und sich dann auf ihrem eigenen Weg entwickelten[153]. Trifft man das Richtige in der Annahme, dass die Stabilisierung des Textes eine Rolle in dieser Gestaltung bzw. in ihrer Verbreitung gespielt hat, böte sie eine weitere von den alexandrinischen Philologen gelieferte Voraussetzung für die Durchsetzung und Verbreitung kultureller Interessen und Texttypologien. Diese Texttypologien erreichten in den folgenden Jahrhunderten ihren Höhepunkt und entwickelten sich eigenständig.

---

[153] Vgl. aber Montana 2015, 62: „Greek papyri from Egypt provide some evidence concerning the influence of scholarship on ‚lower' culture, for instance with respect to the reception of a number of philological achievements in Greek schoolrooms, such as the standardizing of literary texts (both in the sense of choice of authors or ‚canons' and also of textual uniformization) and reliance on learned exegesis for drawing up commentaries at some level of ordinary Greek education. But the influence of erudite culture on the educational training of a little section of the population can hardly be mistaken for a close interaction between scholarship and society tout court." Zu der Fach- und Populärkultur s. *ibid.*, insb. 60-67 mit Bibliographie.

Zusammenfassend dürften verschiedene Faktoren zur Entstehung und vor allem zur Verbreitung von Glossaren beigetragen haben, die diese zu besonders nützlichen Hilfsmitteln für die Lektüre und das Textverständnis in römischer Zeit gemacht haben. Die Zeit nach den alexandrinischen Leistungen scheint reif für die weitverbreitete Verwendung einer solchen Struktur gewesen zu sein, sowohl im Hinblick auf die notwendigen philologischen Voraussetzungen (den stabilen Homertext, die Entwicklung der γραμματική) als auch auf die verfolgten Zwecke (den erklärenden Ansatz) und das erweiterte Publikum des Ägyptens. Daher könnte sich das Fehlen der Iliasglossare aus der Ptolemäerzeit nicht nur durch die weniger vorhandene Dokumentation aus dieser Zeit, sondern auch dadurch erklären lassen, dass die Grundlagen für ihre Verbreitung noch nicht vollständig gelegt waren. Sobald dies erfolgt war, fanden wahrscheinlich die Systematisierung, das Erstarren und die Verbreitung der funktionaleren Struktur statt, die im 1. Jh. n.Chr. vervollständigt und im 2. ausgedehnt worden zu sein scheinen[154].

## 1.2 Schriftträger

Glossare sind auf den gebräuchlichsten Schriftträgern der Antike (Papyrus, Pergament, Holz- und Wachstafeln) und in verschiedener Form (Schriftrolle, Codex, Einzelblätter) verfasst. Ein Überblick der übermittelten Materialien und Formate ist nicht ohne Interesse, vor allem im Hinblick auf ihre zeitliche Verteilung und die Hinweise auf die Verwendungskontexte, die sie anzeigen. Die zahlreicheren Beispiele von Papyrusrollen erlauben angesichts ihrer größeren Anzahl eine umfassende Betrachtung.

Um das gesamte analysierte Material in diese Betrachtungen einzubeziehen, werden zunächst die Tafeln, Codices und Einzelblätter behandelt. Der letzte Abschnitt befasst sich mit den Schriftrollen und versucht, im Lichte der für die anderen Formen gesammelten Daten allgemeine Schlussfolgerungen zu ziehen.

---

[154] Eine allgemeine Tendenz zur Systematisierung und zum Erstarren der Struktur zwischen der ptolemäischen und römischen Zeit ist auch in anderen lexikalischen Hilfsmitteln und Gebrauchstexten auf Papyrus erkennbar. Im Fall von Lexika ist schon bemerkt worden, dass in der hellenistischen Zeit die onomastische Anordnung im Übrigen bevorzugt wird, s. Esposito 2009, 260: „Nevertheless it is interesting to observe a slow but progressive shaping of the ‚vertical' structure of the lexicon over a horizontal (i. e. ‚comprehensive') structure of the onomasticon and a gradual perfection of the system of alphabetical order"; s. auch oben Anm. 135.

### 1.2.1 Tafeln

Für Iliasglossare auf Wachs- und Holztafeln lassen sich nach der bisher veröffentlichten Dokumentation wenige Beispiele finden. Bis heute wurden insgesamt acht Beispiele für die Ilias veröffentlicht, von denen vier (**048**, **052**, **053**, **054**) Teil desselben Polyptychons sind. Für die Odyssee ist kein Beispiel erhalten[155].

In das 2. Jh. sind drei Fragmente (**017.1**) datiert, die zu demselben Polyptychon gehören[156]. Dem Glossar wird die Konjugation der barytonen Verben vorangestellt, die durch zwei parallele Linien abgesondert ist. Die grafische Anordnung folgt der kanonischen von Glossaren, in denen Lemmata und Interpretamente in zwei Reihen angeordnet sind. Der Zusammenhang zwischen Homerglossaren und Grammatik ist auch in dem aus vier Wachstafeln bestehenden Polyptychon zu beobachten (**048**, **052**, **053**, **054**)[157], die aus dem 2. Jh. stammen. Obwohl diese Gruppe weitere Erforschung verlangt, liegt es nahe, mehrere Beschriftungsstadien anzunehmen. Gemäß der vorgeschlagenen Rekonstruktion wäre die Verwendung des Wachstafelbuches in drei Phasen erfolgt[158]: zunächst wäre das Recto (Löcher links) der Tafeln zur Niederschrift von *Scholia Minora* zu verschiedenen Gesängen verwendet werden, die jetzt nur noch auf dem unpublizierten Recto von **053** erhalten sind. Danach wäre das Verso der Tafeln (Löcher rechts) für ein durchlaufendes Glossar benutzt worden. Schließlich hätte man das Recto zur Transkription eines grammatikalischen Textes verwendet, dessen Reste auf **048**, **052** und **054** erscheinen[159].

Die unzusammenhängenden Erklärungen zum 10., 11. und 13. Gesang auf **053**, die durch Striche und Freiräume in fünf verschiedene Blöcke gegliedert sind, spiegeln die in anderen Tafeln feststellbare Tendenz wider, sich auf bestimmte, begrenzte Iliasstellen zu konzentrieren. Während die Erklärung

---

[155] Diese Tatsache bestätigt die allgemeine Präferenz für die Ilias in der Schulbildung. Nur ein Glossar zur Odyssee erscheint in Cribiores Liste der Schulpapyri (P.Köln IX 362, TM 60821; Cribiore 1996 Nr. 335, Raffaelli Nr. 003). Zu den Tafeln im Schulbereich s. Cribiore 1996, 65ff.

[156] Zur selben Gruppe (und vielleicht demselben Polyptychon) gehört ein Fragment, das einen χαλινόϲ – d.h. eine aus Buchstabenkombinationen bestehende Schulübung – enthält. Das Fragment wird von den Herausgebern in der *ed.pr.* von **017.1** beschrieben. Zu der Konjugation s. Pagani 2014.

[157] Zu der getrennten Nummerierung der Fragmente s. S. 28.

[158] Montanari/Muratore/Reiter 2012, 551.

[159] Zu diesem grammatikalischen Text s. auch Pagani 2014, bes. 212f.

ausgewählter Stellen bei Homerglossaren auf Tafeln die Regel ist, stellt das durchgehende Glossar auf dem Verso der Berliner Wachstafeln ein singuläres Beispiel dar.

Zwischen dem 2. und 3. Jh. wird **031** datiert, dessen Oberfläche mit einer weißen Schicht zur Beschriftung übertüncht wurde. Beide Seiten der Tafeln sind durch eine vertikale Linie in zwei Kolumnen unterteilt: auf dem Recto befindet sich eine wörtliche Paraphrase zu *Il.* 4.349-363[160], gefolgt von einigen Schriftspuren, die, im Gegensatz zum Haupttext, nicht mit Tinte, sondern mit einem *stilus* geschrieben wurden. Das Verso enthält *Il.* 4.364-373 (col. I) und Worterklärungen zu derselben Stelle (col. II). Die Nebeneinandersetzung der Paraphrase und der einzelnen Worterklärungen zeigt, wie inhaltlich identisches Kommentarmaterial für verschiedene Zwecke kombiniert werden konnte. Zu Recht bemerken die Herausgeber, dass solche Glossare als Präparation für die wörtliche Paraphrase anzusehen sind: Nach der Erläuterung schwieriger Wörter muss man unter Berücksichtigung der Syntax die Stelle umschreiben. Dafür müssen nicht nur die syntaktischen Beziehungen nachvollzogen, sondern auch der Umfang des Homertextes berücksichtigt werden, damit die Länge der Paraphrase nicht wesentlich die des Referenztextes überschreitet. Die geübte Hand und die allgemeine Rechtschreibung sprechen für die Arbeit eines fortgeschrittenen Schülers bzw. eines Lehrers[161]. Für letzteren sprechen sowohl der Mangel an Korrekturen einer zweiten Hand (in Gegensatz zu **036** und **047**) als auch das nahezu völlige Fehlen von Interpunktionszeichen, Spiritus und Akzenten, die die homerischen Texte von **036** und **047** weitgehend begleiten und zu den Merkmalen von Schultexten gehören[162].

Auf der geweißten Holztafel **036** sind beide Seiten ebenso in zwei Kolumnen gegliedert: Das Recto enthält *Il.* 5.265-289 und die dazu gehörigen Worterklärungen, das Verso *Il.* 5.287-317. Das darauf folgende breite *vacat* und die Paragraphos am Ende des Homertextes weisen darauf hin, dass die

---

[160]Zu der in **031** erhaltenen Paraphrase s. Fernández Delgado 2012, 162-164. Mit wörtlichen bzw. grammatischen Paraphrasen sind solche gemeint, die den Homertext Wort für Wort übersetzten; dazu Lehrs 1873, 52f.; Montanari 1995, 80-81. Zu dem Unterschied zwischen 'grammatischer' und 'rhetorischer' Paraphrase s. Fernández Delgado 2012, insb. 175-176. Dass die Ansicht der Herausgeber, die die Paraphrase als ein aus der Schule von Alexandria stammendes Werk ansahen, zu korrigieren ist, ist längst bemerkt worden: Spooner 2002, 23-24; Fernández Delgado 2012, 163.

[161] So auch Spooner 2002, 24.

[162] Zu Lesezeichen im Schulbereich s. Mazzucchi 1979 und Cribiore 1996, 83-88.

Erklärung dieser Passage vorgesehen, aber nicht abgeschlossen wurde. Auch auf der Vorderseite sind der Homertext und das Glossar durch die Paragraphos mit derselben Funktion voneinander getrennt[163]. Die Absicht, den Schüler die Übung vervollständigen zu lassen, ist wahrscheinlich der Grund der Wiederholung der Verse 287-289, die zwar auf der Vorderseite vorhanden sind, aber nicht erklärt werden[164]. Das Vorhandensein verschiedener Hände zeigt die verschiedenen Phasen der Übung. Der Schüler von **036** hat zuerst den Homertext mit reichlich Lesezeichen und das Glossar zu der Stelle verfasst; dann hat eine zweite Hand die Übung korrigiert, die ausgelassenen Lexeis am Ende hinzugefügt und die Fortsetzung der Übung angewiesen. **036** hat mehrere Berührungspunkte mit der leicht späteren Holztafel **047**: das Auftreten verschiedener Hände, die Niederschrift sowohl des Homertextes mit Lesezeichen als auch der dazugehörigen Erklärungen und die Aufteilung des Textes in kleinere Einheiten zum Kommentar. Gleichwohl zeigt der Schüler von **047** im Vergleich zu jenem von **036** mehrere Schwierigkeiten in dem Vorgehen. Der Wechsel der Hände scheint darauf hinzudeuten, dass er nicht die Niederschrift des Homertextes vervollständigt hatte, dessen Fortsetzung von einer erfahreneren Hand übernommen wurde (col. II). Dieser geübten Hand sind auch die Worterklärungen zuzuschreiben (col. III-IV). Der Schüler setzte dann die Übung fort, indem er *Il.* 11.49-81 in col. V und VI des Versos transkribierte. Obwohl es unklar bleibt, wie viele Hände in die Abfassung des Textes involviert waren, scheint die Ungeschicklichkeit der Lexeis im Vergleich zu den Worterklärungen darauf hinzuweisen, dass „l'élève avait établi une liste de mots incompris et comme si un maître avait transcrit l'équivalent ‚moderne' des termes qu'il était permis d'ignorer"[165]. Unter den Homerglossaren auf Tafeln ist **047** dasjenige Beispiel, welches am deutlichsten einen unerfahrenen, provisorischen und unvollständigen Charakter aufweist. Die beachtlichen Maße von **036** (46 x 20.5 cm) und **047** (ca.52 x 12 cm) könnten auf die Verwendung als eine Art Schautafel

---

163 Nach Raffaelli 1990, 7 ist die Paragraphos der Vorderseite nicht mehr zu sehen. Auf der Abbildung scheint der untere Teil dieser Paragraphos unmittelbar nach φάτνῃ aus *Il.* 5.271 (col. I 7) sichtbar zu sein.

164 So Raffaelli 1990, 6 Anm. 7.

165 Riad/Schwartz 1968, 115-116.

hinweisen, an der der Schüler seine Aufgaben erledigt hat oder die an die Wand gehängt wurde[166].

Insbesondere in dem Fall von **047** fragt man sich, welche Hilfsmittel der Schüler sowohl für die Auswahl der Stichwörter als auch für die entsprechenden Erklärungen verwendet hat. Einige Worttrennungsfehler[167] in **047** scheinen darauf hinzuweisen, dass der erste Verfasser bzw. der Schüler die zu kommentierenden Stichwörter direkt aus dem homerischen Text nach mehr oder weniger persönlichem Klärungsbedarf abgeschrieben habe. Glossare bzw. andere Hilfsmittel und seine Kenntnisse hätte dann der Lehrer zur Hinzufügung der Worterklärungen benutzt. Nach Hinzufügung der Interpretamenta seitens des Lehrers ergänzte der Schüler im Interlineum einige Erklärungen; dafür hätte er laut den Herausgebern sowohl in den von vom Lehrer eingefügten Erklärungen als auch in anderen Quellen nachgeschaut[168]. Ob dieser Schüler solche Gebrauchtexte zu den Erklärungen im Interlineum verwendet hat, scheint allerdings nicht sicher. Seine im Interlineum hinzugefügten Erklärungen sind manchmal von schlichter grammatikalischer Natur und lassen sich auch als reines Umsetzen des Gelernten in die Praxis verstehen[169]. Wo der Homertext und das Glossar verglichen werden können, gibt es nur eine Erklärung im Interlineum, die nicht im Glossar zu finden ist: ἐπέκειτο zur Erklärung von ἐcτεφάνωτο (*Il.* 11.36). Sie findet keine Entsprechung in den verwandten Texten, die die Bedeutung des Verbs an der Stelle genauer wiedergeben[170]. All dies scheint darauf hinzudeuten, dass der Schüler nicht unbedingt ein anderes Glossar bzw. eine andere Quelle beigezogen hat. Seine interlinearen Erklärungen könnten das Produkt eines eigenen Erklärungsversuchs, der mündlichen Mithilfe seines Lehrers und des Abschreibens der Wortbedeutungen sein, die der Lehrer in dem verlorenen Teil der Tafel verfasste. In den anderen Fällen, in denen dem Glossar der Homertext unmittelbar vorangestellt ist (**031** und

---

[166] Pintaudi/Sijpesteijn 1989, 7-8: „alcune tavolette, probabilmente quelle di dimensioni abnormi, potevano, forse, essere state appese alle pareti di una classe come esempio da copiare per gli scolari". Es sei auf die dort publizierte Tafel T.Varie 79 (50.5 x 24.4, TM 61079) hingewiesen, deren Seite I nach der Herausgeberin „intended to display" war (Pintaudi/Sijpesteijn 1989, 170).

[167] ανδελε aus ἂν δ' ἕλετ' (*Il.* 11.32), κυκλοι⟦δ⟧ aus κύκλοι δέκα (*Il.* 11.33)

[168] Riad/Schwartz 1968, 116: „les glosses interlinéaires…sont postérieures à la juxtalinéaire, qui n'est toutefois pas leur source unique".

[169] S. die Normalisierung von ξεινήϊον durch das im Interlineum geschriebene ξένιον.

[170] Sch. D *ad loc.*: κύκλῳ περιέκειτο, περιεῖχε (*Il.* 11.36: τῇ δ' ἐπὶ μὲν Γοργὼ βλοcυρῶπιc ἐcτεφάνωτο).

**036**), muss die Verwendung von einer bzw. mehreren Glossensammlungen durch den Schreiber vorausgesetzt werden. Ohne auszuschließen, dass der Schüler für die interlinearen Anmerkungen Glossensammlungen konsultierte, deutet **047** darauf hin, dass er die Lemmata direkt aus dem obigen Text abschrieb.

Trotz der Besonderheiten jedes einzelnen Dokuments können einige allgemeine Überlegungen zu den auf Tafeln überlieferten Homerglossaren angestellt werden. Zuerst lohnt es sich zu bemerken, dass, abgesehen von dem Verso des aus **048**, **052**, **053** und **054** bestehenden Wachstafelnbuchs, bei allen Beispielen die Homerglossare als Teil verschiedener und beigefügter Übungen aufzufassen sind. In diesem Sinn rechtfertigt ihr höchst provisorischer Charakter und ihre Beschränkung auf eine bestimmte Textstelle die Verwendung von Wachs- und Holztafeln, also Schriftträgern, die sich besser für Übungen elementarer Art eigneten[171]. Ein solcher vorübergehender Charakter ist natürlich nicht auf die Tafeln beschränkt, sondern ist für sie vorherrschend. Nimmt man an, dass das Recto von **053** die erste Niederschrift des Polyptychons darstellt, würde seine ursprüngliche Verwendung für Worterklärung ausgewählter und unzusammenhängender Stellen zu derjenigen der anderen Tafeln passen. Was die Ausrichtung betrifft, sind die Tafeln sowohl entlang der kleinsten (**017.1**, **048**, **052**, **053**, **054**) als auch entlang der größten Dimension (**031**, **036**, **047**) geschrieben[172]. Wenn die zu erklärende Stelle lang ist, wird sie aufgegliedert (**036** und **047**), damit der Schüler in kleinen Schritten vorgehen kann, immer den Ausgangstext im Auge behaltend. Die Auswahl der Stelle wird wahrscheinlich durch ihren didaktischen Charakter begründet: Gesprächsform (**017.1**, **036**), Kataloge (**031**), Stellen mit mythographischem Inhalt (**036**: Tros' Wunderpferde, Ganymeds Entführung) und Ekphraseis (**047**). Ihr Umfang bleibt gering. Denn sie umfassen nie eine in sich abgeschlossene Episode. Daraus ergeben sich die durchschnittlich geringen Störungen in der Abfolge der Lexeis und die Dichte der Worterklärungen, die

[171] Cribiore 1996, 72: „a little surprising, however, is the existence of seven tablets containing Scholia Minora, mostly written by students. Their use at this level was motivated by the good amount of rewriting that the exercise involved".

[172] Dazu Cribiore 1996, 67, die feststellt, dass Schultafeln im Gegensatz zu dokumentarischen Tafeln oft entlang der längsten Ausdehnung geschrieben sind.

als Merkmale der in dem Schulbereich verwendeten Iliasglossare angesehen werden können.

In der folgenden Tabelle sind die auf Tafeln überlieferten Iliasglossare im Überblick dargestellt. In der letzten Spalte wird die Identifikationsnummer Raffaella Cribiores Katalog der Schulpapyri angegeben[173].

| | Jh. | Material | Inhalt | Cribiore |
|---|---|---|---|---|
| **017.1** | 2. | Wachstafeln | συζυγίαι βαρυτόνων | |
| | | | Glossar zu *Il.* 1.405-436 | |
| **031** | 2./3. | Holztafel | wörtliche Paraphrase von *Il.* 4.349-363 | 333 |
| | | | *Il.* 4. 364-373 | |
| | | | Glossar zu *Il.* 4.364-371 | |
| **036** | 3./4. | Holztafel | *Il.* 5.265-289 | 340 |
| | | | Glossar zu *Il.* 5.265-289 | |
| | | | *Il.* 5.287-317 + vacat | |
| **047** | 4./5. | Holztafel | *Il.* 11.10-48 (mit Lücken) | 342 |
| | | | Glossar zu *Il.* 11.31-48; Schreibübung | |
| | | | *Il.* 11.49-81 + vacat | |
| **048** | 2. | Wachstafeln | Recto: grammatikalischer Text | 329 |
| | | | Verso: Glossar zu *Il.* 11.19-263 | |
| **052** | 2. | Wachstafeln | Recto: grammatikalischer Text | 328 |
| | | | Verso: Glossar zu *Il.* 13.599-799 | |
| **053** | 2. | Wachstafeln | Recto: Glossar zu Wörtern aus | 326 |
| | | | Gesang 10., 11., 13. | |
| | | | Verso: Glossar zu *Il.* 14.227-521 | |
| **054** | 2. | Wachstafeln | Recto: grammatikalischer Text | 327 |
| | | | Verso: Glossar zu *Il.* 15.17-191 | |

### 1.2.2 Einzelblätter und Codices

Die ersten Beispiele von in Codex-Format überlieferten Homerglossaren treten bereits zwischen dem 2. und 3. Jh. auf. In den Fällen, in denen es möglich ist, die ursprüngliche Größe zu bestimmen (**004**, **025.4**), gehören sie zur Gruppe 8 in Turners Klassifikation, deren Beispiele die älteren sind[174].

---

[173] Cribiore 1996.

[174] Turner 1977.

Insgesamt existieren 14 Beispiele von Iliasglossaren auf Codex, unter denen ein fraglicher Fall (**016.2**) auftritt. Abgesehen von **047.1** und **050** handelt sich immer um Papyruscodices.
Bei einigen opisthographischen Fragmenten wurde das Codex-Format angezweifelt und die Kategorie des einzelnen Papyrusblattes in Betracht gezogen[175]. In diesen Fällen würde die Verwendung eines einzelnen Blattes auf eine gelegentliche und auf einen einzelnen Textabschnitt beschränkte Auseinandersetzung mit dem Homertext hindeuten. Beispiele für auf einem einzigen Blatt geschriebene Glossare sind **001**, **033** und vielleicht **016.2**.
**001** ist von einem ziemlich geübten Schreiber mit einer mittelkleinen, flüssigen, wenn auch unansehnlichen Schrift abgefasst worden. Angesichts der Raumverschwendung dachten erst Blass und dann Cribiore, dass es sich um ein zur Schulübung angewendetes einzelnes Papyrusblatt statt um ein Fragment eines Codex handelt[176]. Inhaltliche Argumente wie die hohe Fehleranzahl und die Dichte der Worterklärungen legen die Vermutung nahe, dass das Glossar für den Schulgebrauch angefertigt worden ist. Auch die Unerfahrenheit beim Beschreiben lässt vermuten, dass das Glossar nicht viel weiter fortgeführt wurde und nur die am meisten gelesene Stelle, d.h. das Prooimion, umfasste[177]. Tintenspuren oben rechts und am rechten Rand (s. Recto, l. 12) lassen auch vermuten, dass das Blatt von einer schon beschriebenen Papyrusrolle bzw. -codex abgeschnitten sein könnten. Ob das Fragment einem Codex oder einer Rolle entstammt, lässt sich nicht mit Sicherheit feststellen. Nimmt man ca. 2 cm für den oberen und unteren Rand an, wäre die ursprüngliche Größe des Fragmentes ca. 18x30 cm. Diese Größe deutet auf die Gruppe 5 in Turners Klassifikation hin, deren Beispiele hauptsächlich zwischen dem 4. und 6. Jh. liegen.
Die Unklarheit des Formats bei **033** wurde auf die unbeständige Mise en Page zurückgeführt. Das Fragment überliefert ein Glossar zu *Il.* 5.5-11 (↓) und 5.37-53 (→). Laut dem Herausgeber ist es unwahrscheinlich, dass es von einem Codex stammt, weil „half of the verso has been left blank and the arrangement of the lines on that side does not correspond to that of the

[175] Raffaelli 1984.
[176] Blass 1880, 36; Cribiore 1996, 60 und 258 (Nr. 343).
[177] Zu Recht bemerkt Cribiore, dass trotz der Anordnung unter der Gruppe 4 („rapid") die Schrift etwas unbeholfen und mühsam bei komplexen Buchstaben ist.

recto"[178]. Die Variation der Zeilenanzahl pro Seite ist bei Codices eigentlich ein übliches Phänomen[179]. Der Freiraum des Rectos (↓ *Il.* 5.5-11) ist vielleicht besser als ein breiter seitlicher Rand zu beschreiben, da die Worterklärungen vollständig sind[180]. Sowohl der beträchtliche rechte Rand auf dem Recto als auch die Spuren einer früheren Schrift auf dem Verso unterstützen jedoch die Hypothese des wiederverwendeten Einzelblattes. Wieder einmal bestätigen inhaltliche Elemente (keine Störung in der Abfolge, ziemlich dichte Lexeis, Ungenauigkeiten bei Erklärungen) eine Gelegenheits-Beschäftigung mit einer Stelle der Ilias und die Zuordnung des Fragments zu den im Schulbereich verwendeten Glossaren. Im Fall von **016.2** scheint es keine überzeugenden Erklärungen für die Unklarheit des Formats zu geben. Das Recto wurde für die Abfassung eines anderen Texts wiederverwendet, der anscheinend eine spätestens 325 n.Chr. verwendete *formula* enthält[181]. Da dieser zweite Text Überschneidungen mit dem bereits geschriebenen Teil vermeidet, kann man daraus schließen, dass er später geschrieben wurde und als *terminus ante quem* für das Glossar betrachtet werden kann. Im Gegensatz zu **033**, bei dem das Glossar die nachträgliche Wiederwendung eines abgewischten Stückes darstellt, ist also das in **016.2** erhaltene Glossar der ursprüngliche Text. Das einzige *caveat* ergibt sich aus der geringen Größe der Fragmente, die man ohnehin auch für die kleineren **049** und **010** in Betracht ziehen muss. Die regelmäßige Schrift und die breiten Freiräume zwischen Stichwörtern und Erklärungen verleihen dem Dokument einen gewissen Anspruch. Es kann daher als wahrscheinlich angesehen werden, dass das Fragment aus einem Codex stammt, der später für eine Notiz wiederverwendet wurde. Da aber die Freiräume zwischen Lexeis und Metaphraseis auch ein Merkmal der im Schulbereich verwendeten Iliasglossare sein könnten (s. unten), ist eine gewisse Vorsicht geboten.

---

[178] Roberts 1938, 179. Allerdings verwendet Roberts hier „Recto“ und „Verso“ in Bezug auf die Faserrichtung. Ich benutze hingegen die Begriffe nach dem kodikologischen Gebrauch. Dazu Turner 1994, bes. 23ff.

[179] Turner 1977, 9.

[180] Cribiore 1996, 60: „there is usually one blank area somewhere, which often consists of an unusually large lateral margin, as if the exercise was written without any regard for symmetry". Der Vergleich mit P.Mich. Inv. 4162b (s. Gagos/Litinas/Priest 2004, 46-50) macht den Unterschied zwischen Rand und *vacat* deutlich. Das Recto dieses Fragments enthält die Verse *Il.* 24.681-685, deren letzter Teil ausgelassen wird. Dadurch entsteht ein großer Freiraum am rechten Rand, wie im Fall von **033**. Das Glossar ist jedoch inhaltlich vollständig, s. insb. die Z. 3-4 (zu *Il.* 5-6).

[181] Ἀ̣υ̣ρήλιος . . [. . .]ω̣ν . . ç̣θε[ | ἐπιφανε[c]τάτ̣ων in der Rekonstruktion der Herausgeberin.

Was die Codices angeht, scheinen die frühesten Beispiele bereits professionelle Abschriften zu sein: während **010** in einer eher informellen, semi-literarischen Schrift geschrieben ist, sind **025.4** und **049** in einer informellen Version des strengen Stils geschrieben. Das von der Herausgeberin bemerkte flache Omega in **049**[182] ist auch in **025.4** zu sehen und findet paläographische Parallelen z.B. im Alkaiospapyrus und dem ausgeprägteren strengen Stil der berühmten Bakchylidesrolle[183], wo das Omega ebenfalls „in Gestalt einer flachen Mulde" zu finden ist[184]. Beide können als professionelle Exemplare angesehen werden[185]. Unter den professionellen Produkten ist noch **004** zu erwähnen, bei dem die geringe Qualität des Papyrus von der sorgfältigen runden Schrift und den breiten Rändern kontrastiert wird. Ab dem 5. Jh. scheinen die meisten der erhaltenen Glossare professionelle Kopien zu sein. Durch die Schönschrift und die Breite der Ränder zeichnen sich **042** und **050** besonders aus[186].

Einige Merkmale von **019** und **051** weisen stattdessen auf private Kopien hin: die informellere und kleinförmige Schrift, die Tendenz zur optimalen Ausnutzung des Platzes, die vor allem in den in zwei Kolumnen pro Seite angeordneten *Scholia Minora* von **051** sichtbar sind. In **019** hat der Schreiber oft Akzente, Spiritus und Paragraphoi eingefügt. vielleicht um den Beginn eines neuen Verses zu markieren[187]. Diese Lesezeichen scheinen alles andere als typische Merkmale der Homerglossare zu sein; vielmehr sollten sie als Hilfsmittel und Hinweise auf die individuelle Auseinandersetzung mit dem Text aufgefasst werden. Ein bemerkenswertes privates Studienexemplar ist das Fragment **027**, das nach dem derzeitigen Stand der Überlieferung das am besten erhaltene Zeugnis eines vollständigen Glossars zur Ilias im Altertum darstellt. Der Codex wurde zwischen dem 4. und 5. Jh. verfasst. Wie das Auftreten verschiedener Hände beweist, wurde **027** bis zum 6. Jh. verwendet und von unterschiedlichen Benutzern korrigiert und erweitert[188].

---

182 Strassi 1978, 115: „Di un certo interesse paleografico è l'*omega* ... i cui occhielli sono ridotti ad un unico tratto parallelo al rigo di base".

183 Alkaiospapyrus: P.Oxy. X 1234 + XI 1360 + XIII 1661 + XVIII 2166c (TM 59062); Bakchylidesrolle: P.Lond.Lit. 46 + PSI XII 1278 (TM 59339).

184 Schubart 1925, 127. Zu dem Begriff „strenger Stil" s. Del Corso 2006, 82 Anm. 5 mit Bibliographie.

185 So bereits Spooner 2002, 118.

186 Dazu Kap. 3, S. 188.

187 S. aber S. 71.

188 Fournet 1999, 95f.

Bearbeitungen betreffen vor allem die Erklärungen zum 5. Gesang, der auch einer der am meisten erklärten Gesänge in Iliasglossaren auf Papyrus ist[189]. Unter den homerischen Glossaren nimmt der Codex eine besondere Stellung ein, vor allem weil man ausnahmsweise seinen Sitz im Leben mitberücksichtigen kann. Der Papyrus gehört nämlich zum Archiv des Flavius Dioskoros und kann somit in einen bestimmten Kontext eingebunden werden. Das Vorhandensein eines homerischen Glossars im Archiv des Dioskoros zeugt von der Rolle dieser Texte in der Privatbibliothek eines Funktionärs und Dichters der proto-byzantinischen Zeit[190]. Wie im Fall von **027** könnten einige im Codex-Format überlieferte Glossare auch zu didaktischen Zwecken verwendet worden sein. Allerdings scheint es, dass keine erhaltenen Exemplare ursprünglich und eindeutig für diesen Zweck bestimmt waren[191].

Bei der Geschäftsschrift von **027** ist auch bemerkenswert, dass sich eckige Formen mit runderen und kursiven Formen häufig, aber nicht systematisch, abwechseln[192]. Eine scharfe paläographische Differenzierung zwischen Stichwörtern und Erklärungen ist im Allgemeinen nicht zu treffen[193]. Man merkt aber, dass die Beschriftung in dem erklärenden Teil der Glossare manchmal unfeiner wird. Dies hängt jedoch kaum von einem bewussten Ansatz ab, der zwischen den beiden Elementen paläographisch unterscheiden will, sondern eher von den Umständen, wie z.B. Platzmangel, der zum Zusammendrücken der Buchstaben führt. Wenn eine Unterscheidung sichtbar ist, so hat dies mehr mit einem Bestreben nach Klarheit als nach Eleganz zu tun. Dies hat einen offensichtlichen Grund, da die Lexis lesbar sein muss, um identifiziert zu werden. In Glossaren, in denen zwischen kursiven und eher

---

[189] Fournet 1999, 97. Zu der Verteilung der Gesänge s. S. 79ff.

[190] Zur Rolle Homers in Dioskoros' literarischer Kultur und zu Dioskoros als *grammatikos* s. Fournet 1995, 1999, 673ff. und 2015. Die Sonderstellung von **027** unter den Glossaren der byzantinischen Zeit ist nicht nur auf seinen besseren Erhaltungszustand zurückzuführen, sondern auch auf seinen Inhalt. **027** ist wesentlich inhaltsreicher im Vergleich zu den anderen spätantiken Glossaren, deren Erklärungen sich in der Regel auf die Wortbedeutungen beschränken; dazu S. 140ff.

[191] Vgl. Kap. 3, S. 179.

[192] Vielleicht um die Lexeis von Erklärungen zu unterscheiden, s. Fournet 1999, 95. Wie Fournet anmerkt, wird eine eindeutige grafische Unterscheidung in anderen Glossaren nicht vorgenommen.

[193] Eine größere Genauigkeit beim Schreiben der Stichwörter ist jedoch auch in **004** zu erkennen, wobei dies darauf zurückgeführt werden könnte, dass die Erklärungen sich an der am stärksten beschädigten Oberfläche befinden.

gesetzten Formen abgewechselt wird, wird manchmal die erstere am Anfang von Stichwörtern vermieden (s. z.B. hier **034**, wo die römische Form von ε sehr selten in den Lexeis, oft in den Erklärungen zu finden ist). Sofern eine größere Klarheit der Lemmata überhaupt zu erkennen ist, wird sie tendenziell durch größere Abstände oder durch Vergrößerung der Buchstaben erreicht. Allerdings bleiben die Grundformen der Buchstaben gleich.

| Papyrusblätter | | Codices | |
|---|---|---|---|
| | Datierung | | Datierung |
| **001** | 5. Jh. | **004** | 3. Jh. |
| **033** | 4. Jh. | **010** | 2./3. Jh. |
| | | **016.2(?)** | 3.ex./4in. Jh. |
| | | **019** | 3. Jh. |
| | | **020.1** | 5. Jh. |
| | | **025.4** | 2./3. Jh. |
| | | **027** | 4.ex./5in. Jh. |
| | | **029.1** | 5./6. Jh. |
| | | **042** | 6.ex./7. Jh. |
| | | **044** | 6. Jh. |
| | | **047.1** | 6. Jh. |
| | | **049** | 2.ex./3. Jh. |
| | | **050** | 7. Jh. |
| | | **051** | 3. Jh. |

### 1.2.3 Rollen

Bis zum vierten Jh. ist die Rolle der Hauptschriftträger für Iliasglossare. In einigen Fällen lässt sich nicht mit Sicherheit feststellen, ob die Zeugnisse als Fragmente aus Papyrusrollen aufzufassen sind. Als Beispiele hierfür dienen **003** und **006**, dessen geringe Maße (4x2cm) Zweifel auch an seiner Datierung aufkommen lassen[194]. Das erstgenannte Glossar wurde verschiedentlich als Blatt oder als Codex bestimmt[195]. Bei der Erstveröffentlichung des Papyrus teilte Wilcken mit, dass das Glossar auf der Rückseite geschrieben wurde. Für

[194] Dazu schon Raffaelli 1984, 168.
[195] Raffaelli 1984, 168-169.

ihn stellte es allerdings eine Schwierigkeit dar, das leere Recto zu erklären[196]. Die jüngste Forschung zu den Fragmenten aus Achmîm berichtet im Gegenteil, dass **003** auf dem Recto (→) verfasst worden sei, während das Verso leer sei[197]. Dies würde auf eine Papyrusrolle hindeuten. Die Widersprüchlichkeit der Nachrichten verursacht Unsicherheit bei der Anordnung. Auf jeden Fall wurde **003** später durch Zusammenkleben mit anderen Fragmenten wiederverwendet, um einen Buchdeckel herzustellen[198].

Nach dem 4. Jh. scheint die Papyrusrolle als Schriftträger für Iliasglossare völlig zu verschwinden. Nach dieser Zeit wird nur **011.1** (Tafel III) in den Katalogen als Rolle beschrieben, wenn auch zweifelhaft. Das Glossar ist quer zu den Fasern geschrieben; auf der anderen Seite sind Spuren einer dokumentarischen, parallel zu den Fasern geschriebenen Schrift sichtbar. Die das Glossar enthaltende Seite enthält eine horizontale Klebung[199]. Somit kann man die Vermutung anstellen, dass **011.1** *transversa charta*, die Urkunde auf dem Verso parallel zu den Fasern geschrieben wurde. Doch die Maße des Fragments und die unbeholfene Schrift mahnen zur Vorsicht. Es ist nicht ausgeschlossen, dass es sich bei **011.1** um ein wiederverwendetes Papyrusblatt handelt, das einer Rolle zwar entstammte, aber als Einzelblatt zur Verfassung eines kurzen Glossars verwendet wurde.

Die betreffende Dokumentation bestätigt daher den allgemeinen Trend, die Rolle ab dem 4. Jh. vollständig durch den Codex zu ersetzen. Schließt man die drei erwähnten zweifelhaften Fälle aus, lässt sich die Verteilung der Formate in der folgenden Grafik zusammenfassen[200]. Es folgt eine Tabelle der auf Papyrusrolle überlieferten Iliasglossare.

---

[196] Wilcken 1887, 816.

[197] Guichard Romero 2005, 190.

[198] Nach Wilcken 1887, 808 im 5. Jh.

[199] Die horizontale Klebung wurde schon von dem Herausgeber des Papyrus vermerkt, vgl. Brashear 1994, 285. Für einen ähnlichen Fall vgl. PSI XVII 1655.

[200] Es sei darauf hingewiesen, dass die Berliner Wachstafeln zu ein und demselben Polyptychon gehören.

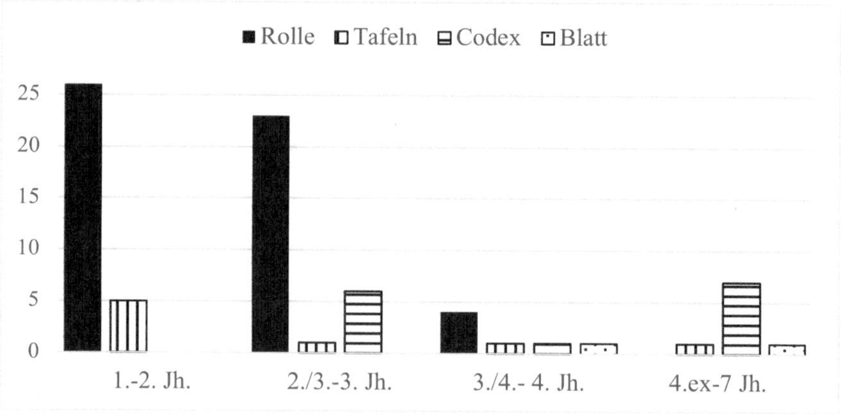


Iliasglossare auf Rolle

| Raffaelli | Datierung | Recto/Verso | Andere Seite | Anmerkungen |
|---|---|---|---|---|
| **002** | 1./2. | Recto | Verso: Grammatik | |
| **003 (?)** | 3./4. | Recto (?) | leer | mit anderen Fragmenten zur Herstellung eines Buchdeckels zusammengeklebt |
| **005** | 2. | Recto | Verso: Grammatik (P.Oslo II 13) | Palimpsest |
| **006** | 3. (?) | (?) quer zu den Fasern | Spuren | |
| **007.2** | 2.ex./3.in. | Verso | Recto: Isocr. *In Loch.* | |
| **009** | 2./3. | Recto | Verso: leer | |
| **009.1** | 3./4. | Verso | Recto: Rechnung | |
| **011** | 2.ex. | Verso | Recto: Urkunden | aus mehreren Urkunden zusammengesetzte Rolle |
| **011.2** | 2./3. | Verso | Recto: astronomischer Text (PSI XVII 1673) | |
| **012** | 2. | Verso | Recto: Urkunde | |
| **012.1** | 1. | Verso | Recto: Rechnung | |

| | | | | |
|---|---|---|---|---|
| **013 + 016** | 2.ex./3. | Verso | Recto: P.Köln XII 488, 489, 490 | aus mehreren Texten zusammengesetzte Rolle |
| **014** | 3. | Verso | Recto: Urkunde | |
| **015** | 3.in. | Recto | Verso: Spuren | |
| **016.1** | 3. | Recto | Verso: Landregister | |
| **017** | 2. | Recto | Verso: leer | |
| **018** | 3.in. | Verso | Recto: Rechnung | |
| **018.1** | 2. | Verso | Recto: Urkunde | |
| **020** | 2. (?) | Verso | Recto: kursive Schrift | |
| ***021.1** | 3.in. | Recto/Verso | | Wiederverwendung eines Steuerregisters auf beiden Seiten |
| **021.2** | 1. | Recto | Verso: leer | |
| **022.1** | 2. | Verso | Recto: Urkunde | |
| **023** | 2. | Verso | Recto: Text unklaren Inhalts | |
| **024** | 3. (?) | Verso | Recto: Urkunde | |
| **025** | 2. | Verso | Recto: Euphorion (P.Oxy. XXX 2525) | |
| **025.01** | 1./2. | Recto | Verso: Urkunde | |
| **025.1** | 3. | Verso | Recto: Urkunde | |
| **025.2** | 3. | Verso | Recto: Urkunde | |
| **025.3** | 2./3. | Verso | Spuren | |
| **026** | 2. | Recto | Verso: leer | |
| **027.1** | 2./3. | Recto | Verso: leer (?) | |
| **027.2** | 2./3. | Verso | Recto: literalische Texte | |
| **028** | 1. | Recto | Verso: leer | |
| **034** | 1./2. | Recto | Verso: Urkunde | Palimpsest |
| **035** | 3.in. | Verso | Recto: Urkunde | |
| **037** | 3./4. | Verso | Recto: Urkunde | |
| **037.1** | 2./3. | Verso | Recto: Abhandlung über Achills Rüstung | |
| **037.2** | 2. | Verso | Recto: Urkunde | |
| **038** | 2.ex./3.in. | Verso | Recto: Rechnung | |
| **039** | 4. | Verso | Recto: leer | |

| | | | |
|---|---|---|---|
| **040** | 3.in. | Verso | Recto: Urkunde |
| **040.1** | 3. (?) | Verso | Recto: kursive Schrift |
| **041** | 3. | Verso | Recto: Rechnung |
| **043** | 2.ex. | Verso | Recto: Urkunde (P.Berl. Lehig. II 28) |
| **045** | 1./2. | Verso | Recto: Eingabe (SB XX 14590) |
| **045.1** | 3.in. | Verso | Recto: Urkunde |
| **046** | 1. | Recto | Verso: leer |
| **055** | 2. | Verso | Recto: Urkunde (SB XIV 11479) |
| **056** | 1.ex. v.Chr. /1.in. n.Chr. | Recto | Verso: leer |
| **056.1** | 2. | Verso | Recto: Spuren |
| **057** | 2. | Verso | Recto: kursive Schrift |
| **058** | 3./4. | Verso | Recto: Rechnung |
| **059** | 2./3. | Verso | Recto: Urkunde |
| **060** | 2. | Recto | Verso: nicht identifizierte Prosa |

Die auf Schriftrollen geschriebenen Glossare erlauben einige allgemeine Feststellungen, insbesondere zu den materiellen Aspekten der Verwendung des Schriftträgers.

Ein häufiges Phänomen bei auf Papyrusrollen verfassten Iliasglossaren ist die intensive Nutzung des Schreibmaterials. Diese Wiederverwendung kann in zwei entgegengesetzten Richtungen erfolgen. Entweder stellt das Glossar die spätere Wiederverwendung der Rolle dar oder umgekehrt wird die das Glossar enthaltende Rolle zur Abfassung eines neuen Textes auf dem Verso wiederverwendet. Von diesen beiden ist die erstere Richtung am häufigsten anzutreffen. Die erste Möglichkeit der Wiederverwendung ist gewiss das Beschreiben der leeren Rückseite. Wie man aus der vorherigen Tabelle erschließen kann, wurde die Mehrzahl der Iliasglossare (ca. 66 %) auf dem

Verso geschrieben[201]. Zu diesem Zweck wird meistens das Verso einer dokumentarischen Rolle verwendet. Die Besonderheit des einer Rolle entstammenden Fragments **039**, das nur auf dem Verso geschrieben wäre, lässt sich vielleicht als Zufall der Überlieferung erklären. An dieser Stelle könnte der Text auf der Vorderseite durch einen leeren Zwischenraum unterbrochen worden sein, der derzeit der einzige erhaltene Teil der Schreibfläche ist. Diese Erklärung ist jedoch nicht notwendig. Da keine Klebung erhalten ist, können wir nicht wissen, ob **039** tatsächlich auf dem Verso oder eher auf dem Recto quer zu den Fasern geschrieben wurde[202]. Fälle umgekehrter Wiederverwendung, bei denen das Schreibmaterial des Glossars für die nachträgliche Abfassung anderer Texte bestimmt wurde, sind **002**, **015**, **016.1**, **025.01** und **060**[203].

In einigen Fällen ist die Nutzung des Schreibmaterials nicht auf die Verwendung der leeren Seite beschränkt, sondern intensiver. Eine neue Rolle konnte für das Glossar durch Zusammenklebung veralteter Urkunden hergestellt werden. So stellten die Schreiber von **011** und **013+016** eine längere Rolle her, die ein Glossar zum gesamten 1. Gesang enthalten konnte. Ein interessanter Fall von Wiederverwendung ist ***021.1**[204]. Diese Rolle enthielt ursprünglich sowohl auf dem Recto als auch auf dem Verso ein Landregister. Später verwendete der Schreiber des Glossars wiederum beide Seiten, um ein Glossar zu dem 2. Gesang zu verfassen. Ferner gibt es unter den auf der Vorderseite geschriebenen Glossaren mindestens zwei Beispiele für Palimpseste (**005** und **034**), die die *scriptio superior* eines ausgelöschten Rectos darstellen[205]. Beide Fragmente erhalten verwischte Tintenspuren und weisen, im Gegensatz zu der erwarteten Richtung bei Herstellung der Rolle, rechts-über-links-Überlagerungen der Blätter bei Klebungen auf. Es ist somit

---

[201] Zur Literatur auf der Rückseite von Dokumenten vgl. Lama 1991; Kaltsas 2019 und Kaltsas, *Untersuchungen zum Buchwesen des griechisch-römischen Ägypten: Literatur auf der Rückseite von Dokumenten*, im Erscheinen.

[202] Zu der angenommenen Verwendung der Rolle nur auf dem Verso s. Maltomini 2016, die bereits sehr treffend merkte, dass eine „chance explanation“ in Betracht gezogen werden kann, wenn Klebungen erhalten sind.

[203] Unter den Codices s. oben zu **016.2**.

[204] Für die ***021.1** betreffenden Angaben bedanke ich mich bei Chiara D’Agostino (UCL, London), die das Fragment publizieren wird.

[205] Zu **005** Fontanella 2021, 37-52; zu **034** s. unten und Kaltsas, *Untersuchungen zum Buchwesen des griechisch-römischen Ägypten: Literatur auf der Rückseite von Dokumenten,* im Erscheinen. Zu der Palimpsestierung der Papyrusrolle s. Crisci 2003; Schmidt 2007 und 2009.

anzunehmen, dass die Rolle gedreht und das Recto dieser Fragmente nachträglich zur Verfassung der Iliasglossare verwendet wurde. Daher stellen beide Glossare die dritte Phase des Wiederverwendungsverfahrens der Rolle dar. Möglicherweise weist auch **045** auf eine dreifache Verwendung hin. Da die Schrift des Glossars etwas älter als die der Eingabe auf dem Recto zu sein scheint, vermutet der Herausgeber, dass die ursprüngliche Rolle dreimal verwendet wurde[206]. Die auf dem Recto geschriebene Eingabe stelle die dritte Phase einer solchen Verwendung dar, da das Fragment zu diesem Zweck ausgeschnitten worden zu sein scheint. Es wurde jedoch bereits darauf hingewiesen, dass die Schriften des Glossars und der Eingabe zeitgenössisch sind[207]. Außerdem ist auch in diesem Fall keine Klebung erhalten.

Die aus Iliasglossaren bestehende Gruppe zeigt auf jeden Fall alle verschiedenen Möglichkeiten der Wiederverwendung des Schreibmaterials: den Gebrauch der Rückseite, die Herstellung eines neuen Buches bzw. einer neuen Rolle durch Zusammenkleben veralteter Texte (**011**, **013+016**), Einzelblätter (**001**, **033**), opisthographe Rollen[208] (***021.1**), und ferner die Palimpsestierung einer Seite der Rolle (**005**, **034**) oder des Papyrusblattes (**033**). Auf die Absicht, den Nutzungsgrad und die Wirtschaftlichkeit des Schreibmaterials zu optimieren, ist auch die Verwendung von Tafeln zurückzuführen.

Die intensive Nutzung von Schreibmaterial ist ein weiterer Hinweis darauf, dass Iliasglossare in der Regel Produkte sind, die eher den Anforderungen der Zweckmäßigkeit und Erschwinglichkeit als denen der Eleganz entsprechen und die durch mangelndes Interesse bzw. Gebrauch veralten könnten. Der intensiven Nutzung des Schriftträgers entspricht der informelle Charakter dieser Exemplare. Denn unabhängig von der Bestimmung des Textes handelt es sich nie um Luxus-Bücher. Daher spielt für die Produktion einer neuen Abschrift die Verfügbarkeit von ungeschriebenem oder qualitativ gutem Papyrus eine untergeordnete Rolle. Demzufolge scheint diese intensive Verwendung des Materials allein kein ausreichendes Element für die Annahme des vorläufigen Charakters des Glossars oder einer Verwendung in

---

[206] van Groningen 1937, 64-65.
[207] Hombert 1937, 265.
[208] Ich benutze den Begriff „opisthographe Rolle“, wie er von Wilcken 1887a, 487 definiert wurde. Nach ihm sind eigentliche opisthographe Rollen diejenigen, auf denen ein Text nach der Benutzung des Rectos auf dem Verso fortgesetzt wird. Dagegen Manfredi 1983, der unter „opisthograph“ auf beiden Seiten geschriebene Rollen versteht.

dem Schulbereich zu sein[209]. Darüber hinaus steht manchmal die Verwendung von behelfsmäßigen Materialien zur Herstellung der Schriftrolle in einem gewissen Kontrast zu anderen Merkmalen des Glossars. Wie John Lundon festgestellt hat, ist dies der Fall von **013+016**. Sowohl die zahlreichen Ungenauigkeiten als auch die Wiederverwendung veralteter Urkunden zur Herstellung der Rolle deuten auf eine Privatabschrift hin, die jedoch mit einer gewissen Sorgfalt erstellt worden ist[210]. In dieser Hinsicht kann man sich auch an den oben erwähnten Kontrast zwischen der eleganten Schrift und der Qualität des Papyrus von **004** erinnern. Auf dem Verso geschriebene Iliasglossare können ebenfalls eine gewisse Sorgfalt aufweisen. Bei den auf der Rückseite geschriebenen Glossaren **043** und **055** handelt es sich um informelle, runde Schönschriften, die Einflüsse zeitgenössischer Kursivschriften aufweisen, ohne jedoch auf kalligrafische Elemente, wie die ausgefeilte Koronis von **043**, zu verzichten. Vergleicht man diese Dokumente mit **009**, das ebenfalls Einflüsse zeitgenössischer Kursivschriften aufweist, so wird der Unterschied im Grad der formalen und inhaltlichen Genauigkeit deutlich: **009** könnte sowohl ein Produkt des Schulraums als auch eine private Abschrift darstellen. Es stellt auf jeden Fall ein anspruchsloses Werk eines Anfängers dar[211]. Schließlich treten auch Exemplare auf, die sich durch einen höheren und unter diesen Dokumenten ungewöhnlichen Grad an Formalität auszeichnen. Unter diesen fällt **028** zweifellos durch seine sorgfältige Schrift und den breiten erhaltenen unteren Rand auf (s. Kap. 3).

Einige Überlegungen lassen sich auch über das Zusammenfügen verschiedener Übungen anstellen. Die auf Tafeln erhaltenen Homerglossare zeigen die verschiedenen Wissensgebiete und zu erlernenden Fähigkeiten, die in dem Schulbereich mit der Homererklärung verbunden waren: das Erlernen der Grammatik, die Erklärung schwieriger Wörter, das Verfassen einer Paraphrase. Die Kombination von Texten, die dem gleichen Interessengebiet angehören, ist bei Rollen durch die Wiederverwendung der Rück- bzw. Vorderseite bezeugt. Wie die beiden didaktischen Bereiche – das Studium der Grammatik und die Interpretation von Homer – im Schulunterricht Hand in Hand gingen, zeigt die auf Papyri gut bewiesene Zusammenstellung von

---

[209] Zu den Schulglossaren s. unten, S. 178ff.

[210] Lundon 2012, 208.

[211] **009** wurde von dem Herausgeber dem Schulbereich zugeschreiben. Wie Del Corso 2010, 98 jedoch anmerkt, ist diese Zuschreibung aufgrund der Schrift nicht endgültig.

grammatischen Texten und Homerglossaren[212]. Dies zeigen z.B. die Exemplare **002** und **005**. Bei **005** ist der Text um 180° in der horizontalen Richtung gedreht, sodass der linke und der rechte gegeneinander spiegelbildlich standen. Diese Ausrichtung der Texte kann auf das Bedürfnis zurückgeführt werden, in beiden Texten gleichzeitig nachzuschauen. Obwohl die Texte aus verschiedenen Händen stammen, von denen die Hand des Glossars geübter ist, wurden sie in demselben Zeitraum geschrieben und entsprechen beide den Interessen der Schulbildung. Das gilt auch für **002**, dessen unpublizierte Grammatik auf dem Verso von einer weniger geübten Hand im Vergleich zu dem Glossar geschrieben sein soll[213]. In den gleichen Interessenbereich der Iliasglossare fällt auch der Text auf dem Recto von **037.1**, wo die Rede von Achills Rüstung ist[214]. Auch in diesem Fall ist es möglich, dass es sich um eine „double-use" Rolle handelt, die im Schulbereich verwendet wurde[215].

Die Zusammenstellung von Gebrauchstexten ist auch für die Homerica im Allgemeinen sowie für andere Autoren gut bezeugt[216]. Wie oben in Bezug auf die intensive Nutzung von Schriftmaterial angemerkt, eignen sich paraliterarische Texte wie die Iliasglossare besonders gut für die Zusammenstellung verschiedener Texte.

Das Zusammenfügen verschiedener Übungen hintereinander – durch verschiedene grafische Hilfsmittel voneinander getrennt – scheint im Rahmen der Iliasglossare typisch für die Tafeln, während die Zusammenstellung von demselben Interessengebiet angehörenden Texten (Grammatiken, Homerica, Paraphrasen) charakteristisch für den weiteren Kontext des Schulbereichs ist. Abgesehen von den auf Tafeln überlieferten Zeugnissen werden aber für die beliebten Zusammenstellungen lediglich die technischen Nutzungsmöglichkeiten der Rolle angewendet, ohne dass verschiedene Texte nebeneinander

---

212 Vgl. auch Montanari/Muratore/Reiter 2012.

213 Cribiore 1996, Nr. 359: „evolving hand".

214 Colomo/De Kreij 2019, die den Text eher für eine Abhandlung als für einen Kommentar halten.

215 So Colomo/De Kreij 2019, laut denen die Abhandlung und das Glossar zwei verschiedene Niveaus der schulischen Ausbildung darstellen.

216 Dazu s. Colomo/De Kreij 2019, 12-15. Unter den in der Schule verwendeten Homerica kann man PSI I 18 und 19 (TM 61270) erwähnen, die eine Grammatik bzw. einen Katechismos über Homer enthalten. Das Recto und Verso von P.Hamb. III 199 und 200 (TM 61607) enthält jeweils einen Text des sog. Mythographus Homericus und ein Glossar zum 4. Gesang der Odyssee.

gestellt werden. Die Iliasglossare sind den Hypotheseis zu den einzelnen Gesängen gelegentlich beigefügt (**003**, **041**)[217], deren Inhalt in enger Beziehung mit den Iliasglossaren steht; sie konnten gewissermaßen als Teil des Glossars selbst aufgefasst werden. Abgesehen von Schulübungen auf Tafeln werden Texte anderer Art nie direkt an die Glossare angehängt. Dies lässt vermuten, dass sie eine eigenständige Texttypologie bildeten, deren einzelne Abschnitte bzw. Worterklärungen zwar für die Durchführung von Übungen exzerpiert werden konnten, die aber editorisch autonome Gebrauchtexte darstellten.

### 1.3 Mise en Page und Gliederungsmittel

Wie schon Raffaelli 1984 bemerkte, besteht das formale Merkmal der selbständigen Homerglossare in der graphischen Anordnung ihres Inhalts[218]. Bei diesen kann man zwei Hauptgestaltungen bei der Mise en Page erkennen:

1. Durchlaufende Beschreibung: Mehrere Lemmata und entsprechende *interpretamenta* folgen aufeinander in derselben Zeile. Die Abtrennung dieser wird durch unterschiedliche Satzzeichen signalisiert. Zwischen der Lexis und der entsprechenden Erklärung wird ein Punkt oberhalb der Zeile (**017**) oder ein Dikolon (**003**) gesetzt. Um die Erklärung von der folgenden Lexis zu trennen, kann sowohl ein Dikolon (**003**, **017**)[219] als auch ein Schrägstrich (**038**, **053**) verwendet werden.
2. In zwei Reihen gegliederte Kolumnen, bei denen Lemmata und *interpretamenta* einander gegenübergestellt werden. Die linke Reihe enthält die Stichwörter, die rechte die Erklärungen. Während die Stichwörter immer untereinander angeordnet sind, kann die Anordnung der Erklärungen wiederum einer mehr oder weniger strengen vertikalen Ausrichtung folgen oder sich an die Länge der Lexeis und den verfügbaren Platz anpassen. In der Regel enthält jede

[217] Die Zusammenstellung von Hypotheseis und Glossaren wird erst in den mittelalterlichen D-Scholien zur Regel. Zu den Hypotheseis s. van Rossum-Steenbeek 1998, 53-73; 246-259. Die Zusammenstellung von Hypotheseis und Glossaren tritt in zwei Odysseeglossaren auf: P.Oxy. XLIV 3160 + P.Strasb. Inv. Gr. 1401 (TM 60911, 1. Hälfte des 3. Jh.) und P.Oxy. LVI 3833 (TM 60565, 4. Jh.).

[218] Raffaelli 1984, 172-175.

[219] Henrichs 1971, 253 Anm. 2 bemerkt, dass das Dikolon diese Funktion auch in mittelalterlichen Handschriften versieht.

Zeile ein Lemma mit seinem *interpretamentum*; die Abtrennung zwischen diesen ist durch ein mehr oder weniger breites *vacat* herausgestellt. Wenn mehrere Lemmata in einer Zeile beschrieben sind, übernimmt ein weiteres *vacat* ebenso die trennende Funktion zwischen den verschiedenen Paaren (s. **011** und **043**, Tafeln II, II.1 und IX). Gelegentlich werden auch bei dieser Mise en Page Satzzeichen allein oder in Kombination mit dem Zwischenraum für die Abtrennung verwendet (z.B. **021.2**, **039**, **047.1**). Satzzeichen können auch nach der Erklärung und vor dem Zeilenumbruch vorkommen (**004**: Dikolon; **019**: *ano stigme*; **046**: *mese stigme*). Wenn die Worterklärungen mehr als eine Zeile beanspruchen, sind die folgenden Zeilen im Hinblick auf die Reihe der Lexeis nach rechts eingerückt. Diese Eisthesis kann mehr oder weniger ausgeprägt sein, indem sie leicht nach rechts unter dem erklärten Lemma oder in der Erklärungsreihe eingerückt werden kann (s. unten)[220].

Punkte, Doppelpunkte und Schrägstriche werden vor allem in den in zwei Reihen gestalteten Iliasglossaren nicht konsistent gesetzt[221]. In **015** II 3 benutzt der Schreiber einmal zwei nebeneinanderstehende Schrägstriche, um die Abtrennung zwischen einem Interpretamentum und der nächsten Lexis zu unterstreichen, die in derselben Zeile hinzugefügt wurde[222]. In dem erhaltenen Teil gibt es kein weiteres Beispiel für zwei Lexeis auf derselben Zeile, und deswegen erschien wahrscheinlich dem Schreiber ein Hinweis auf die Trennung notwendig. Eine ähnliche Verwendung von Schrägstrichen zur Abtrennung von Erklärungen aus der folgenden Lexis findet sich auch in **021.2**, bei dem ein einziger Schrägstrich dieselbe Funktion erfüllt. Joseph Spooner hält dies für ein Merkmal von Schultexten. Daher vermutet er, dass es sich bei dem Fragment **021.2** um die Abschrift eines Schülers von einem Text des Meisters handelt, dessen Merkmale er zu imitieren versucht[223]. Dieses einzige Element scheint jedoch, wenn man auch die formale Schriftweise und die allgemeine Korrektheit des Textes berücksichtigt, nicht auszureichen, um den Text in einen schulischen Kontext einzuordnen. Die einzige Information, die mit Sicherheit gewonnen werden kann, ist, dass der

[220] Zu der Positionierung der *Scholia Minora* zu Homer im Allgemeinen und zu der Eisthesis, bes. in Bezug auf **030**, vgl. Menci 2019, 374-375.

[221] S. unten, S. 69-70 zu **004** und **039**.

[222] [γ]ν̣ώω[cι]˙ γνῶcι // οἴδε˙ [ ] zu *Il.* 1.302.

[223] Spooner 2002, 43-44.

Schrägstrich in **021.2** verwendet wird, wenn sich zwei Lexeis auf derselben Linie befinden. Denn in diesem Fall macht der kleine Zwischenraum allein die Trennung nicht ausreichend deutlich.
Bei **016.1** könnten die Punkte im oberen, mittleren und unteren Teil der Zeile nach drei Wörtern vielleicht eine andere Funktion erfüllen. Die Herausgeberin beobachtet, dass alle mit dem Punkt bezeichneten Wörter fehlerhaft sind. Daher fragt sie sich, ob der Punkt nicht eher auf einen Transkriptionsfehler als auf die Trennung zwischen Stichwörtern und Erläuterungen hinwies[224]. Allerdings ist für die vierte fehlerhafte Lexis im Papyrus (ὀφέλλεται statt des homerischen ὄφελλεν aus *Il.* 1.353) kein anschließendes Zeichen zu sehen[225]. In diesem Fall könnte die von Homertext morphologisch abweichende Lexis jedoch durch das einzige Vorkommen in *Od.* 3.367 beeinflusst worden sein[226] oder eine Art Lemmatisierung in der dritten Person Singular darstellen[227]. Demzufolge ist es möglich, dass das Lemma nicht als Fehler angesehen wurde. Die Verwendung eines Punktes als Tilgungszeichen ist in Iliasglossaren belegt[228] und könnte bei **016.1** auf eine spätere Überprüfung hinweisen.
Der Hauptzweck der Interpunktionszeichen bei Iliasglossaren scheint auf jeden Fall in der internen Gliederung des Textes zu bestehen.

Die Verteilung der Dokumente auf die beiden Arten der Mise en Page lässt sich wie in der folgenden Übersicht zusammenfassen:

- Durchlaufende Beschreibung: ca. 9%.
- in zwei Reihen gegliederte Kolumnen: ca. 70 %
- bei ca. 21% lässt sich die Anordnung nicht genauer feststellen, denn die Fragmente sind gering oder brechen unmittelbar nach den Stichwörtern bzw. vor den Erklärungen ab.

Von den beiden Arten der Mise en Page ist erstere nur bei sieben Fragmenten (**003, 017, 038, 048, 052, 053, 054**) zu finden. Es wird jedoch durch die oben erwähnten Interpunktionszeichen darauf geachtet (wenn auch nicht immer in

---

[224] Vgl. die Einleitung zu **016.1** in der Edition. Die drei Stellen sind col. I 10 ([προΐει· προέπεμ]πε statt προέπεμψε?), col. II 8 ([c]οοιc statt cόοι) und col. II 18 (ọρεγνουc statt ὀρεγνύc).
[225] **016.1** II 20.
[226] So Hatzilambrou in der Edition von **016.1**.
[227] Für die Lemmatisierung in dritter Person Singular des Präsens s. Tosi 1988, 95.
[228] S. hier **034** col. III 17 mit Kommentar.

gleichmäßiger Weise), dass immerhin die Trennung zwischen Lexis und Erklärung klar erkennbar ist. Die durchlaufende Anordnung ist aber weniger praktisch, da sie das Erfassen des Textes und die Identifizierung der Stichwörter verlangsamt. Man kann sich daher fragen, ob es sich um Abfassungen handelt, bei denen der Schreiber und der Benutzer identisch sind. Nur die Berliner Wachstafeln können auf den Schulbereich mit gewisser Sicherheit bezogen werden. Bei **003** hingegen scheint diese Anordnung auf das Bestreben zurückzuführen zu sein, die Breite der Kolumne, die mit der Hypothesis zum 1. Gesang der Ilias beginnt, beizubehalten. Es lohnt sich, den Unterschied zu **041** zu bemerken, der zu den im didaktischen Bereich verwendeten Papyri gezählt werden kann. Auch bei diesem Iliasglossar steht erst die Hypothesis in der ersten Kolumne und in der zweiten das Iliasglossar. Die Hypothesis und das Glossar werden, wie häufig bei Schulpapyri, durch einen breiten Zwischenraum voneinander getrennt. Das breite *vacat* erfüllt bei **041** die Trennfunktion, die die Textbenutzung erleichtern soll. Die durchgehende Anordnung des Glossars **003** verleiht hingegen der Kolumne über ihre gesamte Länge eine gewisse Festigkeit. Außerdem sind die Hypothesis und das Glossar nicht eindeutig durch ein *vacat* getrennt. Das Endergebnis unterscheidet sich stark auch von **038**, auf dem die fortlaufende Beschriftung sich besser durch den Wunsch erklären lässt, den gesamten verfügbaren Platz zu nutzen. Unter den durchlaufenden Iliasglossaren ist **003** der einzige Text, der für eine gewisse Verbreitung gedacht sein könnte.

Unter den in zwei Reihen angeordneten Glossaren lassen sich zwei Untergruppen erkennen, je nachdem, ob die vertikale Anordnung auch die Erklärungen und nicht nur die Stichwörter betrifft:

2a. Erklärungen werden, wie ebenso die Stichwörter, so gut wie möglich untereinander angeordnet; demzufolge variiert der Zwischenraum zwischen Lexis und Erklärung ständig. Jede Kolumne des Glossars besteht somit aus zwei Unter-Kolumnen[229]. In der Regel unterbrechen jedoch die Eistheseis die Aufteilung der Reihen, indem sie unter der Lexis oder in dem intercolumnaren Raum anfangen (**040,** Tafel VII). Manchmal wird aber die Erklärung stärker eingerückt, sodass auch längere Erklärungen völlig in der Reihe der Interpretamenta stehen.

---

[229] Man könnte von zwei grafisch getrennten Kolumnen sprechen. Da die Vollständigkeit des Inhalts jedoch aus beiden Reihen besteht, wird hier lieber von Unter-Kolumnen gesprochen.

Diese Disposition betont die Aufteilung zwischen Stichwörtern und Interpretamenten in zwei Unter-Kolumnen (**001**, Tafel I).

2b. Die Lexeis werden untereinander angeordnet, während die Position der Worterklärungen entsprechend der Länge des Lemmas oder des verfügbaren Raums wechselt. Während in dem ersten Fall (2a) schon auf den ersten Blick die beiden Reihen erkennbar sind, wird im Fall 2b jede Kolumne graphisch als eine Einheit betrachtet. Bei dieser stellt der Leerraum zwischen Lemma und Interpretament kein Trennzeichen zwischen den beiden Reihen dar; vielmehr erfüllt er die Funktion eines Satzzeichens zwischen den Bestandteilen der einzelnen Zeile. Diese Zwischenräume sichern das Verständnis des Textes, da sie die Trennung zwischen Lexeis und Metaphraseis in jeder Zeile deutlich machen. Erklärungen, die mehr als eine Zeile beanspruchen, werden leicht nach rechts unter der betreffenden Lexis eingerückt. Daraus ergibt sich bei längeren Erklärungen eher eine Anordnung in Abschnitten als in zwei Reihen (s. Tafel VI.2).

Von den beiden Verteilungen ist die zweite die häufigere. Man könnte schätzungsweise von einem Verhältnis von 38 % zu 62 % sprechen. Wie Lucia Raffaelli bereits anmerkte, sind die Zuordnungen jedoch nicht allzu streng zu nehmen[230]. Es gibt viele Fälle, in denen in zwei Reihen angeordnete Glossare, die pro Zeile eine einzige Lexis und ihre Erklärung vorweisen, mehrere Lexeis und Erklärungen auf derselben Zeile aufeinander folgend bieten[231]. Wenn der Schreiber versucht, auch die Erklärungen auszurichten, wird diese Ausrichtung ebenfalls nicht im gesamten Dokument beibehalten. In **005** verschiebt sich die Reihe der Worterklärungen schrittweise nach links und nähert sich der Reihe von Stichwörtern, bis sie diese berührt (s. col. II). Die Ausrichtung der Erklärungen ist in **018** und **025** beibehalten, solange das Lemma kurz ist. Ansonsten passt sich der Schreiber dem vorhandenen Platz an, indem er die Worterklärung leicht nach rechts verschiebt. Ebenso vielfältig ist die Behandlung der Eistheseis, die die Teilung unterbrechen oder hervorheben können (s. oben **001** und **040**). Ein Beispiel für die Unbeständigkeit bestimmter Texte ist **039**. Um die Trennungen zwischen Lexis und Metaphrasis zu markieren, begnügte sich der Schreiber manchmal

---

[230] Raffaelli 1984, 174-175.

[231] Beispielsweise die letzte Kolumne von **011**, gelegentlich **043**.

mit Leerzeichen, an anderen Stellen fügte er auch Zeichen ein. Er achtete darauf, die Erklärungen auszurichten, indem er die Metaphrasis zu dem kurzen αἰών (Z. 3) nach rechts verschoben hat. Diese Ausrichtung wird nur durch Einrückungen langer Erklärungen gestört. Sie wird allerdings nicht bis zum Ende eingehalten; in Z. 11 rückt der Schreiber die Metaphrasis deutlicher nach links ein. **004** bricht auf beiden Seiten genau zwischen Lemmata und Interpretamenten ab, sodass für die Bestimmung der Mise en Page nicht genügend Elemente vorhanden sind. Wir sehen jedoch die normale Verwendung des *vacat* als Trennzeichen in Z. 21 des Versos, wohingegen der Schreiber in mindestens einem Fall den Doppelpunkt ohne *vacat* verwendete (Verso, Z. 6).
Unter Berücksichtigung der großen Vielfalt und des hybriden Charakters der Mise en Page einiger Dokumente erlaubt die vorgeschlagene Trennung zwischen 2a und 2b jedoch einige Schlussfolgerungen. In Fällen von Codices (**020.1**, **050**) verleiht die Ausrichtung der Erklärungen der Seite Eleganz und Ausgewogenheit. Aufgrund dieser Eigenschaften ist diese Mise en Page wahrscheinlich verwendet worden. Trotzdem ist diese Mise en Page (2a) bei den dem Schulbereich zugeordneten Iliasglossaren wesentlich häufiger. Sie wird manchmal von anderen grafischen Mitteln begleitet, die die Unterscheidung zwischen Lexeis und Metaphraseis noch deutlicher machen.

Wie wichtig die Mise en Page und graphische Hilfsmittel für den Gebrauch solcher Texte sind, zeigen auch moderne Wörterbücher. Eindeutige Trennungen und zusätzliche Hilfsmittel boten dem unerfahrenen Leser, der zur Identifizierung der Lexeis nur einen Blick auf die transkribierten Stichwörter werfen musste, zusätzliche Orientierung. Wenn der Schreiber genügend Platz zur Verfügung hatte, war eine ‘Platzverschwendung’ in diesem Sinne durchaus gerechtfertigt. Obwohl Schematisierungen angesichts der Schwankungen der einzelnen Dokumente nicht zu eng gefasst werden dürfen, lassen sich diese eindeutigen Trennungen bei im Schulbereich gebrauchten Iliasglossaren erkennen[232]. Diese führen zur Berücksichtigung der Elemente der Mise en Page im Hinblick auf ihre Funktionalität und

---

[232] Wie auch für Schulpapyri im Allgemeinen, s. Del Corso 2010, 107: „Nei libri utilizzati a scuola si avverte una certa sensibilità per le scansioni interne, per la separazione visiva dei blocchi di scrittura dotati di funzioni diverse (il testo e il commento, ad esempio), per la chiarezza nella presentazione delle informazioni nuove: in una parola si tratta, com’è facile immaginare, di libri il cui quoziente di leggibilità è superiore alla media".

können manchmal ein weiteres, wenn auch nicht endgültiges, Element bei der Bestimmung des Charakters des Dokuments und der Kontexte, in denen es verwendet worden sein könnte, darstellen. Nach dem treffenden Ausdruck von Marilena Maniaci hat nämlich die Mise en Page „la capacità di ‚plasmare' il testo, orientandone la ricezione"[233].

## 1.4 Randzeichen und Abkürzungen

Neben den Interpunktionszeichen zwischen Lemmata und Interpretamenten werden in den Glossaren Paragraphoi oder Koronides als Zeichen für Abschnittswechsel verwendet[234]. Eine Paragraphos konnte sowohl das Ende eines Abschnitts bzw. Gesanges als auch den Beginn eines neuen kommentierten Verses (**005**, **019**) signalisieren[235]. Die bezeugten Beispiele zeigen allerdings, dass die Verwendung mit dieser Funktion nicht systematisch und nicht immer eindeutig ist. In **005** ist nur einmal die Paragraphos verwendet, in **019** zweimal. In diesem letzten Fragment kommt sie an den einzigen Stellen vor, bei denen die Erklärung mehr als eine Zeile beansprucht. Es besteht somit die Möglichkeit, dass bei **019** die Paragraphos nicht den neuen Vers, sondern die Zugehörigkeit zu dem Vorgehenden merkt. Besonders in den Tafeln, in denen verschiedene Texte nebeneinanderstehen, trennt die Paragraphos unterschiedliche Übungen. Sie markiert ansonsten das Ende eines Gesanges, manchmal ersetzt durch bzw. in Kombination mit der Koronis[236].

Singulär sind Randzeichen als Hinweise auf Reihenfolgeänderungen. In **025.01** II 3 ist der Glosse ἐπεϲβόλοϲ ein gebogenes Zeichen vorangestellt, das vielleicht die Umkehrung innerhalb desselben Verses oder die Lemmatisierung verdeutlicht[237]. In **036** hat die zweite Hand die vom Schüler ausgelassenen Stichwörter am Ende der Übung hinzugefügt, indem sie sie mit einem rechts platzierten bogenförmigen Strich markierte. Somit wäre die Funktion des Zeichens nicht, die Störung in der Abfolge zu verdeutlichen,

---

[233] Maniaci 2013, 2.

[234] Zu Formen und Funktion der Koronis in literarischen und paraliterarischen Papyri s. Stephen 1959; Lameere 1960, 190ff.; Schironi 2010, 16ff.

[235] Zu dieser Funktion der Paragraphos in synoptisch angeordneten Paraphrasen s. S. 21.

[236] **013+016**, **040.1**, **043**.

[237] Anders Tagliapietra 2017, 26: „probably a cancellation mark". Im Homertext steht das Wort im Akkusativ, s. Anhang II, Addenda.

sondern die noch zu erfüllende Aufgabe. Der Schüler ($M^1$) hat später die Worterklärung geschrieben und noch eine Lexis hinzugefügt. Um deren ursprüngliche Stelle zu signalisieren, hat er einen Schrägstrich rechts von dem Bezugsvers gesetzt. Solche Hinweise sind daher nicht ausdrücklich, sondern eher in Zeichenform markiert. In diesem Szenario wäre πρόcθẹ[ν] in **043** als Hinweis auf die Vertauschung der Reihenfolge der letzten beiden Lexeis seltsam. In dem betreffenden Glossar wird in der Tat ἔραται nach ἐπιδημίου aus *Il.* 9.64 erklärt, das im Homertext vor dem zweiten steht[238]. Wahrscheinlicher ist jedoch, dass das Glossar hier eine zweite Erklärung zu ἐπιδημίου bietet, wie vor allem die Eisthesis nahelegt[239].
Graphische Hilfsmittel werden nicht systematisch und mit einer einzigen und ausschließlichen Funktion entweder in der gesamten Gruppe von Dokumenten oder innerhalb eines einzelnen Dokuments verwendet. Das einzige Prinzip, das sich aus der Verwendung dieser Zeichen ableiten lässt, ist, dass sie einem persönlichen Signalisierungsbedürfnis entsprechen, das der Schreiber mit verschiedenen Zeichen erfüllen kann. Die Signalisierung kann die Verbindung mit dem Vorhergehenden, nachträgliche Hinzufügungen oder Störungen in der Reihenfolge betreffen, die in der Regel ohnehin nicht markiert sind. Randzeichen werden auf jeden Fall von den einzelnen Schreibern nach einem persönlichen System vorgenommen, dessen Kriterium die Prägnanz ist[240]. Aus diesem Grund können Texte mit zahlreichen Zeichen auf eine für den privaten Gebrauch hergestellte bzw. eine von dem späteren Benutzer revidierte Kopie hinweisen[241].
Stichometrische Noten sind nur in **045** am linken Rand enthalten. Die am linken Rand geschriebenen Zahlen cν (250) und cξ (260) stimmen weder mit dem *numerus versuum* des betreffenden Buches (*Il.* 9. 455 bzw. 468) noch mit den Zeilen des Glossars überein. Zwischen cν und cξ stehen in der Tat elf Lexeis, während die kommentierten Iliasverse genau 10 sind (*Il.* 9.455-468, mit Auslassung der von Aristarch herausgenommenen 9.458-461)[242]. Aus diesem Grund meint der Herausgeber, dass sich die Stichometrie entweder auf einen nicht nach Gesang, sondern nach Rolle nummerierten Ilias-Text

238 ὃc πολέμου ἔραται ἐπιδημίου ὀκρυόεντοc.
239 S. hier den Kommentar zur Stelle.
240 Deswegen kann man m.E. nicht bestimmen, ob der Strich bei φολκόc in **025.1** Z. 5 „draws attention to this rare word" (so Spooner 2002, 84).
241 S. z.B. **011.2**, **019**, **036**, **043**.
242 Zu dieser Stelle (Phoenix' Gedanke an Vatermord) s. Apthorp 1998.

oder auf eine gekürzte Fassung der Ilias *ad usum scholarum* bezieht[243]. Collart vermutete, dass das Glossar den Gesang ab Vers 205 – und zwar ab dem Empfang der Bittgesandtschaft an Achill – erklärte[244]. Es wäre also ein Glossar ausgewählter Passagen, das in didaktischem Umfeld verwendet wurde. Daraus ergibt sich die Frage, ob die Vorlage der Lexeis eher ein Iliastext als ein selbständiges Glossar war. Einige vom Homertext abweichende Stichwörter lassen sich tatsächlich auf eine irrtümliche Worttrennung des Iliastextes zurückführen: ἐκέκλετο statt ἐπεκέκλετο (*Il.* 9.454) und ἀράϲ statt ἐπαράϲ der *vulgata* (*Il.* 9.456). Auch im Lichte der zahlreichen phonetischen Fehler könnte man ein mit **047** ähnliches Bild gewinnen. Der Schreiber löste wahrscheinlich die Lexeis aus einer Ilias-Vorlage heraus, die nur ausgewählte Stellen enthielt. Dabei schrieb er auch die stichometrischen Angaben ab, die er in seiner Vorlage fand. Gewiss kann weder ein kleiner Fehler in der Nummerierung[245] noch eine weitere Hinzufügung des Schreibers selbst, der aber die stichometrische Note von seiner Vorlage reproduziert hat, völlig ausgeschlossen werden. Trotzdem scheint Collarts Vermutung die wahrscheinlichste zu sein. Sicherlich haben stichometrische Noten keine Parallelen bei Iliasglossaren, wohingegen sie sich besser für eine Kopie der Ilias eignen würden[246].

Abkürzungen werden in den Iliasglossaren gelegentlich verwendet. Wie oben in Bezug auf die Randzeichen bemerkt wurde, erfolgt ihre Verwendung nicht systematisch, sondern meist als Anpassung an die jeweiligen Umstände. Üblich ist in verschiedenen Zeiträumen der Ersatz von ν am Ende der Zeile durch einen oben gesetzten Strich: oft in **029.1**, gelegentlich in **011**, **019**, **043**, **044**, **049**, **050** und **055**. Echte Abkürzungen betreffen die Endungen der Worterklärungen und werden normalerweise am Ende der Zeile benutzt: in **002** wird die Genitivendung -ων durch das hochgestellte Alpha und einen horizontalen Strich abgekürzt[247]; in **011** (col. VI 22) δυικ(ῶϲ) durch ein

[243] Die zweite Vermutung teilt Hombert 1937, 266.

[244] Collart 1937-1938, 192-193.

[245] Wie auch in Iliaspapyri, s. Ohly 1928, 31ff.

[246] Sie werden jedoch öfters nach je hundert Versen nummeriert: vgl. Parsons 2003, Kol. 1443. Nach Parsons/Turner 1987, 16 weisen stichometrische Noten auf eine professionelle Kopie hin.

[247] Ἀχα(ιῶν), αχ$^{α}$— pap (col. I 13). Ähnliche Abkürzungen, d.h. bestehend aus einem hochgestellten Buchstaben und einem Abkürzungszeichen, sind bei McNamee 1981, 114-115 gesammelt.

hochgestelltes κ und die Endung -oc durch einen hochgestellten Bogen (col. VII 13); in **018** III 102 βροντ(άc). Die Art und Weise der Abkürzungen, die durch den hochgestellten Buchstaben gemacht sind, lassen den Einfluss dokumentarischer Abkürzungen erkennen.

Der Textkategorie gehört weder ein besonderes Abkürzungssystem noch sind Abkürzungen ein typisches Merkmal der Glossare. Ihre Position am Ende der Zeile legt nahe, dass sie vor allem aus Platzgründen gebraucht worden sind. In diesem Szenario ist die Verwendung brachygraphischer Abkürzungen in **034** umso relevanter. Denn dabei handelt es sich um ein Abkürzungssystem, welches vom 1. Jh. v.Chr. belegt ist und wahrscheinlich in den Kreisen der Grammatiker erschaffen wurde[248]. Die Abkürzungen bestehen nämlich aus Strichen, deren Ausrichtung die implizierte Form bestimmt (Tafeln VI und VI.2). Sie betreffen Artikel, Präpositionen und die Formen von εἰμί. Das hier regelmäßig verwendete System entspricht ohne Abweichungen dem Üblichen[249], welches hauptsächlich in Texten gelehrten Charakters – insbesondere in Kommentaren auf Papyrus – zu finden ist[250]. Es fällt auf, dass ein Wenigen bekanntes Abkürzungssystem für eine Texttypologie verwendet wird, deren Hauptzweck die Zugänglichkeit des Homertextes für viele ist. Das einzige vergleichbare Homerglossar ist P.Amh. II 18, das ein Glossar zur Odyssee enthält[251]. Trotzdem entsprechen die in P.Amh. II 18 verwendeten Abkürzungen meistens der dokumentarischen Typologie und selten dem brachygraphischen System[252]. **034** zeichnet sich hingegen durch den

---

[248] Zu der Art der in Papyruskommentaren auffindbaren Abkürzungen s. Bilabel 1923; Del Fabbro 1979, 90-91; G. Bastianini und A. A. Long zu P.Berol. Inv. 9780 *verso* (TM 60170) in CPF I 1**, 276-281, bes. S. 278-281); McNamee 1981; Parsons/Turner 1987, 15; Stroppa 2019, der die Papyri mit den sog. „abbreviazioni dotte" sammelt. In dieser Liste ist **034** nicht zu finden. Nach Bilabel 1923, col. 2294 ist die Entstehung solcher Abkürzungen „in den Kreisen der die Klassiker kommentierenden Grammatiker zu suchen". Ebenso Parsons in der Einleitung zu P.Coll.Youtie II 66, S. 411f. (TM 20885) und G. Bastianini und A. A. Long in CPF I 1** 60, S. 276-277.

[249] Variationen in der einzelnen Abkürzungsweisen finden sich in einigen Papyri, s. Stroppa 2019, 939-941. In **034** gibt es kein Beispiel von „personalizzazione del sistema" (Stroppa 2019, 940), während das Nebeneinander verschiedener Abkürzungssysteme, und zwar der brachygraphischen Abkürzungen und derjenigen durch Suspension, andere Parallelen findet, s. Stroppa, *ibid.*

[250] Dazu McNamee 1992, 18; Stroppa 2019.

[251] Diese beiden Glossare haben ein weiteres Merkmal gemeinsam: die Vermerke auf der Rück- bzw. Vorderseite, die als Zusätze zu den auf der anderen Seite geschriebenen Glossaren gedacht sind. Zu diesem Phänomen bei der Verwendung der Rolle s. Kaltsas 2015.

[252] P.Amh. II 18 col. VI 82 und XII 165: δυικ(ῶc) durch hochgestelltes κ; col. IX 112 ἄκον(τα) durch hochgestellten Buchstaben; col. IX 113 π(αρα)γενέcθ(αι) durch

regelmäßigeren und geschickten Gebrauch des Systems aus. Außerdem scheint der Schreiber auch das Zeichen % zu verwenden, das typisch für Papyruskommentare ist[253]. Das auch inhaltlich bemerkenswerte Glossar könnte daher als Arbeitsexemplar eines Gelehrten oder Grammatikers aufgefasst werden[254], der für die Abfassung seines Glossars auch Kommentare verwendet und abgekürzt haben mochte.

### 1.5 Titel und Bezeichnungen des Inhaltes

Einige Glossare geben Hinweise auf den Inhalt, die als Titel bzw. *subscriptiones* bezeichnet werden können. Diese Angaben können nämlich am Anfang oder am Ende des kommentierten Gesanges stehen und sind durch acht Zeugnisse belegt[255]. In **002**, **003**, **042**, **043** steht der Titel vor dem betreffenden Gesang, wohingegen in **016**, **028** und **040.1** die Angabe erst nach dem betreffenden Gesang steht. Die gebräuchlichste Form ist die synthetische Angabe des kommentierten Gesanges durch den entsprechenden Buchstaben, über den ein horizontaler Strich gesetzt wird. Das in der rechten oberen Spitze des Fragmentes geschriebene ᾱ in **003** kann eher eine Nummerierung des Papyrusblattes als des Gesanges sein, wie Joseph Spooner vermutet. Die Tatsache, dass sich die Hypothese und das Glossar auf das erste Buch beziehen, wird bereits durch das Zitat von *Il.* 1.1 angezeigt[256].
Dem Buchstaben des Gesanges kann ein τῆϲ vorangestellt werden, das ῥαψῳδίαϲ impliziert[257]. So sind der Anfang des neunten Gesanges in **043** durch τῆϲ Ϊ und das Ende des sechsten Gesanges in **040.1** durch τῆϲ Ζ signalisiert. Dieser Titel wird in **043** in Kombination mit Paragraphos und Koronis verwendet, die das Ende des achten Gesanges hervorhebt, da kein

hochgestelltes θ. Abkürzungen entsprechend dem in Kommentaren bezeugten System sind das oben erwähnte παρά in π(αρα)γενέϲθ(αι) und μεν in πλανώμ(εν)`οϲ´ (col. XIX 258).

[253] S. Kommentar zu **034** col. IV 8.

[254] Zu dem Schreiber von **034** s. Kapitel 3, S. 197f.

[255] Raffaelli 1984, 175-176 zählte sechs davon. Die Glossare zur Odyssee zeigen ähnliche Verhältnisse: zu diesen s. Raffaelli *loc. cit.* In einem Glossar zur Odyssee (P.Köln Inv. 236, TM 60668) wird der Übergang von einem Buch zum anderen nicht angezeigt. Zu den Titeln in den Papyri s. Caroli 2007; zu Endtiteln Schironi 2010 (S. 81-82 zu Homer); zu Iliaspapyri Perrone 2021, besonders S. 85 mit erwähnter Bibliographie.

[256] Spooner 2002, 87.

[257] Dies hat schon Raffaelli 1984, 175 festgestellt.

Kolumnenumbruch vorliegt. In **002** wurde anscheinend die Angabe α βιβ̣λ[ίου] von M² am Anfang des Glossars hinzugefügt[258].
*Subscriptiones* am Ende des betreffenden Gesanges befinden sich in **016**, **028** und **040.1**. Bei dem letzteren Fragment ist auch die Koronis unter dem Titel zu finden. In **028** markiert [Γ ’Ιλ]ιάδοϲ das Ende des Glossars zu dem dritten Gesang. Die *subscriptio* wird von der letzten Zeile des Glossars durch ein kleines *vacat* abgesondert. In dem folgenden Fragment dieses Iliasglossars sind Worterklärungen zu *Il.* 4.2f. erhalten. Dieses Fragment ist aber im oberen Teil verstümmelt. Ob die Kolumne auch den Titel des vierten Gesanges trug, kann daher nicht festgestellt werden, da man nicht bestimmen kann, wie viele Stichwörter vor δαπέδῳ (*Il.* 4.2) kommentiert wurden und wie viele Zeilen die Erklärungen einnahmen[259]. Der erste Herausgeber hält Δ ’Ιλιάδοϲ für verloren in der Lücke; Lucia Raffaelli hält die Angabe des Titels für unwahrscheinlich, gibt aber keinen Grund dafür an[260]. **027** zeigt, dass sowohl das Ende eines Gesangs als auch der Beginn des nächsten durch den Titel nacheinander angezeigt werden können: in Fol. 8 → 4-5 steht nämlich τέλοϲ τ̣[ῆϲ] Δ̣ und in der nächsten Zeile ἀρχὴ τ[ῆϲ] Ε̣. Die Formulierung von **027** hat keine weiteren Parallelen unter den Papyri, findet sich aber in der ältesten mittelalterlichen Handschrift der D-Scholien[261].

Bei diesen Titeln geht es vor allem darum, auf das Buch hinzuweisen, nicht den Inhalt zu benennen. Ein singuläres Beispiel für die Definition des Inhalts eines Glossars stellte nach bisherigem Stand die *subscriptio* ὀνομαϲτικὸν Ὁμήρου dar, die nach dem ersten Herausgeber am unteren Rand des Glossars **005** und in umgekehrter Richtung zu diesem angebracht worden wäre. Die neuste Analyse des Fragments zeigte zum einen die Unsicherheit der Lesung in paläographischer Hinsicht und zum anderen die damit verbundenen materiellen und inhaltlichen Probleme: die zum Inhalt unpassende

---

258 Die Tinte ist aber hier sehr abgerieben.

259 Vor δαπέδῳ erklären die D-Scholien zwei Lexeis: πὰρ Ζηνί und ἠγορόωντο aus *Il.* 4.1.

260 Jeweils Müller 1968, 117 und Raffaelli 1984, 176.

261 Matritensis B. N. 4626 (van Thiels Z), z.B. Fol. 111r. Die digitale Reproduktion der Handschrift ist unter http://bdh.bne.es/bnesearch/detalle/bdh0000008375 verfügbar. Die Anwendung erscheint auch bei Handschriften unsystematisch. Außerdem steht die Überschrift ἀρχὴ τῆϲ mitsamt dem entsprechenden Buchstaben des Gesanges manchmal vor der Hypothesis, manchmal danach.

Bezeichnung „Sachwörterbuch“ sowie die nach links geöffnete Klebung[262]. Da dieser materielle Zustand des Fragments festlegt, dass es als Palimpsest qualifiziert werden muss, lassen sich die im unteren Teil des Fragments erhaltenen Spuren vielmehr als Überreste der *scriptio inferior* erklären. Außerdem ist nicht nachvollziehbar, warum der Titel in der Mitte des Glossars und nicht am Anfang oder am Ende gesetzt worden wäre. Dass das Glossar **005** ὀνομαcτικόν genannt wird, kann daher entschieden ausgeschlossen werden[263].

**016** enthält somit den einzigen eindeutigen Hinweis auf den Inhalt der Glossare. Am Ende des Glossars zu dem ersten Gesang befindet sich die *subscriptio* Ἰλιάδοc γλῶccαι τῆc α, deren Wert Albert Henrichs eingehend hervorgehoben hat[264]. Diese *subscriptio* ist das Ergebnis verschiedener Korrekturen: Der Schreiber hätte zunächst Ἰλιάδοc γλωccῶν τῆc α geschrieben, danach γλωccῶν durch γλώccιc korrigiert, und letzten Endes γλῶccαι geschrieben[265]. Die von Henrichs gesammelten Beispiele beweisen den unterschiedslosen Gebrauch von γλῶccα und λέξιc in römischer Zeit[266]. Es stellt sich daher die Frage, ob solche Gebrauchstexte gemeinhin als γλῶccαι bezeichnet wurden, oder allgemeiner die Frage, wie überhaupt sie in dem betreffenden Zeitraum gewöhnlich benannt wurden[267].

Der in **016** angebrachte Titel wirft einige Probleme auf: die wiederholten Korrekturen und den *ordo verborum*, der den Titel zwischen Werk und Buch einfügt, während man ihn am Ende erwartet[268]. Verschiedene Hinweise lassen im Gegenteil vermuten, dass solche Glossare öfter als Sammlungen von Lexeis bekannt waren. Die Stichwörter werden in den Metaphraseis von **028**

---

[262] Für die detaillierte Diskussion des Problems s. Fontanella 2021. Dass der Begriff ὀνομαcτικόν kaum den Namen *subscriptio* verdiente, merkte bereits Henrichs 1971, 231 Anm. 6.

[263] Auf der Grundlage von **005** erscheint die Bezeichnung ὀνομαcτικόν gelegentlich unter den von Homerglossaren überlieferten Titeln: s. Raffaelli 1984, 176; Parsons 1970, 139; Philips 1971, 91.

[264] Henrichs 1971, 231-233.

[265] Dazu Henrichs 1971, 252, der γλώccιc als heteroklitischen Plural erklärt. Das α wird von horizontalen und schrägen Linien eingerahmt, die es hervorheben.

[266] Henrichs 1971, 232 und Anm. 8. Der Unterschied zwischen den beiden Termini wird stattdessen vom zeitgenössischen Galen verdeutlicht, s. S. 11-12.

[267] „Glossar“ ist nämlich eine moderne Bezeichnung, s. Holtz 1996, 21 Anm. 69: „il faut remarquer que le mot *glossarium* n'apparaît dans aucun titre ancien…La première attestation du mot se rencontre chez Aulu-Gelle 18, 7, 3, mais avec sa forme et sa signification première: *glossarion* est le diminutif grec de *glossa*“.

[268] Wie schon Lundon 2012, 207 bemerkte.

und P. Amh. II 18 als Lexeis bezeichnet[269]. Ein bedeutendes Zeugnis in diesem Sinne ist O. Bodl. II 2000 (2./3. Jh. n.Chr., Tafel XIV). Es handelt sich dabei um einen Privatbrief, in dem der Absender einen gewissen Isidor bittet, ihm die λέξεις Ἰλιάδος ἄλφα zu schicken, worunter er wahrscheinlich die nach dem Homertext angeordneten Glossare versteht[270]. Literarische Belege ergeben ein ähnliches Bild: λέξις ist der von Apollonius Sophist und Ps.-Plutarch stets verwendete Begriff für die kommentierten Wörter[271]. Unter Berücksichtigung der Gefahr eines *argumentum ex silentio* lassen die konzise Art und Weise, in der ein solches Glossar im O. Bodl. II 2000 genannt wird, und das Schweigen der Überschriften der Glossare vermuten, dass diese Bezeichnung üblich bzw. üblicher als γλῶϲϲαι und damit selbstverständlich war. Die ausgewählten Stichwörter von **016** sind im engeren Sinne Lexeis[272], aber durch die Bezeichnung des Inhalts als γλῶϲϲαι knüpft der Schreiber von **013+016** an die alte Tradition der Erklärung homerischer Glossen an. Das Bemühen des Schreibers von **013+016**, seinem Produkt eine gewisse Sorgfalt zu verleihen, zeigt sich übrigens auch in der Mise en Page[273]. Die Abschrift der *subscriptio* könnte einen weiteren Hinweis auf dieses Bemühen darstellen.

---

[269] **028** III 83-89: ἐ[πέ]μυξαν· [ἐπε]|μύ⟨χ⟩θιϲαν. τ̣[οῦτο] | ϲυμβαίνε[ι ποιεῖν] | τοὺϲ ὀργιζ[ομένουϲ·] | ἐϲχημάτ[ιϲται] | πα̣ρ̣ὰ τὸν [μυγμὸν] | ἡ λέξιϲ (s. Muratore 2009, 27-28); P.Amh. II 18 col. VIII 105. Diese Begriffe wurden schon von Lundon 2012, 198 Anm. 20 vermerkt.

[270] So Fournet 2012, 132 mit Anm. 23. Zu den papyrologischen Belegen von Titeln für solche Sammlungen kann vielleicht noch die von P. Turner 39 (TM 64217) überlieferte Inventarliste gerechnet werden, bei dem ein Buch mit dem Titel Πλάτωνο(ϲ) λέξειϲ erscheint; es ist aber nicht sicher, ob sich der Titel auf die Werke des Komikers oder des Philosophen bezieht, dazu Otranto 2000, Nr. 14; Puglia 2013, 53. Eine Sammlung von Lexeis in mehreren Büchern wird auch in SB XXIV 16328 II 15 (TM 63203) erwähnt; das betreffende Werk ist jedoch unsicher. Zu diesem Papyrus s. Puglia 1998; Otranto 2000, Nr. 3; Puglia 2013, 34-43.

[271] Ap.S. 52.11 (β 828 Steinicke): βουγάϊε· δὶϲ κέχρηται τῇ λέξει ὁ ποιητήϲ; 165.28: τῶν πεποιημένων ἡ λέξιϲ; *passim*. Ps.-Plut., *Hom.*, *passim*.

[272] D.h. auch rein formal erklärt, z.B. col. I 17 [ὄφελ]λ[εν]· ὤφειλεν (*Il.* 1.574).

[273] Lundon 2012, 208: „si tratta probabilmente di un dilettante appassionato che ha tentato di riprodurre al meglio le caratteristiche esterne dell'esemplare che copiava, cercando al contempo di soddisfare i propri bisogni culturali di base".

# Zweites Kapitel: Der Inhalt

## 2.1 Verteilung der Gesänge

Schon die ersten Sammlungen der Homerglossare auf Papyrus hatten den eindeutigen Vorrang der Ilias gegenüber der Odyssee festgestellt. Diese Bevorzugung wird sowohl von den Papyri des Homertextes als auch von den gesamten Homerica bestätigt. Die Verteilung der Gesänge bei Iliasglossaren zeigt, dass das gesamte Epos in der Antike – obwohl ungleichmäßig – Gegenstand von Lektüre und Erläuterung war.
Ein Überblick über die Verteilung der kommentierten Gesänge wird in der folgenden Tabelle geboten. Die Reihenfolge der Belege ist nicht chronologisch, doch sie sind in zwei Zeiträumen zusammengefasst (1.- 4. Jh.; 4./5. - 7. Jh.). Unpublizierte Papyri sind in die Tabelle eingeschlossen, sind aber in einer gesonderten Kolumne angeordnet und mit dem Asteriskus gekennzeichnet. Glossare, die *Scholia Minora* zu mehreren Gesängen enthalten, sind mehrmals aufgeführt.

| | **1. - 4. Jh.** | | | | | **4./5. - 7. Jh.** | | | **Tot.** |
|---|---|---|---|---|---|---|---|---|---|
| **Α** | 002 | 003 | 004 | 005 | 006 | 001 | 011.1 | *003.1 | **31** |
| | 007.2 | 009 | 009.1 | 010 | 011 | 020.1 | | *006.1 | |
| | 011.2 | 012 | 012.1 | 013+016 | 014 | | | *007 | |
| | 015 | 016.1 | 016.2 | 017 | 017.1 | | | *008 | |
| | 018 | 018.1 | 019 | 020 | | | | | |
| **Β** | 018 | 021.2 | 022.1 | 023 | 024 | 020.1 | 027 | *021.1 | **18** |
| | 025 | 025.01 | 025.1 | 025.2 | 025.3 | | | *025.5 | |
| | 025.4 | 026 | 027.1 | 027.2 | | | | | |
| **Γ** | 028 | | | | | 029.1 | | | **2** |
| **Δ** | 028 | 030 | 031 | | | 027 | 029.1 | | **5** |
| **Ε** | 033 | 034 | 035 | 036 | 037 | 027 | 029.1 | | **11** |
| | 037.1 | 037.2 | 038 | 039 | | | | | |
| **Ζ** | 040 | 040.1 | | | | | | | **2** |
| **Η** | 041 | | | | | | | | **1** |
| **Θ** | 043 | | | | | 042 | | | **2** |
| **Ι** | 043 | 045 | | | | 044 | | | **3** |
| **Κ** | 045.1 | 046 | | | | | | | **2** |
| **Λ** | 048 | 049 | | | | 047 | 047.1 | | **5** |
| | | | | | | 050 | | | |
| **Μ** | | | | | | | | | **0** |
| **Ν** | 051 | 052 | | | | | | | **2** |
| **Ξ** | 053 | | | | | | | | **1** |
| **Ο** | 054 | 055 | | | | | | | **2** |
| **Π** | 056 | | | | | | | | **1** |

| | | | | |
|---|---|---|---|---|
| **P** | 056.1 | | *056.2<br>*056.3 | 3 |
| **Σ** | 057 | | | 1 |
| **T** | | 027 | | 1 |
| **Y** | 058 | 027 | *058.01 | 3 |
| **Φ** | 059 | | *058.1 | 2 |
| **X** | 060 | | *060.1 | 2 |
| **Ψ** | | | | 0 |
| **Ω** | | | | 0 |

Es ergeben sich folgende Befunde gegenüber dem früheren Stand[274]:

- Obwohl sich die Proportionen geändert haben, bleibt die Reihenfolge der am häufigsten kommentierten Gesänge unverändert: Am häufigsten kommt der erste Gesang vor; unmittelbar danach der zweite, der fünfte und letztlich der elfte[275];
- Die Ausdünnung der Zeugnisse bestätigt sich für die zweite Hälfte des Epos;
- Glossare zu bisher unbelegten Gesängen kommen langsam ans Licht. Wenngleich also die Reihenfolge der meistgelesenen Glossare unverändert bleibt, wird der Kommentar zum Gedicht nun umfassender verteilt.

Die einzigen Gesänge, die bisher in Homerglossaren nicht vertreten sind, sind 12., 23. und 24. Während es angesichts der Gewohnheit, das Werk von Anfang an zu lesen, ohne notwendigerweise bis zum Ende fortzufahren, nicht überrascht, dass die letzten beiden Gesänge nicht zu finden sind, ist das Fehlen des zwölften auffällig. Es sieht danach aus, dass die kürzeren Gesänge der Ilias (3., 7., 12., 19.) nicht viel Zuspruch gehabt haben. Für den ersten Teil des Gedichts sind die sporadischen Zeugnisse des dritten und siebten Gesanges tatsächlich bemerkenswert: Der dritte Gesang ist in zwei Iliasglossaren Objekt der Erklärung, der siebte in einem. In Gegensatz dazu sind alle Gesänge der ersten Hälfte des Gedichts, bis zum elften Gesang, mindestens zweimal vertreten. Gewiss können einige der Fragmente ursprünglich Glossare zu mehreren Gesängen enthalten haben (z.B. **027**), aber die überlieferte Dokumentation macht das dritte Buch zu dem am wenigsten bezeugten unter den ersten fünf.

---

[274] Raffaelli 1984, 158-166.

[275] Raffaelli *loc. cit.* zählte 21 Iliasglossare zum ersten Gesang, 7 zum zweiten und zum fünften, 4 zum elften.

Was die einzelnen Gesänge betrifft, kann die von Lucia Raffaelli vorgelegte Tabelle durch die folgende aktualisiert werden. Auf die erhaltenen Passagen folgen die Gesamtzahl der in den Glossaren erfassten Verse (obwohl nicht alle kommentiert sind). Danach folgen die Verse des gesamten Buches und der prozentuale Anteil des betreffenden Textes[276].

| | Kommentierte Stellen | Verse | Umfang des Ges. | Prozent |
|---|---|---|---|---|
| Α. | 1-40; 53-611 | 599 | 611 | 98% |
| Β. | 5-10; 21-40; 50-227; 265(?)-267(?); 272-295; 300-336; 374(?)-398; 414-426; 463-493; 593(?)-655. | 399 | 877 | 45,5% |
| Γ. | 1(?)-8; 388-416; 433-461 | 66 | 461 | 14% |
| Δ. | 2-26; 47-76; 105-110; 128(?); 174-220; 230-243; 277-319; 325-343; 364-373; 375-409; 426(?)-435; 508-521; 540-544(?). | 259 | 544 | 47,6% |
| Ε. | 1-30; 37-68(?); 78-446; 489-495(?); 525-778; 782-822. | 733 | 909 | 80,6% |
| Ζ. | 1-48; 383-519. | 185 | 529 | 35% |
| Η | 1-80(?) | 80 | 482 | 16,5% |
| Θ | 1-11; 29-41;361-565. | 229 | 565 | 40,5% |
| Ι | 1-93; 454-457; 462-468. | 104 | 713 | 14,5% |
| Κ | 4-7; 305-346. | 46 | 579 | 8% |
| Λ | 19-263; 321-353; 558-601. | 322 | 848 | 38% |
| Μ | Kein Beleg | | | |
| Ν | 198-562; 599-799. | 566 | 837 | 67,6% |
| Ξ | 227-521. | 295 | 522 | 56,5% |
| Ο | 17-191; 320-633 | 489 | 746 | 65,5% |
| Π | 100(?)-150 | 51 | 867 | 6% |
| Ρ | 259-373 | 115 | 761 | 15% |

[276] Zweifelsfälle sind eingerechnet und durch Fragezeichen gekennzeichnet, synoptisch angeordnete Paraphrasen nicht eingerechnet. Zudem ist col. II von **030** aufgrund ihrer starken Beschädigungen nicht eingerechnet; zu dieser Kolumne s. Menci 2019, bes. 378.

| | | | | |
|---|---|---|---|---|
| Σ | 50-164; 309-346; 373-386; 410(?)-480; 486-501; 550-580. | 285 | 617 | 46% |
| Τ | 1(?)-72; 234-253; | 92 | 424 | 21,6% |
| Υ | 157(?)-377; 385-391. | 228 | 503 | 45,3% |
| Φ | 80-199 | 120 | 611 | 19,6% |
| Χ | 184-256 | 73 | 515 | 14% |
| Ψ | Kein Beleg | | | |
| Ω | Kein Beleg | | | |

Während Lucia Raffaelli 1984 feststellte, dass die Zeugen in mindestens einer Version etwa 20% des Iliastextes betreffen (3.301 Verse von 15.693), umfassen sie jetzt etwa 34% (5336 Verse). So kommt es neben der anhaltenden Vorherrschaft des ersten Buchs zu einer horizontalen Verbreiterung des erfassten Textes, die mit der Veröffentlichung der noch unpublizierten Texte weiter zunehmen wird.

Schon Aristide Calderini erklärte die geringen Belege von Glossaren zu späteren Gesängen mit der Gewohnheit, ein Werk zwar von Anfang an zu lesen, ohne unbedingt zur Lektüre aller Gesänge überzugehen[277]. Während Calderini diese Tendenz mit der Schulpraxis in Verbindung brachte, wies Henrichs bereits darauf hin, dass diese Verfahrensweise auch für die Scholiasten üblich ist[278]. Auch die größere Dichte von Worterklärungen für die früheren Gesänge, vor allem für den ersten, ist sowohl bei Schultexten als auch bei Scholiasten zu treffen. Beide Tendenzen – die häufigste Lektüre der Anfangsgesänge des Gedichts und die größte Dichte der Erklärungen am Anfang des Epos – werden in ähnlicher Weise durch die mittelalterlichen D-Scholien bestätigt[279].

## 2.2 Häufigkeit der Lemmata

Die Iliasglossare betreffen bekanntlich nicht alle Stellen gleichermaßen. Wenn man die Lücken nicht mitrechnet, ist die Behandlung auch innerhalb

[277] Calderini 1921, 314.

[278] Henrichs 1971, 104-105.

[279] Obwohl die D-Scholien den Text bis zum sechsten Gesang in großer Fülle behandeln, s. van Thiel 2014, 4-5.

eines Zeugnisses unterschiedlich. Manchmal kann die Verdichtung der Lemmata den höheren Erklärungsbedarf der betreffenden Stelle widerspiegeln. Mehr oder weniger umfangreiche unkommentierte Abschnitte sind jedoch keine Rarität. Bezüglich der Häufigkeit der Worterklärungen wies Lucia Raffaelli auf drei Tendenzen hin[280]:

1. die Verringerung der Dichte der ausgewählten Stichwörter mit der Abfolge der Gesänge;
2. die höchste Dichte an Worterklärungen zu Beginn des jeweiligen Gesangs, sichtbar vor allem in den Fällen, in denen das erhaltene Fragment mit den ersten Versen beginnt;
3. die höchste Frequenz der ausgewählten Lexeis in den jüngsten Glossaren.

Diese Tendenzen werden durch die neuen Veröffentlichungen im Grunde genommen bestätigt. Die geringere Häufigkeit von Lemmata im Laufe des Werkes ist ein Trend, der auch in den mittelalterlichen D-Scholien zu finden ist und erklärt sich durch den Fortschritt des Lesers sowie durch die gewöhnliche und einsichtige Gewohnheit, erklärungsbedürftige Wörter beim ersten Vorkommen zu erklären[281]. In der zweiten Hälfte des Epos zeichnet sich die Tendenz bei Iliasglossaren ab, nur seltene Wörter bzw. Ausdrücke zu kommentieren, vor allem vom 17. zum 22 Gesang: Am deutlichsten in diesem Sinn sind **056.1**, **058**, **059** und **060**, bei denen die erklärten Lemmata in der Ilias oft *hapax* bzw. *dis legomena* sind (s. auch unten, S. 88ff.).
Bezüglich der zweiten Tendenz wurde die graduelle Verringerung der Erklärungen im Laufe des einzelnen Gesangs in **041** bereits bemerkt[282]: während für die ersten zehn Verse sechs Lexeis lesbar sind, gibt es insgesamt zehn Erklärungen zu *Il.* 10-70; eine abnehmende Tendenz zeigt auch **042**, bei dem 17 Lexeis zu *Il.* 8.1-10 und nur 4 zu *Il.* 8.29-41 identifizierbar sind. Im Gegensatz dazu scheinen andere Iliasglossare am Anfang der Gesänge beständiger: so enthielt z.B. **040** einen ziemlich dichten Kommentar bis Vers 48, bei dem Textabschnitte von mehr als fünf Verse selten übersprungen werden (nur die Verse 27-37 und 41-45 werden nicht erklärt), ohne dass diese

[280] Raffaelli 1984, 163f. Zu der letzten Tendenz schon Calderini 1921, 314. Zu der Häufigkeit der Worterklärungen in den Berliner Wachstafeln (**048, 052, 053** und **054**) s. Montanari/ Muratore/Reiter 2012, 552-553.
[281] van Thiel 2014, 4-5.
[282] Raffaelli 1984, 164; Montanari/ Muratore/Reiter 2012, 552.

Lücken eine Entsprechung in den D-Scholien finden[283]. In ähnlicher Weise bleibt der Kommentar in **028** und **043** für die ersten 76 bzw. 64 Verse der betreffenden Gesänge ziemlich dicht. Lediglich die Verse *Il.* 9.16-33 in **043** bilden eine Ausnahme, weil sie unerklärt bleiben. Diese Stelle erfährt geringe Erklärung auch bei den D-Scholien, bei denen keine Erläuterung für *Il.* 9.20-29 vorliegt[284]. Nichtsdestotrotz entspricht das Fehlen von Erklärungen zu einem Textabschnitt in der Regel nicht einem Auftreten von ungeklärten Stellen in den mittelalterlichen Scholien[285].

In Anbetracht der zunehmenden Häufigkeit der Worterklärungen in den jüngsten Zeugnissen scheint das Szenario vielfältiger zu sein, wenn sich auf dieselbe Stelle beziehende Iliasglossare aus verschiedenen Zeiträumen vergleichen lassen. Zur Veranschaulichung der Schwankungen in Iliasglossaren in Bezug auf die Auswahl der Lemmata und deren Zunahme im Laufe der Zeit sei auf die beiden Tabellen am Ende dieses Kapitels hingewiesen (S. 158ff.). Sie listen die in Iliasglossaren erhaltenen Worterklärungen zu *Il.* 1.1-18 und *Il.* 5.197-256 mitsamt den von den D-Scholien überlieferten *Scholia Minora* auf. Für diese beiden Abschnitte haben wir die Möglichkeit, Glossare aus dem 2. bis zum 5./6. Jh. zu vergleichen. **001** (5. Jh.) weist in der Tat im Vergleich zu **002**, **003**, **004** und **005** die höchste Dichte auf. Bei diesen muss jedoch angemerkt werden, dass das spätere Zeugnis **003** (3./4. Jh.) weniger umfangreich als das älteste (**002**) ist. Abgesehen von dem Prooimion, das eine Sonderstellung einnimmt, sind Schwankungen bezüglich dieser Tendenz auch in der zweiten Tabelle zu finden: **029.1** (5./6. Jh.) ist eindeutig umfangreicher als **034** (1./2. Jh.) und **035** (2. Jh.), wohingegen **027** (4./5. Jh.) weniger ausführlich als **034** (1./2. Jh.) ist. Wenn man nicht den Gesamtdurchschnitt der Erklärungen nach Versen betrachtet, sondern einzelne Stellen vergleicht, an denen sich die Glossare überschneiden, verändert sich das Verhältnis zwischen den Iliasglossaren immer mehr, da die Auswahl der Stichwörter nie vollständig übereinstimmt: Zu *Il.* 4.47-60 gibt **028** zehn Worterklärungen, während **027** nur fünf Erklärungen bietet. Nichtsdestotrotz enthält **028** (1. Jh.) sechs Worterklärungen zu *Il.* 4.4-15, **027**

---

283 Zu **040** s. auch Montanari/Muratore/Reiter 2012, 552.

284 Zu den Versen *Il.* 9. 16-33 liefern die D-Scholien insgesamt acht Erläuterungen.

285 Die in **045** unkommentierten Verse (*Il.* 9.458-461), die Aristarch für verdächtig hielt, fehlen sowohl in den D-Scholien als auch in Homerhandschriften, vgl. Apthorp 1998. Montanari/Muratore/Reiter 2012, 552 haben bereits angemerkt, dass auch die in den Berliner Wachstafeln unkommentierten Passagen keiner Lücke in der mittelalterlichen Tradition entsprechen.

acht zu derselben Stelle[286]. Sowohl **043** als auch **044** erklären in Bezug auf *Il.* 9.58-64 neun Lexeis, die aber nicht völlig übereinstimmen; trotzdem kann man bei den erhaltenen Teilen annehmen, dass **044** insgesamt umfangreicher als **043** gewesen sein dürfte. Bei **043** erhöht sich die Anzahl der Erklärungen in dem betreffenden Abschnitt aufgrund der höheren Erklärungsbedürftigkeit des homerischen Textes. Dies bestätigt die chronologisch zunehmende Dichte der Worterklärungen. Ebenso muss **049** (2./3. Jh.) weniger ausführlich als **047** (4./5. Jh.) und **047.1** (6. Jh.) gewesen sein; im Übrigen ist **029.1** (5./6. Jh.) umfangreicher als die ältesten **027**, **034**, **035** und **037**, aber etwas knapper als **036** (3./4. Jh.) in dem Abschnitt, bei dem sie sich überlappen (*Il.* 5. 265-289)[287].

Der letzte Vergleich liefert einen weiteren Denkanstoß. Als Aristide Calderini die chronologisch zunehmende Tendenz bezüglich der Häufigkeit der Worterklärungen zum ersten Mal bemerkte, hatte er nur vier Dokumente zur Verfügung, die nach dem 3. Jahrhundert datiert waren. Zwei von ihnen (**001**, **036**) sind zu Recht auf die Schulumgebung zurückgeführt worden und umfassten höchstwahrscheinlich abgegrenzte Stellen, wohingegen **003** und **050** professionelle Exemplare sind. Nach Calderini sei die chronologische Zunahme der Worterklärungen pro Vers darauf zurückzuführen, dass die homerische Sprache im Laufe der Zeit immer fremder und erklärungsbedürftigerer wurde[288]. Dass die Schwierigkeiten im Laufe der Entwicklung der griechischen Sprache immer beträchtlicher gewesen sein müssen, ist nicht zu bezweifeln. Trotzdem fragt man sich, ob diese Tatsache allein die größere Dichte der Worterklärungen erklären kann[289]. Denn die homerische Kunstsprache war im Grunde genommen nie einfach.

Man sollte m. E. auch den Verwendungskontext berücksichtigen. Wie bezüglich der Tafeln schon bemerkt, zeigen Schulpapyri einen engeren Anschluss an den homerischen Text. Dies lässt sich sowohl hinsichtlich der geringen Anzahl von Inversionen als auch bei der Häufigkeit von Lemmata feststellen. Daher lässt sich die größere Dichte der Worterklärungen in **036** im Vergleich zu dem späteren **027**, die den Trend umzukehren scheint, durch die Verwendung von **036** in der Schule erklären. Aus demselben Grund ist

---

[286] Andere Beispiele: Für *Il.* 1.97-99 liefert **011.1** (7. Jh.) sechs Worterklärungen, **009** (2. Jh.) sieben; für *Il.* 1. 601-604 bietet **020.1** (5. Jh.) zwei Worterklärungen, **016** (2. Jh.) fünf.
[287] **029.1**: Worterklärungen zu 23 Lemmata; **036**: Worterklärungen zu 33 Lemmata.
[288] Calderini 1921, 314.
[289] S. auch S. 143-144.

**036** umfangreicher als **029.1**. Wenn man aber **029.1** mit **034**, **035** und **027** vergleicht, tritt die größere Dichte der Lemmata bei **029.1** stark hervor. Die Faktoren, die für die Auswahl der Lemmata von Belang sind (s. S. 88ff.), können die Verdichtung nicht vollständig erklären. Wenn man die aufgelisteten Lexeis in **029.1** berücksichtigt (Tabelle 2, S. 166ff.), die in anderen Papyri (und manchmal in den D-Scholien) nicht kommentiert werden, wird man feststellen, dass sie meistens aus Wörtern bestehen, die im Epos häufig verwendet werden[290] und die auch keine morphologischen Besonderheiten aufweisen[291] oder die zu dem Homertext bzw. der zu verstehenden Wortbedeutung nicht passen[292]. Das Gleiche gilt für die Lexeis von **050**, die viel zahlreicher als die der D-Scholien sind[293]. In *Il.* 9.58 erklärt der Schreiber von **044** die gewöhnlich verwendeten ὁπλότατοϲ, πεπνυμένα und βάζειϲ[294], wohingegen der Schreiber von **043** sich auf das hier zum ersten mal vorkommende γενεῆφιν beschränkt. Obwohl wir **047.1** nicht mit anderen Glossaren vergleichen können[295], werden einige im homerischen Sprachgebrauch gebräuchliche Wörter, die selbst in den D-Scholien unkommentiert blieben, ebenfalls kommentiert[296]. Hinzu kommt, dass erst ab dem 4/5. Jahrhundert die hier als synoptische Paraphrasen bezeichneten Dokumente auftauchen, eine Gattung, die man mit der dichteren Erklärung des Homertextes in Verbindung bringen kann.

Zusammenfassend lässt sich daher folgern, dass bei der Häufigkeit der Lexeis man auch den Verwendungskontext mitberücksichtigen muss. Denn während die ersten beiden beobachteten Tendenzen sowohl im schulischen als auch im

---

[290] **029.1**: κάρη (*Il.* 5.214), ὀχέων (*Il.* 5.221), τώ (*Il.* 5.224), ὁρόω (*Il.* 5.244), θῦνε (*Il.* 5.250), οἴω (*Il.*5.252).

[291] **029.1**: ἐπέτελλε (*Il.* 5.198), νοϲτήϲω (*Il.* 5.212), φαεινῷ (*Il.* 5.215), ἀποβήϲομαι (*Il.* 5.227, s. auch den Kommentar des Herausgebers zur Stelle), κεχαριϲμένε (*Il.* 5.243), εἶμι (*Il.* 5.256).

[292] **029.1**: εἰωθότεϲ (im Dativ in *Il.* 5.231), πτώϲϲειν (καταπτώϲϲειν Hom. *Il.* 5.254) αὔτωϲ· ματαίωϲ (*Il.* 5.255), bei dem die Wortbedeutung nicht zu der Stelle passt und aus anderen Stellen entnommen wurde, vielleicht aus *Il.* 2.342; vgl. Ap.S. 47.13 (α 718 Steinicke).

[293] Für *Il.* 11.558-601 enthält der erhaltene Teil von **050** im Vergleich mit den D-Scholien etwa doppelt so viele Stichwörter. Man beachte auch die generische Art und Weise, in der ϲάκοϲ mehrmals durch ὅπλον und nicht durch das in den D-Scholien gewöhnliche ἀϲπίϲ erklärt wird.

[294] Allerdings kommt ὁπλότατοϲ nur hier im Superlativform in der Ilias vor.

[295] Aus dem Glossar **048** sind nur die Worterklärungen zu *Il.* 11.136-263 von Calderini 1921, 308-309 veröffentlicht worden. Montanari/Muratore/Reiter 2012, 550 teilen aber mit, dass die Tafel Worterklärungen zu *Il.* 11.19-263 enthält.

[296] ἅπαϲ und εἰν ἑνί, s. die Addenda.

scholiographischen Umfeld auf gängige Kommentarpraktiken zurückzuführen sind, kommt die dritte häufiger im Schulbereich vor. Die abnehmende Häufigkeit der Scholien im Laufe des Textes bzw. des Gesanges ist nämlich sowohl aus der schulischen als auch der fachlichen scholiographischen Praxis bekannt, während die größere Ausführlichkeit des Kommentars bei Papyri, die in einem schulischen Umfeld wahrscheinlich verwendet wurden und sich auf ausgewählte Passagen beschränken, deutlicher sichtbar ist. Außerdem ist es vorstellbar, dass die Anzahl der Lexeis im Laufe des Epos allmählich abnimmt, vor allem wenn die ursprüngliche Sammlung Kommentare zu mehreren Büchern oder zum gesamten Werk enthielt. Da Schulglossare sich oft mit abgegrenzten Stellen befassten und das vorherige Vorkommen eines Wortes nicht betrachteten, waren erklärungsbedürftige Wörter zahlreicher.
Auch wenn die Verwendung im Schulbereich erklären kann, warum einige Iliasglossare den Text ausführlicher kommentieren und sogar gegen den chronologischen Trend verstoßen, bleibt der chronologische Trend der zunehmenden Erklärungen immer noch erkennbar. Dies ist auch bei Iliasglossaren der Fall, die nicht dem Schulbereich zugehörig scheinen. Die Lexeis dieser späteren Iliasglossare und vor allem diejenige von dem besser erhaltenen **029.1** scheinen darauf hinzudeuten, dass das Wort an sich im Mittelpunkt steht, aber nicht in Bezug auf den homerischen Sprachgebrauch und Kontext. Diese Vermutung kann neben der zunehmenden Schwierigkeit der homerischen Sprache wahrscheinlich einen Grund dafür liefern, warum die Häufigkeit von Lexeis im Laufe der Zeit zunimmt. Darüber hinaus kann dieses Interesse an den einzelnen Wörtern eher als an dem homerischen Sprachgebrauch vielleicht noch durch die Betrachtung der Lemmata und die Analyse des Inhalts der Erklärungen bestätigt werden (s. unten).
Wie bereits von Lucia Raffaelli unterstrichen, handelt es sich jedoch dabei um variable Trends. Die persönlichen Bearbeitungen sowie der Einfluss der Verwendungskontexte und des Umfanges des ursprünglichen Glossars, wird gut durch die aus Oxyrhynchus stammenden Iliasglossare **025.2**, **025.3** und **025.4** veranschaulicht. Diese Papyri überliefern Glossare zum zweiten Gesang der Ilias, die sich teilweise überlappen. **025.2** (3. Jh.), das wahrscheinlich für den privaten Gebrauch bestimmt bzw. Notizen eines Schülers gewesen war, ist umfangreicher als **025.3** (2./3. Jh.) und **025.4** (2./3. Jh.). Die Tatsache könnte im Lichte des schulischen bzw. privaten Gebrauchs erklärt werden. Darüber hinaus könnte der ursprüngliche Umfang des Glossars eine Rolle gespielt haben. Am Ende jeder Kolumne in **025.2** gibt es

nach Spooner Überreste eines ε. Der Buchstabe würde auf das fünfte Blatt des Glossars hinweisen[297]. Die ersten vier Blätter hätten also Erklärungen zu *Il.* 2.1-260 enthalten. Nimmt man an, dass die ursprüngliche Rolle mit dem Glossar zum zweiten Buch begann, könnte der größere Umfang auch ein Zeichen für das Fehlen eines Glossars zum ersten Gesang sein. Der Schreiber, der an die homerische Sprache weniger gewohnt war, hatte hier das Bedürfnis, mehr Wörter zu erklären. Beispielweise wird das Adjektiv ἀγλαός, das im ersten Buch mehrmals vorkommt, in **025.3** nicht glossiert, während **025.2** das Wort bei seinem ersten Vorkommen im zweiten Buch (*Il.* 2.307) erklärt. **025.4** lässt sich als ein professionelles Exemplar betrachten, während **025.3** dem Herausgeber zufolge in einem Schulkontext verwendet worden sei[298]. Daher liegt es nahe, dass der größere Umfang von **025.2** nicht auf sein etwas späteres Datum zurückzuführen ist, sondern auf den ursprünglichen Umfang, auf den Verwendungskontext und auf das Erklärungsbedürfnis des Schreibers.

## 2.3 Auswahl der Lemmata

Eine Frage, die mit dem größeren oder geringeren Umfang von Glossaren zusammenhängt, ist die Auswahl der Lexeis. Kennzeichnend für alle Texte dieser Art ist die ständige Veränderung der Texte im Sinne einer Erweiterung oder Epitomisierung. Die Auswahl der zu erklärenden Lexeis hängt zweifellos von vielen Faktoren ab: verwendeten Quellen, dem persönlichen Erklärungsbedürfnis, den Umständen der Abschrift. Demzufolge sind allgemeingültige Kriterien nicht zu finden. Bei der Auswahl der Stichwörter muss man immer mit einer großen Schwankungsbreite rechnen. Dass gewöhnliche Wörter weitgehend erklärt werden, während fremde und schwierige Wörter weggelassen werden, ist bei Iliasglossaren keine Rarität (s. auch unten, S. 103). Iliasglossare zum letzten Teil des Epos, bei denen Erklärungen zu besonderen bzw. seltenen Lexeis zu erwarten wären, liefern jedoch einige Anhaltspunkte in diesem Sinne und erlauben, bei der Auswahl der Lexeis berücksichtigte Faktoren zu erkennen.

Der erste Faktor ist gewiss das lexikographische Interesse an seltenen Wörtern der Ilias, sodass sich viele der Erklärungen innerhalb der Glossare

---

[297] Spooner 2002, 87.

[298] Zu den Hinweisen, die auf die Arbeit eines Schülers schließen lassen, zählt Spooner jedoch die Abfassung auf dem Verso, s. S. 183f.

zu späteren Gesängen auf *hapax legomena* des Werkes beziehen. Der zweite Faktor ist das grammatische Interesse, das von rein grammatikalischen Metaphraseis bestätigt ist. Berücksichtigt sei das folgende Beispiel: Alle Lemmata von **059** sind *hapax* bzw. *dis legomena* mit der Ausnahme von cύτο und φῆcθα. Das Lemma ἐcτήρικτο, das kein *hapax legomenon* ist, kommt nur hier in dieser Rektionsform und bezog sich ursprünglich auf das *hapax* ἐνεcτήρικτο (s. unten, S. 97). Während die Bedeutung der häufig verwendeten Verben cεύω und φημί dem Leser vertraut gewesen sein musste, werden beide Verben nur in der betreffenden Passage ohne Augment verwendet. Dieses und verwandte Probleme könnten also ein Grund für das grammatikalische Interesse sein. Homer bezeugt mehrere Formen des Aorists von cεύω[299]. Über die von φῆcθα aufgeworfenen Probleme bei der Bestimmung des Tempus wird in mehreren Quellen berichtet[300]. Die jetzt verlorene Wortbedeutung in **059** diente demnach der Klärung des grammatikalischen bzw. gemeinten Aspekts[301]. Bemerkenswert für den Leser könnte auch die epische Endung -θα bei φῆcθα gewesen sein, die oft als ein Element des äolischen Dialekts interpretiert ist[302].

Ein weiterer Grund für das Interesse an einem Wort ist die besondere oder genaue Bedeutung, die es in dem bestimmten Kontext hat. Die Erklärung für das einfache cτόμα *Il.* 15.389 (**055**) ist im Hinblick auf die metaphorische Verwendung gerechtfertigt[303]. Dasselbe Glossar erklärt ὑcμίνη zweimal, weil es nach dem Glossar in *Il.* 15.328 μάχη, in *Il.* 15.340 τάξιc bedeutet[304]. Wiederholungen einer Lexis mit derselben Bedeutung in einem Glossar sind nicht ungewöhnlich. Doch treten sie neben der Tendenz auf, nur das erste

---

[299] Manchmal ist diese Form schwer vom Plusquamperfekt zu unterscheiden, s. Chantraine 1942 I, 383 und 433.

[300] Sch. A (Hdn.) zu *Il.* 21.186a: εἴτε ἐνεcτῶτα cημαίνει, προπεριcπαcθήcεται, εἴτε δεύτερον ἀόριcτον, ὁμοίωc. τούτῳ δὲ μόνῳ διαλλάξει τῷ cὺν τῷ ι γράφεcθαι τὸ η ἐπὶ τοῦ ἐνεcτῶτοc; sch. b (ex.) 186b φῆcθα˙ προπεριcπαcτέον· παρατατικοῦ γάρ ἐcτιν. Vgl. auch Hdn. GG III/1 460.3: φῆcθα ἐπὶ δευτέρου ἀορίcτου καὶ φῆcθα cὺν τῷ ι ἐπὶ τοῦ ἐνεcτῶτοc; Ap.S. 162.25: φῆcθα˙ λέγειc. ‚εὖ δὴ ταῦτά γε φῆcθα, γέρον φίλε'. ἄνευ δὲ τοῦ ι γραπτέον, ἐπεὶ καὶ οἱ Αἰολεῖc φέcθα λέγουcιν ἀντὶ τοῦ ἔλεγεc.

[301] Nach φῆcθα las Henrichs Spuren von λ; man hätte daher die gleiche Erläuterung von Ap.S. 162.25 und Hsch. φ 365, und zwar λ̣[έγειc]. Die D-Scholien erklären nicht die Lexeis an dieser Stelle; die Paraphrase des Ps.-Psellos hat εἶπαc.

[302] Ap.S. 162.25 (s. oben); Ps.-Plut. *Hom.* 10: τὸ προcτιθέναι τῷ δευτέρῳ προcώπῳ τῶν ῥημάτων τὸ θα, ὡc τὸ φῆcθα καὶ εἴπηcθα. Dazu Scarpat 1952, 49-52; Hillgruber 1994, I 109.

[303] Col. I 15; s. unten, S. 135.

[304] Col. I 4 und 5. Die bT-Scholien geben hingegen τάξεωc für ὑcμίνηc in *Il.* 15.328, s. Sijpesteijn/Worp 1974, Kommentar zur Stelle.

Vorkommen eines Wortes zu kommentieren: so wird anscheinend ὁ γάρ zweimal in **005** erklärt, wohingegen nur das erste Vorkommen von Ἀτρείδηϲ (*Il.* 1.9) enthalten ist und das kurz darauf Folgende (*Il.* 1.12) ausgelassen wird[305]. Das Patronymikon wird dann erneut kommentiert, wenn es sich auf die beiden Atreides bezieht (Ἀτρεΐδα, *Il.* 1.16), sodass auch der Dual angemerkt sein konnte.

Sehr lehrreich für die Auswahl der Lexeis ist **058**, ein Glossar zu *Il.* 20.157(?)-377. Berücksichtigt man nur die am sichersten ergänzten Lexeis, ist eindeutig, dass sich das Glossar auf seltene bzw. Besonderheiten aufweisende Wörter der Ilias konzentriert. Von neun Lexeis sind vier *hapax legomena*, drei *dis legomena*: ἑέ, φλοίϲβοιο mit epischer Genitivendung und die seltene Infinitivform ἴμεναι, nur hier mit langem Iota[306]. Die in der *Ilias* gebräuchlichsten Verben δειδίϲϲομαι (8x in *Il.*) und παραλέχομαι (6x in *Il.*) sind wahrscheinlich wegen ihrer besonderen Bedeutung im Kontext gewählt worden. Obwohl sich die Quellen meistenteils darin einig sind, δειδίϲϲομαι mit transitiver Bedeutung aufzufassen („jmdn. einschüchtern"), kann man durchaus in den antiken Quellen verschiedene Meinungen hierzu finden. Ausdrücklich steht in Ep.Hom. δ 21: δειδίϲϲω δειδίϲϲομαι δειδιϲϲόμενοϲ διαθέϲεωϲ ἐνεργητικῆϲ (οὐκ ἔϲτι παθητικὸν) ἀντὶ τοῦ ἐκφοβῶν καὶ οὐκ ἐκφοβούμενοϲ[307]. Schon Andrew R. Dyck vermerkte in seinem Kommentar aber zwei abweichende Erklärungen: Hsch. δ 437: δειδίϲϲεϲθαι˙ εὐλαβεῖϲθαι, φοβεῖϲθαι, φεύγειν; Sud. δ 304: δειδίϲϲω˙ ἐκφοβῶ. Zu berücksichtigen ist auch EM 260.21: δειδιϲϲόμενοϲ˙ διαθέϲεωϲ ἐνεργητικῆϲ, οὐκ ἔϲτι παθητικῆϲ, ἀντὶ τοῦ ἐκφοβῶν καὶ οὐ φοβούμενοϲ. καὶ ‚οὔ ϲε ἔοικε κακὸν ὥϲ δειδίϲϲεϲθαι' (*Il.* 2.190). δειλιᾶν, φοβεῖϲθαι, εὐλαβεῖϲθαι. Die Stelle im *Etymologicum Magnum* hängt von den Epimerismi ab. Nach φοβούμενοϲ fügt dieses jedoch *Il.* 2.190 ein[308], bei dem das Verb als intransitiv erklärt wird und καί eine adverbiale Funktion übernimmt[309]. Am wichtigsten ist das Zeugnis des Eustathius (*Il.* III 557.4): ὁ δεδιϲϲόμενοϲ διχῶϲ νοεῖται, δηλῶν ποτὲ μὲν τὸν ἐκφοβοῦντα, ποτὲ δὲ τὸν φοβούμενον. Van der Valk fasst die

---

305 S. Fontanella 2021, Komm. zu den Stellen.

306 AH *ad loc.*

307 Vgl. auch sch. D zu *Il.* 4.184; 12.52; 13.810; 15.196; Hsch. δ 435.

308 Der transitive oder intransitive Gebrauch des Verbs an dieser Stelle hat auch in der modernen Forschung zu Diskussionen geführt: s. LfgrE *s.v.*; Kirk et al. und BK *ad loc.*

309 Zur Verwendung von καί zwischen verschiedenen Bedeutungen einer Lexis s. Dickey 2007, 108: „there is soften no difference between ‚and' or ‚or'".

Erklärung als Fehler auf[310]. Meiner Meinung nach ist jedoch wahrscheinlicher, dass Eustathius verschiedene Meinungen in den Quellen sah und zwischen diesen zu vermitteln versucht hat. Auch wenn der transitive Gebrauch in *Il.* 20.201 keine Schwierigkeiten zu bereiten scheint, hat der Schreiber es möglicherweise bevorzugt, ihn genauer anzugeben, um Mehrdeutigkeiten zu vermeiden. Auffällig ist daher, dass in den D-Scholien an der Stelle φοβηθῆναι neben εἰc δέος ἄξειν überliefert ist, was auf eine gewisse Verwirrung hinweist.

Auffällig ist auch, dass παραλέχομαι nur hier in Bezug auf Pferde verwendet wird. Dieser einmalige Gebrauch war auch von Aristarch angesprochen worden, der es für nötig hielt, den Gebrauch als καταχρηcτικῶc zu erklären. Die *Scholia Maiora* spezifizieren das zu benutzende Wort, wenn man von Pferden spricht, und zwar ἐπιβαίνω; **058** erklärt auf etwas weniger präzise, aber ebenso funktionale Weise, dass hier παραλέχομαι wie an anderen Stellen als κοιμάω zu verstehen ist[311].

Die besondere Bedeutung eines Wortes in einem bestimmten Kontext scheint somit eine Rolle bei der Auswahl der Lexeis im allgemeinem gespielt zu haben. Dies wird am sichtbarsten dort, wo das Glossar sich mit späteren Gesängen beschäftigt. Warum jedoch mehr als hundert Verse in **058** unkommentiert bleiben, lässt sich nicht sagen. Der Umstand ist nicht ohne Parallelen und lässt sich zum Teil durch die bereits erwähnte Tendenz erklären, den Text immer spärlicher zu kommentieren.

## 2.4 Störungen in der Abfolge der Stichwörter

Wie im ersten Kapitel bemerkt, wird im Übrigen kein besonderes Hilfsmittel verwendet, um die Reihenfolge der Verse anzugeben, so dass sowohl Sprünge als auch Störungen in der Abfolge der Stichwörter nicht ungewöhnlich waren. Wie das Überspringen eines ganzen Abschnitts entstehen konnte, zeigt vor

[310] Van der Valk *ad loc.*: *Eust. error, ut videtur. Fontes enim disertis verbis monent verbum* δειδίccομαι *activum sensum habere…. Passivus sensus verbi, quod sciam, non reperitur in testim.; cf. etiam Hsch. δ 437.*

[311] Sch. A (Ariston.) zu *Il.* 20.224a: ἵππῳ δ' εἰcάμενος ⟨παρελέξατο κυανοχαίτῃ⟩˙ ὅτι καταχρηcτικῶc· ἵπποc γὰρ οὐ παρακοιμᾶται, ἀλλ' ἐπιβαίνει. Die Scholia Exegetica sehen eine zweite Möglichkeit: sch. T (ex.) zu *Il.* 20.224b: καταχρηcτικῶc ἀντὶ τοῦ ἐπεβήcατο. ἢ πρὸc τὴν φύcιν τοῦ θεοῦ ὑπήντηcεν.

allem **016** III 5, bei dem der Sprung vom Gleichen zum Gleichen (δήν in *Il.* 1.416 und 1.512) den Verlust der Erklärungen zu *Il.* 1.416-512 verursachte[312]. Unzählig sind Störungen in der Abfolge der Lexeis. Die höchste Rate an Störungen in der Abfolge findet man in **011**, in den Berliner Wachstafeln (**048, 052, 053, 054**)[313], in **013+016** und in **027**. Ab dem 4./5. Jhd. sind sie selten zu finden[314]. Somit möchte man annehmen, das Codex-Format in diesem Sinn eine Hilfe dargestellt haben könnte[315].
Vertauschungen in der Abfolge betreffen meist eine beschränkte Anzahl von Versen, gelegentlich ein paar Dutzend (z.B. **055** *Il.* 15.545 nach 577), in Ausnahmefällen mehr als hundert Verse und nie verschiedene Gesänge[316]. Zu beachten ist, dass in zwei Fällen die mehr als hundert Verse betreffenden Störungen der Reihenfolge im Zusammenhang mit der direkten Überlieferung der Ilias erklärt werden können oder sich in den D-Scholien widerspiegeln. In **043** ist eine Lexis aus *Il.* 8.557 vor dem nach Aristarch zu athetierenden Vers 476 zu finden. Am Ende des achten Gesangs schwankt überdies der Text der Ilias in der direkten Überlieferung[317]. So ist es möglich, dass „dem Schreiber eine andere Anordnung der Verse vorlag“[318], oder dass er in anderen Quellen die Erklärung zum Vers *Il.* 8.476 fand und nachträglich hinzufügte. Interessant ist die einzige Störung in **011.2**, die bis κέλεαι aus *Il.* 1.134 die Anordnung des Homertexts bewahrt. Danach wird wahrscheinlich

---

312 Henrichs 1971, 230 und 240.
313 Dazu Montanari/Muratore/Reiter 2012, 553.
314 Mit der Ausnahme von **027**. Ansonsten gibt es nur eine Vertauschung in **011.1**, während die übersprungene Stelle des fünften Gesanges in **029.1** nachträglich hinzugefügt worden ist (Fol. 11).
315 Es sei auf den Sprung in **016** erinnert. Da die Erklärungen des Glossars ziemlich dicht sind, komme ich zu der Annahme, dass der Sprung mehr als eine Kolumne betraf. Die erhaltenen Beispiele von Iliasglossaren auf Codex haben fast immer (außer dem Fall von **051**) eine Kolumne pro Seite. Der erwähnte Sprung in **016** hätte nicht in einem Codex stattfinden können. Die Überspringung einer Stelle ist auch in dem Codex **029.1** zu finden. In diesem Fall konnte aber der Schreiber leichter die übersprungene Passage (*Il.* 5.528-541) nachträglich einfügen. Darüber hinaus ist es in diesem Fall möglich, dass der Sprung nicht auf den Schreiber, sondern auf seine Vorlage zurückzuführen ist. In **019** und **051** ist die Reihenfolge nicht gestört; nur eine Störung einem Vers betreffend ist in **004** zu finden. **027** stellt das einzige Beispiel für einen Codex mit zahlreichen Störungen dar.
316 Eine verschiedene Gesänge betreffende Störung ist nach Montanari/Muratore/Reiter 2012, 553 in **053** zu finden: In Z. 20 ist die Erklärung zu πελέκκῳ aus *Il.* 13.612 vor der Erklärung zu ἐπιπέρθεσθαι in Z. 21 (aus *Il.* 14.521?) eingefügt. Das Lemma ἐπιπέρθεσθαι ist aber nicht bezeugt, s. Montanari/Muratore/Reiter 2012, 553-554. Calderini 1921, 307 transkribierte in Z. 20 πελεκίῳ.
317 Dazu Kirk et al.
318 Poethke 1967, 100.

τὴν δ' ἐγώ aus *Il.* 1.29 statt με τήνδε aus *Il.* 1.134 erklärt, weil die erhaltene Erklärung [ταύτ]ην δ' ἐγώ lautet. Obwohl die Lexis verloren gegangen ist, kann sie aus der Worterklärung mit einer gewissen Sicherheit erschlossen werden[319]. In der ältesten Handschrift der D-Scholien befindet sich τὴν δέ: ταύτην δέ, das Helmut van Thiel ebenso auf *Il.* 1.29 zurückführt. In **048** Z. 12 lässt sich die mehr als zweihundert Verse betreffende Störung – ὀρωρέχατο (*Il.* 11.26) nach διέcχε (*Il.* 11.253) – nicht weiter erklären[320]. Das aus **048**, **052**, **053** und **054** zusammengesetzte Schreibheft stellt jedoch einen besonderen Aufbau dar, der einen unsystematischen Charakter nicht nur in der Reihenfolge der Lexeis zeigt. Darüber hinaus erfolgt die von ὀρωρέχατο verursachte Störung unmittelbar nach einem beträchtlichen Sprung zwischen *Il.* 11.183 und 253, wohingegen das Glossar bis zu *Il.* 11.183 dem homerischen Text ziemlich eng folgt. Schließlich ist in **011** eine Lexis aus *Il.* 1.279 (κῦδοc) vor einer aus *Il.* 1.100 (ἱλαccάμενοι) zu finden[321]. Die zahlreichen Störungen in der Reihenfolge und der allgemein unsystematische Charakter der beiden Zeugnisse legen nahe, dass man auf diese irrtümliche Anordnung nicht so viel Gewicht legen sollte.

Bei der Betrachtung der Störungen fragte sich Albert Henrichs, ob sich ein Zusammenhang mit der gestörten Reihenfolge der Handschriften herstellen lässt, sodass Rückschlüsse über die Überlieferungsgeschichte gezogen werden können[322]. Ein solcher Zusammenhang lässt sich jedoch nicht nachvollziehen. Manchmal lässt sich die Entstehung der Störung durch Homoearchon der Lexeis[323], öfter als unmittelbar wahrgenommene Antizipation mit daraus folgender Wiederherstellung der Ordnung erklären[324]. In diesen Fällen sind Störungen in der Abfolge der Lexeis eher auf die Umstände der Niederschrift des Glossars selbst als auf in der Vorlage liegende Störungen zurückzuführen. Die Verfasser konnten Auslassungen nachträglich bemerkt oder mehrere Quellen verwendet und stets ihre

---

[319] Vgl. den Kommentar zur Stelle in der Edition des Fragmentes.
[320] Montanari/Muratore/Reiter 2012, 553.
[321] **011** II 12 (P.Turner 13): κῦδοc˙ δόξα. Das Wort steht jedoch bei Homer im Akkusativ.
[322] Henrichs 1971, 102 Anm. 16.
[323] Beispielsweise **018** Fr. 1 I 21-22: [ἱ]cτοδόκῃ˙ τῇ δεχομένῃ | τὸν ἱcτὸν ἐπικλιθέντα (*Il.* 1.434) vor ἱcτία˙ ἄρμενα (*Il.* 1.433).
[324] Beispielsweise **011** col V 3ff. (Henrichs 1971, 132): Reihenfolge: *Il.* 1.210, 219, 213, 216 und 219.

Abschrift erweitert haben[325]. Auch wenn kein Hinweis auf die mögliche Entstehung der Störung hervortritt, scheint eine Bewertung im Hinblick auf das einzelne Exemplar und auf die Sorgfalt des Schreibers angebrachter. Das Zeugnis von **011.2** ermöglicht in seinem isolierten Zustand keine weitreichenderen Folgerungen zu ziehen, da kein anderes Homerglossar Worterklärungen zu *Il.* 1.134 enthält und bestätigen kann, dass diese Störung in der Reihenfolge geteilt wurde. Dennoch kann man davon ausgehen, dass einige der in den D-Scholien vorhandenen Umkehrungen antiken Ursprungs sind, ohne dass eine Abhängigkeit des Glossars und der D-Scholien von einer gemeinsamen Quelle angenommen werden muss.

Der einzige Schluss, den die zahlreichen Umkehrungen zulassen, ist, dass die Homerglossare sich von dem Zusammenhang des Homertextes und ihrer ursprünglichen Bestimmung bereits in den ersten Jahrhunderten der römischen Zeit entfernten, indem sie als selbständige Gebrauchtexte umliefen, deren Verbindung mit dem Referenztext sich dünn ergeben konnte. Die Bedeutung des erwähnten *saut du même au même* in **016** wurde in eindrucksvoller Weise von Albert Henrichs betont, der daraus ableitet, dass „die *Scholia Minora* ohne ständige Kontrolle anhand des Homertextes als selbständiges Nachschlagewerk kopiert worden sind und dass der Kopist schwerlich mit dem späteren Benutzer identisch gewesen sein kann. Die Existenz der Homerglossare lässt sich also nicht ausschließlich aus dem Schulbetrieb erklären …, wo doch das Diktat das beherrschende Medium darstellte und der Homertext immer zur Hand war“[326]. Henrichs' Feststellungen können durch andere Beobachtungen bestätigt werden. Im Zusammenhang mit der Reihenfolge der Stichwörter wurde im Vorhergehenden bemerkt, dass solche Störungen in den stärker an das homerische Diktat gebundenen Schulpapyri selten bzw. einmalig zu finden sind[327]. **031**, **036** und **047** zeigen auch, dass in dieser Umgebung die Worterklärungen unmittelbar hinter der kommentierten Iliasstelle aufgeschrieben werden konnten, so dass es nicht unmöglich ist, dass der

[325] Zu den Störungen von **013+016** s. Lundon 2012, 200, der auch die mögliche Verwendung mehrerer Quellen und die Umstände des Kopiervorgangs eher als die bereits im Exemplar vorhandenen Umkehrungen betont.

[326] Henrichs 1971, 240.

[327] Störungen in den Schulglossaren treten einmal in **011.1**, **023** und **041**, zweimal in **015** auf. In **036** sind die Störungen auf die zweite Hand zurückzuführen, die zwei Lemmata am Ende des Glossars hinzugefügt hat, s. S. 71-72.

Schüler in manchen Fällen die Lexeis nicht von einem selbstständigen Glossar, sondern direkt vom Homertext abschrieb. Dieses Verfahren verringert die Häufigkeit von Störungen. Die hohe Anzahl von Störungen in der Abfolge lassen sich meistens in den Fällen registrieren, bei denen andere Merkmale auf private Abschriften von Iliasglossaren hinweisen, die für den Gebrauch literarisch interessierter Personen bestimmt waren. Dass der Schreiber nicht mit den Benutzern identisch war, wird in dem Fall von **027** bestätigt. Das Glossar wurde nicht von Dioskoros verfasst, aber von ihm verwendet. Die Worterklärungen zeigen eine gewisse Erfahrung beim Lesen und Erklären von Homer. Für **027** gilt somit, was van Thiel in Bezug auf die D-Scholien betonte: „Wer die Sammlung brauchte, musste jeweils ein ganzes Buch vorweg lesen und sich an das Gelesene erinnern, um den größten Gewinn für das Verständnis Homers zu haben. Das Glossar entfernt sich von seiner ursprünglichen Bestimmung. Die Benutzer waren offensichtlich keine Schüler und Anfänger, sondern Lehrer“[328]. Die Schreiber von Glossaren mit zahlreichen Störungen müssten die Glossare ohne Berücksichtigung des Homertextes abgeschrieben haben, wie Albert Henrichs bereits feststellte. Man muss aber nicht unbedingt ausschließen, dass sie den Text für ihren eigenen Gebrauch verfasst haben, obwohl die hier häufig vorkommenden Störungen den Nutzen beeinträchtigten. Vielmehr deuten die Störungen von **011** und **013+016** darauf hin, dass diese Glossare auf indirekten Wegen entstanden sind, d.h. dass die Stichwörter nicht aus dem homerischen Text, sondern aus einem selbständigen Glossar entnommen wurden, das die Schreiber als Vorlage verwendeten[329].

## 2.5 Die Lemmata

Der erste Hauptbestandteil der Homerglossare besteht in den zu erklärenden Lemmata, die zur Erklärung aus dem Homertext herausgelöst und nach dessen Reihenfolge angeordnet werden. Unzusammenhängende Homer-Worterklärungen zu verschiedenen Gesängen lassen sich nur auf dem Rekto von **053** erkennen und werden durch Striche und Freiräume getrennt[330].

---

[328] van Thiel 2014, 6.

[329] Diese Beobachtung hat ihre Bedeutung im Hinblick auf die Quellen der Glossare, s. unten, S. 145ff.

[330] Montanari/Muratore/Reiter 2012, 549.

Die zu glossierenden Wörter bestehen aus dem in kleinere Einheiten, in der Regel Wort für Wort, zerstückelten Homertext. Sie können aber auch ein ganzes Syntagma oder einen Ausdruck umfassen; in diesen Fällen bestehen die Lemmata in der Regel aus aufeinanderfolgenden Wörtern[331]. 1921 stellte Aristide Calderini fest, dass die Tendenz, ganze Ausdrücke oder Wortgruppen zu glossieren, vor allem älteren Glossaren eignete[332]. Spätere Befunde haben diese Feststellung weitgehend bestätigt. Ab dem 4. Jahrhundert werden Wortgruppen nur noch selten gemeinsam glossiert; wenn dies geschieht, besteht das Stichwort meist aus einem Präpositional- bzw. Nominalsyntagma[333], Koordinationen oder Partikeln[334]. Man findet ab dem 5. Jh. kaum aus dem ganzen Hemistichion bestehende Stichwörter[335]. Diese mit der Zeit zunehmende Tendenz, den Text in immer kleineren Einheiten zu glossieren, geht vielleicht mit der zunehmenden Dichte der Lemmata einher. Beide Trends könnten mit dem Auftreten der synoptisch angeordneten Paraphrasen zusammenhängen, wie sie in der Spätantike in Erscheinung treten. Die größere Fragmentierung des Textes und die zunehmende Dichte hätten auf der einen Seite die Grenze zwischen den beiden jahrhundertelang nebeneinander praktizierten Kommentierungsmethoden – Glossaren und wörtlichen Paraphrasen – allmählich ausgedünnt; auf der Anderen die Bindung an den homerischen Text wiederhergestellt, die durch die Form des Glossars nicht immer gewährleistet ist. Dies würde eine Art Abstammungsbeziehung zwischen homerischen Glossaren und spätantiken Paraphrasen nicht implizieren, nach der sich letztere *recta via* von ersteren ableiten würden. Man mag an eine wechselseitige Beeinflussung denken wollen. Welche Gründe es für die größere Fragmentierung und für die zunehmende Dichte geben kann, ist noch zu hinterfragen (s. unten).

---

[331] Vgl. aber S. 212 mitsamt Anm. 695.

[332] Calderini 1921, 315.

[333] Z.B. **001** *verso* 21: [ἐ]π̣ὶ νῆας; **001** *verso* 5 Λητοῦς καὶ Διὸς υ[ἱός]; **029.1** Fol. 5 *r*, 5: μήστωρε φόβοιο; **050** *verso* 13: νηλεὲς ἦμαρ.

[334] Z.B. **20.1** *verso* 7 (zu *Il.* 2.8): βάσκ' ἴθι; **050** *recto* 28 (zu *Il.* 11.575): ὡς οὖν.

[335] Das ganze Hemistichion als Lexis findet man in den ältesten Glossaren: z.B. **002** II 5 (*Il.* 1.5): Διὸς δ' ἐτελ̣ε̣ί̣ετο β̣ουλ[ή]; **011.2** I 14-15 (*Il.* 1.137): [ἐγὼ δέ κεν αὐτὸς ἕλωμ]α̣ι̣; **012** 14 (*Il.* 1.175): οἵ κέ με τ{ε}ι[μήσουσι]; **038** I 14-15 (P.Oxy. XLIV 3158, *Il.* 5.708): μέγα | [πλούτοιο μεμηλώς]; **057** 5-6 (*Il.* 18.376): θεῖον δυς[αίατ' ἀγῶ|ν]α; s. auch hier **043** I 1-2. Spätere Beispiele: **033** *recto* 9 (*Il.* 5.11): [μάχης εὖ εἰδ]ότε πάσης; **027** Fol. 1 ↓, 3 (zu *Il.* 2.382), Fol. 12 →, 3 (zu *Il.* 18.64), Fol. 13 ↓, 7-9 (zu *Il.* 18.488); **029.1** Fol. 8 *recto* 23-24 (zu *Il.* 5.385). In **027** Fol. 13 ↓, 12-15 besteht das Lemma aus dem ganzen Vers (*Il.* 18.489).

Sowohl die Lexeis als auch die Metaphrasis behalten die ursprüngliche Rektionsform an der Ilias-Stelle, obwohl Abänderungen der zu erwartenden Rektionsform bzw. Abweichungen vom Homertext nicht selten auftreten[336]. Darüber hinaus muss man auch mit allen orthographischen Fehlern rechnen, die bei der Niederschrift entstehen können. Ein Musterbeispiel dafür ist **045**, in dem fast alle Stichwörter durch Vokalismus entstellt werden. Abgesehen von Rechtschreibfehlern können diese Abweichungen durch die folgenden Vorgänge entstehen, die auch simultan wirken können:

1. Banalisation: z.B. **025.01** I 7: cυνοχωκότεc (cυνοχωκότε *Il.* 2.218)[337]; man möchte meinen, dass hier auch der Einfluss von der Worterklärung im Plural mitwirkt;
2. Rückwirkender Einfluss der Erklärung: z.B. **016** II 15 μεγάλ[ο]ιc (μεγάροιcιν *Il.* 1.396)[338]; **034** V 30 ἔccευcα (ἔccευα *Il.* 5.208); **040.1** I 1-2: [εἰνάτ]ερεc (εἰνατέρων *Il.* 6.383).
3. Vergleich mit anderen Homerstellen: z.B. **058** 16: [φλοίcβο]υ (φλοίcβοιο *Il.* 20.377) mit Banalisation; **059** 8 ἐcτήρικτο (ἐνεcτήρικτο *Il.* 21.168) = *Il.* 16.111: so auch die D-Scholien. In diesem Fall ist klar, dass die aus Vers 111 entnommene Form in der indirekten Überlieferung vorhanden war und nicht zu korrigieren ist[339]. Abänderungen dieser Art können auch durch eine selbständige gedankliche Parallele verursacht werden, aufgrund derer der jeweilige Schreiber eine bereits vorgekommene oder ihm vertrautere Form transkribiert.
4. Lemmatisierung[340]: im Nominativ, z.B. **025.4** 1 [Αὐλίc· πόλ]ιc τῆc [Βοιω]τίαc (Αὐλίδα *Il.* 2.303); **044** Ἀcκάλ`α´ φοc καὶ `Ἰ´άλμενοc (Ἀcκάλαφον καὶ Ἰάλμενον *Il.* 9.82), vielleicht aus *Il.* 2.512 (Ἀcκάλαφοc καὶ Ἰάλμενοc, s. Punkt 3.); im Akkusativ **033** II 4 μετάφρενον (μεταφρένῳ *Il.* 5.40); **058** 10 [ἀλοcύδν]ην (ἀλοcύδν]ηc *Il.* 20.207); Akkusativ Plural: **055** II 35 καcιγνήτουc (καcιγνήτοιc *Il.* 15.545); 1.Pers. Sing.: **009.1** 2 βούλομαι (βούλεται *Il.* 1.67); **023** I 2 ἄνευθεν εἰμί (ἄνευθεν ἐών *Il.* 2.64); im Infinitiv: **011** καταρέξαι (κατέρεξεν *Il.* 1.361),

---

336 Einige Beispiele sammelte schon Henrichs 1971, 102 Anm. 16.

337 Von Banalisation spricht schon Tagliapietra 2017, 20.

338 S. Henrichs Komm. zu der Stelle.

339 Henrichs 1971, 260: „lies ἐ⟨ν⟩cτήρικτο oder ἐνε⟨ν⟩cτήρικτο". Der Vorschlag von Menci 2019 in **030** III 1 (ὀτρύνοντοc statt ὀτρύνοντα als Lemma) ist umso überzeugender, als das Lemma ursprünglich aus einer anderen Homerstelle stammen könnte.

340 Calderini 1921, 315 konnte Beispiele nur in **011** finden. Zur Lemmatisierung in lexikographischen Quellen s. Bossi/Tosi 1979-1980, 8-13; Tosi 1988, 94ff., 117ff.

**035** I 4-5 ἄξα[ι] (ἄξῃ *Il.* 5.161) entweder Lemmatisierung im Infinitiv oder phonetischer Fehler[341].

Wenn das lemmatisierte Stichwort bei Homer vorkommt, lässt sich nicht sagen, ob es sich um eine Lemmatisierung handelt oder ob das Lemma sich ursprünglich auf eine andere Stelle bezog. In diesen Fällen ist es auch nicht immer zu bestimmen, ob die Abweichungen in der Vorlage enthalten waren oder auf den Schreiber selbst zurückzuführen sind. Jedoch können die Lemmatisierungen Hinweise auf die Verwendung einer oder mehrerer Quellen bieten. Eindeutig ist der Fall von **058** 10 [ἁλοςύδν]ην (ἁλοςύδν]ηc *Il.* 20.207). Denn ἁλοςύδνη kommt bei Homer nur im Genitiv vor (*Il.* 20.207; *Od.* 4.404). In dieser Form ist das Wort in den lexikographischen Quellen glossiert und gelegentlich im Nominativ lemmatisiert. Nur bei Ap.S. 21.21 (α 238 Steinicke) befindet sich: ἁλοςύδνην· τὴν ἐν ἁλὶ ςευομένην, οἷον ἐνάλιον· ‚νεπόδες καλῆς ἁλοςύδνης' (*Od.* 4.404). οἱ μὲν τῆς θαλάςςης, ἔνιοι δὲ τῆς Ἀμφιτρίτης. Die 'exklusive' Übereinstimmung betrifft auch die Erklärung des Papyrus τὴν ἐνάλιο̣[ν], die die zweiendige Form des Adjektivs statt der von den D- und *Genevensia* Scholien überlieferte Form ἐναλιάς wiedergibt. Diese Übereinstimmung scheint für eine direkte oder indirekte Abhängigkeit dieser Worterklärung von dem *Lexicon Homericum* des Apollonios Sophista zu sprechen. Es lässt sich aber in der Regel nur selten bestimmen, welche Quelle die Glossare verwendeten. Die verwandten Quellen zeigen nämlich, dass die einzelnen Worterklärungen weit verbreitet waren und bei der Übertragung von Texten unterschiedlicher Art neu angeordnet, verkürzt oder ergänzt wurden. Gewiss ist der Einzelfall auszuwerten. Denn auch die Analyse des Dokuments in seiner Gesamtheit liefert Hinweise, die nahelegen, eine Hypothese der anderen vorzuziehen. Das oben erwähnte Beispiel **055** II 35 καςιγνήτουc statt καςιγνήτοιc konnte auf gedankliche Parallele mit dem an anderen Homerstellen belegten καςιγνήτουc (*Il.* 6.239 und 19.293) zurückgeführt werden. Jedoch bedeutet das Wort an beiden Stellen „Brüder", während die Metaphrasis des Papyrus spezifiziert: τοὺc ἀ̣[δελφούc· καςιγνή]|τουc νῦν ςυγ̣[γενεῖc]. Obwohl eine irrtümliche Schreibung ου statt οι eine leichte Erklärung für den Akkusativ wäre[342], zeigt der Papyrus in seiner Gesamtheit die orthographische Sicherheit der Verfasser. Somit ist es

[341] S. **035** Komm. zur Stelle. Unsicher ist auch die Lemmatisierung in **037.2** I 5, s. Esposito 2016 zur Stelle.
[342] Gignac 1976 I 215.

wahrscheinlich, dass die Ursache der Abänderung weder auf den phonetischen Fehler noch auf die Übertragung von an einer anderen Stelle belegtem κασιγνήτουϲ, sondern auf die verwendete Quelle zurückzuführen ist. In dieser hing möglicherweise die Erklärung von einem *verbum dicendi* ab, womit auch die seltene Lemmatisierung im Akkusativ Plural erklärt werden könnte[343]. Bemerkenswert sind daher Ap.S. 95.29: καϲίγνητοϲ· ἀδελφόϲ. λέγει δὲ καϲιγνήτουϲ ποτὲ τοὺϲ ϲυγγενεῖϲ und sch. A (Ariston.) zu καϲίγνητον in *Il.* 24.47: ἡ διπλῆ ὅτι τοῦτο προϲέθηκεν, ἐπεὶ καϲιγνήτουϲ τοὺϲ ἀνεψιούϲ που λέγει. Auch εἰαμεναί statt εἰαμενῇ in demselben Papyrus ist wahrscheinlich nicht als phonetischer Fehler zu verstehen, sondern auf die (ursprüngliche) Quelle des Glossars zurückzuführen. Das Lemma kommt in dieser Form auch bei Hsch. ε 715 vor. Im Gegensatz dazu ist die erwähnte Lemmatisierung μετάφρενον statt μεταφρένῳ in **033** eher auf eine Verwechslung des Schreibers bzw. seiner Quelle mit dem oft gebrauchten Akkusativ zurückzuführen. In **040.1** I 1-2 könnte εἰνάτερεϲ statt εἰνατέρων ursprünglich aus *Il.* 22.473 stammen. Trotzdem scheint es mir wahrscheinlicher, dass hier der Erklärungseinfluss wirkt[344].

Ob das vom Homertext abweichende Lemma eine von einer *verbum dicendi* abhängige Erklärung voraussetzt, kann mit gutem Recht angenommen werden, wenn das betreffende Lemma bei Homer nicht in jener Form vorkommt bzw. wenn die Erklärung der Bedeutung entspricht, die das Lemma nur in jener bestimmten Passage hat. Das gilt für καϲιγνήτουϲ in **055**, bei dem auch die erwähnten Parallelen die Vermutung unterstützen. In Z. 5 und Z. 19 von **025.3** ist es nicht nötig, eine solche Konstruktion vorauszusetzen[345], weil die Akkusative ϲμερδαλέον und κλέοϲ statt des zu erwartenden Nominativs aus anderen Stellen der Ilias stammen und schon in der Vorlage des Glossars vorkommen konnten.

Freilich haben die Lexeis gelegentlich einen gewissen Wert für die Geschichte des Homertextes. In der Regel folgen die Lexeis aber der *vulgata* oder beweisen mehr oder weniger häufig in der direkten und indirekten

---

[343] Zu dem Akkusativ als paradigmatische Form und vorauszusetzende *verba dicendi* s. Tosi 1988, 121. Zu νῦν s. unten, S. 123ff.

[344] Die Erklärung des Papyrus lautet ἀ[δ]ελφῶν | [γυν]αῖκεϲ, vgl. sch. D. zu *Il.* 6.378: εἰνάτερεϲ καλοῦνται αἱ τῶν ἀδελφῶν γυναῖκεϲ πρὸϲ ἀλλήλαϲ.

[345] *Contra* Spooner 2002, 109.

Überlieferung belegte Varianten[346]. Der autonome Charakter dieser Texte wird in den Fällen deutlich, in denen die Lexis in der lexikographischen Tradition gut bezeugt ist. So besteht das Stichwort von ***058.1** in ἐλύμην (*Il.* 21.80) wie auch in Ap. Soph. 67.5, Hsch. ε 2222 und sch. D *ad loc*, während die *vulgata* δὲ λύμην überliefert. Die Lexeis [τ]ροφέοντα und [ἀή]τη in **055** II 38 und 40 (*Il.* 15.621 bzw. 626), die aristarchische Lesungen wiedergeben, sind auch in lexikographischen Quellen zu finden[347]. Bei unbelegten *variae lectiones* stellt sich die Frage, ob sie vielmehr als Fehler zu verstehen sind. Das unbelegte ἐπαινύμεν[ον] (ἀπαινύμενον *Il.* 11.582) in **050** ist wahrscheinlich als Irrtum aufzufassen[348]. Den Anlass zur Änderung gab vielleicht ursprünglich eine irrtümliche Trennung des in der Vorlage stehenden τεύχε' ἀπαινύμενον, mit dem der Vers beginnt. εαπαινυμενον könnte später durch ἐπαινύμενον korrigiert worden sein. Ein gegenteiliger Fall ist das unbelegte παλάccατο (παλάccετο *Il.* 5.100) in **034** II 20. Schon der Herausgeber dachte, dass die Lexis aufgrund der Erklärung im Aorist nicht als bloßer Schreibfehler zu verstehen sei[349]. Bei der näheren Betrachtung merkt man, dass die Übereinstimmung der Rektionsform zwischen Lexis und Erklärung bei Abänderungen in Iliasglossaren die Regel ist, ob sie nun aus dem einen oder anderen Grund auftreten. Allerdings entfernt sich **034** davon in den Fällen, in denen das Stichwort vom Homertext abweicht, da die Metaphrasis im Gegenteil dazu in der vom Homertext verlangten Form angegeben wird[350]. Der Schreiber von **034** scheint Homer immer zur Hand gehabt zu haben, obwohl er ohne Zweifel kein Schüler war. Deswegen stellt hier παλάccατο wahrscheinlich eine echte Variante und keinen Fehler dar[351]. Das von **031** überlieferte φύραc (γεφύραc *Il.* 4.371), das nach den Herausgebern eine Variante ist, kann hingegen durch ein Verlesen ΤΕΦΥΡΑΣ statt ΓΕΦΥΡΑΣ erklärt werden. Die Vermutung scheint umso

---

[346] Die Übereinstimmung mit der einen oder anderen Tradition ist alles andere als konstant vgl. Plasberg 1903, 206 zu **034**. Lesungen, die sich in der Akzentuierung oder Worttrennung voneinander unterscheiden, sind normalerweise nicht zu erkennen, da in seltenen Fällen diakritische Zeichen aus Sprachgründen verwendet werden. So man kann z.B. nicht mit Sicherheit bestimmen, ob das πάλιν ὀρμένῳ oder die ὑφ' ἓν Form παλινορμένῳ in **049** *verso* 3 (*Il.* 11.326) gemeint ist; s. aber hier **034**, col. IV 4.

[347] Für ἀήτη s. Ap.S. 12.4 (α 18 Steinicke); für τροφέοντα bzw. τροφόεντα s. Hsch. τ 1513 und τ 1516.

[348] Im Übrigen folgt das Glossar der *vulgata* und bietet eine *lectio facilior* für *Il.* 11.597.

[349] Plasberg 1903, 206.

[350] S. hier **034**.

[351] S. auch hier den Kommentar zur Stelle.

mehr möglich, da die angegebene Erklärung (τάξεις) die übliche für γεφύρας ist.
Einige Varianten sind auf jeden Fall zu vermerken, z.B. das ansonsten nur in den *Scholia Maiora* erwähnte βεβλήατο in **043** (βεβολήατο *Il.* 9.3), das auf Zenodot zurückgeht. Auffällig ist auch αἶα in **025.4** als Stichwort in *Il.* 2.465, bei dem die direkte und indirekte Überlieferung χθών haben. αἶα ist ein selteneres Wort und könnte eine im Laufe der Tradition durch ihre Metaphrasis (χθών) ersetzte Lesung darstellen[352].

Einzelne Lexeis werden aus dem ursprünglichen Kontext herausgelöst und an die neue Texttypologie angepasst[353]. Es lässt sich keine generelle Regel für die Verwendung des ν-ephelkystikon ableiten. Gelegentlich ist es vor ein mit einem Vokal beginnendes *interpretamentum* gesetzt[354] oder es wurde vor einem mit Konsonanten beginnenden *interpretamentum* ausgelassen[355]. Die Anwendung ist auch innerhalb eines Zeugnisses nicht immer konsistent[356].
Im Gegenteil dazu ist die Auflösung von Elisionen bei der Anpassung der Lexeis an die Texttypologie ein typisches Merkmal von Glossaren. Einige Ausnahmen sind zu finden: in **036** ist der Schreiber nicht konsistent, da er in zwei Fällen die *scriptio plena*, in zwei weiteren Fällen die elidierte Form bildet. Die elidierten Formen könnten aber durch den homerischen Text beeinflusst worden sein, der unmittelbar vor dem Glossar abgeschrieben wurde und den der Schüler berücksichtigt haben könnte. In anderen Fällen ist der Grund für die Elision nicht klar. Doch stellt sie die Ausnahme dar: in **043** II 32 scheint die Lexis wie im Homertext elidiert zu sein[357], wohingegen in I 13 und I 28 die *scriptio plena* wiederhergestellt wird.
Trotz der wenigen Ausnahmen wird man kaum einen gleichmäßigeren Wesenszug in den Glossaren finden. Die *scriptio plena* statt der elidierten Form ist demnach ein kennzeichnendes Merkmal der Anpassung der Lexis an die Glossarform. Sie betrifft die Einzellexis, während innerhalb der Wortgruppe, d.h. wenn die Lexis aus einem Syntagma bzw. Ausdruck

---

[352] So Spooner 2002, 123.
[353] Solche Anpassungen wurden nur für **027** von Fournet 1999, 102 diskutiert.
[354] z. B. **047.1** cχέθεν˙ ἐπέcχεν [ (cχέθε *Il.* 11.96); **056.1** ἀνέcχεν˙ α̣[ (ἀνέcχε *Il.* 17.310).
[355] z.B. **025.2** ὄρουcε (ὄρουcεν *Il.* 2.310)˙ ὥρμηcε.
[356] Fournet 1999, 102 und Anm. 78: Neben der Hinzufügung des ν vor Vokal befinden sich in **027** mindestens eine überflüssige Hinzufügung und zwei Fälle, wo das ν erwartet, aber nicht anwesend ist.
[357] S. hier Kommentar zur Stelle.

besteht, die Elision regelmäßig beibehalten wird[358]. Ihre Funktion liegt auf der Hand: die Endung stellt ein wesentliches Element zur Erkennung der zu erklärenden Form dar, die mit ihr in Numerus, Kasus, Tempus und Modus übereinstimmen sollte.

Daher gewinnt der angenommene Unterschied zwischen Glossaren und synoptisch angeordneten Paraphrasen an Bedeutung[359]. Wenn sowohl der Referenztext als auch seine 'Übersetzung' inhaltlich als vertikale durchgängige und vollständige Texte strukturiert sind, verliert die *scriptio plena* ihre Daseinsberechtigung: Die wiederherzustellende korrekte Form kann aus dem inhaltlich-syntaktischen Zusammenhang abgeleitet werden.

## 2.6 Die Worterklärungen

Das Hauptinteresse der Homerglossare besteht in den Erklärungen der entsprechenden homerischen Wörter durch die Wiedergabe in das geläufige Griechisch. Es handelt sich um intralinguale Übersetzungen, die auf einer Ebene mit der wörtlichen Auslegung des Homertextes und homerischer Ausdrücke stehen. Die Interpretamente sind in der Regel glossographisch-paraphrastischer Natur; ihr Interesse an den homerischen Wörtern ist in erster Linie lexikographisch und grammatikalisch. Bei rein grammatikalischen Worterklärungen werden die epischen Formen normalisiert. Der lexikalische Aspekt bleibt deutlich unbehandelt[360]. Nur selten werden die zugrundeliegenden grammatischen Überlegungen durch eine zusätzliche Anmerkung ausgedrückt[361]. Die Worterklärung kann natürlich sowohl grammatische als auch lexikalische Aspekte durch ein einziges Synonym

---

[358] Der Unterschied zwischen der Elision zwischen der Zeile – und zwar zwischen zwei unterschiedlichen Lexeis – und innerhalb der Wortgruppe wurde von Lundon 2007, 410 in Bezug auf die synoptische Paraphrase bemerkt; s. auch Fontanella 2021, 46-47. Zu der Bedeutung der Elisionen für die Anordnung der Texte unter den Paraphrasen s. Lundon 2007 und oben, S. 21ff.

[359] Zu diesem Unterschied s. S. 18ff.

[360] Normalisierungen betreffen oft die Vokalkontraktion (z.B. **017** 3 zu *Il.* 1.340: ἀπηνέος˙ ἀ[πηνοῦς]; **017.1** B II 25 zu *Il.* 1.419: ἐρέουσα˙ ἐροῦσα), Flexionsformen (z.B. **025.2** II 10 zu *Il.* 2.311: ϲτρουθοῖο˙ ϲτρουθοῦ), Pronominalformen (z.B. **020** 1 zu *Il.* 1.525: [ἐμέ]θεν˙ ἐμ[οῦ]), Dualformen (z.B. **017** 2-3 zu *Il.* 1.338: ἔϲτων˙ ἔϲτ[ωϲα]ν), die demonstrative Funktion des Artikels ((z.B. **014** 9 zu *Il.* 1.269: [τοῖϲι]ν˙ τούτοιϲ), epische Formen (z.B. **014** 4 zu *Il.* 1.267: [καρτίϲτ]οιϲ˙ κ[ρα]τίϲτοιϲ; **026** 33 zu *Il.* 2.398: [ἀνϲτάντεϲ˙ ἀν]αϲτάντεϲ).

[361] Es handelt sich in der Klassifikation nach Bossi/Tosi 1979-1980 um die „glosse morfologiche" der ersten und zweiten Typologie.

herausstellen[362], sodass es sinnvoll erscheint, grammatikalische und lexikalische Erklärungen nicht zu scharf voneinander zu trennen[363].
Die Metaphraseis beziehen sich in der Regel auf den jeweiligen Kontext. Wenn es sich um Wörter handelt, die bei Homer unterschiedliche Bedeutungen haben, haben sie einen impliziten Unterscheidungswert, selten von νῦν, ἤ oder καί[364], von mehreren Wortbedeutungen[365] herausgestellt oder öfter nicht explizit bemerkt. Lehrreich in diesem Sinne sind Glossare, die dasselbe Wort mehrfach kommentieren und für jedes die spezifische kontextuelle Bedeutung angeben[366]. Dies erklärt auch zum Teil die Gewohnheit, Wörter zu erläutern, deren Bedeutung bzw. Form keine Schwierigkeiten zu bereiten scheint. Wiederholungen von Lexeis auch mit derselben Bedeutung sind jedenfalls zu finden[367]. Ungenauigkeiten bei Worterklärungen bzw. Missverständnisse sind auch keine Seltenheit, weil solche Texte eine selbständige und vom Homertext abgetrennte Überlieferung hatten. Manchmal lässt sich die Verwirrung durch den Vergleich mit anderen Ilias-Stellen erklären. **036** *recto* IIa 16 erklärt ἐγχείῃ (*Il.* 5.279) durch τῇ ἐπιδορατίδι. Die Verwirrung könnte durch den Einfluss einer Erklärung zu *Il.* 5.16-17 (ἀκωκὴ ἔγχεος) entstanden sein[368]. Ein von der Herauslösung des Primärtextes entstandenes Missverständnis kann durch ein Beispiel in **009** erläutert werden, und zwar die Erklärung von τοι durch ϲοι in col. II 53 (*Il.* 1.76). An der Stelle ist τοι nämlich als Partikel aufzufassen.

---

[362] Z.B. **003** 27-28 (zu *Il.* 1.10): ὀλέκοντο˙ [ἀπώ]λλυντο (implizit ist das Fehlen des Augments vermerkt); **058** 15: [ἴμεναι]˙ πορεύεϲθαι; für aus der normalisierten Wiedergabe und einem Synonym bestehende Erklärungen s. Calderini 1921, 316.

[363] So Calderini 1921, dessen Einteilung durch die viel geringere Menge des untersuchten Materials ermöglicht wurde. Worterklärungen lexikalischer Natur sind auf jeden Fall zahlreicher, wie schon er betonte.

[364] Für νῦν s. unten; für ἤ bzw. ἤτοι…ἤ z.B. **018** Fr. 1 III 100-102 (zu *Il.* 1.498): εὐρύοπα˙ ἤτοι μεγαλό|φθαλμον ἢ μεγαλό|φωνον διὰ τὰϲ βροντ(άϲ); **018** Fr. 1 III 121-122 (zu *Il.* 1.526): τέκμωρ˙ τέλοϲ ἢ τε[κμή]|ριον; **025** I 6-8 (zu *Il.* 2.205): [ἀγκυλομή]τεω˙ ἤτοι ϲκολ̣[ιο]βού|[λου ἢ περ]ὶ̣ τῶν ἀγκύλων π̣ρα|[γμάτω]ν̣ ἄριϲτ̣α̣ βουλευο̣μένου; **037** 7 (zu *Il.* 5.292): [πρυμνή]ν˙ ἄκραν ἢ πλάγιαν; **034** IV 13-17. Für καί z.B. **016** III 6 (zu *Il.* 1.513): εἴρετο˙ ἔλεγε καὶ ἠρώτα; **011** II 8 (Henrichs' Ausgabe mit Kommentar); dazu s. Bossi/Tosi 1979-1980 („coppie sinonimico-differenziatrici"). καί kann auch ein zweites Synonym einleiten, z.B. in **009** col. V 167 (zu *Il.* 1.119): ἔω˙ ὦ καὶ ὑπάρχω.

[365] **025.3** 19 (zu *Il.* II 325): [κλέοϲ: φ]ήμην, [δόξα]ν.

[366] Z.B. **021.2** I 11 (zu *Il.* 2.34): [αἱρείτω˙ κατα]λαμβανέτω; **021.2** I 37 (zu *Il.* 2.37): [αἱρήϲειν˙ πορ]θήϲειν.

[367] Z.B. **009**, wo die Verben ἀμείβω und χωλόω mehrmals erklärt werden.

[368] Sch. D zu *Il.* 5.16-17: ἀκωκή˙ ἡ ἐπιδορατίϲ; ἔγχεοϲ˙ τοῦ δόρατοϲ; vgl. **027** Fol. 8 →, 17-8.

Solche Ungenauigkeiten gehören zu den Folgen der selbstständigen Überlieferung der Glossare, bei denen der inhaltliche Zusammenhang nicht berücksichtigt wird.
Die auf die Kontexte zugeschnittenen Erklärungen sind die Folge der Anordnung gemäß dem homerischen Text, nicht eines grundlegend ausgeprägten Erklärungsansatzes[369]. Sie lassen sich auch auf die Primärquellen dieser Texte zurückführen: Glossare, Lexika, aber auch Paraphrasen und Randnotizen, die zwar autonom zirkulierten, aber durchaus aus der Erklärung des primären Textes entstanden. Unter Beibehaltung der ursprünglichen Reihenfolge und Flexionsform verleihen die Glossare den Worterklärungen keinen allgemeinen Wert[370], auch wenn Sonderbedeutungen nicht spezifiziert werden.

---

[369] Hierin liegt der Unterschied zu der angenommenen Vorgehensweise der Glossographen, die in den Scholien manchmal ἓν ἀνθ' ἑνόϲ bezeichnet wird. Eine solche Vorgehensweise besteht in der Tendenz, Wörter im Lichte eines spezifischen Kontextes mit einer einzigen Erklärung zu deuten, ohne diese Erklärung im Lichte aller Vorkommen des betreffenden Wortes anzupassen oder, im Fall von *hapax legomena*, ohne die damit verbundenen Interpretationsfragen zu untersuchen. Dazu s. Dyck 1987 123ff., Tosi 1997, 223-224 und Dettori in SGG III. Ohne diese Methode in Frage zu stellen, bemerken jedoch sowohl Dyck als auch Tosi, dass unsere Informationen über die Glossographen von Aristarchs Kritik beeinflusst sind, s. Dyck 1987, 224: „in some instances, however, one wonders whether their intentions may have been distorted by the filter through which their views reached us. The alternative is to assume that the Γλωϲϲογράφοι took leave of their senses if, for instance, they defined νεκροί as = νεοί or τοῖοι as = ἀγαθοί. However, the assumption is unavoidable that in some instances common Greek words received at their hands a radical redefinition: ἱερόν = μέγα or τόϲ(ϲ)ον = ϲῶμα".

[370] Nach den bisherigen Forschungen müssen die Sammlungen der Glossographen vor Aristarchos alphabetisch geordnet gewesen sein und dadurch der Erklärung allgemeinen Wert gegeben haben, was seine Kritik verursacht hätte: Tosi 1997, 224 Anm. 5: „in effetti, varie critiche aristarchee sono comprensibili solo se si postula che le spiegazioni dei Glossografi fossero state riunite in un repertorio e rischiassero così di essere usate anche per passi diversi, producendo assurdità". Dieses Risiko wird durch die Anordnung von Glossaren auf Papyrus vermieden. Darüber hinaus sind „radical redefinitions" (s. Dyck oben) der Glossographen in Iliasglossaren nicht zu finden. S. z.B. den Fall von ἐλώρια aus *Il.* 1.4 (Fr. 1 Dettori in SGG III = fr. 10 Dyck 1987). Die Interpretation der Γλωϲϲογράφοι als βρώματα ist auf diese Passage zugeschnitten. Sie eignet sich allerdings nicht für *Il.* 17.150-151. ἐλώρια aus *Il.* 1.4 wird in vier Iliasglossaren in einem chronologischen Zeitraum vom 1./2. bis zum 5. Jh. glossiert (**001, 002, 003, 004**). Doch kein Glossar liefert βρώματα, alle das aristarchische ἑλκύϲματα, s. sch. A (Ariston.) zu *Il.* 17.151b. Wenn also anzunehmen ist, dass in den Glossaren ein gewisser kontextueller Ansatz erkennbar ist, so ist dies die Folge ihrer Ursprünge als Unterstützung zu der Lektüre Homers und ihrer Gestaltung. Sie spiegeln einen Ansatz wider, der zwar seine Fortsetzer nach den Glossographen hat (s. Dyck 1987, 129-130; Neitzel 1977, 203-204 zu Apion), aber nicht so ausgeprägt ist. Wie Aristarch sich mit den ihm vorausgegangenen Glossensammlungen auseinandersetzte, so hatten auch die

Die Metaphraseis in das geläufige Griechisch halten sich so genau wie möglich an den Homertext. Diese Erklärungen neigen dazu, das Stichwort vollständig zu übersetzen und auch Bestandteile zu wiederholen, die keine Übersetzung erfordern (wie Partikeln)[371]. Die Übereinstimmung ist in erster Linie grammatisch, sodass die Erklärungen in der Rektionsform mit der entsprechenden Lexis in der Regel übereinstimmen, selbst wenn eine Abänderung im Vergleich zum Primärtext vorkommt. Im Falle von fehlenden Übereinstimmungen stellt die Worterklärung den an der Stelle zu verstehenden Sinn wieder her, z.B. wenn ein Austausch zwischen den Kasusverwendungen bei Homer vorkommt oder wenn das grammatische und zu verstehende Tempus nicht übereinstimmen[372]. Abänderungen der Rektionsform wie auch Verwirrungen bezüglich der Wortbedeutungen anhand der einzelnen Stellen zeigen die Eigenständigkeit dieser Texte im Verhältnis zum homerischen Text und können auf verschiedenen Faktoren beruhen (s. oben). Sie können in der Vorlage vorhanden sein, aus der Konsultation anderer Quellen stammen oder sich aus gedanklichen Parallelen mit einer anderen homerischen Passage ergeben, die vom Schreiber oder von seiner Vorlage stammten. Eine Ausnahme ist **034**. Denn selbst wenn die Rektionsform der Lexis nicht mit dem Homertext übereinstimmt, wird die Metaphrase in der mit dem Homertext übereinstimmenden Rektionsform angegeben.

Die Interessen der Glossare umfassen etymologische Ableitungen, auf die durch ἀπό[373], ὅθεν oder ἔνθεν[374] hingewiesen ist. Komposita, die durch die Auflösung ihrer Bestandteile erklärt werden, sind ohne klarere Hinweise vielleicht eher etymologisierende Übersetzungen als echte Etymologien[375].

---

betreffenden Papyrus-Glossare, die von dieser alten Tradition von Glossensammlungen abstammen, sich mittlerweile mit Aristarchs Worterklärungen auseinandergesetzt. Dass die Erklärungen der Glossographoi wenige Entsprechungen im Verhältnis zu Homerglossaren finden, ist bereits bemerkt worden: s. Dettori in SGG III, 16.

[371] Einige Beispiele findet man in **001** (s. Tabelle 1); auch in **029.1** Fol. 1 *verso*, 18 (zu *Il.* 3.415): τὼς δέ [cε]˙ οὕτωϲ δε cε.

[372] **050** *recto* 4 (zu *Il.* 11.562): [cπουδῇ˙ μετὰ c]πουδῆc und hier **043** II 39. Erklärungen sind aber oft unabhängig von der Bedeutung, die an der betreffenden Stelle aufzufassen ist, s. z.B. hier **058** Z. 15, wo ἴμεναι bei Homer (*Il.* 20.365) futurischen Sinn hat, aber rein grammatisch mit dem Präsens erklärt wird.

[373] **016** IV 8-10 (zu *Il.* 1.538) ἀργυρόπεζα ·οἱ μὲν ἀπὸ τῆc | πέζηc τοῦ χιτῶνoc, οἱ δὲ | ἀπὸ τῶν [πο]δῶν; **055** I 1-2 (zu *Il.* 15.320), dazu Fontanella 2022, 45-46; s. auch hier **043** I 16.

[374] **043** I 26 (zu *Il.* 8.434); **039** 6-7 (zu *Il.* 5.698).

[375] Vgl. hier **034** I 1-2; **014** 6 (zu *Il.* 1.268): [ὀρεcκ]ῴοιcι˙ ὀρεcικοίτοιc, vgl. die Diskussion über die Etymologie in Ap.S. 122.17; **018** Fr. 1 I 21-22 (zu *Il.* 1.434): [ἱ]cτοδόκῃ˙ τῇ δεχομένῃ

Die Übersetzungen dienen nämlich in erster Linie der Deutung. Solch eine 'intuitive' Vorgehensweise der Deutung, die poetische Wörter als Zusammensetzung aus zwei verschiedenen Wörtern erklärt, ist auch der philologischen Tradition nicht fremd. Sie gilt als typisch z.B. für die Etymologien Apions[376]. Die Aufmerksamkeit für die Etymologie wird deutlicher, wenn der Stamm nicht nur erwähnt, sondern auch mit einem Synonym erklärt wird[377].

Die Metaphrasis *stricto sensu*, d.h. die Wiedergabe durch Synonyme bzw. Umschreibungen, fehlt sehr selten. In solchen Fällen kann die Erklärung eine grammatikalische Anmerkung sein[378] oder eine Erläuterung, die zwar keine wörtliche Übersetzung ist, aber die Bedeutung des Ausdrucks wiedergibt[379]. Auch wenn man detaillierte Erläuterungen findet, die nicht nur der Wiedergabe in das geläufige Griechisch dienen, beschäftigen die Iliasglossare sich nicht mit der Interpretation der Stelle bzw. des Verses, aus dem ein Lemma entnommen wurde. Doch **034** ist wieder einmal eine Ausnahme. In diesem Papyrus findet man zunächst einige Erklärungen, bei denen die ausgewählten Stichwörter im Homertext nicht unmittelbar nacheinander stehen, sondern syntaktisch zusammenhängen. Der Zweck der Erklärung ist folglich auch syntaktisch, indem sie die Beziehungen zwischen voneinander getrennten Wörtern erklärt. In einem dieser Fälle deutet die Erklärung auch auf Beachtung der interpretativen Auslegung des Textes hin:

---

| τὸν ἱςτὸν ἐπικλιθέντα; **027.1** Fr. 3 III 3-5 (zu *Il.* 2.637): μιλτ̣ο̣π̣ά̣ρ̣ηοι˙ αἱ τὰς | πρῴρας μεμιλτω|μ̣ένοι; **027.2** 15 (zu *Il.* 2.654): ἀγερώ[χ]ων˙ ἄγα[ν γέρας ἐχόντων].

[376] Dazu Neitzel 1977, 192; vgl. auch *ibid.* S. 314-315.

[377] Die Erklärung des angegebenen Stammes wird oft durch ein vorangestelltes ὅ ἐςτι bzw. τουτέςτι signalisiert. Für einige Beispiele s. Fontanella 2022, 43-44. τουτέςτι könnte meines Erachtens diese Funktion auch in **026** 15-17 (zu *Il.* 2.389) haben, wo Gronewald 1982 [ἀμφιβρότης˙] ἡ περὶ τὸν | [βροτόν,] τουτέςτιν transkribiert und Reste von acht Zeilen unmittelbar danach erkennt. Anhand der hochauflösenden Abbildung kann man ἀ̣ςπ[ί]δα in Z. 17 und [τὴ]ν statt ]ἡ in Z. 15 lesen. Es wäre somit möglich, die Erklärung wie im Folgenden zu rekonstruieren: [ἀμφιβρότην˙ τὴ]ν περὶ τὸν | [βροτόν,] τουτέςτιν | [ἄνθρωπον], ἀ̣ςπ[ί]δα. Obwohl die Abänderung der Rektionsform (ἀμφιβρότην statt ἀμφιβρότης in *Il.* 2.389) keine Schwierigkeit darstellen würde, bleibt der vorherige Ergänzungsvorschlag problematisch, da die folgenden, stark beschädigten Zeilen nicht nachvollziehen lassen, ob die Worterklärung zu ἀμφιβρότην fortgesetzt wird.

[378] Z.B. **043** I 43, **029.1** Fol. 8 *verso* 4.

[379] Dies ist der Fall bei **028** Fr. A 24-25 (zu *Il.* 3.8): [μένεα] πνείοντες˙ | [διὰ τὸ πλε]ονεκτεῖν. Wenn die hier vorgeschlagenen Ergänzungen zutreffen, fehlt die Metaphrasis *stricto sensu* auch in **058** 1-4.

**034** IV 29-30 zu *Il.* 5.187

τούτου κιχήμενον· ἀντ(ὶ τοῦ) ὡς [ἐ]π̣ὶ τοῦτον
φερόμ(εν)ο̣ν

*Il.* 5.185-191
οὐχ ὅ γ' ἄνευθε θεοῦ τάδε μαίνεται, ἀλλά τις ἄγχι
ἕστηκ' ἀθανάτων νεφέλῃ εἰλυμένος ὤμους,
ὃς **τούτου** βέλος ὠκὺ **κιχήμενον** ἔτραπεν ἄλλῃ.
ἤδη γάρ οἱ ἐφῆκα βέλος, καί μιν βάλον ὦμον
δεξιὸν ἀντικρὺ διὰ θώρηκος γυάλοιο·
καί μιν ἔγωγ' ἐφάμην Ἀϊδωνῆϊ προϊάψειν,
ἔμπης δ' οὐκ ἐδάμασσα.

Bemerkenswert bei dieser Erklärung ist vor allem ὡς, dem kein Wort des Homertextes entspricht. Die *Scholia Maiora* berichten uns, dass Zenodot den Vers athetierte, weil er einen Widerspruch mit dem Folgenden sah: Pandaros sagt, dass ein Gott „das schnelle Geschoß von ihm (sc. Diomedes) im Treffen anderswohin lenkte“ [380], aber es hat ihn tatsächlich getroffen (*Il.* 5.188-189). Dagegen wendet Aristarch ein, dass Homer nicht sagt, dass der Pfeil ihn völlig verfehlt, sondern dass der Gott das Geschoß ablenkte, das auf eine tödliche Stelle gerichtet war[381]. Das Vorhandensein von ὡς zum Ausdruck der Absicht[382] deutet auf eine ähnliche Interpretation hin: Das schnelle Geschoß „ist auf ihn gerichtet“, trifft ihn aber nicht (oder nicht καθόλου?). Hätte der Schreiber nicht auf die Interpretation der Stelle hinweisen wollen, hätte er nicht ὡς geschrieben. Es ist weder möglich zu sagen, ob wie Aristarchus gemeint ist, dass der Pfeil Diomedes an einer nicht lebenswichtigen Stelle trifft, noch kann man Zusammenhänge nachweisen. Die Kürze des Kommentars ist ohnehin charakteristisch für solche Texte. Die Erklärung aus **034** ist von großer Bedeutung, weil sie nicht nur die lexikalische und syntaktische Erläuterung des Textes, sondern auch die Diskussion über die Auslegung der Passage andeutet.

---

[380] Übersetzung von Nickau 1977; zu dieser Athetese *ibid.*, 167f.

[381] Sch. A (Ariston.) zu *Il.* 5.187a: (*sc.* ἡ διπλῆ περιεστιγμένη) ὅτι Ζηνόδοτος ἠθέτηκεν αὐτόν· οὐ γὰρ ἐτράπετο ἄλλῃ τὸ βέλος, ἀλλ' ἔτυχεν αὐτοῦ. οὐ λέγει δὲ ὅτι καθόλου ἀπέτυχεν, ἀλλ' ὅτι ἐπὶ καίριον τόπον φερόμενον παρέτρεψεν.

[382] Für eine Parallele dieser Verwendung in einem ähnlichen Kontext s. hier Kommentar zur Stelle. Auf die Interpretation der Stelle deutet auch die Erläuterung in **034** col. III 24-26 hin, s. Kommentar.

Doch fällt die exegetische Ebene im Grunde genommen nicht in den Interessensbereich von Glossaren, wie auch mythologische Erklärungen (vgl. *infra*). Ausführlichere Anmerkungen bestehen normalerweise aus Elementarerklärungen, die die Wortbedeutung durch Informationen sachlichen, realkundlichen, geographischen, genealogischen Inhaltes präzisieren[383]. Sie befinden sich öfter in Glossaren aus den ersten drei Jahrhunderten n.Chr. und treten seltener ab dem 5. Jh auf.

In den folgenden Abschnitten werden zwei Aspekte der Worterklärungen in Bezug auf die Frage untersucht, ob sich allgemeine Tendenzen bzw. eine diachrone Entwicklung der Glossare vom 1. bis zum 7. Jahrhundert in der scheinbaren Gleichförmigkeit der Form und des Inhalts erkennen lassen. Die erste betrifft die Erklärungen, die den allgemeinen Grundbestand der Glossare erweitern bzw. von ihm abweichen, und zwar mythographische Erklärungen. Die zweite behandelt die Ausdrucksweise der Glossare durch die Analyse des Vorkommens von dem Grammatikbereich angehörenden technischen Termini, einschließlich dialektaler Begriffe. Beide Aspekte gehen in der Tat in Richtung der Verkürzung anhand einer lexikographischen Spezialisierung. Die beiden Aspekte sind auch aus anderen Gründen interessant. In Bezug auf die mythographischen Erläuterungen besteht das Interesse in dem Verhältnis zu rein mythographischen Texten, d.h. zu den Papyri des sog. Mythographus Homericus. Was die verwendeten grammatikalischen Begriffe angeht, ist ihre Analyse lehrreich im Hinblick auf die Informationen, die man aus den auf Papyrus erhaltenen Metaphraseis gewinnen kann. Ein typisches Element der Metaphrase der Iliasglossare – und der scholiographischen Sprache im Allgemeinen – ist in der Tat die extreme Prägnanz des Ausdrucks[384]. Demzufolge gewinnen alle der Erklärung hinzugefügten Elemente an Bedeutung. Sie zeigen, dass solche schlichten Erklärungen oft mehr meinen bzw. meinen könnten als das, was sie ausdrücklich sagen. Vor allem geben sie Hinweise auf das Interessensgebiet, auf das sich die Erklärung richtet[385].

---

[383] **025.4** Fr. 2 r, 1-6 zu προκαθιζόντων aus *Il.* 2.463 und 8-10 zu Σκαμάνδριον aus *Il.* 2.465; **038** zu ἐπίccωτρα aus *Il.* 5.725 und 3-4 zu ῥυμόc aus *Il.* 5.729; **044** *verso* 8 zu Ἀcκάλαφον καὶ Ἰάλμενον aus *Il.* 9.82; usw.

[384] Als „natürliche Ausdrucksweise" bezeichnet von van Thiel 2014, 5. Zu der Kürze der Scholien s. Nünlist 2009, 9.

[385] Die Analyse auf der Grundlage von Fachbegriffen hat ihre Nachteile. Natürlich lassen sich einige grundlegende Gedanken implizit durch einfache Wiedergabe in normalisierter

### 2.6.1 Mythologische Verweise

Einer der Bestandteile der mittelalterlichen D-Scholien sind die mythographischen ἱϲτορίαι, welche Hintergrundinformationen zu den homerischen mythologischen Anspielungen bieten. Im Gegensatz zu den Hypotheseis zu den einzelnen Gesängen scheinen diese Erzählungen eine von den homerischen Worterklärungen getrennte Überlieferung gehabt zu haben und erst in jüngerer Zeit in das Corpus der D-Scholien eingegangen zu sein, wo sie zusammen mit Material anderen Inhalts aufgenommen wurden[386]. Sammlungen mythologischer Erzählungen sind bereits seit dem 1. Jh. n.Chr. durch die Papyri bezeugt, die konventionell dem sog. Mythographus Homericus zugeschrieben sind[387]. Diese Texte decken ein weiteres, von den Glossaren nicht erfasstes Interessenspektrum des homerischen Textes ab.

---

Form ausdrücken. Es ist jedoch schwierig, ohne ausdrückliche Hinweise zu entscheiden, ob die Erklärung eine lexikalische, grammatikalische oder etymologische Anmerkung durch die Metaphrasis hervorheben will oder lediglich die Wortbedeutung ins Auge fasst. Ausgehend von der Tatsache, dass sich diese Texte besonders gut für alle Arten von Verkürzung eignen, scheint das, was in der Abschrift bewahrt ist, für den Schreiber selbst von Bedeutung zu sein. Die Schreiber behalten nämlich Elemente bei, die leicht hätten weggelassen werden können. In diesem Sinne ergeben sich aus expliziten Termini zusätzliche Hinweise auf die Interessen des Schreibers und oft auch auf den Grad seiner Vertrautheit mit dem Homertext. Die auf Basis der verwendeten technischen Termini durchgeführte Analyse scheint demzufolge für den Zweck der Analyse am besten geeignet zu sein, sowohl im Hinblick auf diachrone Tendenzen in ihrer Verwendung als auch, weil sie einen expliziten Hinweis auf das Niveau des Schreibers dieses Textes darstellt.

386 So bereits Henrichs 1971, 99 Anm. 8; Montanari 1995a; van Thiel 2014, 7, der aber nicht die Möglichkeit ausschließt, dass diese Verbindung früh erfolgt sein könnte. Die Trennung zwischen ἱϲτορίαι und Scholien ist deutlicher für die Odyssee, s. Pontani 2005, 145ff.

387 Für einen Überblick über den Mythographus Homericus s. jetzt Pagès/Villagra 2022 mit Bibliographie. Grundlegende Merkmale der Gattung in den Papyri sind: das Vorhandensein des homerischen Stichworts, das als Bindeglied zwischen Kommentar und Homertext fungiert und der Abfolge des letzteren folgt; der spezifisch mythographische Inhalt, der in einer Reihe unabhängiger Erzählungen präsentiert wird; und schließlich das häufige Vorhandensein einer Subskription, meist in der Form ἡ ἱϲτορία παρὰ τῷ δεῖνα, die die Erzählung einem bestimmten Autor zuordnet. Nach den grundlegenden Informationen über das mythische Subjekt wird die Erzählung in Papyri des Mythographus Homericus oft durch Verben wie λέγεται, μυθεύεται und φαϲιν eingeleitet, die sich auf die allgemeine Tradition bzw. auf die spezifische Quelle beziehen, s. van Rossum-Steenbeek 1998, 87. Zu den Papyri des Mythographus Homericus s. Montanari 1995, 74ff., 113-125 und 1995a; van Rossum-Steenbeek 1998, 85-118 und 278-301. Zur Datierung des Mythographus Homericus s. van Rossum-Steenbeek 1998, 115, die eine Datierung in das Ende des 1. Jh. n.Chr. vorschlägt, ohne die Möglichkeit eines früheren Datums auszuschließen, für das es aber keine Beweise gibt. Anders van der Valk 1963, 313-314.

Denn vereinzelte Verweise auf den Mythos bestehen in Iliasglossaren aus kurzen Andeutungen, die der Erhellung der Lexis und des unmittelbaren Zusammenhanges dienten. In diesem Sinne kommen sie eher Elementarerklärungen verschiedenen Inhaltes, die gelegentlich die Wortbedeutungen begleiten, als den von den D-Scholien überlieferten ἱcτορίαι nahe. Sie setzten nicht unbedingt die Verwendung einer mythographischen Quelle voraus, sondern könnten schon Teil der in einem Glossar enthaltenen Erklärung sein. Berücksichtigt seien die folgenden Erklärungen[388]:

**022.1** II 15-17 (zu *Il.* 2.103)
[ἀργειφό]ṿτ̣η̣̈˙ τῷ Ἑρ̣μ̣ε̣ῖ̣ . [
ἐ]φόνευ̣c̣εν ἢ επι̣ αργο . [
]c

**024** 12: ἀργειφ[όντ]η̣ [
sch. D zu *Il.* 2.103: ἀργειφόντη̣˙ ἀργῷ καὶ καθαρῷ φόνου. εἰρηνικὸc γὰρ ὁ θεόc. ἢ ὥc τινεc κατ᾽ ἐπώνυμον, ὅ ἐcτιν ἐξ αἰτίαc τοιᾶcδε + Historia; sch. zu *Od.* 1.38h1: ἀργεϊφόντην˙ τὸν ἀργὸν φόνου καὶ εἰρηνικόν, ἢ τὸν φονεύcαντα Ἄργον τὸν πολυόμματον κύνα, ὃc ἐφύλαccε τὴν Ἰώ; Ap.S. 42.10 (α 605 Steinicke): ἀργειφόντηc˙ ἢ ὁ ἀργὸc φόνου καὶ καθαρόc. ἔνιοι δὲ τὸν ἀργὸν φόνου, ἢ καταργοῦντα τοὺc φόνουc · εἰρηνικὸc γὰρ ὁ θεόc. ἢ διὰ τὸ Ἄργον φονεῦcαι τὸν † ἀπὸ τῆc βεβοημένηc † Ἰοῦc φύλακα. ἔνιοι δὲ ὁ ἐν Ἄργει πρῶτον πεφηνώc.

Obwohl der genaue Wortlaut unsicher ist, erscheint es vorstellbar, dass **022.1** zwei alternative Etymologien für ἀργειφόντηc anbietet. Die erste müsste das Epitheton als „Argos-Töter" nach einer verbreiteten Volksetymologie erklären, die den νεώτεροι zugeschrieben wird[389]. Nach dem Mythos hätte nämlich Hermes das Ungeheuer Argos getötet, als er die in eine Kuh verwandelte Io bewachte. Die Io-Sage und ihre Erlösung durch Hermes wird in der Historia der D-Scholien ausführlich erzählt. Mit dieser hat die papyrologische Erwähnung keine Verbindung. Sie ist im Rahmen der etymologischen Erklärung des Epithetons erwähnt und eher mit lexikographischen Quellen vergleichbar (s. oben Ap.S.)[390].

---

[388] Nach der Papyrus-Stelle ist ein Similien- bzw. Testimonienapparat beigegeben. Zu den von **022.1** überlieferten Erklärungen sind Testimonien bereits von Spooner 2002, 81-82 mit der Ausnahme der ἱcτορίαι gesammelt worden. Daher werden hier nur die für die Diskussion nützlichen Stellen aufgeführt.

[389] Schironi 2003, 71-72. Zu Aristarchs Widerlegung dieser Etymologie s. *ibid.*

[390] Für die zweite Erklärung des Papyrus sind mehrere Rekonstruktionen möglich: Spooner 2002, 63 führt drei Möglichkeiten an: für ihn könnte die Stadt Argos gemeint sein, vielleicht

**022.1** II 18-20 (zu *Il.* 2.104)
[πλη]ξίππῳ· [ ] ἱππικῷ
]. . .[. . .] ἐπικλειθε̣[ὶϲ]
] .[ ]ϲ[. .]. ο̣[

**023** I 15: [πληξίππῳ· ἱπ]πεῖ αγαθῳ; **024** 13: πληξ[ίππῳ]
sch. D zu *Il.* 2.104: Ἑρμείας δὲ ἄναξ δῶκεν Πέλοπι πληξίππῳ· ἵππουϲ πλήττοντι, ἱππικῷ ... ὅθεν τὸ μὲν πέλαγοϲ Μυρτῶον ἀπὸ Μυρτίλου, ὁ Πέλοψ δὲ πλήξιπποϲ ἔκτοτε ἐκλήθη διὰ τὴν τῶν ἵππων αὐτουργίαν; sch. bT(ex.) zu *Il.* 2.104-106: ἐκ τοῦ Πέλοπι πληξίππῳ ὁ ἱππικὸϲ ἀγὼν Πέλοποϲ καὶ Οἰνομάου δηλοῦται; sch. bT (ex.) zu *Il.* 2.104b: πλήξιππον δέ φαϲιν εἰρῆϲθαι τὸν Πέλοπα διὰ τὸ μετὰ θάνατον Μυρτίλου αὐτὸν ἡνιοχῆϲαι τοὺϲ ἵππουϲ ἀπὸ Εὐβοίαϲ μέχρι Πελοποννήϲου; Hsch. π 2580: πληξίππῳ· τῷ πλήϲϲοντι τοὺϲ ἵππουϲ · δι' οὗ τὸν ἱππότην δηλοῖ.

Nach der Wortbedeutung des Epithetons (ἱππικῷ) wurde wahrscheinlich der Grund für die Benennung von Pelops als πλήξιπποϲ erwähnt[391]. Der Herausgeber von **022.1** merkt an, dass die Zeilen 19-20 mit dem Ende der von den D-Scholien überlieferten *historia* verglichen werden können, vor allem wenn man in Z. 20 die Ergänzung [τοὺ]ϲ [ἵπ]π̣ο̣[υϲ] annimmt[392]. Ob die Aitiologie des Beinamens den Wettkampf mit Oinomaos oder das Selbstlenken der Pferde betraf, bleibt aber unsicher. Wenn der Kommentar tatsächlich auf die αὐτουργία der Pferde anspielte, musste er auf jeden Fall knapper als die mittelalterliche ἱϲτορία gewesen sein, indem er die Aitiologie des Beinamens kurz andeutete[393]. Diese Andeutung könnte einen Anknüpfungspunkt für die Erweiterung durch Hinzufügung der Erzählung über Pelops bieten, für die im Papyrus jedoch nicht notwendigerweise genügend Platz zur Verfügung stand. In Anbetracht der Beschädigung des Papyrus und des eher allgemeinen Charakters von ἐπικλειθε̣[ίϲ] scheint es, dass es nicht genug Beweise gibt, um zu glauben, dass die Erklärung „may constitute a precedent for the combination of glosses and *historiai* found in the D Scholia“[394].

---

in abgekürzter Form geschrieben, oder ἢ ἐπ⟨ε⟩ὶ ἀργόϲ ἦ̣[ν καὶ καθαρόϲ. Weniger wahrscheinlich wäre επι statt ἔφη.

[391] Das Epitheton ist in der Ilias mehreren Gestalten beigefügt.

[392] Spooner 2002, 63 im Kommentar. Es sei aber angemerkt, dass der Text in der Ausgabe von van Thiel nicht διὰ τὴν περὶ τοὺϲ ἵππουϲ αὐτουργίαν, sondern διὰ τὴν τῶν ἵππων αὐτουργίαν lautet.

[393] Die Erklärung könnte maximal Z. 18-24 umfassen, da ab Z. 25 Spuren einer neuen Lexis sichtbar sind. Es ist aber nicht klar, ob die Spuren in Z. 23 zu einer Lexis gehören. In diesem Fall würde die Erklärung maximal Z. 18-22 umfassen.

[394] So Spooner 2002, 57.

**035** II 10-12 (zu *Il.* 5.222)
Τρώϊοι ἵπποι˙ [
θεντες παρα̣[
Γανυμήδου̣[ϲ

**034** VI 10 Τρώϊοι˙ οἱ τ(ῶν) τοῦ Τρωὸϲ ἀπόγο`νοι´; **029.1** Fol. 4 *recto*, 3-4 Τρώϊο[ι ἵπ]ποι˙ οἱ ἔγγο[νοι τῶ]ν | τοῦ Τρωὸϲ [ἵππω]ν;
sch. D zu *Il.* 5.222: Τρώϊοι˙ ἀπόγονοι τῶν Τρωὸϲ ἵππων. ἢ οἱ τῷ Τρωῒ κεχαριϲμένοι, ἀντὶ τῆϲ ἁρπαγῆϲ Γανυμήδουϲ; sch. bT (ex.) zu *Il.* 5.222a: οἷοι Τρώϊοι ἵπποι˙ τοῦτο κοινόν, εἰ μὴ καὶ τοὺϲ ἀπὸ Τρωὸϲ λάβοιμεν; Ap.S. 155.29: Τρώϊοι˙ ἀπὸ Τρωὸϲ τοῦ ἥρωοϲ · ‚οἷοι Τρώϊοι ἵπποι' (*Il.* 5.222; 8.106). οὗτοι γάρ εἰϲιν οἱ Αἰνείου ἀφαιρεθέντεϲ ὑπὸ Διομήδουϲ · ‚ἧϲ Τρωΐ περ εὐρύοπα Ζεὺϲ / δῶχ' υἱὸϲ ποινὴν Γανυμήδεοϲ' (*Il.* 5.265-266)".

Überzeugend ist die Ansicht der Herausgeberin, dass die Erklärung durch die nahegelegenen Verse 265-266, die ebenfalls von Apollonios zur Erklärung von Τρώϊοι zitiert werden, geprägt ist. Wahrscheinlich wäre daher: Τρώϊοι ἵπποι˙ [οἱ Τρωῒ δο]|θέντεϲ παρὰ [Διὸϲ ἀντὶ τῆϲ] | Γανυμήδου̣[ϲ ἁρπαγῆϲ][395]. An dieser Stelle bieten die D-Scholien auch keine ἱϲτορία über Troos' Pferde, sondern befassen sich mit der Auslegung von Τρώϊοι und deuten den Ursprung der Pferde an[396].

**058** 12-13 (zu *Il.* 20.234)[397]
[ἀνηρείψ]αντο˙ ἀνήρπαϲα[ν˙ λέγεται Γανυμή]-
[δηϲ ἁρπαϲ]θ̣ῆνα̣ι̣ ὑπ' ἀκρατ̣[είαϲ Διόϲ.]

sch. D zu *Il.* 20.234: ἀνηρείψαντο˙ ἀνήρπαϲαν; sch. A (Ariston.) zu *Il.* 20.234a: ⟨τὸν καὶ ἀνηρείψαντο θεοὶ Διῒ οἰνοχοεύειν⟩˙ ἡ διπλῆ, ὅτι ἐναντιοῦται τοῖϲ νεωτέροιϲ · οὐ γὰρ δι' ἔρωτα τὸν Γανυμήδην ὑπὸ Διὸϲ ἀνηρπάϲθαι, ἀλλ' ὑπὸ τῶν θεῶν, ἵνα οἰνοχοῇ τῷ Διῒ διὰ τὸ κάλλοϲ.

Während in den D-Scholien nur die Wortbedeutung wiedergegeben ist, stellen die A-Scholien die homerische Version des Mythos gegen die von den

---

[395] Vorgeschlagen in der Edition von **035**, S. 46. Andere Rekonstruktionsvorschläge der Herausgeberin: παρὰ [Διὸϲ ποινὴν] bzw. [ἀντὶ] bzw. [ὑπὲρ] | Γανυμήδου̣[ϲ].
[396] Noch eine Erwähnung der Pferde Troos' findet sich in der ἱϲτορία in sch. D zu *Il.* 20.145, die sich mit dem Dienst des Apollon und des Poseidon bei Laomedon beschäftigt. Da Laomedon den mit den Göttern vereinbarten Lohn ablehnte, entsandte Poseidon ein Meeresmonster. Um die Stadt vom Ungeheuer zu befreien, musste Laomedon auf Anweisung des Orakels seine Tochter opfern, versprach aber demjenigen, der sie rettet, die Rosse ihres Großvaters Troos, οὓϲ (die Rosse) Τρωῒ Ζεὺϲ ἀντὶ Γανυμήδουϲ ἔδωκεν.
[397] Für andere Ergänzungsvorschläge s. hier die Neuedition.

νεώτεροι geteilte Version: Homer sagt nicht, dass Ganymed von Zeus aus Liebe entführt wurde, sondern von allen Göttern, damit er der Mundschenk des Zeus wird[398]. Das Glossar scheint hingegen einer anderen, mit jener der νεώτεροι vergleichbaren Version zu folgen: der Entführer sei nur Zeus, der Grund seine Unenthaltsamkeit (ἀκρατεία)[399]. In diesem Fall ist nicht auszuschließen, dass die Anmerkung zum Ganymedmythos auf die Konsultation einer mythologischen Quelle zurückgeht. Die Worterklärungen des Papyrus **058** lassen in der Tat vermuten, dass der Schreiber verschiedene Quellen verwendete, da er neben den Wortbedeutungen gelegentlich Anmerkungen exegetischer Natur wiedergibt. Die mythologische Andeutung beschränkt sich jedoch auf eine kurze Erwähnung eines bekannten Mythos, für deren Wortlaut es keine Parallelen gibt[400]. Die Formulierung scheint sehr allgemein gewesen zu sein. Eine solche Andeutung könnte wohl in einem Glossar enthalten gewesen sein.

Dem Erstherausgeber Wolfgang Müller zufolge fände sich nur ein richtiges mythographisches Fragment unter den Iliasglossaren, das wohl eine Ausnahme darstelle. Es handelt sich um das erste Fragment von **028** (Tafel V), das sich mit Πυγμαίοιϲι aus *Il.* 3.6 befasst. Dies wäre insofern umso relevanter, weil es sich nicht um ein Privat- oder vorläufiges Exemplar, sondern um ein Buchprodukt handelt.

| **028** Fr. A, Z. 6-16 | *Il.* 3. 2-7 |
|---|---|
| (zu *Il.* 3.6) | Τρῶεϲ μὲν κλαγγῇ τ' ἐνοπῇ τ' ἴϲαν ὄρνιθεϲ ὣϲ |
| Πυγμαίοιϲι˙ πυγ[μ]α̣ί̣- | ἠΰτε περ κλαγγὴ γεράνων πέλει οὐρανόθι πρό, |
| οιϲ τῷ μήκει. π̣υ̣γὼ⟨ν⟩ | αἵ τ' ἐπεὶ οὖν χειμῶνα φύγον καὶ ἀθέϲφατον |
| δ' ἐ[ϲ]τὶν ὁ πῆχυϲ̣ τῆϲ | ὄμβρον |

[398] *Il.* 20.234-235: τὸν (Ganymed) καὶ ἀνηρείψαντο θεοὶ Διὶ οἰνοχοεύειν / κάλλεοϲ εἵνεκα οἷο, ἵν' ἀθανάτοιϲι μετείη.

[399] Während der Grund für die Entführung entweder variiert oder verschwiegen wird, geht die gängige Version des Mythos davon aus, dass Zeus allein der Entführer war, s. Strolonga 2018, 212: „Homer has the gods collectively abduct Ganymede – a version that does not appear in art and cannot be found in any other literary sources". Zu den Versionen des Mythos *ibid.* Zu dem erotischen Charakter der Entführung in den Quellen s. Strolonga 2018, 204 und Anm. 32 mit Bibliographie.

[400] Es sei darauf hingewiesen, dass in Zusammenhang mit Ganymeds Geschichte ἀκράτεια nur von Plat. *Leg.* 1.636c verwendet wird. Hier ist die Maßlosigkeit im Vergnügen (ἀκράτεια ἡδονῆϲ) der Grund dafür, dass die Kreter den Mythos von der Entführung des Ganymeds erfunden haben.

χẹ[ιρ]ọ̀ς καταλ[α]μβα-
ṿο[μέν]ων τῶṿ δα-
κ̣τ̣ύ̣λων. λέγ[ε]ι δέ˙
[οὖ]τ̣ο̣ι καταςπίροντ`ες´
[. . . . πυ]γμὴν τὸν ςπό-
ρον ὑπ]ọ̀ τῶν γερ̣[ά]-
[νων ἐτ]ụ́πτοντο τα .
[. . . . . .] vacat

κλαγγῇ ταί γε πέτονται ἐπ᾽ ὠκεανοῖο ῥοάων
ἀνδράcι Πυγμαίοιcι φόνον καὶ κῆρα φέρουcαι,
ἠέριαι δ᾽ ἄρα ταί γε κακὴν ἔριδα
προφέρονται[401].

11 λέγ[ε]ι δὲ Müller **13** [κατὰ πυ]γμήν Schmidt apud Müller **15** . . . ]ụ́πτοντο, ἐτ]ụ́πτοντο in comm. Müller **15-16** ταῖc | [γαμφηλαῖc] prop. Lucarini per litteras

Nach der Erklärung des Begriffs (πυγ[μ]α̣ί̣|οιc τῷ μήκει) und seiner Etymologie (π̣ụγὼ⟨ν⟩ δ᾽ ἐ[c]τὶν κτλ.) enthält der Papyrus eine kurze Erzählung des im homerischen Text erwähnten Kampfes zwischen den Pygmäen und den Kranichen[402]. Dass mit λέγ[ε]ι ein neuer Abschnitt anfängt, wird auch durch das kleine *vacat* vor diesem signalisiert. Die Syntax legt nahe, dass ein Interpunktionszeichen nach λέγ[ε]ι δέ zu setzen ist[403]. Obwohl bei Fehlen des Subjekts immer Homer gemeint ist, glaubt Wolfgang Müller, dies sei nicht der Fall[404]: Homers Gleichnis erwähnt in der Tat weder die Saaten bzw. ihre Schäden durch die Kraniche noch die Pygmäen als Ackerbauer, sondern nur die Geranomachie. Er schlägt daher vor, das implizierte Subjekt mit Hekataios zu identifizieren und zitiert dafür eine Stelle aus den D-Scholien, die in der Ausgabe von Karl Müller Hekataios zugeschrieben wurde (FHG Hekat. 266): ἔcτι δὲ ἔθνος γεωργικὸν ἀνθρώπων μικρῶν κατοικούντων εἰc τὰ ἀνωτάτα μέρη τῆc Αἰγύπτου πληcίον τοῦ Ὠκεανοῦ, ὅπερ πολεμεῖ ταῖc γεράνοιc, φαcίν, βλαπτούcαιc αὐτῶν τὰ cπέρματα καὶ λιμὸν ποιούcαιc τῇ

[401] „Schritten die Troer mit Geschrei und Rufen heran wie Vögel: So wie sich Geschrei von Kranichen erhebt unter dem Himmel, die, wenn sie nun dem Winter entfliehen und dem unsäglichen Regen, mit Geschrei dann fliegen zu des Okeanos Fluten, den Pygmäen-Männern Mord und Todesschicksal zu bringen, und in der Frühe tragen sie voran den bösen Streit“ (Übersetzung Schadewaldt 2007[4]).

[402] Zu dem Mythos s. Janni 1978 und die Zusammenfassung von BK mit erwähnter Bibliographie. Zu der Etymologie s. LfrE s.v. und BK zu *Il.* 3.6-7.

[403] Es gibt meines Erachtens keine andere Möglichkeit, den Nominativ und das finite Verbum zu erklären, es sei denn, man nimmt an, dass der Schreiber die Quelle wörtlich zitiert hat, ohne sie syntaktisch an das λέγ[ε]ι δέ anzupassen. Für [ὅτι bzw. [ὡc οὖ]τ̣ο̣ι gibt es keinen Platz.

[404] Müller 1968, 117.

χώρᾳ. Der Wortlaut des Fragments lässt nicht nur keine entscheidenden Beweise für eine Verbindung mit dem Papyrus erkennen, sondern erwähnt auch Hekataios nicht. In der Ausgabe von Jacoby (FrGHist 1 F 328a-b) ist diese Stelle nicht mehr unter den Fragmenten des Hekataios zu finden[405]. Aus den in Eustathius und den *Scholia Maiora* erhaltenen Fragmenten von Hekataios ergibt sich nur, dass die Pygmäen nach Hekataios lärmende Instrumente spielten, um die Kraniche zu erschrecken und dass sie sich möglicherweise als Widder verkleideten[406]. Dass die Pygmäen γεωργικοί waren, muss eine traditionelle Version des Mythos gewesen sein[407]. Demzufolge scheint es keinen Grund zu geben, das Fragment **028** mit Hekataios in Verbindung zu bringen.
Daher stellt sich die Frage, wer dann mit λέγει gemeint ist. Diesbezüglich ist der Vergleich mit Apollonios dem Sophisten hilfreich:

Ap.S. 137.13ff.: Πυγμαῖοι˙ ... ἔνιοι δὲ κακῶϲ ἀποδεδώκαϲι γεωργοὺϲ ἐπὶ τῇ πυγμῇ. προΐενται δὲ τὰ ϲπέρματα, ἅπερ αἱ γέρανοι κατεϲθίουϲιν ἐκ Θρᾴκηϲ παραγινόμεναι. οὐκ ἔοικε δὲ ὁ ποιητὴϲ τοῦτο δηλοῦν · τὸ γὰρ ‚φόνον κῆρα φέρουϲαι‘ διαμάχην αὐτῶν πρὸϲ τὰϲ γεράνουϲ καὶ τὴν ἀναίρεϲιν δηλοῖ.

ἐπὶ τῇ πυγμῇ. προΐενται δὲ τὰ codd.: ἐπεὶ τῇ πυγμῇ προΐενται τὰ Tollius

„Πυγμαῖοι˙ [...] Einige erklären sie fälschlicherweise als Bauern aus πυγμή. Denn sie werfen vor sich die Samen, die die aus Thrakien kommenden Kraniche fressen. Aber der Dichter scheint dies nicht zu zeigen. Denn φόνον

---

405 Zu diesem Fragment s. Janni 1978, 26-27, der sich mit dem Standort der Pygmäen beschäftigt.

406 FrGHist 1 F 328a (sch. AbT zu *Il.* 3.6): καὶ τῷ ξένῳ τῆϲ ἱϲτορίαϲ ψυχαγωγεῖ καὶ τὸν θροῦν αὔξει · κροτάλοιϲ γὰρ αὐτὰϲ ἀλέξονται. φηϲὶ δὲ αὐτοὺϲ Ἑκαταῖοϲ † ἐπὶ ϲχημάτων κριῶν ἐξιόνταϲ ἀλέξαϲθαι αὐτάϲ, τὰϲ δὲ καταφρονούϲαϲ τοῦ μήκουϲ πολεμεῖν πρὸϲ αὐτούϲ; FrGHist 1 F 328b (Eust. *Il.* I 588.9ff.): ἱϲτορεῖται δὲ καὶ ὅτι κέρατα περιτίθενται καὶ ἐν ϲχήματι κριῶν, ὡϲ Ἑκαταῖόϲ φηϲι, κρόταλα ψοφοῦϲι καὶ οὕτω τὰϲ πυγμαιομάχουϲ γεράνουϲ ἀμύνονται καταφρονούϲαϲ ἄλλωϲ τοῦ μήκουϲ. γεωργικοὶ δέ εἰϲιν, ὥϲ φαϲιν. ὅτι δὲ καὶ ἀξίνῃ ἐχρήϲαντο ἐπὶ τὸν ἄϲταχυν, γελοῖον μὲν καὶ οὐ πιθανόν, λέγεται δέ. Van der Valk bemerkt in seinem Kommentar, dass der letzte Teil von Eustathius' Stelle (ὅτι δὲ καὶ ἀξίνῃ κτλ.) nicht in das Hekataiosfragment aufgenommen werden sollte. Tozzi 1961, 31-32 vermutet meiner Meinung nach zu Recht, dass die aus Hekataios stammende Erzählung bis zu μήκουϲ reicht.

407 Wie es sich aus ὥϲ φαϲιν in Eust. *Il.* I 588.9ff. ergibt, s. vorherige Anmerkung. Die Tradition der Pygmäen als Ackerbauer befindet sich auch in Phil. *Imag.* 2.22 und sch. D zur Stelle. Über die Pygmäen als Ackerbauer s. Dasen 1993, 180ff.; zur ausführlichen Diskussion des betreffenden Mythos s. Janni 1978, 17-64.

κῆρα φέρουςαι (*Il.* 3.6) offenbart ihren Kampf gegen die Kraniche und die Zerstörung".

Die im Papyrus enthaltene Erklärung scheint diejenige zu sein, die von Apollonios widerlegt wurde. Nach dieser wären die Pygmäen eine bäuerliche Bevölkerung, deren Kampf gegen die Kraniche mit der Zerstörung ihrer Felder verbunden war, wenngleich dies im homerischen Text nicht ausdrücklich gesagt wird. Im Lichte dieses Vergleichs erscheint es nicht unmöglich, dass das Subjekt von λέγει in dem Papyrus der Dichter selbst ist, wie man es erwarten würde. Die Erklärung des Papyrus würde uns dann sagen: „(Homer) meint, dass während sie den Samen [mittels?] der Faust ausstreuten, von den Kranichen getroffen wurden"[408]. Liegt man dabei richtig, dürfte das Fragment weder Hekataios noch anderen zugeschrieben werden[409]. Die Tatsache, dass einige das Diktum Homers auf diese Weise interpretierten, obwohl es keinen Hinweis auf die Pygmäen als Bauern im Homertext gab, wird von Apollonios und den D-Scholien bezeugt. Die beiden Texte weisen aber darauf hin, dass nicht Homer dies sagt, sondern andere die Stelle so auslegen. In dem Papyrus wird die Interpretation zwar auf ein homerisches Diktum zurückgeführt, hat aber eine anonyme Quelle, wie es bei diesen Texten normalerweise der Fall ist.

Aus der vorliegenden Betrachtung ergibt sich, dass Erklärungen mythologischen Inhaltes eher als Anspielungen aufgefasst werden sollten, die auf dem Erklärungsbedarf der betreffenden Lexis und ihrem Zusammenhang beruhen. Keiner der genannten Kommentare hat enge Berührungspunkte mit

---

[408] Es stimmt schon, dass πυγμή normalerweise die Faust bezeichnet, mit der man kämpft, und somit den Faustkampf bzw. den Kampf. In diesem Sinne scheint aber die Erklärung kaum verständlich. Hier ist m.E. zu vermuten, dass die Formulierung von **028** auf die Wurzel des Lemmas anspielt, ohne dass zwei sich gegenseitig ausschließenden alternativen Etymologien (aus πυγών bzw. πυγμή) angegeben worden sind; vgl. ἐπὶ τῇ πυγμῇ in Ap.S. 137.14 (oben) und die Übersetzung von Villoison 1773, 693: *quidam male interpretantur agricolas ex* πυγμῇ. Aus diesem Grund wird es gesagt, dass die Aussaat der Pygmäen mit geschlossener Faust erfolgt; genau die geschlossene Faust ist die Maßeinheit, auf die πυγμή hinweist, wie auch in dem betreffenden Fragment gesagt wird (καταλαμβανομένων τῶν δακτύλων); vgl. auch. Poll. *Onom.* II 147: ἀλλ' ἐὰν ϲυγκλείϲῃϲ τὴν χεῖρα, τὸ μὲν ἔξωθεν καλεῖται πυγμή. In diesem Zusammenhang ist zu erwähnen, dass die Etymologie des Lemmas mal auf das eine mal auf das andere Substantiv zurückgeführt wurde: Ep.Hom. π 60; EGud. 486.28ff.; EM 695.37ff.; Eust. *Il.* I 588.21f.; Ps.-Zon. π 1593.17; sch. D zu *Il.* 3.6; sch. *Gen.* zu *Il.* 3.6.

[409] Wenn man zögert, Homer als Subjekt zu verstehen, bleibt auch unklar, warum λέγει δέ nicht zusammen mit der Quelle weggelassen wurde, wenn dies nicht von Interesse war.

mittelalterlichen ἱcτορίαι, wenn der Vergleich möglich ist. Trotz des fragmentarischen Zustandes beweist meines Erachtens auch **022.1** keinen Zusammenhang zwischen Iliasglossaren und mythographischen Quellen.
Die Aitiologie eines Epithetons könnte in einem Glossar bzw. einer Wörterliste erwähnt werden. Ein solches Beispiel hat man in P.Berol. Inv. 1970[410], der homerische Götter-Epitheta offensichtlich nach der Anordnung ihres Vorkommens in der Ilias und gelegentlich mit Homerzitaten erläutert, ohne unbedingt eine mythographische Erzählung anzuhängen. Außerdem scheint es bei **028** nichts mit der Struktur der ἱcτορίαι des Mythographus Homericus Vergleichbares zu geben, die meist eine Zuschreibung am Ende der Erzählung vorsieht[411]. Obwohl das Einfließen von mythographischem Material gelegentlich in Iliasglossaren zu sehen ist, bleibt es sehr marginal und setzt nicht unbedingt die Verwendung einer mythologischen Sammlung bzw. eines solchen Textes voraus. Homerglossare konnten zwar bei der Lexis eine kurze mythographische Information angeben, befassten sich aber mit den ἱcτορίαι nicht eingehender.
Der Kommentar in **028** spricht nicht für die Verwendung einer Quelle wie Hekataios, sondern vielmehr für eine Tendenz zur Verkürzung in byzantinischen Lexika, die sich auf die Erläuterung des Adjektivs Πυγμαῖοι konzentrieren und die kontextbezogene Erläuterung auslassen[412]. Dass der zweite Teil der Erklärung des Papyrus und bei Apollonios in späteren Lexika nicht mehr zu finden ist, ist nicht nur ein Hinweis auf eine diachrone Verkürzungstendenz, sondern auch auf eine Verlagerung des Interesses von dem Homertext auf das Stichwort *per se* (s. unten, S. 138ff.).

---

[410] TM 63741, 2./3. Jh. n.Chr.
[411] Zu der Funktion der *subscriptiones* s. van Rossum-Steenbeek 1998, 111-113, die m.E. zu Recht betont, dass „it seems unlikely that they have been added by someone to the historiae to make a learned impression…The subscriptions are therefore more probably the last traces of a work (or more than one) in which stories where related together with variant versions and references to the sources".
[412] Ep.Hom. π 60, EGud. 486.28, EM 695.37 und Ps.-Zon. π 1593.17 belehren uns über die Etymologie und Bedeutung von Πυγμαῖοι, ohne auf das Bezugskontext im homerischen Text einzugehen, obwohl Homer zitiert wird. Ebenso übernimmt Hesych den ersten Teil seiner Erklärung von Apollonios dem Sophisten, lässt aber die Diskussion über die Pygmäer aus, Hsch. π 4280: Πυγμαῖοι· ἔθνος πρὸ τῆς Αἰγύπτου, τῷ μεγέθει πάνυ μικρόν, οἷον πηχυαῖον; vgl. Ap.S. 137.13: Πυγμαῖοι· ἔθνος πρὸ τῆς Αἰγύπτου, τὸ μέγεθος μικρόν, οἷον πηχυαῖον.

### 2.6.2 Dialektalglossen

Unter den Anmerkungen grammatischer Natur kommen die dialektalischen sehr selten in Iliasglossaren vor, öfter in mittelalterlichen Scholien[413]. Unter den in den Papyri bezeugten dialektalischen Anmerkungen beziehen sich vier auf die entsprechenden Lexeis, während sich eine nicht auf das homerische Wort, sondern auf dessen Erläuterung bezieht, die der entsprechende attische Begriff dafür angibt:

**027** Fol. 13 ↓, 19-22 zu *Il.* 18.498
[εἵνεκα ποινῆϲ˙ ὑπὲρ τῶ]ṿ καλουμένων παρὰ τ̣ο̣[ῖϲ Ἀττικοῖϲ]
[ὑποφονίων,] ἃ διδόαϲι τοῖϲ οἰκε[ίοιϲ τῶν]
[ἀνῃρημένων] οἱ ἀνελόντεϲ. λέγ[εται δὲ]
[κοινῶϲ ποι]νὴ παϲῶν ἡ ἀντ̣έκ[τιϲιϲ]

sch. D zu *Il.* 18.498: ποινῆϲ οὖν λέγει τῆϲ καλουμένηϲ παρὰ τοῖϲ Ἀττικοῖϲ ὑποφονίων, ἃ ἐδίδοϲαν τοῖϲ οἰκείοιϲ τῶν ἀνῃρημένων οἱ ἀνελόντεϲ. λέγεται δὲ κοινῶϲ πᾶϲα ἀντέκτιϲιϲ, ποινή.

Der Papyrus erklärt, dass die Kompensationsleistung für eine Tötung (ποινή) bei Attikern ὑποφονίων, üblicherweise ἀντέκτιϲιϲ genannt wird[414]. Abgesehen von dieser Erklärung betreffen die dialektalischen Anmerkungen den phonetischen bzw. morphologischen Aspekt der Lexis. Dies deutet auf ein stärkeres Interesse an dem sprachlich-grammatischen Aspekt als an den Vokabeln selbst hin. Die vier Dialektalanmerkungen sind von zwei Papyri

---

[413] Unter den Odysseeglossaren nur P.Amh. II 18 VIII 105 zu *Od.* 15.182: μάϲτιν˙ μάϲτιγα, ἡ δὲ λέξιϲ Αἰολική. Zu den zahlreicheren dialektalischen Erklärungen in den mittelalterlichen Scholien zu Homer s. Montanari 2012a. Die Beschäftigung mit den homerischen Dialekten erfreute sich bei den antiken Grammatikern großer Beliebtheit, s. Latte 1925. Aus dem betreffenden Zeitraum sind den homerischen Dialekten die Kapitel 8-13 der pseudo-plutarchischen Schrift *De Homero* gewidmet; dazu s. Scarpat 1952 und Hillgruber 1994, I 102-122. Beobachtungen dialektologischer Natur finden sich in allgemeinen Arbeiten zur Morphologie und Rechtschreibung, in denen Homer das beliebteste Beispiel ist, wie bei Apollonios Dyskolos; zu Apollonios' Betrachtung der Dialekte s. Cassio 1993.

[414] Für ποινή = ἀντέκτιϲιϲ vgl. Fournet 1999 zur Stelle und zu **027** Fol. 10 ↓ 12. Zu der sog. Gerichtsszene s. BK.

(**005**, **043**) aus dem 2. Jh. überliefert[415]. Beide wurden der Schulumgebung zugeschrieben, was nur für **005** beibehalten werden kann. Obwohl es in den mittelalterlichen Scholien einige Parallelen gibt, können die engsten Entsprechungen in diesen Punkten angesichts ihres grammatischen Hauptinteresses mit den *Epimerismi Homerici* sowie mit Eustathius zusammengestellt werden. Mit Ausnahme der ersten Beobachtung, die Parallelen in zeitgenössischen Quellen findet, bestätigen die Papyri das Alter der in den späten Quellen bezeugten Erklärungen[416]. Besonders interessant ist die letzte Beobachtung, die sonst unbelegt ist.

1. **005** II 3 (*Il.* 1.10): νοῦϲον˙ ν[όϲ]ον, Ἰακῶϲ

sch. Gen. zu *Il.* 1.10 (Th. Mel.).; Ps.-Plut. *Hom.* 11; Ep.Hom. 10A[1a]; Tz. *Ex.* zu *Il.* 1.10; Eust. *Il.* I 38.20-23,; Eust. *Od.* I 406.30; Ap.Dysc. GG II/1 149.19; EM 607.35; Greg. Cor. *Ion.* IX; sch. Opp. *Hal.* 3,108.

Die als ionisch bezeichnete metrische Dehnung[417] impliziert die Erklärung, die man in einer ausführlichen Form bei den *Epimerismi Homerici* und Eustathius liest: *Ep.Hom* 10A[1a]: νοῦϲοϲ˙ Ἰωνικῷ πλεοναϲμῷ τοῦ υ; Eust. *Il.* I 38.20-23: τὸ δὲ νοῦϲοϲ Ἰωνικὴν ἐπένθεϲιν ἔχει τοῦ υ· ὡϲ γὰρ ὁδὸϲ οὐδὸϲ … οὕτω καὶ νόϲοϲ νοῦϲοϲ κατὰ τοὺϲ Ἴωναϲ [μηκύνονταϲ τὸ ο τῇ προϲλήψει τοῦ υ][418]. Die Form νοῦϲοϲ ist im Zusammenhang mit dem ionischen Dialekt von zwei zeitgenössischen Quellen zitiert: Ap.Dysc. GG II/1 149.19: τὸ γὰρ υ καὶ τὸ ι πλεονάζοντα μετὰ φωνήεντοϲ εἰϲ μίαν ϲυλλαβὴν ϲυνῄει … καὶ παρὰ Αἰολεῦϲι ναόϲ ναῦοϲ, καὶ παρ’ Ἴωϲι νόϲοϲ νοῦϲοϲ[419]; Ps.-Plut. *Hom.* 11: Ἰώνων δὲ ἴδιον ἔχει … τὸ λέγειν οὔνομα καὶ νοῦϲον τὸ ὄνομα καὶ τὴν νόϲον[420]. Die Erklärung dürfte, wie **005** zeigt, weithin im Schulbereich

---

415 Aus dem 2. Jh. sind auch zwei Abhandlungen über griechische Dialekte von Papyri überliefert: P.Bour. 8 (TM 63696) und PSI XVI 1609 (TM 220507). Sie erhalten Fragmente einer Abhandlung περὶ Αἰολίδοϲ und einer περὶ Ἰάδοϲ.

416 Im Folgenden werden der Similien- bzw. Testimonia-Apparat so gestaltet: Papyri, *Scholia in Homerum*, Lexika und Kommentare zu Homer, allgemeine lexikografische bzw. grammatische Werke, Scholia zu anderen Autoren.

417 Über νοῦϲοϲ (*νόϲϝοϲ?) vgl. Chantraine 1942, I 162.

418 „Das Wort νοῦϲοϲ hat die ionische Einschiebung des υ, wie ὁδὸϲ οὐδὸϲ … so auch νόϲοϲ νοῦϲοϲ bei den Ioniern, die das ο durch die Hinzunahme des υ dehnen“.

419 „Denn das überflüssige υ und ι ging mit einem Vokal in einer einzigen Silbe zusammen…(wie) bei den Äoliern ναόϲ ναῦοϲ und bei den Ioniern νόϲοϲ νοῦϲοϲ“.

420 „Eigenart der Ionier ist, οὔνομα und νοῦϲον für ὄνομα und νόϲον zu sagen“.

geläufig gewesen sein. Die Epenthesis bzw. der Pleonasmos[421] des υ ist nicht ausgedrückt, obwohl sie vorausgesetzt ist.
Ein besseres Beispiel für die extreme Knappheit dieser Vermerke und die damit verbundenen grammatikalischen Fragen ist die zweite dialektalische Anmerkung in demselben Papyrus:

2. **005** II 5 (zu *Il.* 1.10): ὦρϲε˙ ἐνέβαλ̣εν, α̣ἰ̣ο̣λικῶϲ

αἰολικῶϲ Muratore 2014, α̣ . (?)ῶϲ, fort. ⟨ἰ⟩α[κ]ῶϲ *ed.pr.*

sch. bT (ex.) zu *Il.* 1.10a; Ep.Hom. 10D; Eust. *Il.* I 38.4; Choer. *de spirit.* 205, 20-32; EGud. 581.8-11; Greg. Cor. *Aeol.* III; sch. Opp. *Hal.* 3,509.

Die Anmerkung des Papyrus erklärt sich aus der Gewohnheit der Grammatiker, die Futura und sigmatischen Aoriste der Verben auf ρ als äolisch anzusehen[422]. Diese Erläuterung findet man bei Eustathius und in den *Epimerismi*: Ep.Hom. 10D: ὦρϲε˙ ἀόριϲτοϲ πρῶτοϲ· ἔϲτιν ὄρω, τὸ διεγείρω, ὁ μέλλων ὀρῶ καὶ Αἰολικῶϲ ὄρϲω καὶ ὁ ἀόριϲτοϲ πρῶτοϲ ὦρϲα[423]; Eust. *Il.* I 38.4ff.: Αἰολεῖϲ δὲ καὶ τοὺϲ τῆϲ πέμπτηϲ περιϲπωμένουϲ μέλλονταϲ βαρύνουϲι καὶ διὰ τοῦ ϲ ἐκφέρουϲι· ϲπέρϲω γάρ φαϲι καὶ κέρϲω καὶ φθέρϲω. οὕτω δὲ καὶ ὄρω ὄρϲω, τὸ διεγερῶ, ἐξ οὗ καὶ τὸ ‚νοῦϲον ἀνὰ ϲτρατὸν ὦρϲε κακήν'[424]. Vergleicht man andere *loci similes*, wird deutlich, dass die äolische Natur des Verbums auf andere Ursachen zurückgeführt werden konnte: sch. bT (ex.) zu *Il.* 1.10a ⟨ὦρϲε⟩˙ ψιλωτέον τὸ ὦρϲε· ἀπὸ γὰρ τοῦ ὄρω τὸ ὁρμῶ Αἰολικῶϲ γίνεται[425]; Greg. Cor. *Aeol.* III: αἱ κατὰ τὸ μέϲον γινόμεναι ϲυγκοπαὶ Αἰολέων εἰϲὶν ἴδιαι. οἷον ὦρϲεν ἀντὶ τοῦ ὥρμηϲεν[426]. Die äolische Form des Verbs hängt also in den bT-Scholien mit seiner etymologischen Ableitung von ὁρμάω zusammen, wie die Verbindung mit der Psilose

---

421 Eust. *Il.* I 298.5: ὁ πλεοναϲμὸϲ τοῦ υ ϲχῆμα ποιεῖ, ὅ φαϲιν οἱ γραμματικοὶ ἐπένθεϲιν.

422 Dazu Meister 1882, I 182-183. Chantraine 1942, I 173 hält sie für Archaismen.

423 „ὦρϲε: Aorist I; es ist ὄρω, d.h. διεγείρω, Futur ὀρῶ und äolisches Futur ὄρϲω, Aorist I ὦρϲα".

424 „Die Aölier akzentuieren auch die mit Zirkumflex gebildeten Futura der fünften Konjugation auf der vorletzten Silbe und bilden sie durch ϲ; denn sie sagen ϲπέρϲω, κέρϲω und φθέρϲω. Ebenso ὄρω ὄρϲω, d.h. διεγερῶ, von dem auch νοῦϲον ἀνὰ ϲτρατὸν ὦρϲε κακήν herkommt."

425 „Das Wort ὦρϲε ist mit der Psilosis zu lesen; denn ὁρμῶ auf äolisch stammt aus (der Nebenform) ὄρω".

426 „Die Ausfälle, die sich in der Mitte ergeben, sind typisch für die Äolier, wie ὦρϲεν statt ὥρμηϲεν".

klarstellt[427]. Dagegen hält Gregorius ὦρcε für die äolische synkopierte Form von ὥρμηcεν[428]. Die Anmerkung des Papyrus entspricht höchstwahrscheinlich, wieder einmal implizit, der Schultradition, die von Eustathius und den *Epimerismi* bezeugt ist.

3. **043** II 13 (zu *Il.* 9.3): βεβλήατο· ἰακῶc, βέβ[ληντο]

βέβ[ληντο] vel βεβ[λημένοι εἰcίν]

Ep.Hom. β 28; EGud. 265.16; Eust. *Il.* II 643.5; Zenob. fr. 17 Schoemann 1881, 13-14

Der Ionismus bei der Verbalendung wird in den Parallelen in Bezug auf das aristarchische βεβολήατο vermerkt. In den *Epimerismi* findet man eine hybride Erklärung: τὸ τρίτον τῶν πληθυντικῶν βέβληντο, ἰωνικῶc βεβολήατο[429].

4. **043** II 46 (zu *Il.* 9.64): ἔραται· αἰολικῶ[c]

Es gibt keine Parallele für diese Anmerkung. Iliasglossare auf Papyrus beschränken sich darauf, das Verb durch ἐπιθυμέω bzw. ἐράω zu glossieren[430]. In der Edition von **043** verwies Günter Poethke auf sch. A (ex.?) zu *Il.* 9.64: ⟨ἔραται⟩· ἐπιθυμεῖ. ἡ λέξιc ἰωνική. Nimmt man an, dass αἰολικῶc sich erneut auf die Form bezieht, wäre der Widerspruch mit dem zitierten *scholium* nur scheinbar. Grammatische Quellen informieren uns über die Diskussion bezüglich der Verben auf -μι: So wollten einige Grammatiker – gegen die sich Herodian wendet – aufgrund der äolischen bzw. athematischen Flexion der *verba vocalia* alle Verben auf -μι aus dem äolischen Dialekt herleiten[431]. Unter den von Grammatikern eingefügten Beispielen findet sich

---

[427] Für die Ableitung vgl. Hdn. GG III/2 274.12: οὐρά: παρὰ τὸ ὄρω τὸ ὁρμῶ ὀρά καὶ πλεοναcμῷ τοῦ υ οὐρά.

[428] Dieser Meinung widerspricht ausdrücklich Choer. *de spirit.* 205, 23-28: τινὲc δὲ παραλόγωc ψιλοῦcι τὰ τοιαῦτα, λέγοντεc ὅτι τὰ cυγκοπέντα κατὰ Αἰολεῖc ψιλοῦνται … πρὸc οὓc ἔcτιν εἰπεῖν, ὅτι οὔτε τὸ ὥρμηcεν ἐγένετο κατὰ cυγκοπὴν ὦρcεν … ἀλλὰ ἀπὸ τοῦ ὄρω, τὸ διεγείρω, ὁ μέλλων ὀρῶ, καὶ Αἰολικῶc ὄρcω. Außerdem sagt Ps.-Plut. *Hom.* 9 und 10, dass die äolische Synkope in Homer nur bei Komposita vorkommt, während die Synkope in der Mitte des Wortes typisch dorisch ist.

[429] Ep.Hom. β 28. βεβολήατο ist Cramers Korrektur aus ββοληατο.

[430] **028** II 37 (zu *Il.* 3.446) und **044** *recto* 11 (zu *Il.* 9.64).

[431] S. Meister 1882, I 179f. Hdn. GG III/2 825.3: τὰ εἰc μι ὑπέλαβον τινὲc Αἰολικὰ εἶναι, ἐπειδὴ πολλὰ παρ' αὐτῶν εὑρίcκεται εἰc μι, τὸ γὰρ γελῶ γέλαιμι λέγουcι … ἰcτέον δὲ ὅτι ἐλέγχεται ἀπὸ πλείcτων μὴ ὄντα Αἰολικά („Einige glauben, dass Verben auf μι äolisch sind,

ἔραμαι jedoch nicht. Trotzdem ist zu vermerken, dass Eustathius bei der Betrachtung des Verbs Schwierigkeiten offenbart, die vorauszusetzende Form des Verbs zu bestimmen (ἐράω bzw. ἔρημι). Er scheint durchgehend mal die eine, mal die andere Lösung vorzuziehen. Zu ἔραται in *Il.* 9.64 sagt er:

Eust. *Il.* II 659.8: τὸ δὲ ἔραται ἢ ἀπὸ ἐνεςτῶτος γίνεται ςεςιγημένου τοῦ ἔρημι, ἐξ οὗ τὸ ἔραμαι, ὡς ἵςτημι ἵςταμαι, ἢ παθητικὸς παρακείμενός ἐςτιν ἀναύξητος ἀπὸ τοῦ ἐράω ἐρῶ ... τέτριπται δὲ ἡ τοῦ τοιούτου ῥήματος προπαροξυτόνηςις καὶ παρὰ ἑτέροις ῥήτορςι καὶ οὐκ ἔςτιν αὐτὸ προπεριςπᾶν ὡς ἀπὸ τοῦ ἐράω ἐρῶ.

„Das Wort ἔραται stammt entweder aus dem Präsens des nicht nachgewiesenen ἔρημι, aus dem ἔραμαι abgeleitet ist, wie ἵςτημι ἵςταμαι, oder es ist ein passives Perfekt ohne Augment aus ἐράω ἐρῶ... Die Akzentuierung auf der drittletzten Silbe des dergestalten Verbs wird auch von anderen Autoren verwendet und es ist nicht möglich, es mit Zirkumflex zu akzentuieren, wie aus ἐράω ἐρῶ (d.h. ἐρᾶται)".

An anderen Stellen widerspricht er jedoch dieser Ansicht[432]. Ob das Verb aus dem unbelegten (ςεςιγημένου) ἔρημι oder aus ἐράω stammt, spielt aber bei Eustathius Äolisch keine Rolle. Mit seiner Diskussion kann aber die Anmerkung des Papyrus in Verbindung gebracht werden, insofern, als sie sich mit der Bestimmung der Form beschäftigen würde. Indem der Schreiber die Lexis als äolisch bezeichnet, erfasst er wahrscheinlich ἔραμαι als ein aus der athematischen Konjugation der *verba vocalia* stammendes μι-Verb. Die Erklärung ἔρᾰται· αἰολικῷ[ς] könnte daher in etwa mit „aus ἔρημι, d.h. der

---

da bei ihnen viele Verben auf μι enden, denn sie sagen γέλαιμι für γελῶ. Man sollte wissen, dass durch viele Elemente belegt wird, dass sie nicht äolisch sind"); Theod. GG IV/1 83.3: τινὲς ἐνόμιςαν τὰ εἰς μι πάντα τῆς Αἰολίδος εἶναι διαλέκτου („Einige glaubten, dass alle Verben auf μι dem äolischen Dialekt angehören.").

[432] Eust. *Il.* I 681.26: τὸ δὲ ἔραμαι χρηςτόν ἐςτι καὶ Ἀττικοῖς, ὡς ἀπὸ τοῦ ἐράω ἐρῶ, καὶ οὐκ ἄν τις ῥᾷον δείξῃ, ὅτι κατὰ τὸ ἵςταμαι γίνεται („ἔραμαι ist auch bei Attikern üblich, wie ἐρῶ aus ἐράω, und man wird es nicht einfacher damit erklären, dass es in der Art von ἵςταμαι (d.h. von ἔρημι) entsteht"); Eust. *Il.* III 655.22: τοῦ δὲ ἔραμαι κοινὸς ὁ ἐνεςτώς. ἐρῶ γὰρ ἐράςω, ἵνα ᾖ παθητικὸς παρακείμενος ἀναύξητος. τοιοῦτον δὲ καὶ τὸ ἄγαμαι. εἰπεῖν γὰρ ὡς προϋπάρχει αὐτῶν τὸ ἔρημι καὶ τὸ ἄγημι ὁμοίως τῷ ἵςτημι ἀμάρτυρόν ἐςτι („ἔραμαι ist gewöhnlich als Präsens aufgefasst. Denn es handelt sich um ἐρῶ ἐράςω, sodass es ein passives Perfekt ohne Augment ist, und ebenso ἄγαμαι. Dass ἔρημι und ἄγημι wie in dem Fall von ἵςτημι schon vor denen bestanden, ist unbewiesen").

äolischen Form von ἐράω" paraphrasiert werden. Dass diese athematische Konjugation als eines der typischen Merkmale des Dialekts angesehen wurde, wird auch von P.Bour. 8 aus demselben Jahrhundert veranschaulicht[433]. Daher fasst der Schreiber das Verbum ἔραμαι im Gegensatz zu alten Grammatikern nicht als ein ursprünglich mediales Verb auf -μι auf[434]. Mit dem Bemühen, die Form des Verbs zu erklären und es von Homographen zu unterscheiden, ist vielleicht das in **043** gesetzte Zeichen auf ε zu verbinden[435].

### 2.6.3 *Sermo grammaticus*

Häufiger als dialektalische Anmerkungen werden in den Glossaren Termini verwendet, die dem *sermo grammaticus* angehören und grammatische, lexikalische und rhetorische Aspekte hervorgeben[436]. Auch hier zeigt sich jedoch die Tendenz zur Synthese, die die Erklärungen im Allgemeinen kennzeichnet und die übliche Verwendung adverbieller Formen rechtfertigt. Die Betrachtung dieser Begriffe ist in einer thematischen Reihenfolge angeordnet: zunächst lexikalische und grammatische, danach rhetorische Anmerkungen. Schließlich wird die Bedeutung dieser Begriffe für die hier untersuchten Dokumente in ihrer Gesamtheit untersucht.

Um Sonderbedeutungen herauszustellen, ist das νῦν eine unaufwendige und daher häufiger anzutreffende Lösung[437]. Die Abweichung von einer allgemeinen Bedeutung betrifft vor allem die verschiedenen Sinne eines Wortes im Epos (Beispiel 1) und den homerischen Sprachgebrauch (Beispiel 2). Manchmal weist νῦν auch auf den zeitgenössischen Gebrauch hin oder kann auf beide Aspekte – sowohl auf den homerischen als auch auf den zeitgenössischen Gebrauch (Beispiel 3) – hindeuten. Somit hat das Adverb eine differenzierende Funktion, die meist einen gedanklichen Vergleich mit

---

433 Vgl. Wouters 1979, No. 25.

434 Hdn. GG III/2 829.29-30: ἀπὸ δευτέρας συζυγίας (*scil.* der μι-Verben); Chantraine 1942, I 208 und 1968, 363.

435 Dies lässt sich jedoch nicht eindeutig erklären, s. Komm. zur Stelle.

436 Sammlungen für die Sprache der Kommentare sind für die mittelalterlichen Scholien verfügbar: Baar 1961, Erbse 1988, VII und das Register von van Thiel 2014a IV. Für den *sermo grammaticus* der Papyri gibt es bisher keine Sammlung.

437 In der Regel allein, nur in **027** Fol. 4 →, 8-9 wahrscheinlich mit korrespondierendem τ̣ό̣τε μέν (νῦν δέ ist ergänzt, s. Fournets Kommentar zur Stelle). Zu καί mit differenzierender Funktion s. oben, S. 103.

anderen Homerstellen voraussetzt. Selten wird die Erläuterung des Begriffs in der Textstelle von der üblichen Bedeutung des Begriffs begleitet (Beispiel 4), in den meisten Fällen wird letztere impliziert (Beispiele 1, 2, 3 und 5):

1. **029.1** Fol. 5 *verso* 4 zu *Il.* 5.289: [Ἄρηα· ν]ῦν τὸν cίδηρο(ν)

**037** 3; sch. Gen. zu *Il.* 5.289; Ap.S. 41.11 (α 588 Steinicke); Apion Ludw. 224.2; Ps.-Zon. α 289.8; Sud. α 3852; EM 140.35.

Nach dem Glossar bedeutet Ἄρηα an dieser Stelle „Schwert", kann aber in der Ilias den Gott oder andere Bedeutungen innerhalb des Wirkungsbereichs des Gottes bezeichnen.[438]

2. **028** III 92-4 zu *Il.* 4.22: ἀκέωṿ· τοῦτο νῦν | ἴcον ṭὸ ἀκήν, cημα[ί]|ṿει γạ́ρ τὸ ἐφ' ἡcυχίας

l. τούτῳ, fort. corr. s.l. M[1]

sch. D zu *Il.* 4.22; sch. D zu *Il.* 8.459; Ap.S. 20.31 (α 225 Steinicke)

ἀκέωṿ („still") sollte eigentlich feminin sein, weil es sich an dieser Stelle auf Athena bezieht[439]. Es fungiert hier als ἀκήν, da es adverbiell verwendet wird (wie in *Il.* 8.459).

3. **043** I 45 zu *Il.* 8.507: [λέγε]cθε· νῦν cυλλέγεcθαι ˋτεˊ

l. cυλλέγεcθε

sch. D zu *Il.* 8.507; Ap.S. 107.30f.; Hsch. λ 499

Hier hebt wahrscheinlich die Wortbedeutung den Unterschied zu der späteren Hauptbedeutung des Verbs hervor, aber es könnte sich auch auf den homerischen *usus* beziehen, bei dem die mediale Form des Verbes in der Bedeutung „sich unterhalten" an anderen Stellen vorkommt[440].

4. **055** II 35-36 zu *Il.* 15.545: κạcιγνήτουc· τοὺc ạ́[δελφούc· καcιγνή]|τουc, νῦν cυ̣γ̣[γενεῖc]

---

[438] Zu diesem Gebrauch von Ἄρηc s. Clarke 1999, 269-272 mit Bibliographie. In *Il.* 5.289 ist eigentlich der Gott gemeint, s. AH und Kirk et al.
[439] S. BK zur Stelle.
[440] LfrE s.v. λέγω. Für die supralineare Hinzufügung s. hier den Kommentar zu **043**.

sch. D *ad loc.*; sch. AbT *ad loc.*; Ap.S. 95.29; Sud. κ 452

κασιγνήτους, das in der Regel „Brüder“ bedeutet, trägt an dieser Stelle die Bedeutung „Verwandter“[441]. Die Erklärung fasst die ausführlichere Diskussion über die Bedeutung von κασίγνητος an dieser Stelle („Brüder“, „Brüder und Vettern“ oder „Verwandter“) zusammen, die in den mittelalterlichen Scholien und Lexika überliefert ist[442].

5. **043** I 23 zu *Il.* 8.413: σφῶϊν· νῦν ὑμῶν

Hsch. σ 2945

„σφῶϊν· an dieser Stelle (steht es für) ὑμῶν“, d.h. an anderswo nicht. Der Verweis bezieht sich wohl auf *Il.* 8.416, wo σφῶϊν für ὑμῖν steht.

Ein mehrdeutiger technischer Ausdruck ist ebenso ἀντὶ τοῦ, wodurch in Iliasglossaren sowie in mittelalterlichen Scholien Wortfiguren und Wortbedeutungen eingeleitet werden[443]. Im Vergleich zu den D-Scholien ist es in Iliasglossaren auf Papyrus seltener zu finden[444]. Die Betrachtung der Belege zeigt, dass die Wendung meistens mit der technischen Bedeutung „a für b“ in Bezug auf Wortfiguren der homerischen Grammatik verwendet wird. All diesen Aspekten der homerischen Grammatik hatte bereits die alexandrinische Philologie große Aufmerksamkeit gewidmet[445]. Der Wert dieses Ausdrucks liegt also nicht in der Auslegung Homers bzw. in der

---

[441] Zu dem Akkusativ κασιγνήτους statt des Dativs des Homertexts s. oben, S. 98-99. Eine ausführliche Diskussion über die Bedeutungsbestimmung als „Brüder und Vettern“ oder allgemeiner „Verwandter“ ist in LfrE s.v. anzutreffen.

[442] Sch.A (Ariston. | D) *Il.* 15.545a1: ὅτι κασίγνητοι κοινότερον οἱ συγγενεῖς· σημειοῦνται γάρ τινες ὅτι τοὺς ἀνεψιοὺς κασιγνήτους ἐκάλουν· ὁ γὰρ Μελάνιππος ἀνεψιὸς ἦν Ἕκτορος. ἀνεψιοὶ δέ εἰσιν οἱ τῶν ἀδελφῶν παῖδες, ὥσπερ Αἴας καὶ Ἀχιλλεύς, ὁ μὲν Τελαμῶνος, ὁ δὲ Πηλέως; sch. bT (ex.) zu *Il.* 15.545b κασιγνήτοισι· συγγενέσιν. ἢ τοῖς ἀδελφοῖς, πρὸ δὲ τῶν ἀδελφῶν τὸν Μελάνιππον ὠνείδισεν. τινὲς δὲ ἔτι καὶ νῦν παρ' Ἴωσι τοὺς συγγενεῖς κασιγνήτους φασὶ καλεῖσθαι; Ap.S. 95.29: κασίγνητος· ἀδελφός. λέγει δὲ κασιγνήτους ποτὲ τοὺς συγγενεῖς, ὥσπερ καὶ τοὺς ἀνεψιούς. φησὶ γὰρ ‚Ἕκτωρ δὲ κασιγνήτοισι κέλευεν‘· ὁ γὰρ Ἱκετάων ἀδελφὸς Πριάμου· πάντως οὖν ὁ Μελάνιππος ἀνεψιὸς Ἕκτορος, καὶ ὅμως ἐν τοῖς λεγομένοις κασιγνήτοις ἠρίθμηται.

[443] S. Slater 1989, 53: „‚X ἀντὶ τοῦ Y‘ can of course be translated ‚X meaning Y‘. But it also means ‚X instead of, as a substitute for, in place of Y‘“ mit Diskussion (S.53-54); vgl. auch Turner 1976, 5 Anm. 9a.

[444] Für die mittelalterlichen Scholien s. van Thiels Register s.v. (van Thiel 2014a).

[445] Viele von diesen gehörten bereits zu Aristarchs Studien zu der homerischen Grammatik: dazu s. Matthaios 1999. Wie van Thiel 2014, 5 Anm. 8 bemerkt, sind grammatische, ‘aristarchische’ Kategorien in den D-Scholien oft implizit formuliert.

homerischen Grammatik, sondern in dem Licht, das er auf den Schwerpunkt der Erklärung und auf die Kenntnisse der Verfasser der homerischen Sprache wirft. Da aber diese grammatischen Wortfiguren nicht genannt werden, ist es nicht immer möglich mit Sicherheit zu bestimmen, ob ἀντὶ τοῦ auf sie hinweist oder lediglich die Funktion eines Anführungszeichens („es bedeutet", „im Sinne von") hat[446]. Dass der Ausdruck im Bereich der homerischen Grammatik in einer erstarrten Form[447] mit dem technischen Wert „a für b" aufzufassen ist, ist bei den Glossierungen unter derselben Vokabel nachvollziehbar. Dies ist bei dem Vorkommen von ἀντὶ τοῦ oft zu sehen. Von den Vokabeln ist in diesem Fällen gewiss nicht die Rede. Bei den meisten Stellen kann die Erklärung auf eine grammatische Überlegung zurückgeführt werden, die von anderen Quellen – vor allem den *Scholia Maiora* – in ausführlicherer Weise überliefert ist.

Beispiele für von ἀντὶ τοῦ eingeleitete Wortfiguren sind nicht immer eindeutig: in **027** Fol. 10 →, 8 (zu *Il.* 5.197) könnte αἰχμητά· ἀντὶ τοῦ αἰχμητῆ̣ς sowohl auf einen Vokativ statt des Nominativs[448] als auch auf einen Metaplasmos des Nominativs[449] hinweisen. Da aber der Schwerpunkt der Erklärung nicht die Bedeutung von αἰχμητά ist, könnte man annehmen, dass der Ausdruck ἀντὶ τοῦ auf eine Wortfigur hinweist[450]. Der Ausdruck kann auf

---

[446] **034** VI 18; **027** Fol. 10 →, 4-7 (s. unten zur Katachrese).

[447] **038** I 18 (P.Oxy. XLIV 3158, zu *Il.* 5.721): πρέcβα˙ ἀντὶ τοῦ πρεcβεία (πρεcβια pap.). Die Quellen erklären das Femininum zu πρέcβυc als Synkope: sch. T (ex.) zu *Il.* 14.194 und 19.91b; Ps.-Zon. π 1576.29. Zu der alten Form πρέcβα s. Chantraine 1942, I 252. Wahrscheinlich ist hier durch ἀντὶ τοῦ nur die morphologische Normalisierung eingeleitet, obwohl andere Quellen die homerische Figur (Positiv für Superlativ) herausstellen, ohne oder explizit mit ἀντὶ τοῦ ausgedrückt, s. sch. zu *Od.* 3 452c: [πρέcβα]˙ [ἀντὶ τοῦ ὑ]π̣ερθετικοῦ τοῦ πρεcβίcτη (überliefert von P.Lond.Lit. 30 + P.Sijp. 3 = TM 60262); dazu McNamee 2007, 280. Vgl. auch sch. D zur Stelle und Hsch. π 3240 (ohne ἀντὶ τοῦ).

[448] Sch. A (Ariston.) zu *Il.* 5.197: ὅτι ἀντὶ τοῦ αἰχμητής, ὡc ‚αὐτὰρ ὁ αὖτε Θυέcτα' (*Il.* 2.107); sch. A (Ariston.) zu *Il.* 2.107a: κλητικὴ ἀντὶ τῆc ὀρθῆc, Θυέcτα ἀντὶ τοῦ Θυέcτηc. Die D-Scholien zu *Il.* 2.107 erwähnen beide Möglichkeiten; denn sie sagen, dass Homer sowohl den Metaplasmos als auch die Wortfigur Vokativ statt Nominativ häufig verwendet. Zu dieser Wortfigur in Bezug auf Aristarchs Wortartenlehre s. Matthaios 1999, 284-290. Zu Kasusveränderungen s. *ibid.* Fr. 39-47; zur Deklination Fr. 48-53.

[449] Sch. D. zu *Il.* 5.197: αἰχμητά˙ αἰχμητήc, πολεμικόc. Eust. *Il.* I 119.20f.: καινόc τίc ἐcτι μεταπλαcμὸc ὁ τῶν εὐθειῶν τῶν εἰc ηc ἀρcενικῶν ὀνομάτων, ὅτε εἰc α μεταπλαcθῶcι κατὰ τὴν λήγουcαν, οἷον … καὶ ὁ αἰχμητὴc αἰχμητά.

[450] Bei anderen Fällen der Lexis in Iliasglossaren wird der Ausdruck ἀντὶ τοῦ weggelassen. Dass es sich aber um einen Nominativ handelt, kann von der Erklärung her ausgeschlossen werden: **034** V 13 αἰχμητά˙ ὁ αἰχμητήc, ὁ μα̣χη`τήc´; **029.1** Fol. 3 *recto*, 3 α[ἰχμητά˙ πο]λ̣εμικόc.

mehr als eine Figur der homerischen Grammatik oder des homerischen Sprachgebrauchs hinweisen: in **027** Fol. 10 →, 32 (zu *Il.* 5.238) umfasst [δεδέξομαι·] ἀντὶ τοῦ προcδέξομαι zwei Aspekte: die Aoristreduplikation[451] und die Verwendung des Simplex statt des Kompositums[452]. In dem Fall von **034** VI 9 zu *Il.* 5.221 (ἐπιβήcεο˙ ἀντὶ τοῦ ἐπίβηθι) könnte ἀντὶ τοῦ (wie νῦν) den Unterschied des homerischen Sprachgebrauchs im Hinblick auf die Verwendung in späteren Sprachstufen[453] oder einfach die intransitive Bedeutung des Verbs herausstellen. Bemerkenswert ist aber, dass die alten Grammatiker Formen wie βήcετο und δύcετο als Imperfecta fassten. In Anbetracht dessen könnte man die Möglichkeit in Betracht ziehen, dass ἀντὶ τοῦ an dieser Stelle die aoristische Bedeutung von ἐπιβήcεο herausstellt[454]. Eindeutiger sind andere Erklärungen. Was das Verb betrifft, wird in **034** IV 3 die Verwendung des Imperfekts statt des Aorists durch ἀντὶ τοῦ vermerkt: ἐξαίνυτο˙ ἀφηρεῖτο, ἀντ(ὶ τοῦ) ἀφείλετο (ἀφείλατο *ante correctionem*), während die D-Scholien direkt ἐξαίνυτο durch ἀφείλετο erklären. Die umgekehrte Figur, d. h. der Aorist mit Imperfekt-Bedeutung, ist vielleicht in **027** Fol. 13 →, 8 *Il.* 18.446 [ἔφθι]νεν· ἀντὶ τοῦ ἔφ[θειρεν] angedeutet. Das könnte die Verwirrung zwischen dem überlieferten ἔφθιεν und der ansonsten unbelegten *lectio facilior* ἔφθινεν verursacht haben.

Aufmerksamkeit wird auch der Verwendung von Präpositionen gewidmet: Durch ἀντὶ τοῦ wird auf die Vertauschung von Präpositionen untereinander[455]

---

451 Sch. A (Ariston.) *ad loc.*: δεδέξομαι˙ ἡ διπλῆ, ὅτι ἀντὶ τοῦ δέξομαι, ἐπιτηρήcω, ὡc λελάχωcιν (*Il.* 7.80) ἀντὶ τοῦ λάχωcιν; Hsch. δ 375 δεδέξομαι. Zur Aoristreduplikation bei Aristarchus s. Matthaios 1999, 345-346.

452 **034** VI 20 und 26; sch. D zur Stelle: δεδέξομαι˙ ἀποδέξομαι, ἐπιτηρήcω.

453 Zum gemischten Aorist bei Homer s. Chantraine 1942 I, 417f. Die Erläuterung könnte die homerische Verwendung des Mediums statt des Aktivs unterstreichen. In den Quellen gibt es jedoch keine ausdrückliche Anmerkung zu der medialen Form dieses Verbs. Nach Matthaios' Untersuchung ergibt sich, dass Aristarch die Eigentümlichkeit des Mediums bereits erkannte, obwohl er wahrscheinlich noch keinen Begriff dafür hatte, Matthaios 1999, 318-320 mit Fr. 60-61 und S. 302-326 im Allgemeinen. Ähnlich ist die Erklärung in **027** Fol. 9 →, 27 zu *Il.* 5.117: [φῖλαι˙ ἀντὶ τοῦ] φιλήcον, προcφιλέcταται, wo jedoch der Ausdruck ergänzt ist. Hier soll aber die Anmerkung die aktive Bedeutung des Verbs klarstellen. Dieses Medium wird nur im Falle von Göttern, wie an der betreffenden Stelle, verwendet: νῦν αὖτ' ἐμὲ φῖλαι Ἀθήνη („jetzt sei zu mir freundlich, Athene"); s. Leaf.

454 Zur Verwendung des Imperfekts statt des Aorists Matthaios 1999, 335f. Für βήcετο als Imperfekt in den Quellen s. vor allem sch. A zu *Il.* 1.496; Eust. II 543.15; EM 196.17.

455 **011** II 15 zu *Il.* 1.160: πρ[ὸ]c Τρ[ώ]ων· ἀντὶ τοῦ παρὰ Τρώω(ν); die Lesung von ἀντὶ τοῦ ist aber unsicher, s. Henrichs 1971 zur Stelle. **027** Fol.13 ↓, 16 zu *Il.* 18.492: [δαΐδων ὕπο·] ἀντὶ τοῦ με[τὰ λαμπάδων]. Dazu Aristarch Fr. 189 Matthaios 1999.

oder auf die Auslassung von Präpositionen[456], sowie auf adverbialisierte Akkusative hingewiesen, wie in **027** Fol. 10 →, 24 zu *Il.* 5.223: κραιπνά· ἀντὶ τ[ο]ῦ κραιπνῶς, ταχ[έως][457].

Bei beschädigten Stellen ist manchmal zu wenig vorhanden, um die Funktion des Ausdruckes zu bestimmen[458]. Wie bereits angedeutet, ist es möglich, dass ἀντὶ τοῦ lediglich die Wortbedeutung einleitet, ohne sich unbedingt auf eine Wortfigur der homerischen Sprache zu beziehen, vor allem in den Fällen, bei denen die Erklärung lexikalisch nicht mit der Lexis übereinstimmt, obwohl eine grammatische Anmerkung nicht immer ausgeschlossen sein kann[459]. Die Funktion von ἀντὶ τοῦ als gleichsam „Anführungszeichen" der Metaphrasis scheint auf jeden Fall in Iliasglossaren im Vergleich zu den mittelalterlichen

---

456 **034** IV 29-30 zu *Il.* 5.187 (s. hier den Kommentar); **027** Fol.13 ↓, 7-9 zu *Il.* 18.488; **027** Fol. 8 →, 10-2 zu *Il.* 5.6: [λελο]υ̣μ̣ένος Ὠκε̣α[νοῖο]· ἀντὶ τοῦ λ[ελου]μ̣ένος [ | ] ἐν τῷ Ὠκεανῷ ἐ̣ν̣τ̣ε̣ῦθεν̣ γὰρ [ . . . .]α̣τα | τ̣ὰς ἀνατολὰς τῶν ἄcτ[ρων. . . . . . . .] . κ̣η . ῳ. Nach Ὠκεανῷ ist die Erklärung schlecht erhalten, aber sie scheint sich mit der astronomischen Auslegung zu beschäftigen. ἀντὶ τοῦ λ[ελου]μ̣ένος ἐν τῷ Ὠκεανῷ weist hingegen auf das Fehlen der Präposition mit Kasusveränderung hin. Es besteht keine Einigkeit darüber, welche Präposition zu implizieren ist. Nur dieser Papyrus gibt ἐν an. vgl. sch. A (Ariston.) zu *Il.* 5.6a: ἐλλείπει δὲ ἡ ἔξ; Eust. *Il.* II 7.20: τὸ δὲ ‚λελουμένος Ὠκεανοῖο' ἐλλέλειπται προθέcεως, ἵνα ᾖ λελουμένος ἐπὶ Ὠκεανοῦ. τὸ δέ γε κοινὸν καὶ cύνηθες ‚λελουμένος Ὠκεανῷ'. Zu der Auslegung Aristarchs s. Matthaios 1999, 599. Zu der Wendung λελουμένος Ὠκεανῷ Chantraine 1953, II 52. Auf die Auslassung der Präposition mit Kasusänderung weist noch **040** 2-3 zu *Il.* 6.3: ἀ̣λλήλων ἰθυνομένων· ἀν̣τὶ τ[ο]ῦ [ἐπ'ἀλλήλουc τὰ ὅπλα] | ἐπιφερόν[τ]ων; vgl. sch. A (Ariston.) zu *Il.* 6.3a: ἀλλήλων ἰθυνομένων {χαλκήρεα δοῦρα·} ὅτι ἀντὶ τοῦ ἐπ' ἀλλήλουc ἰθυνόντων καὶ παρεῖται ἡ ἐπί πρόθεcιc.

457 In Bezug auf die Grammatik Aristarchs s. Matthaios 1999, 528f.; zur Enallage im Allgemeinen s. Schironi 2018, 185f.

458 **060** 10 (zu *Il.* 22.256) und **027** Fol. 2 →, 11-2 (zu *Il.* 4.6). Das gilt auch für **040** 5 zu *Il.* 6.13: Τευθρανίδην· ἀντὶ τοῦ [Τεύθραντος παῖδα]. Es ist wahrscheinlich, dass die Papyrus-Erklärung mit den D-Scholien übereinstimmt, auf deren Grundlage die Ergänzung des Herausgebers beruht; dies ist jedoch nicht die einzige Möglichkeit; s. van Thiel 2014 Komm. zu den betreffenden Scholien.

459 z.B. **027** Fol. 2 →, 4 *Il.* 4.3 [ἑ̣ῳν]ο̣χ[ό]ει · ἀντὶ τ̣ο̣ῦ̣ ἐ̣[νέχει] kann nicht nur auf die Wortbedeutung, sondern auch auf die Doppelaugmentierung hinweisen. **027** Fol. 9 ↓, 8 zu *Il.* 5.142: [ἐξάλλετα]ι̣· ἀντὶ τοῦ ε̣ἰcάλλεται erklärt die Wortbedeutung des Verbs, könnte aber auch die Vertauschung von Präpositionen untereinander bzw. mit Adverbien andeuten, vgl. sch.A (Hdn.| Ap.Dysc.) zu *Il.* 5.142b: βαθέηc ἐξάλλεται αὐλῆc· ἔνιοι τὸ ἐξ ἀντὶ τοῦ ἔξω ἀκούουcιν· ἔξω ὧν βαθέηc αὐλῆc ἅλλεται εἰc τὸ ἐντόc. | ὁ μέντοι Ἀπολλώνιοc ἐν τῷ Περὶ προθέcεωc (GG II/3 135.30) ἓν λέγει εἶναι τὸ ἐξάλλεται (s. van Thiel 2014a zu *Il.* 5.142f.). Das Präverb, das die Bedeutung des Verbs bestimmt, hat offensichtlich verschiedene Auslegungen verursacht. Zu dem Problem s. Kirk et al. In **034** V 30-31 weist ἀντὶ τοῦ wahrscheinlich auf den Gebrauch von Verben in kausativer Bedeutung hin; zu diesem cχῆμα s. Matthaios 1999, 311.

D-Scholien insbesondere in diesen Fällen ausgelassen worden zu sein, bei denen der Ausdruck offensichtlich als überflüssig angesehen wurde[460].

Deutlicher sind andere grammatisch-rhetorische Anmerkungen. Der Dual wird meist implizit durch die Wiedergabe im Plural vermerkt. Gelegentlich wird er durch δυϊκῶc herausgestellt[461]. Die ihm gewidmete Aufmerksamkeit zeigt sich auch in den verschiedenen auf Papyrus überlieferten Konjugationstabellen und grammatischen Papyri, bei denen die Verben auch in dem ungebräuchlichen Dual konjugiert werden[462]. Die Erkennung, Umschreibung und Erschaffung dualer Formen ist Teil der grammatischen Ausbildung und fand in der Lektüre Homers eine beständige Übung. Diese Beachtung lässt sich nicht nur als Teil des grammatischen Lernens, sondern auch durch die Stellung erklären, die der Dual für die Alten im homerischen Dialekt einnimmt. Denn er wird als ein attisches Merkmal angesehen[463]. Bei solchen Erklärungen geht es in der Regel nicht um die mit dem Dual verbundenen Interpretationsfragen. Eine wertvolle Ausnahme scheint daher **043** II 15-16 darzustellen, wenn die Ergänzung das Richtige trifft: τώ τε Θρήκηθεν˙ cυνλ[ήβδην. μόνοc] | γ̣ὰρ̣ ὁ̣ βορέαc ἐκ Θρᾴκ[ηc πνεῖ]. Dies ist eine Erklärung dafür, warum Homer schreibt, dass beide Winde aus Thrakien wehen[464]. Der Papyrus scheint sich daher nicht mit der Normalisierung im Plural, sondern mit der Auslegung des Duals im Kontext zu beschäftigen.
In demselben Papyrus ist die Anmerkung οὐθετέρωc in Bezug auf das Genus des Stichwortes ebenfalls bemerkenswert: **043** I 43 (zu *Il.* 8.503): [δόρ]π̣α̣˙

---

[460] Diese Funktion scheint ἀντὶ τοῦ in **034** VI 18, **027** Fol. 2 →, 5 *Il.* 4.3: [δεπάεccι ˙] ἀντὶ τ̣ο̣ῦ̣ ἐ̣κ̣π̣ώ̣μ̣α[cι]; **027** Fol. 2 →, 5 *Il.* 4.7: [ἀ]ρηγόνε[c]˙ [ἀ]ν̣τ̣ὶ̣ τ̣ο̣ῦ̣ β̣ο̣η̣θ̣ο̣ί̣; **027** Fol. 13 ↓, 12-15; **027** Fol. 10 ↓, 3 (zu *Il.* 5.253): [γενναῖον]˙ ἀ̣[ντὶ] τ̣ο̣ῦ̣ cυγγεν̣ε̣ι̣κ̣[ό]ν; **038** (P.Yale II 127 1-2) zu haben.

[461] S. bereits Calderini 1921, 322.

[462] Zum Dual in grammatischen Papyri s. Wouters 1988. Diese Tabellen zeigen das gewöhnliche didaktische Prinzip, nach dem das Verb in allen möglichen analogen Formen konjugiert wird, wodurch künstliche Formen entstehen. Über die Schaffung künstlicher, analoger Formen des Duals s. Wouters 1988, 80; Luiselli 1999, 78; Dickey 2007, 83.

[463] sch. bT (ex.) zu *Il.* 1.6: ἡ δὲ τῶν δυϊκῶν κατάχρηcιc Ἀττική; Ps.-Plut. *Hom.* 12: ἔcτι δὲ καὶ ἡ τῶν δυϊκῶν χρῆcιc τῆc ⟨Ἀττικῆc⟩ cυνηθείαc, καὶ Ὅμηροc χρῆται cυνεχῶc; zu der Ergänzung von ⟨Ἀττικῆc⟩ s. Hillgruber 1994, 120.

[464] Das Zetema ist in den D-Scholien so formuliert: πῶc ἀμφοτέρουc ἐκ Θράκηc φηcὶ πνεῖν, τοῦ μὲν Βορέου ἐξ Ἄρκτου, τοῦ δὲ Ζεφύρου ἐκ Δύcεωc πνέοντοc. Das Problem wurde auch von Eratosthenes und Strabon (*Geog.* 1.2.20, Casaubon S. 28) diskutiert. Zu der Syllepsis bei Aristarch s. Schironi 2018, 161f.

οὐθετέρως νῦν. Bei Homer kommt nur δόρπον vor[465]. So weist νῦν darauf hin, dass das Glossar sich auf einen ungebräuchlichen Nominativ bezieht. Daher stellt sich die Frage, ob der Schreiber meinte, dass eine Nebenform δόρπος existiert, von der nach Eustathius δόρπον abgeleitet ist[466], oder dass ein Nominativ δόρψ bei Homer vorkam, wie die *Scholia Exegetica* zu *Il.* 24.444 mitteilen[467]. In seiner Prägnanz lässt der Kommentar zwar keine festen Schlüsse zu, aber es ist bezeichnend, dass das Zeugnis des Eustathius die engste Parallele darzustellen scheint[468]. Die Morphologie betrifft ferner die Anmerkung synkopierter Formen: **005** II 17: θύγατρα˙ θ[υγα]τέρ̣α̣, κατὰ cυνκοπ`ήν´ (*Il.* 1.13)[469]; **043** II 38: γεραίτεροc· cυνκ[οπῆ̣] (*Il.* 9.60)[470]. Was die Wortarten anbelangt, kommen cύνδεcμοc („Konjunktion") und πρόθεcιc („Präposition") vor[471]: **028** III 70-72 zu *Il.* 4.9: ἤτοι· cύνδε[cμοc], | ἰcοδυναμ[εῖ τῷ] | μέν; **034** IV 20-21 zu *Il.* 5.178: {ε}ἱρῶν˙ θαυμαcτῶν, ἐλλείπει | δὲ ἡ περὶ πρόθεcιc; **040** 7-8 zu *Il.* 6.19: ὑφηνίοχοc˙ ἡνίοχοc, π̣[λεοναζούcηc] | τῆc προθέ`c̣ε̣ω̣c̣´[472]. Bei diesen Erklärungen ist es möglich, zwei Erklärungsabsichten zu sehen. Das in **040** glossierte *hapax* ὑφηνίοχοc bedeutet hier einfach „Wagenlenker"[473]. Die Präposition ist daher bei dem Substantiv redundant[474]. Die Erklärung fasst die Wortbedeutung ins Auge, sie ist nämlich lexikalisch. In **034** bezieht sich πρόθεcιc nicht auf den glossierten Begriff, sondern auf die Syntax in dem Ausdruck ἱρῶν μηνίcαc am Anfang des Verses 178, obwohl nur die Lexis ἱρῶν in dem Glossar umfasst wird. Die Erklärung ist in diesem Wortlaut nicht belegt, drückt jedoch dasselbe Konzept wie Ps.Psellos' Paraphrase sowie die D-Scholien zur Stelle und Eustathius aus, d. h. die Notwendigkeit, eine Präposition vor ἱρῶν hinzuzufügen[475].

---

[465] S. van der Valks Kommentar zu Eust. *Il.* II 182.8f.

[466] Eust. *Il.* II 660.12f. (zur Stelle): τὸ δὲ δόρπα μεταπλαcμὸν μὲν ἔπαθε γένουc ἀπὸ ἀρcενικοῦ τοῦ ὁ δόρποc.

[467] sch. bT (ex) zu *Il.* 24.444: δόρπα˙ ὡc ‚λύχνα'. τινὲc δὲ ἀπὸ τοῦ δόρψ, κακῶc.

[468] S. Komm. zu **043**.

[469] Vgl. sch. Gen. *ad loc.*; Ep.Hom. 13A; EM 457.25; Hdn. GG III/2 749.40.

[470] Vgl. sch. bT (ex.) zu *Il.* 24.149b; Ps.-Zon. γ 425.20; Eust. *Il.* II 657.3; Philox. Fr. 334.

[471] Zur Entwicklung von πρόθεcιc s. Lallot 1999. Für die Ergänzung cύνδε[cμοc] in **028** s. Henrichs 1971, 104 Anm. 24 und Muratore 2009, 25 Anm. 13.

[472] προθέc(εωc) in der *ed.pr.*

[473] BK, S. 19: „nicht ‚einem anderen Wagenlenker untergeordneter Wagenlenker', sondern ‚der ihm (sc. Axylos) untergeordnete Wagenlenker'; d.h. ohne sachlichen Unterschied zum Simplex wie *Od.* 4.386 ὑποδμώc."

[474] Wie auch Aristonikos anmerkt: sch. A (Ariston.) zu *Il.* 6.19a: ὅτι παρέλκει ἡ πρόθεcιc ὡc ἐν τῷ ‚Ποcειδάωνοc ὑποδμώc' (*Od.* 4.386).

[475] sch. D zur Stelle (T$^{r}$): ἕνεκα τῶν θυcιῶν; PB ὑπὲρ θυcιῶν ὀργιcθείc.

Bemerkenswert ist die technische Ausdrucksweise der Erklärung, die in den *Scholia Maiora* und in Papyruskommentaren zahlreiche Parallelen findet[476]. Die Aufmerksamkeit dieses Glossars auf die Syntax zeigt sich ferner in der Verwendung des Fachterminus προcυπακουcτέον („man muss hinzufügen" bzw. „es fehlt"), welches das implizite εἰcί in *Il.* 5.222 hervorhebt[477].
ὄνομα κύριον entspricht dem späteren und eingeschränkten Gebrauch der Grammatiker, indem es streng „Eigenname" bedeutet[478]: **029.1** Fol. 8 *verso*, 4 zu *Il.* 5.389: [Ἠερίβοια · ὄνο]μα κύριον[479]; **050** *recto*, 34 zu *Il.* 11.578: [Ἀπιcάονα ·] ὄνομα κύριον[480]. Während die D-Scholien sich mit der Identität von Eriboia befassen, beschäftigt sich **029.1** nur mit der Bestimmung der grammatischen Kategorie, um vielleicht eine Verwechslung mit einem zusammengesetzten Beinamen zu vermeiden[481].
Das Verhältnis des Nomens zum Referenzobjekt betreffen ἐπίθετον und ἐπιθετικῶc: **018** fr. 1, 1.4-6 zu *Il.* 1.419: τερπικεραύν[ωι]· τῶι τερπο|μέ̣ν̣[ωι τοῖ]c κεραυνοῖc, | ἔcτι Δ[ιὸc ἐ]π̣ίθετον[482]; **027** Fol. 4 →, 6-7 zu *Il.* 4.182: χάνο̣ι εὐρε̣ῖα χθών· ε̣ὐρὺ χάc̣μ̣[α ἡ γῆ] | [π]ο̣ιο̣ίη· οὐ γὰρ ἐπιθε̣τικῶc λ̣έ̣γ̣ε̣ι̣ [αὐτὴν εὐρεῖαν]. Die Anmerkung in **027** betrifft den prädikativen Gebrauch von εὐρεῖα[483]: hier ist nicht „die weite Erde" gemeint, sondern „die Erde möge sich weit ausdehnen". Wie J.-L. Fournet bemerkte, ist die Erklärung des Papyrus unvollständig. Sie besteht in einer Verkürzung der von den D-Scholien überlieferten Erklärung[484]. Daher stellt sie ein gutes Beispiel für die Veränderungen dar, denen solche Texte bei jeder Abschrift unterworfen

---

476 Beispielsweise sch. A (Ariston.) zu *Il.* 2.689 (κούρηc χωόμενοc)· ὅτι ἐλλείπει ἡ περί πρόθεcιc; vgl. auch P.Oxy. VIII 1086 col. II 54-55 (*ad Il.* 2.785): ἡ | διπλῆ ὅτι ἐλλείπε[ι] ἡ διὰ πρόθεcιc. Belege gesammelt in van Thiels Register (van Thiel 2014a, IV 587); s. Matthaios 1999, 176-181.
477 S. Kommentar zu **034** VI 11.
478 Zu ὄνομα κύριον und der Entwicklung seiner Bedeutung s. Matthaios 1996.
479 Vgl. Sud. η 124; EM 421.30; Hdn. *Part.* 44.1.
480 Vgl. EG 1022.1.
481 Wie es sich aus Hdn. *Part.* 44.1 ergibt: ἠεροφοίτηc, ὁ εἰc τὸν ἀέρα φοιτῶν. Ἠερίβοια, κύριον.
482 Der Herausgeber bemerkt, dass „the supplements in 5-6 are dubious in that both lacunas give space for 8-10 letters. A longer supplement could be constructed for 6, but I do not see how to expand 5, given the parallels".
483 Den die D-, A- und bT- Scholien mit der Partizipialkonstruktion bzw. mit Adverbien verdeutlichen. Dazu Matthaios 1999, 424 und 529-530.
484 sch. D *ad loc.*: τότε μοι χάνοι εὐρεῖα χθών· τότε γῆc χάcματι δεχθείην. οὐ γὰρ ἐπιθετικῶc λέγει αὐτὴν εὐρεῖαν, ἀλλὰ τὴν εὐρὺ τῇ διαcτάcει χάcμα ποιήcαcαν.

waren. Die Erklärung war anscheinend für die Schreiber genug, um die syntaktische Funktion von εὐρεῖα klarzustellen.
πατρωνυμικῶc kommt nur dreimal vor – bezeichnenderweise am Anfang der Ilias und für Vatersnamen, die Musterbeispiele der πατρωνυμικά bei den Grammatikern sind[485] – :

1. **002** I 5 (*Il.* 1.1): Πηλέω̣ς̣ υἱοῦ, \`π̣α̣τ̣ρ̣ω̣ν̣υ̣μ̣ι̣κ̣ῶ̣ς̣´, λέγει | δὲ τοῦ Ἀχιλλέωc

τὸ⟦ν⟧ Ἀχιλλέ⟦α⟧ corr. supra lineam

Ep.Hom. 1 D1; EM 669.95; EGud. 465.32

2. **002** II 11-12 (*Il.* 1.7): Ἀτρείδηc· πατρων̣υ̣μ̣ι̣κ̣[ῶc, Ἀγα]|μέμνων π̣α̣ῖ̣ς̣ Ἀ̣τ̣ρ̣έ̣[ωc]

Fontanella 2021 S. 41, Ἀτρ⟨έ⟩ωc τε πα[ῖc Ἀγα]|μέμνων α . . . . . . .[ Renner, Ἀτρ⟨έ⟩ωc . . . . [Ἀγα]|μέμνων υ[ἱ]όc Montanari

**005** I 9-10 (*Il.* 1.7): [Ἀτρείδηc· πατρωνυμι]κῶc, Ἀγα|[μέμνων Ἀτρέωc] γ̣ὰρ παῖc.

sch. Gen. zu *Il.* 1.7; Ep.Hom. 7A[1]

Ein weiterer Aspekt, der durch die in den Glossaren bezeugten Begriffe hervorgehoben wird, sind die Redefiguren. Die Aufmerksamkeit für Redefiguren scheint in den Iliasglossaren schwach zu sein, nahm aber einen wichtigen Platz in der Grammatikausbildung ein. Pseudo-Plutarch, der Zeitgenosse der nachfolgend behandelten Papyri war[486], hält sie nämlich für ein charakteristisches Merkmal der homerischen Dichtung und widmet ihnen daher die Kapitel 16-71 seiner didaktischen Abhandlung[487]. Ihre geringe Anzahl in den Glossaren zeugt jedoch von einem marginalen Interesse, das fast ausschließlich im 2. Jh. wahrzunehmen ist. Folgende Redefiguren sind in Iliasglossaren erwähnt:

---

485 Hdn. GG III/1 66.10; GG III/2 683.15.

486 Zur Datierung des Werkes vgl. die Einleitung von Kindstrand, Ps.-Plut. *Hom.*, S. X; Hillgruber 1994, 75-76.

487 Zu der didaktischen Ausrichtung der pseudo-plutarchischen Schrift s. Lamberton 2002, 193-205. Die von Homerglossaren überlieferten Anmerkungen betreffen die von Ps.-Plutarch als Tropen bezeichneten Redefiguren, die er in Kap. 16-26 behandelt. Zu dem Begriff „Tropen" bei Ps.-Plutarch und der vorliegenden Trennung zwischen Tropen und Figuren s. Hillgruber 1994, 67.

1. Synekdoche *pars pro toto*: ἀπὸ μέρουϲ[488].

**005** III 17 (*Il.* 1.17): ἐϋκνήμιδεϲ˙ εὔοπλοι, ἀπὸ μέρ`ουϲ´

εὔοπλοι Fontanella 2021, εὔϲτολοι *ed.pr.*

sch. Gen. zu *Il.* 4.80 und 5.668; sch. zu *Od.* 2.402c2; 5.668; Ps.-Plut. *Hom.* 22; Tzt. Ex. *Il.* A 17; Eust. *Il.* I 43.13; Hsch. ε 6931.

**016** IV 8-11 (*Il.* 1.538): ἀργυρόπεζα̣˙ οἱ̣ μὲν ἀπὸ τῆϲ | πέζηϲ τοῦ χιτῶνοϲ, οἱ δὲ | ἀπὸ τῶν [πο]δῶν, ἣ ἀπὸ μέρουϲ | λεγό[μενον]˙ ἡ [λε]υκὴ ὅλη

sch. D *ad loc.*; sch. Gen *ad loc.*; Ap.S. 41.32 (α 598 Steinicke); Hsch. α 7076.

Wie Albert Henrichs bereits zu ἀργυρόπεζα bemerkte, ist die Erklärung von **016** in dieser ausführlichen Form nur bei Eustathius belegt[489]. Auffällig ist bei **005**, dass trotz des zahlreichen Vorkommens von ἐϋκνήμιδεϲ keine diesbezügliche Erklärung in den D-scholien erhalten ist (s. unten). Trotzdem waren beide Epitheta offensichtlich Musterbeispiele der Redefigur und werden in rhetorischen Abhandlungen zur Synekdoche erwähnt[490]. Der Ausdruck ἀπὸ μέρουϲ gehört der Grammatikersprache an und ist oft in Lexika zu finden. Sein Einfluss hat wahrscheinlich die Verschlimmbesserung in **016** VII 2 verursacht, in dem ἀνὰ μέροϲ irrtümlich mit ἀπὸ μέρουϲ ersetzt wurde[491].

2. Die Emphasis. ἐμφατικῶϲ

**034** III 20-21 (*Il.* 5.141): κέχυνται˙ ἐπικέχυντ[αι] . . ι | κ(ατ)επτ̣ή̣κ̣α̣ϲι ἐμφατι[κ]ῶϲ

An der Homerstelle ist die Rede von Diomedes, dessen Wut Homer mit einem Gleichnis schildert: Nach der Verwundung ist seine Kampfwut noch größer, wie ein Löwe, der von einem Hirten geschrammt, aber nicht getötet wurde. Im Vers 141 sind die Schafe aus Angst „dicht aufeinander zusammengedrängt“ (κέχυνται). Die Interpretation dieses Verbs (entweder „eng

---

488 Über die Bedeutung von ἀπὸ μέρουϲ in **016** s. Henrichs 1971, 251; Lundon 2012, 206. Über die Synekdoche Lausberg 2008, 295-298, Nr. 572-577.

489 Henrichs 1971, 243.

490 Trypho, περὶ τρόπων, RG III 196.3. Zu ἐϋκνήμιδεϲ s. Fontanella 2021, 43-45.

491 So Lundon 2012, 206-207. ἀνὰ μέροϲ war nämlich die richtige Erklärung für ἀμειβόμεναι „die Musen, die wechselnd singen“; s. auch Henrichs 1971, 251.

zusammengedrängt“ oder „tot übereinander geschüttet“) ist sowohl in den antiken Quellen als auch in der Sekundärliteratur umstritten[492].
Obwohl es keine Parallele für die rhetorische Definition gibt, sind die *Scholia Exegetica* inhaltlich vergleichbar: sch. bT (ex.) zu *Il.* 5.141b: κέχυνται· τὸ πλῆθος δηλοῖ· διὸ καὶ ‚μελιςςάων ἀδινάων‘ (*Il.* 2.87) φηςὶ καὶ ‚μῆλ’ ἀδινά‘ (*Od.* 1.92). κέχυνται zeigt daher die Menge der Schafe, ohne dass dies im Text ausdrücklich gesagt wird. Die emphathische Funktion des Verbs κέχυνται wird daher durch eine Periphrase (τὸ πλῆθος δηλοῖ) hervorgehoben, während in dem Papyrus der rhetorische, technische Terminus verwendet wird[493]. Es liegt daher nahe, dass das Adverb des Papyrus nicht als allgemeiner Begriff, der Aussagekraft meint[494], sondern nach der Definition zu verstehen ist, die in den Handbüchern der Rhetorik enthalten ist. ἐμφατικῶς entspricht der Definition von ἔμφαςις als ein rhetorischer Tropos, d.h. was durch Anspielung eine Bedeutungserweiterung des Gesagten hinzufügt. Diese Anmerkung ist inhaltlich nicht neu, da sie dem von den mittelalterlichen Scholien überlieferten τὸ πλῆθος δηλοῖ entspricht. Sie bezeugt aber die Verwendung des rhetorischen Begriffes, die an der Stelle ansonsten unbelegt ist[495].

### 3. Die Katachrese: καταχρηςτικῶς[496]

---

[492] Die D-Scholien beschränken sich auf die „Übersetzung“ (κέχυνται· κεῖνται ἀθρόαι, „sie liegen dicht gedrängt“). Vgl. aber sch. bT (ex.) zu *Il.* 5.141a: ἤτοι δὲ αἱ ζῶςαι ἢ αἱ καταβαλλόμεναι; Eust. *Il.* II 42.10: τὸ δὲ κέχυνται cύντονον κίνηςιν κἀνταῦθα ζῴων δηλοῖ, ὥς που καὶ ἐπὶ ἀνδρῶν φανήςεται λεχθέν. Wie van der Valk bemerkt, ist die Parallele mit der Odyssee nicht angemessen, weil dort die Rede von getöteten Menschen ist. Zur Interpretation in der Sekundärliteratur s. Kirk et al.; Koerner 1930, 12. Zu den Worterklärungen s. Komm. zur Stelle.

[493] Vergleicht man die Definition der Emphasis als Tropos in rhetorischen Handlungen, ist daraus zu schließen, dass τὸ πλῆθος δηλοῖ genau ἐμφατικῶς entspricht; s. z.B. Trypho, περὶ τρόπων, RG III 199.15: ἔμφαςίς ἐςτι λέξις δι’ ὑπονοίας αὐξάνουςα τὸ δηλούμενον, οἷον .... καὶ ‚πάλιν ἱππόθεν ἐκχυμένοι‘ (*Od.* 8.515)· τὴν γὰρ ἀθρόαν ὁρμὴν τοῦ πλήθους διὰ μιᾶς ἐςήμανε λέξεως. Ps.Plut. *De Homero* 26: ἔςτι καὶ ἡ ἔμφαςις, ἥπερ δι’ ὑπονοίας ἐπίταςιν τοῦ λεγομένου παρίςτηςιν, οἷον ‚αὐτὰρ ὅτ’ εἰς ἵππον κατεβαίνομεν, ὃν κάμ’ Ἐπειός‘ (*Od.* 11.523). ἐν γὰρ τῷ κατεβαίνομεν τὸ μέγεθος τοῦ ἵππου ἐμφαίνει.

[494] Eine Bedeutung, die man auch in den mittelalterlichen Scholien findet; s. Erbse 1988 VII 168; Hillgruber 1994, 141; Nünlist 2009, 211 und Anm. 61 mit Bibliographie.

[495] Bei der Betrachtung der Belege des Verbs χέω in Zusammenhang mit einem Emphasis-Begriff bemerkt man jedoch, dass die Emphasis des Verbs oft herausgestellt ist: s. sch. bT (ex.) zu *Il.* 8.159 und 16.123e. Oft besteht die Emphasis in der Vielzahl (von Speeren, Schafen, Tränen): Eust. *Il.* II 159.21; 551.22; Eust. *Il.* IV 167.5.

[496] Zu der Katachrese als homerischer Trope vgl. Ps.-Plut. *Hom.* 18: κατάχρηςις μὲν δή, ἥπερ ἀπὸ τοῦ κυρίως δηλουμένου μεταφέρει τὴν φράςιν ἐφ’ ἕτερον οὐκ ἔχον ὄνομα κύριον. Dazu Hillgruber 1994, 130; Lausberg 2008, 288f. (Nr. 562).

Nur in **027** werden κυρίωϲ („eigentlich", „meistens") und καταχρηστικῶϲ („in übertragenen Sinn", „ungenau") in Opposition verwendet, um die Übertragung bei der Bedeutung eines Ausdrucks deutlich zu machen[497]:

**027** Fol. 10 →, 4-7 (*Il.* 5.196): ἐρεπτόμενοι· κ̣υ[ρ]ί̣ωϲ μ̣[ὲν] ἐ̣ϲθίοντ̣[εϲ] | ϲτόματι̣ ἐκ̣ τῆϲ ἔ̣ρ̣αϲ, του̣τέϲτ̣ι̣ [τῆϲ γῆϲ], | ἀναιρούμενοι, νῦν δὲ καταχρ[ηϲτικῶϲ] | ἀντὶ τ̣ο̣ῦ ἐϲθίοντεϲ

Die Ausführlichkeit der Erklärung, die auf die Etymologie des Verbs (ἐκ̣ τῆϲ ἔ̣ρ̣αϲ) hinweist, ist auffällig[498]. In demselben Papyrus wird auch κυρίωϲ allein verwendet: **027** Fol. 13 →, 5 zu *Il.* 18.421: [ἔρρ]ω̣ν· κυρίωϲ μὲν μετ[ὰ φθορᾶϲ παραγενομέ]|\ν[οϲ]. Diese Stelle ist besonders interessant, weil sie noch einmal die Prozesse der Epitomisierung der Quelle(n) und die Spuren veranschaulicht, die sie hinterlassen können. Wenn man die D-Scholien an der Stelle mit dieser Erklärung vergleicht, hat der Schreiber offenbar den zweiten Teil der Erklärung weggelassen, ohne das nun überflüssige μέν zu entfernen[499].

4. Die Metapher: μεταφορικῶϲ[500].

**055** I 15-6 (*Il.* 15.389): [κατὰ ϲτόμα· μετ]αφορικῶϲ ⟦κατα⟧ φηϲι τὴν ἀρ|χήν

sch. D *ad loc.*; sch. Gen. *ad loc.*; Hsch. κ 1442; Sud. κ 796.1

In *Il.* 15.389 wird κατὰ ϲτόμα εἱμένα χαλκῷ („an der Spitze mit Erz gerüstet") für die Stangen (μακροῖϲι ξυϲτοῖϲι) gesagt. Daher bedeutet ϲτόμα „Spitze (der Stangen)".

5. Die Periphrase. περιφραϲτικῶϲ[501]

**027** Fol. 6 →, 8 ( zu *Il.* 4.386): [βίηϲ Ἐτεοκληείηϲ· περιφρα]ϲ̣τικῶϲ τ̣οῦ Ἐτεοκλέουϲ

sch. D *ad loc.*; sch. Gen. *ad loc.*; EG 114.1

---

[497] Auch in **027** Fol. 10 ↓, 27-8 zu *Il.* 5.287; diese Stelle ist allerdings sehr beschädigt.

[498] Vgl. **034** V 11: ἐρεπτόμ(εν)οι· ἐϲθίοντεϲ.

[499] Wie J.-L. Fournet in seinem Kommentar bemerkt; vgl. sch. D *ad loc.*: κυρίωϲ μὲν μετὰ κακοπαθείαϲ καὶ φθορᾶϲ παραγενόμενοϲ, νῦν δὲ ἀντὶ τοῦ μόλιϲ διὰ τὴν χωλότητα.

[500] Zu der Metapher in Ps.-Plutarch Hillgruber 1994, 131-132 (Kap. 19); allgemein Lausberg 2008, 282 ff. (Nr. 558-564). Der Unterschied zwischen Metapher und Katachrese ist von Ps.-Plutarch herausgestellt worden, s. Hillgruber 1994, 131.

[501] Hillgruber 1994, 144-145; Lausberg 2008, Nr. 589-598.

Ein letzter zu berücksichtigender Begriff ist das von **058** überlieferte Wort φαντασία:

| | |
|---|---|
| [κάρκαιρε˙ (?)] πολλῶν ἐνεργούντω[ν | *Il.* 20 157? |
| καὶ ἅμα κι]νουμένων φαντασίαν [ | |
| [. . . . . . .]ν̣, ὅταν πολλοὶ ἀτάκτωϲ . [ | |
| [. . . . ϲυγκ]λείϲονται. | |

Der Kontext, in dem das Wort verwendet wird, ist leider lückenhaft und der Mangel an Parallelen fordert zur Vorsicht auf. Nimmt man die Ergänzung von κάρκαιρε als Lemma an, würde sich φαντασία auf das vom Dichter geschaffene Bild des Vorrückens der Heere beziehen, unter deren Füßen die Erde zittert:

| Hom. *Il.* 20.156-158 | |
|---|---|
| τῶν δ' ἅπαν ἐπλήσθη πεδίον καὶ λάμπετο χαλκῷ ἀνδρῶν ἠδ' ἵππων· κάρκαιρε δὲ γαῖα πόδεσσιν ὀρνυμένων ἄμυδις. | Von denen aber war erfüllt die ganze Ebene und leuchtete vom Erz, von Männern und Gespannen, und es hallte die Erde unter den Füßen, wie sie anstürmten zugleich. (Übers. Schadewaldt 2007⁴) |

Das Interesse des Wortes liegt darin, dass es im rhetorischen Bereich die Vorstellungen bezeichnet, die der Dichter bzw. der Redner durch sprachliche Mittel erzeugt, um die Leser bzw. Zuhörer mitzureißen[502]. Wie Gioia Maria Rispoli festgestellt hat, wird das Wort φαντασία in den *Scholia Maiora* oft im Zusammenhang mit dem akustischen Charakter des Wortes bzw. mit lautmalerischen Wörtern verwendet, da der akustische Charakter des Wortes ein Mittel ist, um die φαντασία zu erzeugen[503]. κάρκαιρε wird in unterschiedlichen Quellen als Beispiel der ὀνοματοποιΐα bei Homer erwähnt, das den von der Erde stammenden Lärm bezeichnet, wenn viele über sie hinweglaufen[504]. Eustathius lobt sowohl die Lautmalerei (διαφαίνεται δὲ ἡ

---

[502] Das Wort φαντασία weist eine größe Spannbreite auf. Als *terminus technicus* der Rhetorik bezieht sie sich auf die Produktion im sprachlich-rhetorischen Sinne von Vorstellungen, deren Ziel die ἐνάργεια/*evidentia* (Anschaulichkeit) ist. Zu φαντασία in den *Scholia Maiora* s. Rispoli 1984 und 1985; zum Bereich der Rhetorik im Allgemeinen s. Lausberg 2008, S. 401-402 Nr. 811. Zu φαντασία und ἐνάργεια in Literaturkritik s. Meijering 1987, 18-52; Otto 2009; Nünlist 2009, 153-155, 194-198; Ercoles 2018.

[503] Rispoli 1984 und 1985, 51-72, insb. 71-72 zu φαντασία in Zusammenhang mit Lautmalerei in den Homerscholien. S. auch Meijering 1987, 41f.

[504] sch. D *ad loc.*: κάρκαιρε˙ ἐκινεῖτο ποιῷ ἤχει. ὀνοματοποιΐα ὁ τρόπος. ποιὸν ἦχον ἀπετέλει; Ap.S. 95.9 κάρκαιρε˙ ἰδίωμα ἤχου; Philox. Fr. 593b: κάρκαιρε δὲ γαῖα πόδεσσιν, οἷον ἐν

ἀρετὴ τῆς ὀνοματοποιΐας) als auch die gesamte Beschreibung der Schlacht in *Il.* 20.156-157, die er als διασκευὴ ἐκφραστικὴ πολέμου bezeichnet[505]. Dass lautmalende Wörter (τὰ πεποιημένα ὀνόματα) eine wichtige Rolle für die Anschaulichkeit (ἐνάργεια) spielen, unterstreicht auch der Pseudo-Demetrios[506]. Man könnte daher vermuten, dass φαντασία sich auf die Vorstellung des Vorrückens der Heere bezieht, die der Dichter durch die geschickte Verwendung eines lautmalerischen *hapax* wie κάρκαιρε erzeugt. Für diese Auslegung von φαντασία in **058** sprechen der nachvollziehbare Inhalt der Erklärung und der erwähnte Zusammenhang zwischen dem Begriff und dem akustischen Charakter des κάρκαιρε. Ebenso untermauern einige Merkmale des Glossars diese Auslegung, die sich aus der gesamten Betrachtung des Fragments ergeben[507]. Während das Fehlen der Wortbedeutung von κάρκαιρε keine Schwierigkeit bereiten würde[508], wäre eine derartige Aufmerksamkeit für anschauliche Vorstellungen in den Papyrusglossaren ohne Parallele [509].

Im Folgenden ist ein Überblick der behandelten Termini geboten, die alphabetisch angeordnet sind. Zu jedem Fachwort sind die in chronologischer Reihenfolge angeordneten Glossare angeführt, in denen es einmal oder mehr als einmal vorkommt. Dazu könnte man den Begriff τὸ πλῆρες in **038** hinzufügen, der in den mittelalterlichen Scholien die *scriptio plena* statt der

---

κινήσει καὶ ταραχῇ ἡ γῆ ἐγένετο διὰ τὸ πλῆθος τῶν σειόντων αὐτὴν ποδῶν; sch. Dion. Thr. GG I/3 69.26: πεποιημένον ἐστὶ τὸ γεγενημένον παρὰ τὸν ἴδιον ἦχόν τινος· οἷον ἔστιν ἴδιος ποιός τις ἦχος ἵππων ἐν ὁμαλῷ τε ἅμα καὶ τραχεῖ τόπῳ βαδιζόντων, ὃς ⟦μιμητικῶς⟧ πεποιημένος λέγεται κάρκαιρος ἀπὸ τοῦ καρκαίρειν, ὡς καὶ ὁ ποιητὴς κτλ.

[505] Eust. *Il.* IV 385.11f. *ad loc.*: ὅτι διασκευὴ ἐκφραστικὴ πολέμου καὶ τὸ τῶν δ' ἅπαν ἐπλήσθη πεδίον καὶ ἐλάμπετο χαλκῷ ἀνδρῶν ἠδ' ἵππων, κάρκαιρε δὲ γαῖα πόδεσσιν, ὅ ἐστι ποιὸν ἦχον ἀπετέλει, ὀρνυμένων ἄμυδις. Καὶ ὅρα τὸ ἀνδρῶν ἠδ' ἵππων, ἐκ παλαιτάτων γὰρ σιδήρῳ ἦσαν καὶ οἱ ἵπποι κατάφρακτοι. τὸ δὲ πόδεσσι δηλοῖ μὴ ἁπλῶς ἦχον δηλοῦσθαι ἐν τῷ καρκαίρειν, ἀλλὰ τὸν διὰ ποδῶν, ἢ ἀνδρῶν ὀρνυμένων, ἤγουν σπουδαίως τρεχόντων, ἢ ἵππων. [διαφαίνεται δὲ ἡ ἀρετὴ τῆς ὀνοματοποιΐας τοῦ καρκαίρειν, ὅτε τῆς γῆς μάλιστα παγετῷ κατεξηραμμένης ἵπποι θέουσι δι' αὐτῆς]. Zu διασκευή bei Eustathius s. van der Valk II, p. LIII: *vox indicat locum Homericum fusius et accurate esse tractatum et enarratum.*

[506] Dem. *De eloc.* 220: καὶ τὰ πεποιημένα δὲ ὀνόματα ἐνάργειαν ποιεῖ διὰ τὸ κατὰ μίμησιν ἐξενηνέχθαι. Dazu Marini 2010.

[507] S. hier die Einleitung zu **058**.

[508] S. oben S. 14-15 mit Anm. 49 und S. 106.

[509] Auch in den D-Scholien ist φαντασία selten anzutreffen. In sch. D zu *Il.* 5.4 scheint das Wort sich zwar auf das Erscheinen des Feuers zu beziehen, könnte aber auch die (falsche) Vorstellung der Figuren bezeichnen, die Diomedes von Feuer umgeben zu sehen glauben. Zu diesem Scholion s. Fogagnolo in SGG IV, 100ff; zu φαντασία *ibid.* 108-110.

elidierten Form herausstellt. Hier würde sich τὸ πλῆρες auf πρ̣ὺλέεςς’ in *Il.* 5.744 beziehen, die teilweise unmittelbar danach sichtbar ist[510]. Aufgrund der starken Beschädigung des Papyrus kann diese Deutung nur ein Vorschlag bleiben, weil es nicht klar ist, ob τὸ πλῆρες zu dieser oder zu der vorherigen Erklärung gehört[511].

Überblick der in Iliasglossaren belegten Termini

| | 1./2.-2. Jh. | 2./3.-3. Jh. | 4.-7. Jh. |
|---|---|---|---|
| **ἀντὶ τοῦ** | 034 011 060 | 038 040 | 027 |
| **ἀπὸ μέρους** | 005 | 016 | |
| **δυϊκῶς** | 034 005 011 043 | 016 038 004 | 027 |
| **ἐμφατικῶς** | 034 | | |
| **ἐπίθετον / ἐπιθετικῶς** | 018 | | 027 |
| **καταχρηστικῶς** | | | 027 |
| **κυρίως** | | | 027 |
| **λεληθότως**[512] | 043 | | |
| **μεταφορικῶς** | 055 | | |
| **νῦν** | 028 043 055 | | 027 029.1 |
| **πατρωνυμικῶς** | 002 005 | | |
| **περιφραστικῶς** | | | 027 |
| **πρόθεσις** | 034 | 040 | |
| **προς⟨υπ⟩-ακουστέον** | 034 | | |
| **ὄνομα κύριον** | | | 029.1 050 |
| **οὐθετέρως** | 043 | | |
| **συγκοπή** | 005 043 | | |
| **σύνδεσμος** | 028 | | |
| **ὑφ’ ἕν** | 043 | | |

[510] **038** 12 (P.Yale II 127): ]. . . . .[. . .]. . .ν[. . . . .]. . . . . . . . τ̣ο̣ πληρ̣ες πρυ[.
[511] Die Herausgeberin schlägt vor, dass τὸ πλῆρες sich auf das vorherige Stichwort bezieht, möglicherweise ἑκατὸν πόλεων aus *Il.* 5.744. Dagegen spricht das Fehlen des Schrägstrichs vor πρυ[|λέεςςι], der im Papyrus normalerweise vor einem neuen Lemma steht. Das Zeichen fehlt jedoch auch in Z. 24.
[512] S. Kommentar zu **043** I 47.

Die Fälle des Vorkommens der behandelten Termini verdeutlichen zunächst, dass dieselben Begriffe auf unterschiedliche Erklärungsbedürfnisse reagieren, die verschiedene Aspekte der homerischen Grammatik sowie des Sprachgebrauchs in Betracht ziehen. Diese Anmerkungen zum homerischen Sprachgebrauch und Vokabular bleiben jedoch implizit und werden nicht begründet. Daher ist nicht immer klar, worin sie bestehen. Die Termini des *sermo grammaticus* sind der einzige Hinweis darauf, dass sie vorausgesetzt sein müssen. Was in diesen Glossaren erhalten ist, sind die Endergebnisse der philologischen Auseinandersetzung mit dem Homertext, die bei Iliasglossaren ohne den ihnen zugrunde liegenden Gedankengang und als selbständige Erklärungen im Umlauf waren. Das gilt insbesondere für die von ἀντὶ τοῦ eingeleiteten Worterklärungen. Angesichts der Tatsache, dass der Ausdruck für das Verständnis der Wortbedeutung ohne Folgen weggelassen werden konnte (und in der Tat meist ausgelassen wurde), spricht seine Beibehaltung meines Erachtens für das Verständnis des Ausdrucks als Anspielung auf die Wortfiguren der homerischen Grammatik. Deshalb zeigt sich darin auch ein Interesse nicht nur an der paraphrastischen Wiedergabe, sondern auch an den Besonderheiten der homerischen Sprache.

Die Verteilung der Belege von ἀντὶ τοῦ unter den Papyri entspricht auch der Verteilung weiterer technischer, deutlicherer Termini, die sich auf andere grammatische, rhetorische und lexikalische Aspekte der homerischen Sprache beziehen. Man wird in der Tat feststellen, dass die untersuchten Begriffe sich auf bestimmte Glossare konzentrieren. Dies unterstützt die vorherige Annahme und die Bewertung solcher Ausdrücke als Hinweise auf Interesse und Niveau des Schreibers. Zusammen mit anderen Merkmalen erhellen sie ihren Charakter und helfen dabei, die Erklärungsabsichten und die Kenntnisse der Verfasser zu bestimmen. Unter den dem Schulbereich zugeordneten Papyri (**005**, **040**) sind solche Anmerkungen selten zu finden. Am reichsten in dieser Hinsicht ist **005**, das als das Werk eines Lehrers oder eines fortgeschrittenen Schülers angesehen werden kann[513]. Die kommentierte Iliasstelle spielt auch eine Rolle: Am Anfang des Werkes dürfte das Glossar mehr auf den Gebrauch von Patronymika, Dualen, Dialekten und Wortfiguren eingegangen sein. Gleichfalls kommentiert **040** die ersten Verse

[513] Jeweils Eitrem in der *editio princeps* und Cribiore 1996 Nr. 330.

des sechsten Gesanges; es ist jedoch nicht möglich zu sagen, ob **040** mit diesem Buch anfing[514].

Obwohl die Einzigartigkeit der jeweiligen Dokumente pauschale Verallgemeinerungen nicht zulässt, scheinen die meisten der Glossare, in denen die behandelten Begriffe vorkommen, in den Bereich des Privatstudiums von an Homer interessierten Laien zu fallen. Diese Texte sind weder in Bezug auf die Rechtschreibung noch auf die lexikalische Erklärung frei von Fehlern. Trotzdem sind sie nicht auf einen Schüler zurückzuführen. Vielmehr haben sie mit einer hellenisierten Schicht zu tun, die über ein Grundwissen über den Homertext verfügt. Unter diesen Glossaren sind **034**, **043**, **055**, **058** und **027** besonders erwähnenswert, da sie eine größere Vertrautheit mit Homer aufweisen[515]. Insbesondere **034** scheint auf die Verwendung verschiedener Quellen[516] sowie auf eine beträchtliche Kenntnis der Fachsprache und der Abkürzungskonventionen des Kreises der Grammatiker hinzuweisen. In **043** bemerkt man neben der Sorgfalt des Schreibers sowohl beim Schreiben als auch in der Mise en Page das Vorhandensein mehrerer Erklärungen, den häufigen Verweis auf die Bedeutung des Begriffs an anderen Ilias-Stellen und die Aufmerksamkeit für Interpretationsfragen, die durch den Dual hervorgerufen werden (s.oben). In **055** findet man mehrere Wortbedeutungen, besonders wenn man sich die Fälle des Vorkommens eines Wortes in dem gesamten Epos vor Augen führt[517].

Die Verteilung der betrachteten Anmerkungen auf die Iliasglossare führt zu einigen weiteren Überlegungen. Die chronologische Konzentration der behandelten Termini scheint auf die zunehmende Tendenz hinzuweisen, solche Termini und die damit verbundenen Informationen auszulassen. Anmerkungen, die sich auf die Verwendung von rhetorischen Figuren

---

[514] S. oben S. 75ff. zu den Titeln der Iliasglossare.

[515] Die höhere Kompetenz bei Glossierung in diesen Texten ist deutlicher, wenn man sie mit **013+016** vergleicht. Die ausführliche Analyse dieses Papyrus seitens Lundon 2012 hat verdeutlicht, dass ein gewisses Maß an formaler Sorgfalt mit vielen Fehlern einhergeht. Dies lässt sich sowohl beim Schreiben als auch bei den Erklärungen der Stichwörter feststellen. In gewissem Sinne haben wir die entgegengesetzte Situation zu **034**, bei dem die formale Sorgfalt minimal ist, aber die Erklärungen reichhaltig sind.

[516] Meines Erachtens bestanden die Quellen dieses Schreibers nicht nur aus Glossaren, s. hier die Einleitung zu **034** und bes. den Kommentar zu col. IV 8.

[517] col. I, 17-18 zu ἀγαπήνοροϲ; II 23 zu κύμβαχον; II 35 zu καϲιγνήτουϲ (s.oben,S. 98-99 und 124-125); II 43-44 zu ἕλικοϲ.

beziehen und somit enger mit dem Kontext in dem Primärtext verbunden sind, verschwinden nach dem 3. Jahrhundert. So ist schon im 3. Jh. ἀντὶ τοῦ nur sporadisch zu finden. Zweimal ist ὄνομα κύριον (**029.1**, **050**) zu finden. Abgesehen von **027** findet man ab dem 5. Jh. kaum technische Termini. Dies entspricht dem immer stärker an rein grammatischen, lexikalischen Phänomenen (d.h. von Homer ausgelösten) interessierten Ansatz (s. oben, S. 86-87). Man könnte daher von einer Tendenz zur Verkürzung sprechen, die aber sich nicht unbedingt in einer geringeren Anzahl von Wortbedeutungen niederschlägt, sondern bestimmte Elemente der Erklärungen betrifft. Die Verkürzungstendenz spiegelt sich vor allem bei rhetorischen, syntaktischen und mythologischen Anmerkungen und Hinweisen auf die Besonderheiten der homerischen Sprache wieder. Daher lässt sich sagen, dass die Verkürzungstendenz Einfluss darauf nimmt, was in der Erklärung nicht rein morphologischer und lexikalischer Natur ist und was wir durch die Untersuchung von Fachausdrücken und mythologischen Bezügen zu veranschaulichen versucht haben. Dies gilt auch für Elementarerklärungen verschiedenen Inhalts, die sich vor allem in den ältesten Glossaren befinden. Die Tendenz zur Verkürzung wird deutlicher, wenn man Glossare zur selben Stelle miteinander vergleicht. Bei einem weiteren Blick auf die Tabelle 2 stellt man nicht nur fest, dass die Dichte der Stichwörter in **029.1** zunimmt, sondern auch, dass doppelte Worterklärungen oder nicht-paraphrastiche Erklärungen in diesem Glossar kaum zu finden sind[518]. Die Art der Abweichungen vom homerischen Text und die häufigen morphologischen Erklärungen in **029.1** deuten ebenfalls darauf hin, dass die betrachteten Wörter nicht auf den Homertext Bezug nehmen, sondern für sich selbst erklärt werden, da sie, unabhängig von dem Homertext, morphologische

---

[518] Obwohl eine gewisse Tendenz zur Verkürzung auch in der Anzahl der *interpretamenta* zu erkennen ist, kann das Panorama in diesem Sinne vielfältiger sein, wenn man *interpretamenta*, die sich auf dieselben Stellen beziehen, vergleichen kann. In dem in Tabelle 2 verglichenen Abschnitt enthält **029.1** immer weniger Worterklärungen als die älteren Glossare. Nur in einem Fall trifft dies nicht zu. Für die ersten beiden Jahrhunderte der römischen Zeit lassen sich durch Vergleiche zwischen den einzelnen Glossaren Unterschiede im Detail feststellen. Es lassen sich jedoch keine spezifischen Trends daraus ableiten. Die in **012.1** enthaltenen Erklärungen sind beispielsweise oft umfangreicher als die in **011** und **013** Enthaltenen. Dies ist jedoch nicht immer der Fall: **012.1** II 10-12 (zu *Il.* 1.201): ἔπεα πτερόεντα˙ τ̣ὰ̣ ἔπη πτηνὰ | λέγει ⟦δ⟧καὶ ταχέα δ̣ι̣ὰ τὸ̣ ὀξύτα|τα διαφέρεcθαι τ̣ο̣ὺ̣c λόγουc und **011** IV 22: τ̣α̣χ̣εῖ̣c̣ [λ]ό̣γ̣ουc; aber auch **012.1** II 14 αἰγιόχοιο˙ αἰγιδούχου und **011** IV 25-26 αἰγιόχοιο˙ αἰγιδ̣ο̣ύ̣χου, ἡ αἰγίc δὲ ὅπλ̣[ον] Δ̣ι̣όc. Vlg. auch **012.1** I 4-7 und 14-15 (beide Stellen sind jedoch lückenhaft).

Besonderheiten und lexikalisches Interesse an den Tag legen. Ähnlich verhält es sich mit den Glossaren zu den ersten Versen der Ilias (Tabelle 1). **001** zeigt zwar die Neigung, den Text dichter zu kommentieren, fügt aber keine weitere Anmerkung außer der Wortbedeutung ein. Wenn dieser Umstand auf den schulischen Charakter des Dokuments und auf eine gewisse Unerfahrenheit des Schreibers zurückgeführt werden kann, scheint schon der Vergleich zwischen **002**, **004**, **003** und **005** die Tendenz zu bestätigen, zusätzliche Kommentare auf die Erklärung zu reduzieren, d.h. Dialektalglossen, Termini wie πατρωνυμικῶϲ, δυϊκῶϲ und die ausführlichere Erklärung zu δῖοϲ in **002** auszulassen.
Die chronologische Verteilung im 2./3. Jahrhundert der untersuchten Termini und die angenommene Tendenz zur Verkürzung und zur Entfremdung vom Homertext finden eine wichtige Ausnahme in **027**. J.-L. Fournet hat in seiner ausführlichen Edition bereits beobachtet, dass dieses Dokument aus mehreren Gründen einzigartig unter den Homerglossaren ist: erstens, weil es einem präzisen Kontext, nämlich dem der Bibliothek des Dioskoros, zugeschrieben werden kann; zweitens, weil dieses Glossar durch das Vorhandensein philologischer, historischer und grammatikalischer Erläuterungen näher als andere an die D-Scholien der mittelalterlichen Tradition heranreicht[519]; drittens, weil einige Erklärungen eher mit den *Scholia Maiora* vergleichbar sind[520]; letztens, weil einmal Aristarch ausdrücklich genannt wird (s.unten). Man könnte nun auch anfügen, dass dieses Glossar vom allgemeinen Trend der Iliasglossare aus der Spätantike, sich auf den lexikalischen und grammatikalischen Aspekt zu beschränken, abweicht. Der Kontext, in dem das Glossar verwendet wurde, und die Tatsache, dass dieses Glossar jahrhundertelang in Gebrauch war, sind die Ursache für diese Merkmale. Der Papyrus ist nämlich ein Beispiel für Homerglossare, die Studienobjekte einer gebildeten Schicht in der Spätantike waren. Es trifft zu, dass unsere Dokumentation ab dem 4./5. Jahrhundert abnimmt und meist aus Zeugnissen aus Schulen und professionellen Kopien besteht, während in den vorangegangenen Jahrhunderten Privatabschriften von Interessenten oder Studienexemplare vertreten sind. Bei den letztgenannten hätte der Verfasser wohl ein größeres Interesse daran gehabt, mehr Quellen zu verwenden oder Erklärungen zu erweitern, wenn er es für nötig hielt. Die Frage, ob dies auf

[519] Fournet 1999, 105.
[520] Vgl. aber unten, S. 152ff.

die Zufälligkeit der Dokumentation zurückzuführen ist oder ob das am Verständnis Homers interessierte hellenisierte Milieu abgenommen hat, muss jedoch im Wesentlichen offenbleiben. Da sich die Dokumentation auf die ersten drei Jahrhunderte der römischen Zeit konzentriert (ca. 77 %), kann jedoch die chronologische Verteilung allein kein Beweis der angenommenen Verkürzungstendenz sein. In diese Richtung gehen auch andere Hinweise, die sich aus der Gesamtbetrachtung der Iliasglossare ergeben[521].

Unter Berücksichtigung der Tatsache, dass die Unvollständigkeit der Dokumentation die Ergebnisse dieser Untersuchung verfälscht haben könnten, könnte die Verkürzungstendenz darauf hindeuten, dass der Prozess der konsistenten Ansammlung von unterschiedlichem Material, der sich in mittelalterlichen D-Scholien niedergeschlagen hat, später erfolgt ist. Die erhaltene Dokumentation scheint auf eine frühere Phase in den ersten drei Jahrhunderten der römischen Zeit hindeuten, in der Erweiterungen unterschiedlicher Art (Elementarerklärungen, grammatische bzw. kontextbezogene Anmerkungen, usw.) häufiger gewesen sein dürften. Man mag hier insbesondere an **028** mitsamt dem Vergleich mit verwandten Quellen erinnern (S. 117). In diese Richtung weist auch das wichtige Zeugnis des P.Köln Inv. 2381, eines Glossars zur Odyssee aus dem 1./2. Jh.[522]. Neben den glossographisch-paraphrastischen *Scholia Minora* enthält das Glossar Erklärungen exegetischer Art, die durch Zitate aus Homer und anderen Autoren bereichert wurden. Diese zeigen ein Interesse am homerischen Sprachgebrauch, der Grammatik und an mythographischen Aspekten. Henrichs sah in den Erweiterungen von P.Köln. Inv. 2381 die Ursprünge des Akkumulationsprozesses, der zu den mittelalterlichen Sammlungen geführt hat[523]. Dieser Prozess muss jedoch viel komplexer gewesen sein. Die Iliasglossare scheinen meines Erachtens vor allem zu zeigen, dass er nicht immer einer Aufwärtskurve folgte. Exegetische und mythographische Interessen, wie auch Termini, die auf den homerischen Sprachgebrauch hinweisen, sind in den ältesten Glossaren zu finden. Im Gegensatz dazu betreffen in byzantinischer Zeit die einzigen Erweiterungen Elementarerklärungen geographischen, realkundlichen oder geneaologischen Inhalts,

---

521 S. auch oben, S. 86-87.

522 TM 60335. Dazu Henrichs 1971a; Pontani 2005, 120-121.

523 Henrichs 1971, 4: „Dieser allmähliche Prozess der Erweiterung der Worterklärungen durch gelehrteres Material hat mehrere Jahrhunderte später zur Entstehung des Corpus der D-Scholien geführt".

die in einer grob synthetischen Form wiedergegeben werden. Übrig bleibt der Grundbestand der Glossare, d.h. die Metaphrasis *stricto sensu*.
Nimmt man ein allmähliches Verschwinden dieser Begriffe aus den Glossaren an, deutet diese Beobachtung keineswegs auf eine Art Verfall der Auseinandersetzung mit Homer hin. Die Tatsache, dass Glossare bis ins 7. Jahrhundert kopiert wurden, spricht durchaus für das Interesse an ihnen. Vielmehr könnte man es als Hinweis auf eine allmähliche Verschiebung des Interesses auffassen, bei der der lexikalische und grammatikalische Aspekt der homerischen Begriffe *per se* und nicht in Bezug auf ihren ursprünglichen Kontext und auf den homerischen Sprachgebrauch letztlich überwiegt. Das würde nicht nur von einer Tendenz zur Verkürzung, sondern vor allem von einer Spezialisierung im lexikografischen Sinne zeugen, die den Erklärungsschwerpunkt vom homerischen Wort auf das Wort tout court verschiebt. Das allmähliche Verschwinden explizit grammatikalischer Termini oder der Partikel νῦν, die sich meist spezifisch auf den homerischen Sprachgebrauch bezieht, ist ein weiteres Indiz für die Tatsache, dass nur die Wortbedeutung berücksichtigt wird.
Die Worterklärungen der Glossare, die ihren Ursprung zwar in der Homererklärung haben, sich aber bereits in hellenistischer Zeit an der Schnittstelle zwischen dieser, der Lexikographie und der Grammatik befanden, scheinen sich allmählich in Richtung letzterer Wissensgebiete zu entwickeln. Diese angenommene Entwicklung der Glossare in Richtung eines stärker lexikografischen Interesses würde sich zudem gut in das imperiale kulturelle Klima einfügen[524]. Indirekt bestätigen sie allgemeine Tendenzen in der autonomen Entwicklung der Lexikographie über die Grenzen der Philologie hinaus, mit dem Bestreben, das gesamte griechische lexikographische Material unabhängig von seinem ursprünglichen Kontext einzubeziehen.

[524] S. Matthaios 2015, 288: „Although the first stirrings of this development had already begun quite early, it was now characterized by the fact of incorporating the entire lexical material of the Greek language in lexicographic form, independently of its realization in specific literary and dialectal contexts. This development strengthened the function of knowledge transfer and led ancient lexicography far beyond the borders of philology. At the same time, it transformed the genre into a popular means for understanding ancient language and culture". Es sei auch auf Montana/Montanari 2022, 31 hingewiesen: „The history of texts, and particularly of texts of pragmatic use, has a closely symbiotic relationship with the history of culture".

Diese zunehmende lexikografische Spezialisierung steht wahrscheinlich auch mit der zunehmenden Dichte der Lemmata in den jüngsten Zeugnissen und mit der größeren Zerstückelung des Textes im Zusammenhang. Wenn tatsächlich das Wort an sich und nicht seine Verwendung im ursprünglichen Kontext im Mittelpunkt steht, ist es zunächst einmal einleuchtend, dass sie einzeln kommentiert werden. Gleichzeitig werden mehr Stichwörter das Interesse der Sammlungen geweckt haben, die nun das poetische lexikografische Erbe zu sammeln versuchten.

## 2.7 Die Quellen der Glossare und Verhältnis zu verwandten Quellen

Die Erklärung homerischer Glossen hat, wie gesagt, ihre Wurzeln in archaischer Zeit und stellt zusammen mit Homers allegorischer Interpretation den frühesten Erklärungsansatz zum Homertext dar. Die in den Glossaren überlieferten Interpretamente sind keine individuellen Erklärungsversuche, sondern Teil einer Tradition[525], die bereits in der römischen Zeit eine lange Geschichte besaß. Homerglossare fügen sich daher in die exegetische Traditionskette der homerischen Glossographie und Lexikographie ein, die ihre Wurzeln in der archaischen bzw. in alexandrinischer Zeit hat. In diesem Sinne repräsentieren sie die Vorläufer der mittelalterlichen D-Scholien, deren Hauptbestandteil eben aus Worterklärungen besteht[526].

Die frühesten Phasen der genannten uralten Traditionskette der Homererklärung sind eher undeutlich. Auf jeden Fall zeigen die Papyri, dass bereits in der frühen römischen Zeit Glossare zur Ilias weit im Umlauf waren und eine vom homerischen Text unabhängige Verbreitung hatten. Es ist nicht immer einfach festzustellen, ob die Schreiber eine oder mehrere Quellen für ihre Abschriften[527] und ob sie nur Sammlungen in der Form von Glossaren verwendeten, weil solche Worterklärungen in Texten anderer Art (Paraphrasen, Lexika, Kommentare) vorkommen und bei der Abschrift an die Glossar-Form angepasst werden konnten. Natürlich könnten einzelne Erläuterungen gelegentlich aus anderem Quellen (ursprünglich) entnommen

---

[525] So bereits Calderini 1921, 326.

[526] Unter den *Scholia Minora* ist ebenso dieser Hauptbestandteil gemeint, s. S. 8-10.

[527] Dass doppelte Worterklärungen auf die Verwendung mehrerer Quellen hindeuteten, wie Reitzenstein 1900, 619f. behauptete, wurde bereits von Calderini 1921, 317 zu Recht in Frage gestellt.

worden sein[528]. Die oben betrachteten inhaltlichen Merkmale lassen sich aber dadurch erklären, dass diese Sammlungen bereits in römischer Zeit auf indirektem Wege, d.h. aus bereits existierenden Sammlungen, abgeschrieben worden sind[529]. Darauf weisen die Änderungen der Rektionsform, die *scriptio plena* bei elidierten Wörtern, die Störungen in der Abfolge der Lemmata, unpassende Wortbedeutungen an der betreffenden Iliasstelle – die sich jedoch auf andere Stellen beziehen können –, der Schwerpunkt auf die einzelne Worterklärung und schließlich die fehlende bzw. marginale Aufmerksamkeit auf andere Interpretationsebenen (mythographische Hintergrund-informationen, Varianten, exegetische Fragen). Die gesamten Merkmale der Glossare lassen demzufolge darauf schließen, dass ihre Vorlage in der Regel selbst Glossare waren[530].

Diese Überlegungen zu den Quellen der Papyrusglossare sind im Hinblick auf die Beziehung zu verwandten Quellen von nicht geringer Bedeutung, weil sie zunächst den Unterschied zwischen den mittelalterlichen D-Scholien und den Iliasglossaren auf Papyrus verdeutlichen.

Die überwiegenden Übereinstimmungen zwischen den Iliasglossaren auf Papyrus und verwandten Quellen betreffen bekanntlich in erster Linie den *Scholia Minora*-Bestandteil der D-Scholien und finden sich gelegentlich nicht nur an derselben Iliasstelle, sondern auch an anderen, die sich auf dasselbe

---

[528] Die späteren Ergänzungen in **043** legen die Vermutung nahe, dass der Schreiber mehrere Quellen konsultiert hat. Es ist jedoch schwer zu sagen, ob Notationen wie diejenige in col. I 43 und II 46 aus einer grammatikalischen Abhandlung stammen und daraus in **043** bzw. in seiner Vorlage einbezogen wurden.

[529] Dies trifft nicht immer auf die Schulglossare zu, die, wie wir gesehen haben, oft parallel zur Konsultation des homerischen Textes, aus dem die Stichwörter entnommen wurden, hergestellt wurden.

[530] Dass die Vorlage des Schreibers ein anderes Glossar war, lässt sich aber an jenen Glossaren ablesen, die von Anfängern verfasst wurden, die wahrscheinlich nicht mehr als eine Quelle verwendeten und den Text abgesehen von Abkürzungen oder unbeabsichtigten Fehlern kaum veränderten. Ein Beispiel sei hier angeführt. Die *interpretamenta* in **009** stimmen fast immer mit den D-Scholien überein. Bei diesem Papyrus gibt es keinen Hinweis darauf, dass der Schreiber mehrere Quellen verwendete. Des Weiteren deutet das Glossar im Allgemeinen auf eine nicht überarbeitete Abschrift hin. Hieraus kann man daher schließen, dass wir abgesehen von Abschreibfehlern und Verkürzungen eine gute Vorstellung der Vorlage von **009** gewinnen können. Dass diese Vorlage fast immer mit dem *Scholia Minora*-Bestandteil der D-Scholien übereinstimmt, deutet auf das Alter des Kerns dieses Bestandteils hin. Es lassen sich jedoch auch Abweichungen finden, s. vor allem **009** I 17-22, bei dem in das Glossar ein interpolierter Vers einbezogen ist, sowie des Weiteren z.B. II 36, V 159, V 174. Darüber hinaus sind die D-Scholien einerseits umfangreicher, anderseits vermeiden sie Wiederholungen.

Stichwort beziehen[531]. Eine Untersuchung des Verhältnisses der Iliasglossare zu den D-Scholien kann nicht von einem eingehenden Studium dieser selbst und der „Homerica“ mit ähnlichen Worterklärungen getrennt werden[532], was den Rahmen dieser Arbeit überschreiten würde. Hier sei bemerkt, dass die D-Scholien zwei grundlegende Unterschiede zu den Papyrusglossaren aufweisen. Erstens stellen die D-Scholien eine systematische und vollständige Sammlung dar, wovon wir nur zwei sichere Beispiele aus der Spätantike (**027**, **029.1**) haben, die jedoch nur den *Scholia Minora*-Bestandteil zeigen. Zweitens unterscheidet sich bei den mittelalterlichen Erklärungen der Prozess der zeitlich zunehmenden Materialansammlung von dem der Papyri. Die Zunahme der Erläuterungen ist bei den Papyri nur ‘quantitativ’, aber nicht ‘qualitativ’. Denn es gibt zwar in jüngeren Glossaren die Tendenz, eine größere Anzahl von Wörtern zu erklären, aber der Interessensbereich der Erklärungen erweitert sich nicht. Im Gegensatz dazu besteht die Ansammlung der Homererklärungen in den D-Scholien aus Kommentaren und Erklärungen verschiedenen Charakters. Die Bestandteile der D-Scholien umfassen nämlich Worterklärungen, mythographische Erzählungen, Paraphrasen, grammatische und philologische Anmerkungen, exegetische Diskussionen und Zusammenfassungen der einzelnen Gesänge[533]. Nur Letztere tauchen bereits in den Papyri mitsamt den Worterklärungen auf, wohingegen die anderen Elemente in der Antike eine getrennte Verbreitung gehabt zu haben scheinen und in das Corpus der D-Scholien offensichtlich später einbezogen wurden. Darüber hinaus sind die D-Scholien in ihrem den Worterklärungen gewidmeten Bestandteil sowohl im Hinblick auf die Anzahl an Worterklärungen als auch auf die Diskussionen über verschiedene Bedeutungen eines Wortes und auf mehr oder weniger lange Umschreibungen der ganzen Stellen reicher. Die durch ein Akkumulationsprozess entstandenen D-

[531] z.B. **046** 11 (zu *Il.* 10.305): [ἐριαύχενας]˙μακροτραχήλους; ebenso sch. D und Gen. zu *Il.* 23.171. Die D-Scholien zur Stelle überliefern μεγαλοτραχήλους. Dies vermittelt auch eine Vorstellung davon, wie flüchtig diese Erklärungen sein konnten und nicht nur in ihrem Inhalt, sondern auch in ihrer Gestaltung im Rahmen eines Textes überarbeitet werden konnten.

[532] Nur zum Teil von van Thiel übernommen, s. Pontani 2005, 146 und Pontani 2016, 321.

[533] Zu den Bestandteilen der D-Scholien s. Montanari 1979, van Thiel 2014 und Schmidt 2002, 162ff.: „the D-Scholia of the Byzantine manuscripts stand in the tradition of the scholia minora of the papyri, but they represent a further stage of Homeric explanation“.

Scholien sind also kein Glossar, obwohl sie Sammlungen von Worterklärungen unter ihren Quellen hatten[534].

Dass es trotz der überwiegenden Übereinstimmungen unmöglich ist, Abhängigkeitsverhältnisse zwischen den Papyri und den mittelalterlichen D-Scholien bzw. verwandten Quellen nachzuweisen, wurde bereits zurecht von Albert Henrichs betont. Bei der Veröffentlichung von zehn Glossaren auf Papyrus übernahm er, das Verhältnis der Homerglossare zu der direkten und indirekten handschriftlichen Überlieferung der Homererklärung zu analysieren[535], die man allgemein als verwandte Quellen bezeichnen kann. Unter diese verwandten Quellen fallen nicht nur die mittelalterlichen D-Scholien bzw. alle Scholien zu Homer, sondern auch byzantinische Paraphrasen, homerische (Apollonios der Sophist, *Lexeis Homerikai*) und allgemeine Lexika (vor allem Hesych), bei denen die Erklärung homerischer Wörter eine große Rolle spielt. Wie Albert Henrichs treffend bemerkte, lässt sich dieses Verhältnis nicht auf eine einfache Formel reduzieren. Der Charakter dieser Texte selbst bringt es mit sich, dass sie je nach den Absichten und Umständen ständig geändert werden konnten, unter denen die einzelnen Exemplare angefertigt wurden. Die Iliasglossare zeigen, dass die Worterklärungen bereits in der Antike in einem kontinuierlichen Fluss waren. In seiner Untersuchung beobachtet daher Henrichs:

„Die Anonymität der Scholia Minora, die nicht an den Namen eines bestimmten Grammatikers gebunden waren, sowie die Einfachheit und Zeitlosigkeit ihrer Erklärungen, die Eingriffe in den Bestand an Interpretamenta geradezu herausforderten, führten dazu, dass es auf keiner Stufe der Überlieferungsgeschichte einen kanonischen und in Wortlaut fixierten Text gegeben hat. Vielmehr repräsentiert jeder Papyrus und jede byzantinische Sammlung dieser Art eine eigene Textredaktion … Unter diesen Voraussetzungen kann es nicht Ziel eines Vergleichs

---

[534] In diesem Zusammenhang sind auch die Beobachtungen von Pernigotti 2000 und 2003 in Bezug auf die menandrischen Monostichoi auf Papyrus (*mutatis mutandis*) lehrreich, die auch zu der Gebrauchsliteratur gehören; s. bes. Pernigotti 2003, 121: „Pur all'interno della medesima tradizione, non solo non si registrano preformazioni delle classi dei manoscritti, ma la maggior parte dei testimoni antichi…mostra una chiara tendenza alle raccolte di dimensioni ridotte e dal patrimonio testuale in buona parte diverso. In sostanza, la documentazione papiracea conserva tipi di raccolte non interpretabili sulla base delle ramificazioni della fase successiva della tradizione del testo e dotati di caratteristiche che fanno pensare a filoni indipendenti e in grand parte perduti di tradizione e ad una serie di percorsi paralleli e distinti da non sovrapporre fra loro".

[535] Henrichs 1971, 97-119.

der handschriftlich erhaltenen Überlieferungsträger mit den Papyri sein, mögliche Abhängigkeitsverhältnisse nachzuweisen. Bestenfalls gelingt es, das relative Alter einzelner Interpretamenta zu erweisen oder bestimmte Überlieferungstendenzen aufzuzeigen“[536].

Henrichs' Schlussfolgerungen sind durch die Veröffentlichung neuer Papyri erwartungsgemäß voll bestätigt worden. Die beträchtliche Zahl der ansonsten unbelegten Erklärungen der Iliasglossare auf Papyrus zeigt auch, dass das, was uns in mittelalterlichen Handschriften überliefert ist, nur einen Teil der in der Kaiserzeit kursierenden *Scholia Minora* darstellt. Der Verlust einiger Erklärungen kann nicht nur auf die Arbeit eines Revisors zurückgeführt werden, der fehlerhafte oder formal unterschiedliche, aber inhaltlich gleichwertige Erklärungen beseitigt hat[537]. Stattdessen ist es wahrscheinlich, dass dem Kompilator der D-Scholien ein großer Teil dieser unbelegten Erklärungen nicht zur Verfügung gestanden ist. Ein Beispiel kann dafür angeführt werden: Die in **005** erhaltene Metaphrasis ἐϋκνήμιδες˙ εὔοπλοι, ἀπὸ μέρ`ους´ entspricht einer verbreiteten Erklärung des Epithetons als Beispiel der Synekdoche[538]. Trotz der zahlreichen Vorkommnisse von ἐϋκνήμις in der Ilias ist das Wort in den D-Scholien nicht erklärt. Dies ist umso bemerkenswerter, als es zu Beginn des Werkes (*Il.* 1.17) vorkommt, bei dem praktisch jedes Wort in den D-Scholien kommentiert wird. Andere Erklärungen wurden offensichtlich im Laufe der Zeit korrumpiert, wohingegen sie in den Iliasglossaren auf Papyrus korrekt überliefert sind. Dies ist der Fall bei der problematischen Erläuterung ἀνδύεται˙ ἀναδύεται, ἀναφύεται der D-Scholien zu *Il.* 13.225; im Unterschied dazu überliefert **051** *recto* 18 die richtige Erläuterung ἀνδύεται˙ ἀναδύεται καὶ φεύγει[539].
Die ständig von verschiedenen Quellen übernommenen, neu organisierten und überarbeiteten Erklärungen gehören aber zu derselben, in ihren einzelnen Elementen äußerst variablen Traditionskette der Homererklärung, die in der mittelalterlichen Sammlung der D-Scholien gipfelt. Diese Tatsache erklärt die Langlebigkeit und Verbreitung einiger Worterklärungen. Die Erklärungen zu den ersten Versen der Ilias scheinen aufgrund ihrer Position weniger Veränderungen unterworfen gewesen zu sein. Die Praxis, am Anfang des

536 Henrichs 1971, 105.
537 S. zum Beispiel **043** I 5-7.
538 S. Fontanella 2021, 43-46.
539 Zum Ursprung des Fehlers s. Montanari 1995, 147-152, der die Bedeutung dieses Fehlers für die Überlieferunsgeschichte der D-Scholien hervorragend unterstreicht.

Werks jedes Wort zu kommentieren, brachte auch weniger Auslassungen bei der Wahl der Stichwörter mit sich. Man darf auch annehmen, dass sie aufgrund ihres traditionellen Wertes eine größere Stabilität hatten. Vergleicht man die Worterklärungen der Papyri miteinander, gibt es in der Tat wenige Abweichungen im Vergleich zu anderen Stellen (s. Tabelle 1). Sie auf die bloße Tatsache zurückzuführen, dass es sich um naheliegende Erklärungen handelt, entbehrt der Wahrscheinlichkeit[540]. Eine direkte Verbindung zwischen verschiedenen Texten ist aufgrund des fließenden Charakters dieses Materials vom 1. bis zum 7. Jahrhundert und seiner enormen Verbreitung in den verwandten Quellen zu verneinen. Höchstens kann man sagen, dass ein gemeinsamer Kern von Erklärungen anhand der Papyri (nicht nur der Homerglossare) identifiziert werden kann, der noch älter als unsere Dokumentation ist[541].

Während kein Zweifel daran besteht, dass kein Abhängigkeitsverhältnis zwischen den Iliasglossaren auf Papyrus und dem *Scholia Minora*-Bestandteil der D-Scholien abgeleitet werden kann, stellt sich die Frage, ob die ständigen Veränderungen in den Papyri durch Kollation mit anderen Kopien und durch persönliche Auswahl auf der Grundlage eines gemeinsamen Textes, den man als Standardsammlung bezeichnen könnte, vorgenommen wurden[542], oder ob ihre Quellen alle unabhängig voneinander waren. Diesbezüglich verdienen **011.2** und **027** besondere Aufmerksamkeit. Denn in **011.2** revidierte eine zweite Hand den Text durch Vergleich mit einer anderen Quelle. Wie Guido Bastianini anmerkt[543], entsprechen die vom Korrektor eingefügten Worter-

---

[540] So van der Valk 1963, 289. In seiner Analyse der D-Scholien (S. 202-302) betonte van der Valk zu Recht, dass jedes Papyrusglossar ein eigenes Exemplar darstellt und dass die D-Scholien und die Papyri unabhängig voneinander sind. Seine Behauptung diente aber dem Beweis, dass das Vorkommen einiger von den D-Scholien unabhängigen Glossare im 7. Jahrhundert die von ihm angenommene Entstehung der D-Scholien im 6. Jahrhundert nicht entkräftet. Allerdings widmet van der Valk den Papyri nur zwei Seiten (289-291) und hält ihre Erklärungen für äußerst primitiv. Dabei trägt er den unterschiedlichen Niveaus der Benutzer keine Rechnung.

[541] Dafür sprechen die Übereinstimmungen zwischen den D-Scholien und den in Lexika aus dem 3. Jh. v.Chr. erhaltenen Worterklärungen. Van der Valks Ansicht, die D-Scholien seien nicht älter als Aristarch, fand keine Befürworter, s. Erbse 1964, 554f. und Henrichs 1971, 100 Anm. 9.

[542] Vgl. Hatzilambrou in der Edition von **016.1** und **016.2** (S. 86): „The interrelation of the scholia minora attested in all these papyri including ours is perhaps indicative of the circulation of a standard edition of them in Roman Egypt".

[543] Bastianini, Einleitung zu **011.2**.

klärungen denen, die aus den D-Scholien oder den Lexika bekannt sind, während die getilgten Worterklärungen unbelegt oder selten sind[544]. Dies würde darauf hindeuten, dass sich die Arbeit am Text in Richtung einer Standardisierung auf der Grundlage einer anderen Vorlage bewegt, die man als Standardwerk bezeichnet könnte. Untersucht man alle auf dem Papyrus erhaltenen Erklärungen, so stellt man jedoch fest, dass trotz dieser Korrekturen die von den beiden Schreibern als Vorlage verwendeten Texte sehr verschieden von den D-Scholien gewesen sein müssen, zumal weil die Korrekturen nur zwei Erklärungen betreffen. Vielmehr zeigen diese Korrekturen, dass weit verbreitete (und vielleicht leichter zu verstehende) Worterklärungen dazu neigen, die selteneren zu ersetzen, weshalb letztere uns nach den Papyri nicht mehr überliefert sind[545]. Eine weitere Bemerkung ist zum Glossar **027** zu machen, das auch in dieser Hinsicht einen besonderen Platz unter den Glossaren verdient. Im Laufe der fast zwei Jahrhunderte, in denen dieses Glossar verwendet wurde, haben mehrere Hände Korrekturen vorgenommen und Randerklärungen hinzugefügt. Die Kombination des ersten Interpretaments mit marginalen Ergänzungen findet sich häufig in den D-Scholien oder anderen lexikographischen Quellen. Fournet stellt zwei Hypothesen zur Analyse dieser Ergänzungen auf. Die erste besteht darin, das Glossar als ein konkretes Beispiel für den säkularen Akkumulationsprozess zu betrachten, der in byzantinischer Zeit zu den mittelalterlichen Scholien führte. Die zweite Hypothese ist folgende: Da in zwei Fällen die älteren **034** und **035** sowohl die Erklärung der ersten Hand als auch die am Rande hinzugefügte Erklärung von **027** enthalten, hätten die für die Ergänzungen in **027** verantwortlichen Hände ein vollständigeres Glossar konsultiert und einige Erklärungen wiederhergestellt, die bei der Abschrift von **027** ausgelassen worden waren[546]. Obwohl diese Glossare aus derselben Quelle stammten, hätte jedes Glossar seine eigenen, auf persönlichen

---

[544] **011.2** I 14-15 (βασταξαίμην durch ἀφελοίμην ersetzt); I 18 (εὕρωμαι durch παραγένωμαι ersetzt), s. Addenda.

[545] Oder auch später: zu βαστάζω als Worterklärung von αἱρέω vgl. **034** VI 2 zu *Il.* 5.210 und auch Hsch. α 2064 (andere Rektionsform). Vgl. auch **046** 12 (s. Fontanella 2022) und die seltenen Worterklärungen in **034**.

[546] Es handelt sich um **027** Fol. 9 ↓, 3 um ὑπεράλμενον (*Il.* 5.138), die durch ὑπεραλλόμενον erläutert wird. Dazu hat eine zweite Hand die Worterklärung ἐπιπηδόμενον hinzugefügt. Der zweite Fall ist die Erklärung zu ὀκνείω (*Il.* 5.255) in **027** Fol. 10 ↓, 6, das durch εὐλαβοῦμαι und das nachträglich hinzugefügte ὀκνῶ eläutert wird.

Entscheidungen beruhenden Änderungen vorgenommen[547]. Fournet befürwortet zwar die zweite Theorie, weist aber auf die Möglichkeit einer kombinierten Lösung hin. Wenn aber nicht auszuschließen ist, dass die späteren Hinzufügungen in **027** einem vollständigeren Glossar entnommen wurden, reichen die beiden Übereinstimmungen mit **034** und **035** nicht für den Beweis aus, dass dieses vollständigere Glossar eine Art Standardsammlung darstellte. In dem ersten Fall stimmt darüber hinaus die von der zweiten Hand hinzugefügte Erklärung nicht vollständig mit derjenigen von **034** überein[548].

Die Annahme einer Standardsammlung von *Scholia Minora* wird von den Papyri nicht gestützt, wie der Vergleich zwischen Iliasglossaren zu derselben Stelle zeigt. Sie könnte sich nur auf die Wiederkehr identischer Interpretamente oder Interpretamentpaare über die Jahrhunderte hinweg stützen. Wie verbreitet sie waren, zeigt nicht nur der Vergleich verschiedener Papyri und D-Scholien, sondern auch der Vergleich mit Lexika der Kaiserzeit. Bestenfalls können wir zumindest eine Gruppe von Worterklärungen wiedergeben, die zum traditionellen Bestand der sog. *Scholia Minora* gehörten und von verschiedenen Glossensammlungen in der Antike geteilt wurde. Die Quelle(n) der D-Scholien wird (bzw. werden) daher dieselben Interpretamente enthalten haben, die durch Kürzungen, Ergänzungen und Kollationen in das mittelalterliche Corpus gelangten. Die Papyrusglossare scheinen keine kontinuierliche Überarbeitung einer Standardsammlung, aus der ein 'ursprünglicher' Text rekonstruiert werden kann, sondern vielmehr die vielfältigen Formen darzustellen, in denen sich der Strom der *Scholia Minora* zusammenfügen und von den Schreibern je nach ihren Quellen, kulturellen Bedürfnissen und ihrem Wissen ständig angepasst werden konnte.

Obwohl die Iliasglossare die meisten Entsprechungen in den D-Scholien finden, lassen sich auch Übereinstimmungen mit anderen 'Scholienklassen' finden. Wie Fournet festgestellt hat, stimmen die in **027** erhaltenen Erläuterungen in drei Fällen mit den *Scholia Maiora* überein[549]. Es handelt sich dort nicht nur um eine Übereinstimmung in der Worterklärung, sondern

[547] Fournet 1999, 109-110.
[548] S. hier **034** col. III 15-16, bei dem die Metaphrasis ὑ(περ)πηδῶντα das Präfix des homerischen Wortes beibehält.
[549] Fournet 1999, 105-106.

auch um die Ermittlung einer Textvariante[550]; ferner wird in dem dritten Fall Aristarch erwähnt[551]. Unter den Iliasglossaren können andere Fälle von Übereinstimmung mit den AbT-Scholien gefunden werden. Berücksichtigt seien folgende Beispiele:

| **043** zu *Il.* 8.411 | sch. D | Ps.-Psellos Paraphrase | sch. AbT |
|---|---|---|---|
| πρώτῃσιν˙ ἄκραις | sch. D *ad loc.*: keine Worterklärung | πρώταις | - sch. A (Ariston.) zu *Il.* 8.411a: πρώτῃσιν δὲ πύλῃσι˙ οὐχ ὡς καὶ ἄλλων οὐσῶν, ἀλλ' ἀντὶ τοῦ ἄκραι, ὡς τὸ ‚ἄξαντ' ἐν πρώτῳ ῥυμῷ' (*Il.* 6.40; 16.371) ἀντὶ τοῦ ἄκρῳ.<br>- sch. bT (ex.) zu *Il.* 8.411b: πρώτῃσιν δὲ πύλῃσι˙ ἄκραις, ὡς ‚πρώτῳ ῥυμῷ' (*Il.* 6.40; 16.371). |

| **043** zu *Il.* 8.444 | sch. D | Ps.-Psellos Paraphrase | sch. AbT |
|---|---|---|---|
| ἀμφίς˙ περὶ ἑκάτερα | sch. D *ad loc.*: Διὸς ἀμφίς˙ τοῦ Διὸς χωρίς. | χωρίς | - sch. A (Ariston) zu *Il.* 8.444a: Διὸς ἀμφίς˙ πρὸς τὴν καθέδραν, ὅτι ἑκατέρωθεν τοῦ Διὸς Ἥρα καὶ Ἀθηνᾶ; dagegen sch. bT (ex.) zu *Il.* 8.444b. |

| **055** zu *Il.* 15.538 | sch. D | Ps.-Psellos Paraphrase | sch. bT |
|---|---|---|---|
| φοίνικι φαεινός˙ φ[οινικῷ χρώματι λε]\|λαμ-πρ[υσμένος] | sch. D *ad loc.*: νέον φοίνικι φαεινός˙ νεωστὶ φοινικῷ χρώματι βεβαμμένος, ὅ ἐστιν ἐρυθρῷ τῷ αἵματι. | νεωστὶ τῷ ἐρυθρῷ βεβαμμένος χρώματι. | sch. bT (ex.) zu *Il.* 15.538b: νέον φοίνικι φαεινός˙ φοινικῷ χρώματι νεωστὶ λελαμ-πρυσμένος. |

In anderen Fällen ist in diesen Glossaren die einzige Übereinstimmung mit den *Scholia Maiora* zu finden, obwohl diese nicht unbedingt im Gegensatz

[550] Fol. 9 ↓, 2 zu *Il.* 5.138: [χραύσῃ]˙ τύψ[η]; Fol. 13 →, 14-15 zu *Il.* 18.471: [εὔπρηστον]˙ εὐφύ[σ]η[τον· τινὲς δὲ εὔπρη]κτον.

[551] Fol. 14 →, 10-11 zu *Il.* 18.570 λίνου· [ ] | Ἀριστᾳ[ρχ- ]. Zu der Ergänzung s. Fournet 1999, 170.

mit den D-Scholien stehen müssen[552]. Man kann sich auch fragen, ob die Erklärung von ἀνηκόντιζε (*Il.* 5.113) in **034** II 25 eine mit den *Scholia exegetica* vergleichbaren Erklärung überliefert:

ἀνηκ̣ό̣ν̣τ[ιζ]ε̣· ἀ̣πεκρούνιζε, ἀνέ̣ν̣|δυ[νε]

D: ἀνηκόντιζε· ἀθρόως ἀνέφερεν

sch. AbT (ex.) zur Stelle: αἷμα δ' ἀνηκόντιζε· ἐμφαντικὴ ἡ μεταφορὰ τοῦ αἵματος ἀναθέοντος μετὰ βίας

Die D-Scholien und die AbT-Scholien weisen auf einen dichten und starken Blutfluss hin, der herausquillt, als Sthenelos den Pfeil herauszieht, der Diomedes getroffen hat. Das seltene ἀποκρούνιζε in **034** scheint auf einen dünnen Blutstrom hinzuweisen, der aus einer kleinen Wunde fließt[553]. Auffällig ist daher, dass in sch. bT (ex.) zu *Il.* 11.458 gesagt wird, dass ἀνηκόντιζε für einen Streifschuss verwendet wird[554]. Darüber hinaus ist anzumerken, dass κρουνίζω und seine Komposita nur in den AbT-Scholien zum zwanzigsten Gesang vorkommen[555].
Auf jeden Fall ist es nötig, darauf hinzuweisen, dass die Übereinstimmung zwischen Glossaren und den AbT-Scholien kein ausschließliches Phänomen von **027** ist und dass sie, wenn auch noch sporadischer, in älteren Glossaren gefunden werden kann. Demzufolge ist Fournets Bemerkung, dass diese Übereinstimmungen zwischen **027** und den AbT-Scholien „montrent, déjà à époque ancienne, une contamination, même marginale, des seconds par les premiers, ce qui invite à revoir, au moins partiellement, l'axiome de la séparation imperméable entre Scholia majora et Scholia minora à l'époque prébyzantine"[556], in Bezug auf den zweiten Teil wohl zu teilen. Trotzdem sollte man nicht von einer Kontamination in der Antike zwischen zwei

---

[552] Z.B. **043** zu *Il.* 8.435 ἐνώπια· πρόθυρα; ebenso sch. bT (ex.) zu *Il.* 13.261b, dazu Pontani 2020; **055** zu *Il.* 15.620 κέλευθα· τὰς ἐφόδους; ebenso sch. bT (ex.) zu *Il.* 15.620b: κέλευθα· ἰδίως τὰς ἐφόδους.
[553] LSJ: κρουνίζω „discharge liquid in a slender stream".
[554] In Gegensatz zu ἀνέσσυτο, sch. bT (ex.) zu *Il.* 11.458b1: ἐπὶ δὲ τῆς λεπτοτέρας πληγῆς ‚αἷμα δ' ἀνηκόντιζε' (*Il.* 5.113); *Il.* 11.458b2: σημείωσαι ὅτι ἐπὶ μὲν τῆς λεπτοτέρας πληγῆς ‚ἀνηκόντιζε' φησίν, ἐπὶ δὲ τῆς μείζονος ἀνέσσυτο· τὸ γὰρ πολὺ οὐκ ἀκοντίζεται. Dagegen glossieren die D-Scholien ἀνέσσυτο mit ἀνηκόντιζε.
[555] sch. AbT zu *Il.* 20.471a1 und a3; vgl. van Thiel 2014a zur Stelle.
[556] Fournet 1999,106.

verschiedenen Sammlungen sprechen[557]. Der gegenseitige Austausch zwischen verschiedenen Scholienklassen ist ohnehin auch ein Merkmal der mittelalterlichen Scholien zu Homer[558].

Neben den mittelalterlichen Scholien zu Homer finden sich solche Erklärungen auch in den alphabetischen Lexika der römischen und byzantinischen Zeit. Insbesondere in dem erweiterten Hesych sind sie vorhanden, der, wie Henrichs bemerkte, ein Sammelbecken der kaiserzeitlichen *Scholia Minora* darstellt[559].

Da in den meisten *interpretamenta* des Hesych Erklärungen verschiedener Quellen nebeneinanderstehen, die sich nicht mehr auseinanderhalten lassen, kann man auch bei genauen und exklusiven Übereinstimmungen weder Abhängigkeiten nachweisen noch angeben, welche und wie viele Zwischenträger es zwischen dem Papyrus und Hesych gab. Ein Beispiel sei hier erwähnt. In **012.1**, einem der ältesten Beispiele auf Papyrus, kann man die nähere Übereinstimmung mit Hesych bei einigen Erklärungen ermitteln, die keine andere Entsprechung finden[560]. Wörterklärungen, die nur in Hesych belegt sind, sind nicht selten zu finden[561]. Trotzdem kann man aus dieser

---

[557] Vgl. Montana 2021, 7 in Bezug auf den Austausch zwischen den *Scholia Exegetica* und den Scholien des Viermännerkommentars: „The combination in the same manuscript of explanations extracted from different compilatory projects or classes corresponds in a broad sense to what textual criticism typically calls ‚contamination‘. However, from the perspective of the history of the hermeneutics and reception of Homer, these phenomena look rather like a series of episodes of ‚dialogue‘ between commentators: more precisely, as instances of fabricated and long-distance dialogue, artificially produced by scholars, compilers, and copyists for teachers, students, and educated readers of their times."

[558] Dazu s. vor allem Pagani 2020, bes. S. 149: „Therefore it is the norm for the scholiastic classes not to appear in a ‚pure‘ condition in our manuscript tradition, but as contaminated with one another. This characteristic seems not to have been a complete innovation introduced at the turning point towards the scholiastic format. To the contrary, we have evidence of a mixture of different currents and approaches in nuce already in antiquity, at the level of the hypomnemata that were sources of the scholia".

[559] Henrichs 1971, 112.

[560] Vgl. Hsch. λ 365: λαcίοιcι˙ δαcέcι, ‚cτήθεcι λαcίοιc‘. ἐκδέχονταί τινεc ἀπὸ τῆc ἔξωθεν ἐπιφανείαc ἀνδρώδεcιν. ἄλλοι πυκνοῖc καὶ cυνετοῖc und **012.1** I 4-7 (zu *Il.* 1.189): [cτήθεccι λαcίοιcι˙ ]εχονται | ]ενεπι | ].οτηc | ]ταc φρεναc. Wie man sieht, ist die Stelle sehr lückenhaft. Beispielsweise könnte man etwa [cτήθεccι λαcίοιcι˙ ἐκ]δέχονταί | [τινεc ἀπὸ τῆc ἔξωθ]εν ἐπι[|φανείαc ἀνδρώδηc, ἢ πυκ]ν̣ότηc | [τῶν τριχῶν περὶ] τὰc φρέναc vorschlagen. Auf einer festeren Grundlage kann man Hsch. ε 4286: ἔπεα πτερόεντα˙ τὰ ἔπη πτηνὰ εἶπε, διὰ τὸ ταχέωc προφέρεcθαι τοὺc λόγουc mit **012.1** II 10-12 (zu *Il.* 1.202): ἔπεα πτερόεντα˙ τ̣ὰ̣ ἔπη πτηνὰ | λέγει ⟦δ⟧καὶ ταχέα δ̣ι̣ὰ τ̣ὸ ὀξύτα|τα διαφέρεcθαι τ̣ο̣ὺc λόγουc vergleichen. Vgl. auch Hsch. μ 978: μετὰ δ' ἐτράπετο ·ἐπεcτράφη δέ und **012.1** II 5-6: μετὰ δ' ἐτράπετο˙ ἐπεcτράφη δ̣[ὲ]| εἰc τοὐπίζω; ἐπεcτράφη δέ ist auch von **011** IV 17 überliefert.

[561] S. z.B. hier **043** I 21a.

dürftigen Evidenz nicht auf eine gemeinsame Quelle schließen; vielmehr kann man in dem Fall von **012.1** eine gewisse diachrone Verkürzungstendenz bemerken.

Auch bei Fehlern in den Worterklärungen kann kein direkter Zusammenhang zwischen einem Papyrus und einer bestimmten Quelle postuliert werden. Ein lehrreicher Fall ist **034** IV 20: {ε}ἱρῶν˙ θαυμαςτῶν. Unter der Annahme, dass θαυμαςτῶν irrtümlich anstelle von θυμάτων geschrieben wurde, weist Plasberg darauf hin, dass ein direkter Zusammenhang mit Hesych nicht anzunehmen ist[562]. Wie verbreitet aber die Worterklärung θαυμαςτόc war, kann man feststellen, wenn man nach Belegen dieser Erklärung zu ἱρόc in spätantiken Lexika und Etymologica sucht[563]. Ein weiterer Fall in demselben Papyrus, in dem die Erklärung der Lexis in der betreffenden Stelle fehlerhaft ist, aber nicht unbedingt im Allgemeinen, liegt in **034** V 7-9 vor: πέπλοι˙ πέ̣π̣λοc λ̣έ̣γεται τὸ | ἀνδρεῖον κ(αὶ) τὸ γ̣υν̣αικε̣ῖ̣ον | ἱμάτιον. Wie die D-Scholien richtig angeben, sind hier mit πέπλοι die über den Wagen gebreiteten Decken gemeint. πέπλοc kann aber bei Homer selbst die weibliche Bekleidung bezeichnen, während es bei Tragikern auch für Männer verwendet wird[564].

Selbst in einem Glossar wie diesem, das sich vergleichsweise enger an den Homertext hält[565], zeigen diese beiden Stellen, dass es einen ständigen Strom von Material nicht nur zwischen verschiedenen Exemplaren von Iliasglossaren, sondern auch zwischen Homer-Lexika und allgemeinen lexikographischen Werken gegeben haben muss. Gelegentlich sind auch Übereinstimmungen mit anderen Texten (Scholien zu anderen Autoren, reine grammatikalische Abhandlungen, usw.) zu finden. Jeglicher Versuch, ein Abhängigkeitsverhältnis zwischen den Iliasglossaren und den verwandten Quellen herzustellen, würde eine Unterschätzung des Verbreitungsgrads der Homererklärung bedeuten.

Obwohl weitere Forschungen die Entstehung der mittelalterlichen Sammlung der D-Scholien weiter erhellen müssen, ist der Kontinuitätsbruch sowohl im

---

[562] Hsch. ι 871: ἱρά·θύματα, cυνέδρια, τιμαί, θυcίαι, θαύματα.

[563] Philoponus, *De vocabulis quae diversum significatum exhibent secundum differentiam accentus*, rec. A ι 2 (hg. Daly 1983), Σα ι 26, Sud ι 168, EGud. 273.19.

[564] Wie schon van der Valk 1963, 291 Anm. 425 bemerkte, vgl. Eust. *Il.* II 184.1ff.: ὅτι δέ ποτε καὶ ἐπὶ ἀνδρείου ἱματίου ὁ πέπλοc τίθεται, δηλοῖ που Εὐριπίδηc, καὶ Σοφοκλῆc κτλ.

[565] S. Einleitung zu **034**.

Hinblick auf das Material als auch den Inhalt zwischen ihnen und den Papyrusglossaren nicht zu übersehen. Die Iliasglossare können das relative Alter der einzelnen Elemente des Corpus bestätigen, Hinweise auf ihre Verbreitung angeben und Tendenzen zeigen, sind nicht aber der gesamten Sammlung der D-Scholien gleichzustellen, wie wir sie in den mittelalterlichen Handschriften lesen können. Selbst wenn man die geringere Zahl von Dokumenten für die Spätantike berücksichtigt, scheint die hier angenommene Verkürzungstendenz dafür zu sprechen, dass der gewaltige Vorgang der Ansammlung verschiedener Elemente und der systematischen Bearbeitung der Scholia-D eher in die byzantinische Zeit zu datieren ist. Vor dem 9. Jh. gibt es keinen Hinweis für die Existenz eines systematischen Glossars, das als Quelle des lexikographischen Teils der D-Scholien angesehen werden kann.

Die Iliasglossare auf Papyrus weisen ferner auf Sammlungen von Worterklärungen hin, die zwar zu einem alten gemeinsamen glossographischen Erbe gehören, sich aber kaum auf eine standardisierte Version von *Scholia Minora* reduzieren lassen. Darüber hinaus würde die Annahme einer Sammlung, die sich im Grunde genommen – d.h. abgesehen von Erweiterungen bzw. Verkürzungen – im Laufe der Jahrhunderte nicht wesentlich verändert hätte, die dargelegten Tendenzen, die man in Glossaren bei den Erklärungen, bei der größeren Fragmentierung des Textes und bei der Dichte der Lexeis findet, nicht erklären. Nimmt man an, dass die oben festgestellten Tendenzen der Iliasglossare das kulturelle Klima der römischen und byzantinischen Zeit und seine Entwicklung widerspiegeln, wären sie durch die 'Verschiebung' in lexikographische Richtung verständlicher. Eine kanonische Sammlung hätte sich hingegen nicht an das veränderte kulturelle Klima und den sich damit entwickelnden Erklärungsbedarf anpassen können, der sich hingegen auf die inhaltlichen Merkmale der Iliasglossare ausgewirkt zu haben scheint.

Tabelle 1[566]

| *Il.* 1 | 002 | 003 | 001 | D |
|---|---|---|---|---|
| 1a. | μῆνιν· χόλον, ὀργήν, θυμόν | μῆνιν· ὀργήν | [ ] | μῆνιν· ὀργήν, χόλον ἐπίμονον |
| 1b. | ἄειδε· ᾆδε, ὅ{c} ἐcτιν ὕμνει | X | [ ] | ἄειδε· ᾆδε, λέγε |
| 1c. | θεά· μοῦcα | θεά· μοῦcα | [θεά· μοῦ]cα | θεά· μοῦcα, λέγει δὲ τὴν Καλλιόπην |
| 1d. | Πηληιάδεω· Πηλέως υἱοῦ, \`πατρωνυμικῶς´, λέγει \| δὲ το⟦ν⟧\`ῦ´ Ἀχιλλέ⟦α⟧\`ωc´ | X | Πη[λη]ιά[δεω· τοῦ] παιδὸc τοῦ Πηλέωc | Πηληιάδεω· τοῦ Πηλέωc παιδόc |
| 1e. | X | X | Ἀχιλῆοc· τοῦ Ἀχιλλέοc | X |
| 2a. | οὐλομένην· ὀλεθρίαν | οὐλομένην· [ὀ]λεθρ[ί]\|α[ν] | οὐλομένην· ὀλεθρίαν | οὐλομένην· ὀλεθρίαν |
| 2b. | X | ἣ μυρία· ἥτιc πολλά | ἥ· ἥτιc | ἥ· ἥτιc ὀργή |
| 2c. | μυρία· πολλά | ↑ | μυρία· πολλά | μυρία· ἀορίcτωc ἀντὶ τοῦ πολλά |
| 2d. | Ἀχαιοῖc· τοῖc Ἕλληcιν | X | Ἀχαιοῖc· τοῖc Ἕλληcι | Ἀχαιοῖc· τοῖc Ἕλληcιν |
| 2e. | ἄλγεα· κακά | X | ἄλγεα· κακά | ἄλγεα· κακά |
| 2f. | ἔθηκεν· [ἐ]ποίηcεν | ἔθηκεν· ἐποίηcεν | [ἔθη]κεν· ἐποίηcεν | ἔθηκεν· ἐποίηcεν |
| 3a. | πολλά[c]· πλείcταc | X | [πολ]λὰc δέ· πλείcταc δέ | πολλὰc δ᾽· παμπόλλουc |

[566] [ ] = Lücke; ↑ = s. vorherige Erklärung; X = Stichwort nicht glossiert. Für **001**, **002** und **005** folge ich den neuen Ausgaben, die auf der Plattform Aristarchus (http://www.aristarchus.unige.net/Scholia/it-IT/Database) verfügbar sind.

| *Il.* 1 | 002 | 003 | 001 | | D |
|---|---|---|---|---|---|
| **3b.** | [ἰ]φ̣θ̣ί̣μους· ἰ̣σ̣χ̣υροψύχους Ἀχα(ιῶν) | ἰφθί[μο]υς· ἰσχυροψύχους | [ἰφ]θίμους· ἰσχυράς | | ἰφθίμους ψυχάς· ἰσχυράς, γενναίας |
| **3c.** | X | X | ψυχάς· τὰς ψυχάς | | ↑ |
| **3d.** | Ἄϊδι· τῷ Ἅιδη | X | X | | Ἄϊδι· τῷ Ἅιδη |
| **3e.** | προΐ̣α̣ψεν· ἢ ἐ̣ξ̣έβαλεν ἢ προ̣διέ̣φθ̣`ε´ι̣ρ̣[εν | X | X | | προΐαψεν· πρὸ τῆς εἱμαρμένης ἔπεμψεν |

**1a. 002** I 3 fort. ἐ̣[πίμονον add. s.l. || **1c. 002** fort. $M^2$ || **1d. 002** I 5 Πηληιαδεο pap.; `π̣α̣τ̣ρ̣ω̣ν̣υ̣μ̣ι̣κ̣ῶ̣ς̣´ add. s.l. ($M^2$?); I 6 corr. s.l. ($M^2$?) | **001** τω παιδι pap. || **2e. 001** αλκεα pap. || **3b. 002** αχ`α-´pap. || **3d. 002** Αδη pap.

| *Il.* 1 | 002 | 004 | 003 | 001 | | D |
|---|---|---|---|---|---|---|
| **4a.** | ἡρώων· . . μητε ἀνθρώπων | [ ] | X | ἡρώων· τῶν ἡμιθέων ἀνδρῶν | | ἡρώων· τῶν ποτὲ ἡμιθέων ἀνδρῶν |
| **4b.** | αὐτο̣ὺς δέ· τὰ δὲ cώματα αὐτῶν | [ ] | αὐτοὺς δέ· τὰ δὲ cώματα αὐ\|τῶν | αὐτοὺς δέ· τὰ δὲ cώματα αὐτῶν | | αὐτοὺς δέ· ἀντὶ τοῦ τὰ δὲ cώματα αὐτῶν |
| **4c.** | ἑλώρια· ἑλἑ̣{ς̣}ματα ἢ ἑ̣λ̣κ̣ύ̣ς̣ματα | [ἑλώρια· σπαράγματα,] ἑλκύςματα | ἑλώρια· ἑλκύςματα, σπαράγματα | ἑλώρια· ἑλκύςματα, σπαράγματα | | ἑλώρια· ἑλκύςματα, σπαράγματα |
| **4d.** | τεῦχε· ἐ̣π̣ο̣ί̣ει | X | X | τεῦχε· ἐποίει | | τεῦχε· ἐποίει |
| **4e.** | κύνεccι· κ̣υ̣ς̣ί̣ν̣ | X | X | κύνεcι· τοῖς κυσί | | κύνεccι· κυcίν. Αἰολὶς ἡ διάλεκτος. |

**4a. 002** μήτε θεῶν μήτε ἀνθρώπων proposuit Renner, sed brevius spatio | **4c. 001** ελκιcματα pap.

| *Il.* 1 | 002 | 005 | 004 | 003 | 001 | D |
|---|---|---|---|---|---|---|
| **5a.** | οἰωνοῖcί τε˙ [ | [οἰωνοῖcι˙ ]. . . ọρνέοις \|] . . . . c τοῖc γυψί | [οἰωνοῖcι˙ cαρ]κοφάγοιc̣ ὀρ`νέοιc´ | οἰωνοῖcι˙ \| [το]ῖc cαρκωφάγοιc ὀρνέοιc | οἰωνοῖcὶ τε πᾶcι˙ καὶ πᾶcι τοῖc c[αρκ]ọφάγọịc̣ \| ὀρνέοιc λέγ[ει γυ]ψị́, κ[όραξι] | οἰωνοῖcι τε˙ τοῖc cαρκοφάγοιc ὄρνιcιν, λέγει δὲ γυψί καὶ κόραξι. cαρκοφαγοῦνταc οἷον γύπαc. |
| **5b.** | πᾶcι˙ {ẹ} ἐν πᾶcι | X | X | X | ↑ | πᾶcι˙ ἅπαcιν |
| **5c.** | Διὸc δ'ἐτελẹị́ετο β̣ουλ[ή]˙ ἡ δὲ τοῦ \| Διὸc ἐτελέẹτọ γ̣ν̣ώ̣μ̣[η] | [Διὸc δέ]˙ ἡ̣ δὲ τọῦ̣ Διόc | X | X | Διὸc δέ˙ ἡ δὲ τοῦ Διό[c] | Διὸc δέ˙ ἡ δὲ τοῦ Διόc |
| **5d.** | ↑ | X | [ἐτελείετο˙ ἐτελει]οῦ̣το | X | ἐτελείετο˙ ἐτελειοῦτο | ἐτελείετο˙ ἐτελειοῦτο, ἐπληροῦτο |
| **5e.** | ↑ | [βουλή˙ ἡ γν]ώ̣μη | X | X | βουλή˙ ἡ γνώμη | βουλή˙ γνώμη |
| **6a.** | ἐξ οὗ δή˙ ἀφ'οῦ̣ δ̣ὴ̣ χρ̣[όνου] | [ἐξ οὗ δή˙ ἀ̣φ'οὗ δὴ χ]ρ̣ό̣νου | [ἐξ οὗ δή˙ ἀφ'οὗ] δὴ χρόνου | X | ἐξ οὗ δή˙ ἀ̣φ'οὗ δὴ χρόνου | ἐξ οὗ δή˙ ἀφ'οὗ δὴ χρόνου |
| **6b.** | τὰ πρῶτα˙ τὰ ἐν ἀρχ[ῆ̣] | [τὰ πρῶτα˙ τὸ πρ]ῶτον, τὰ ἐν ἀρ`χῆ´ | [τὰ πρῶτα˙ τὸ πρ]ῶτον | X | τὰ πρῶτα˙ τὴν ἀρχήṿ | τὰ πρῶτα˙ τὸ πρῶτον καὶ τὴν ἀρχήν |
| **6c.** | διαcτήτην˙ δ̣ι̣ẹ̣́c̣τ̣η̣c̣α̣[ν | [διαcτήτην˙ διέcτηc]αν, δυϊκῶc | [διαcτήτην˙ διέc]τ̣ηcαν, δυϊκῶc | X | διαcτήτ[ην˙ δι]έcτη[cαν] | διαcτήτην˙ διέcτηcαν καὶ διεχωρίcθηcαν |

| | | | | | | |
|---|---|---|---|---|---|---|
| **6d.** | ἐρίcαντε˙ . . . . . . . [ | [ἐρίcαντε˙ ἐρίcαντες, δ]υϊκῶc | [ἐρίcαντε˙ φιλον]ικήcαντες, δυϊκῶc | ἐρίcαντε˙ φιλονική\|\|[cα]ντεc | [ἐ]ρίcαντ̣[ε]˙ [ ] | ἐρίcαντε˙ φιλονεικήcαντεc |
| **7a.** | Ἀτρεΐδηc˙ πατρωνυ̣μ̣ι̣κ̣[ῶc, Ἀγα]\|\|μέμνων π̣α̣ῖ̣c̣ Ἀ̣τ̣ρ̣έ̣[ωc] | [Ἀτρεΐδηc˙ πατρωνυμι]κῶc, Ἀγα\|[μέμνων Ἀτρέωc] γ̣ὰρ παῖc | [Ἀτρεΐδηc˙ ὁ Ἀτρέ]ω̣c παῖ̣c Ἀγα̣μ̣έ`μνων´ | X | [ ] | Ἀτρεΐδηc˙ ὁ Ἀτρέωc παῖc Ἀγαμέμνων |
| **7b.** | X | ]β̣α̣c̣ι̣λ̣`ε̣´υ̣c̣ . . | [ἄναξ ἀνδρῶν˙ βαcι]λεύc | X | [ ] | ἄναξ ἀνδρῶν˙ βαcιλεύc |
| **7c.** | δῖοc˙ η̣τ̣ο̣ . . . [.] . . . . . . [\| διοcη̣εν̣. . [ | [ ] oder X | [δῖοc˙ ἔν]δ̣οξοc | X | [ ] | καὶ δῖοc Ἀχιλλεύc˙ θεῖοc, εὐγενήc. ἢ ἀπὸ Διὸc ἔχων τὸ γένοc, ἔντιμοc |
| **8a.** | τίc τ̣' ἄρ cφ[ωε]˙ . . . [ | . c̣ [. .]α̣ὐ̣τ̣ο̣ύ̣c̣, δ̣υ̣ϊ̣κ̣[ῶc] | [cφω]ε˙ αὐτούc | X | [ ] | τίc τ' ἄρ cφωε˙ τίc δὴ αὐτοὺc τοὺc δύο, Ἀγαμέμνονα καὶ Ἀχιλλέα |
| **8b.** | X | X | X | X | θεῶ̣ν̣˙ [τῶν] θ̣ε̣ῶ̣ν | X |
| **8c.** | ἔριδι˙ φ̣[ι]λ̣ο̣[νικία̣] | [ ] | [ἔριδι˙ φιλ]ο̣νεικία̣ | X | ἔριδι˙ [φ]ι̣λ̣ο̣ν̣ε̣ι̣κ̣[ία̣] | ἔριδι˙ φιλονικία̣ |
| **8d.** | ξυ̣νέηκε̣˙ .[ ] | [ ] | [ξυνέηκε˙ cυ]νέβαλεν | ξυνέηκε˙ ξυνέβαλε | ξυνέηκε˙ [ | ξυνέηκε˙ cυνέβαλεν |
| **8e.** | X | X | X | X | μάχεcθαι˙ [πολ]ε̣μ̣[εῖν] | X |

| *Il.* 1 | 002 | 005 | 004 | 003 | 001 | D |
|---|---|---|---|---|---|---|
| **9a.** | Λ̣η[τ]ο̣ῦc κα̣ὶ̣ Δ̣[ιὸc υἱόc˙ ὁ Ἀπόλλων] | [Λητοῦc καὶ Διὸc υἱό]c˙ ὁ Ἀπόλλων | [Λητοῦc καὶ Διὸc υἱ]όc˙ ὁ Ἀπ̣όλλων̣ | X | Λητοῦc καὶ Διὸc υ̣[ἱόc]˙ | Λητοῦc καὶ Διὸc υἱόc˙ ὁ τῆc Λητοῦc καὶ Διὸc παῖc Ἀπόλλων |
| **9b.** | ὁ̣ [γ]ά̣ρ˙ ο̣ὗ̣[τοc γάρ] | [ὁ γάρ˙ οὗτοc γά]ρ | [ὁ γάρ˙ οὗ]τοc γά̣[ρ] | X | ὁ γάρ˙ οὗτοc γ̣[άρ] | ὁ γάρ˙ οὗτοc γάρ |
| **9c.** | [ ] | βαcιλῆϊ˙ β[αcιλεῖ] | [βαcιλῆϊ˙ β]αcι̣λ̣εῖ | X | βαcιλῆϊ˙ [τῷ] βαcιλ[εῖ] | βαcιλῆϊ˙ τῷ βαcιλεῖ |
| **9d.** | [ ] | χολωθείc˙ [ὀργι]c̣θείc | [χολωθείc˙ ὀρ]γιcθ̣ε̣ί[c] | χολωθείc˙ ὀργιcθείc | χολωθείc˙ [ὀργι]c̣θείc | χολωθείc˙ ὀργιcθείc |

**5a. 001** cfr. Muratore 2009 **7a. 002** cfr. Fontanella 2021 **7c. 002** ἣ τὸ γέν[ο]c ἔχων ἀ[πὸ τοῦ]| Διὸc ἢ ἔνδο[ξοc] vel ἔντι[μοc] proposuit Renner || **8a 005** c̣[φωέ]˙ α̣ὐ̣τ̣ο̣ύ̣c̣, δ̣υ̣ΐκ̣[ῶc] vel [τίc τ᾽ἄρ cφωε˙ τ]ί̣c [δὴ] α̣ὐ̣τ̣ο̣ύ̣c̣, δ̣υ̣ΐκ̣[ῶc] **8b. 001** lacunam statuerunt edd. || **8c. 001** cfr. Muratore 2009 || **8e. 001** μ[ ed. || **9b. 004 001** οὕτωc papp. || **9d. 005 001** χωλωθειc papp.

| *Il.* 1 | 005 | 004 | 006 | 003 | 001 | D |
|---|---|---|---|---|---|---|
| **10a.** | νοῦcον˙ ν[όc]ον̣, Ἰακῶc | [νοῦcον˙ ν]όcον | [ ] | νοῦcον˙ νόcον | νοῦcον˙ λ̣⟨ο⟩ιμικὴν νόcον | νοῦcον˙ νόcον λοιμικὴν |
| **10b.** | ἀνὰ cτρατὸν˙ ἀν[ὰ c]τρατόπεδον | [ἀνὰ cτρατὸν˙ κ]ατὰ τὸ c[τρ]α|[τό]π̣εδον | [ ] | X | ἀνὰ cτρατὸν˙ ἀνὰ τὸ cτράτευμα | ἀνὰ cτρατὸν˙ κατὰ τὸ cτρατόπεδον |
| **10c.** | ὦρcε˙ ἐνέβαλ̣εν, Α̣ἰ̣ο̣λικῶc | ὦρcε˙ ἐ]φ̣ώρμηcεν | [ ] | ὦρcε˙ ἐφώρμηcε | ὦρ̣cε˙ ἐνέβαλεν | ὦρcε˙ διήγειρεν, ἐνέβαλεν |
| **10d.** | κακήν˙ κ̣α̣κ̣ω̣τ̣ι̣κ̣ή̣ν̣ | [κακήν˙ κα]κωτικήν | [ ] | X | κακήν˙ κακωτικήν | κακήν˙ κακωτικήν |

| | | | | | | |
|---|---|---|---|---|---|---|
| **10e.** | ὀλέκοντο˙ ἀ[πώλλυντο] | [ὀλέκοντο˙ ἀπ]ω̣λλυν[τ]ο̣ | ὀλέκο̣ν[το]˙ [ | ὀλέκοντο˙\| [ἀπώ]λλυντο | ὀ̣λ̣ε̣κοντο δέ˙ ἀπώλλυντο δέ | ὀλέκοντο˙ ἀπώλλυντο |
| **10f.** | λαοί˙ ὄχ[λοι] | λαοί˙ ὄχλ̣[οι] | λαοί˙ [ | X | [λ]α̣ο̣ί˙ οἱ ὄχλοι | λαοί˙ ὄχλοι |
| **11a.** | οὕνεκα˙ ὅτ̣ι̣ | οὕνεκα˙ διότι | οὕνεκα˙ [ | οὕνεκα˙ διότι | ο̣ὕνεκα˙ διότι | οὕνεκα˙ ἕνεκα, ἐπειδή |
| **11b.** | Χρύcην˙ ⟦.⟧. . . Χ̣ρ̣ύ̣c̣η̣ν̣ `τ[ὸν ἱερέα]´ | Χρύcην˙ [ ] | X | X | τ̣ὸ̣ν Χρύcην˙ τὸν ἱερ⟨έ⟩α Χρύcη[ν] | X |
| **11c.** | ἠτί̣μαcεν˙ ἄτιμον ἐποίηcεν | ἠτί̣μηcεν˙ [ ] | ἠτί̣μα[cεν]˙ [ | ἠτίμηcεν˙ ἄτιμον \| [ἐποί]ηcεν | [ἠτί]μ̣ηcεν˙ ἀτίμωc ἀ⟨πέ⟩πεμψεν | ἠτί̣μηcεν˙ ἀτίμωc περιύβριcεν |
| **11d.** | ἀρητῆρα˙ ἱερέα | ἀρητῆρα˙ [ | ἀρητῆ[ρα]˙ [ | ἀρητῆρα˙ ἱερέα | [ἀρητ]ῆρα˙ τ̣ὸν ἱερέα | ἀρητῆρα˙ ἱερέα |
| **12a.** | X | Ἀτρεΐδηc˙ [ ] | Ἀτρεΐδη[c˙ Ἀγαμέ]\|μν[ων] | X | [Ἀτρ]ε̣ΐ̣δηc˙ ὁ τοῦ Ἀ̣τρέωc παῖc | X |
| **12b.** | ὁ γάρ˙ οὗτοc [γ]ά̣ρ | X | [ ] | X | X | ὁ γάρ˙ οὗτοc γάρ |
| **12c.** | ἦλθε˙ παρεγένετο | X | [ ] | X | X | ἦλθε˙ παρεγένετο |
| **12d.** | θοάc˙ ταχεία̣c̣ | θοάc˙ τα[χείαc] | [ ] | X | [θ]οάc˙ τ̣αχεία̣c̣ | θοάc˙ ταχείαc. cημαίνει δὲ καὶ ὀξείαc κτλ. |
| **12e.** | νῆαc˙ ναῦc, πλοῖα | X | [ ] | X | [ἐ]π̣ὶ νῆαc˙ ἐ̣π̣ὶ̣ τὰc ν̣αῦc | ἐπὶ νῆαc˙ ἐπὶ τὰc ναῦc, ὅ ἐcτι τὰ πλοῖα |
| **12f.** | X | X | [ ] | X | [Ἀχα]ιῶν˙ [τῶ]ν̣ Ἑλλή̣ν̣ω̣ν̣ | X |

**003** ωρξε εφορμηcε pap. **10e. 001** απολυντο pap., l. ἀπώλλυντο Muratore 2009 || **11a. 001** τιοτι pap. | **11c. 001** [ἠτ]ίμιcεν pap. || **11d. 003** ϊερεα pap.

| *Il.* 1 | 005 | 004 | 003 | D |
|---|---|---|---|---|
| **13a.** | λυcόμενοc˙ λυτρωcόμενοc | λυcόμεν̣[οc]˙ [ | λυcόμενοc˙ λυτρω‖[cόμε]νοc | λυcόμενόc τε˙ λυτρωcόμενοc |
| **13b.** | θύγατρα˙ θ[υγα]τέρ̣α̣, κατὰ cυνκοπ`ήν´ | θύγατρα˙ [ | X | θύγατρα˙ τὴν θυγατέρα |
| **13c.** | φέρων˙ ] . . [. . .]ω̣ν̣ . . . ν . | X | X | φέρων˙ κομίζων, ἄγων |
| **13d.** | ἀπερεί̣cια˙ ] . . [ . ] . . . . | X | ἀπερείcια˙ ἄπειρα, πολλά | ἀπερείcια˙ ἄπειρα τῷ πλήθει, πολλά |
| **13e.** | ἄ̣π̣ο̣ι̣ν̣α̣˙ [ | X | ἄποινα˙ λύτρα | ἄποινα˙ δῶρα, λύτρα |
| **14a.** | [cτέ]μ̣μ̣α̣τ̣α̣ | cτέμματ̣[α]˙ [ | [cτέ]μματα˙ τὰ ἱκετήρια | cτέμματ᾿˙ cτεφανώματα |
| **14b.** | ἔχων˙ φ̣[έρων] | X | X | ἔχων˙ κατέχων |
| **14c.** | ἐ̣[ν] χερc[ίν˙ ἐν τ]α̣ῖ̣c̣ χειρc[ίν | ἐν χερc[ίν]˙ [ | X | ἐν χερcίν˙ ἐν ταῖc χειρcίν |
| **14d.** | ἑ[κ]ηβ̣ό̣λ̣ο̣υ̣˙ μακροβ]όλ[ου] | ἑκηβόλ[ου]˙ [ | ἑκηβόλου˙ μακροβόλου | ἑκηβόλου˙ ἕκαθεν, ὅ ἐcτι πόρρωθεν, βάλλοντος τὰ βέλη, εὐcτόχου τοξότου |
| **14e.** | Ἀ[π]ό̣λ̣λων̣[οc˙ ]α̣ [ ]π̣αω̣ . | X | X | Ἀπόλλωνοc˙ τοῦ θεοῦ τοῦ Ἀπόλλωνοc. |
| **15a.** | [χ]ρ̣υ̣c̣έ̣ω̣˙ κ̣ε̣χ̣ρ̣υ̣[c]ωμέν̣ω̣ | χρυcέῳ̣˙ [ | X | χρυcέῳ ἀνὰ cκήπτρῳ̣˙ περὶ τῷ κεχρυ[c]ωμέν̣ῳ̣ cκήπτρῳ̣, ὅ ἐcτι τῇ χρυcῇ ῥάβδῳ̣ τῇ βαcιλικῇ |
| **15b.** | ἀνά˙ . . [ ] . [ ]π̣[ερ]ὶ̣ τ̣ῷ cκή̣π̣τ̣ρ̣ω̣ | X | X | ↑ |

| | | | | |
|---|---|---|---|---|
| **15c.** | c[κή]π[τρ̣ω̣]˙ [ | cκήπτρ[ω̣]˙ [ | [cκή]πτ⟨ρ⟩ω̣˙ βαcιλικῆ ῥάβδω̣ | ↑ |
| **15d.** | λ̣[ί]c̣c̣ετο̣˙ π̣α̣ρεκά̣λ̣ε̣ι | ἐλίccετο̣˙ [ | ἐλίccετο˙ παρεκάλει | καὶ ἐλίccετο˙ ἐλιτάνευεν, παρεκάλει. |
| **16a.** | Ἀτρεΐδα δ[έ]˙ . . τ̣ο̣ὺ̣c̣ Ἀ\τ̣ρ̣έ̣[ωc] π̣α̣ῖδαc \| Ἀγαμ̣έ̣μ̣[ν]ο̣ν̣α καὶ Μενέλα̣ο̣ν̣ | Ἀτρεΐδα˙ [Ἀγαμέμνονα καὶ]\| Μ̣ε̣[νέλαον] | X | Ἀτρεΐδα δὲ μάλιcτα˙ μάλιcτα δὲ τοὺc Ἀτρέωc παῖδαc, Ἀγαμέμνονα καὶ Μενέλαον, ὅ ἐcτιν ἐξαίρέτωc |
| **16b.** | μάλιcτα˙ [λ]ίαν | μάλιcτα˙ [ | X | ↑ |
| **16c.** | κοcμήτορε˙ διατάκται, βαcιλε`ῖc´ | κοcμήτ[ορε]˙ [ | [κοc]μήτορε˙ ἡγεμόνεc | κοcμήτορε˙ διατάκτοραc, ἡγεμόναc |
| **17a.** | ἐϋκνήμιδεc˙ εὔοπλοι, ἀπὸ μέρ`ουc´ | ἐϋκνήμ̣[ιδεc]˙ [ | X | X |
| **18a.** | δοῖεν˙ δοίηcαν, παρέχοιεν | δοῖεν˙ [ | X | ὑμῖν μὲν θεοὶ δοῖεν˙ ὑμῖν μὲν θεοὶ παράcχοιεν |
| **18b.** | Ὀλύμπια δώματ᾿ ἔχοντεc˙ οἱ τὸν Ὄλυμπον κατοικοῦντεc | Ὀλύμπια̣ [δώματ᾿ ἔχοντεc˙]\| οἱ τὸν [Ὄλυμπον κατοικοῦν]\|τεc θ[εοί˙ Ὄλυμποc δέ]\| ἐcτιν [ὄροc ἐν Μακεδονί]\|α̣, θεῶ̣[ν οἰκητήριον] | Ὀλύμπια δώματ᾿ ἔχοντεc˙\| τὸν Ὄλυμπον κατοικοῦντεc θεοί˙ Ὄλυμποc δέ ἐcτιν \| [θεῶ]ν ἐν Μακεδονίᾳ [οἰκ]ητήριον | Ὀλύμπια δώματ᾿ ἔχοντεc˙ οἱ τὸν Ὄλυμπον κατοικοῦντεc θεοί. Ὄλυμποc δὲ κατὰ μὲν Ὅμηρον ὄροc τῆc Μακεδονίαc μέγιcτον, ἱερὸν τῶν θεῶν, κτλ. |

**10c 003** ωρξε pap. **13c 005** fort. κ̣ο̣[μ̣ί̣ζ]ω̣ν, ἄ[γ]ω̣ν || **13d. 003** *απαρειcια* pap. || **14a. 003** ϊχετηρια pap. || **18b. 004** vel [ ? οἰκητήρι]\|α θεῶ̣[ν]; de ω dubitavit Turner apud Philips, cfr. comm. ed.pr. | **003** θ̣[ω̅ν̅] pap.

Tabelle 2[567]

| *Il.* 5 | 034 (1./2. Jh.) | 035 (2. Jh.) | 027 (4./5. Jh.) | 029.1 (5./6. Jh.) | D |
|---|---|---|---|---|---|
| 197 | αἰχμητά· ὁ αἰχμητής, ὁ μαχη`τής´ | [ ] oder X | αἰχμητά· ἀντὶ τοῦ αἰχμητής | α[ἰχμητά· πο]λεμικός | αἰχμητά· αἰχμητής, πολεμικός |
| 198 | ἐρχομένῳ· δεῦρο π(αρα)γινομ(έν)ῳ | [ ] oder X | X | X | X |
| | X | [ ] oder X | X | ἐπέτ[ελλε· π]ροcέταττεν | X |
| | δόμοιc ἔνι· ἐν τοῖc οἴκοιc | [ ] oder X | X | X | X |
| | ποιητοῖcι· τοῖc . υ πεπ[ο]ιημένοιc \| τοῖc εὖ κατεcκευα[c]μ(έν)οιc | [ ] oder X | ποιητοῖcι· εὖ πεποιημένοιc | ποιητο[ῖcιν· κ]αλῶc καταcκευ\|[α]cμένουc | ποιητοῖcι· καλῶc καταcκευαcμένουc, εὐποιητοῖcι |
| 199 | ἐμβεβαῶτα· ἐπιβεβηκότα | [ ] oder X | X | ἐμβεβα[ῶτα]· ἐ[μ]⟨β⟩εβηκότα | ἐμβεβαῶτα·ἐμβεβηκότα |
| 200 | ἀρχεύειν· καθηγεῖcθαι | [ ] oder X | X | ἀρχεύε[ιν· ἄ]ρ[χειν | Τρώεccιν ἀρχεύειν· ἡγεῖcθαι τῶν Τρώων κτλ. |
| 201 | πολὺ κέρδιον· κ(ατὰ) πολὺ κρεῖccον | [ ] oder X | X | κέρδιον· [ ] . [ | πολὺ κέρδιον ἦεν· κατὰ πολὺ κρεῖττον ἦν |
| 202 | φειδόμ(εν)οc· φειδὼ ποιούμ(εν)οc | [ ] oder X | X | [ ] oder X | X |
| | φορβῆc· τροφῆc | [ ] oder X | φορβῆc· τροφῆc | [ ] oder X | φορβῆc· τροφῆc |

567 ] = Lücke; ↑ = s. vorherige Erklärung; X = Stichwort nicht glossiert. Für **034** s. die hier vorliegende Neuedition.

| | | | | | |
|---|---|---|---|---|---|
| 203 | εἰλομ(έν)ων˙ συν[κ]λειομ(έν)ων | ẹἰλομ[ένων˙ ] | εἰλομένων˙ συστρεφọμ̣ένων | [ ] oder X | ἀνδρῶν εἰλομένων˙ συστρεφομένων, πολεμούντων |
| | εἰ̣ωθότες˙ ἔθος ἔχ̣οντες | X | X | [ ] oder X | εἰωθότες˙ εἰθισμένοι |
| | ἔδ̣μεναι˙ ἐσθίειṿ | ἔδ̣μ̣εṿ[αι˙ ἐσθίειṿ ?] | X | [ ] oder X | ἔδμεναι˙ ἐσθίειν |
| | ἄδδην˙ ἀθρόως | ἄδδ̣η̣[ν˙ | ἄδδην˙ ἀθρόως, ὁμοῦ πολλ[ά] (marg.) | [ ] oder X | ἄδδην˙ δαψιλῶς. Αἰολὶς ἡ διάλεκτος. |
| 204 | λί̣πον˙ κατέλιπον | X | X | [ ] oder X | ὣς λίπον˙ οὕτως κατέλιπον, ἢ διὰ τοῦτο |
| 205 | π̣[ί]συνος˙ π . επι`οι´θως | . . σ .[ ? | πίσυνος˙ εὖ πεποιθ[ώ]ς<br>[ ] θα̣[ρρῶν] (marg.) | [ ] oder X | πίσυνος˙ πεπιστευκώς, τεθαρρηκώς |
| 206 | δοιοῖσιν˙ δυσί̣ṿ | | | [ ] oder X | δοιοῖσιν˙ δύο |
| 208 | X | ἀτρ̣ε̣[κές˙ τὸ ἀληθές ?] | [ ] oder X | X | ἀτρεκές˙ ἀληθές, φανερόν |
| | ⟦ο⟧`ἔ´σσευσ̣α˙ οἷον ἔσσευσα ἀντ(ὶ τοῦ) σ̣υθῆ\|ναι ἐποίησα | ἔσ̣σ̣ευ̣[α | ἔσσευαν˙ ὥρμ̣ησαṿ | ἔσ[σευα | ἔσσευα˙ ῥυῆναι ἐποίησα |
| | [ἤγ]ειρα˙ οἷον . [. . .]νεστησα α .\| [ ]η̣σα | X | X | X | ἤγειρα˙ παρώρμησα, προέτρεψα. ἠρέθισα |
| 209 | X | X | X | α[ἴση̣ | κακῇ αἴσῃ˙ κακῇ μοίρα̣ |
| | ἀγκύ̣λα̣˙ ε̣ . [. .] . μ̣ . [ | X | ἀγκύλα˙ ἐπικαμπῆ | ἀ[γκύλα | ἀγκύλα˙ ἐπικαμπῆ |
| 210 | ἑ̣λόμην˙ ἀν[ε]ιλόμην, ἐβάστ̣αξα | X | X | X | ἑλόμην˙ ἀνελόμην |
| | X | X | X | ἐ[ρατεινήν | ἐρατεινήν˙ ἐπέραστον, καλήν |

| *Il.* 5 | 034 (1./2. Jh.) | 035 (2. Jh.) | 027 (4./5. Jh.) | 029.1 (5./6. Jh.) | D |
|---|---|---|---|---|---|
| 211 | ἡγεόμ̣ην˙ καθηγούμην | X | ἡγεόμην˙ ἡγούμην, ἠρχόμ̣η[ν] | ἡ[γ]εόμ̣ην [ | ἡγεόμην Τρώεccιν˙ ἡγούμην Τρώων |
| 212 | X | X | X | νοcτήcω [ | X |
| | X | ἐcό̣ψ̣[ομαι | X | ὄψομαι [ | ἐcόψομαι˙ ἐcίδω, θεάcομαι |
| 213 | ὑψερεφ̣ές̣˙ μεγάλην ὀροφὴν \| ἔχον | X | ὑψερεφέc˙ ἐν ὕψει τ̣ὸ̣ν̣ ὄροφον ἔ[χον] | ὑψερεφέc˙ [ . . . ] . . . | ὑψηρεφέc˙ ὑψηλόν, μέγα |
| 214 | X | X | X | κάρη˙ [κ]εφαλή(ν) | X |
| | τάμ̣ο̣ι̣˙ ἀποτάμοι, ἀποκόψειαν | X | X | τάμοι˙ [ἀ]ποτέμοι | τάμοι˙ ἀποτέμοι, ἀποκόψοι |
| | X | X | ἀλλότρ[ι]οc˙ ξέν̣ο̣c̣, ὅθεν ἀλλόρ[ιοc] (marg.) | ἀλλότριο[c]˙ πο̣λ̣έμ̣ιοc | ἀλλότριοc φώc˙ πολέμιοc ἀνήρ |
| 215 | X | X | X | [φαεινῷ˙ λαμ]πρῷ | φαεινῷ˙ λαμπρῷ |
| 216 | X | ἀ̣ν̣ε̣[μώ]λ̣ι̣[α˙ ματαίωc ?] | X | [ ] oder X | ἀνεμώλια˙ μάταια |
| | ὀπηδεῖ˙ οἷον ἀκολουθεῖ | ὀ̣π̣η̣[δ]εῖ˙ ἀ̣κ̣ο̣[λουθεῖ ?] | ὀπήδει˙ ἠκολουθεῖ | [ ] oder X | ὀπηδεῖ˙ ἕπεται, ἀκολουθεῖ |
| 218 | X | X | παροc˙ ἔμπροcθ̣ε, ποτε (marg.) | [ ] oder X | παροc δ᾽ οὐκ ἔccεται ἄλλωc˙ νῦν πρὸc τὸ παρὸν οὐ πράξομεν ἄλλωc |
| 219 | X | νώ˙ ἡμᾶc̣ | X | [ ] oder X | πρίν γ᾽ ἐπὶ νῶϊ τῶιδ᾽ ἀνδρί˙ πρὶν ἢ ἡμᾶc κατὰ τοῦδε τοῦ ἀνδρόc |
| 220 | cὺν ἔντεcι˙ μ(ετὰ) τ(ῶν) ὅπλων | X | X | [ ] oder X | cὺν ἔντεcι˙ cὺν τοῖc ὅπλοιc |

<table>
<tr><td></td><td></td><td></td><td></td><td></td><td></td></tr>
<tr><td>221</td><td>X</td><td>X</td><td>X</td><td>ὀχέω[ν]˙ τῶν ἁ[ρμάτων]</td><td>ὀχέων˙ ἁρμάτων</td></tr>
<tr><td></td><td>ἐπιβήϲεο˙ ἀντ(ὶ τοῦ) ἐπίβηθι</td><td>X</td><td>X</td><td>X</td><td>ἐπιβήϲεο˙ ἐπίβηθι</td></tr>
<tr><td>222</td><td>X</td><td>X</td><td>X</td><td>οἷοι˙ ὁποῖο[ι]</td><td>X</td></tr>
<tr><td></td><td>Τρώϊοι˙ οἱ τ(ῶν) τοῦ Τρωὸϲ ἀπόγο`νοι´</td><td>Τρώϊοι ἵπποι˙ [ οἱ Τρωῒ δο]|θέντεϲ παρὰ [Διὸϲ ἀντὶ τῆϲ] | Γανυμήδου̣[ϲ ἁρπαγῆϲ]</td><td>X</td><td>Τρώϊο[ι ἵπ]ποι˙ οἱ ἔγγο[νοι τῶ]ν | τοῦ Τρωὸϲ [ἵππω]ν</td><td>Τρώϊοι˙ ἀπόγονοι τῶν Τρωὸϲ ἵππων. ἢ οἱ τῷ Τρωῒ κεχαριϲμένοι, ἀντὶ τῆϲ ἁρπαγῆϲ Γανυμήδουϲ</td></tr>
<tr><td></td><td>ἐπιϲτάμ(εν)οι˙ ἐμπείρωϲ ἔχον|τεϲ προϲ⟨υπ⟩ακουϲτέον δὲ | τὸ εἰϲί</td><td>X</td><td>X</td><td>ἐπιϲτά̣μενοι˙ εἰδότεϲ, [δ]υ̣ν̣[ά]μενοι</td><td>X</td></tr>
<tr><td>223</td><td>κραιπν̣[ά]˙ ταχέωϲ</td><td>κραιπν̣ά̣˙ κρα̣[ιπνῶϲ]</td><td>κραιπνά˙ ἀντὶ τ[ο]ῦ κρ̣αιπνῶϲ, ταχ[έωϲ]</td><td>X</td><td>κραιπνά˙ κρ̣αιπνῶϲ, ταχέωϲ</td></tr>
<tr><td></td><td>φ̣έβεϲθ̣[α]ι̣˙ φ⟨ε⟩ύ̣γ̣ειν̣</td><td>φέβεϲθαι˙ εἰϲ [φυγὴν] | τ̣ρ̣έπε̣ϲθαι [</td><td>φέβεϲθαι̣˙ φεύγειν, ἐκ τοῦ φόβου (marg.)</td><td>φέβεϲθαι̣˙ φεύγειν</td><td>διωκέμεν ἠδὲ φέβεϲθαι˙ διώκειν καὶ φεύγειν</td></tr>
<tr><td>224</td><td>X</td><td>X</td><td>X</td><td>τώ˙ αὐτοί</td><td>X</td></tr>
<tr><td></td><td>ϲαώϲε̣τ̣ον˙ ϲώϲουϲιν, δυϊκῶϲ</td><td>ϲαώϲε̣τον˙ ϲ̣[ώϲουϲιν]</td><td>X</td><td>ϲαώϲετον˙ ϲώϲουϲ̣[ι]ν</td><td>ϲαώϲετον˙ ϲώϲουϲιν</td></tr>
<tr><td>225</td><td>ὀρέξῃ˙ οἷον ἐπορέξῃ, ἀντ(ὶ τοῦ) ἐπιδῷ, π(αρά)ϲχηται</td><td>X</td><td>X</td><td>X</td><td>ὀρέξῃ˙ παράϲχῃ</td></tr>
</table>

| *Il.* 5 | 034 (1./2. Jh.) | 035 (2. Jh.) | 027 (4./5. Jh.) | 029.1 (5./6. Jh.) | D |
|---|---|---|---|---|---|
| 226 | σιγαλόẹντα˙ ṭὰ πεποικιλμ(έν)α | σιγαλ̣[ό]εντα [ | σιγαλόεντα˙ ποικίλα τῇ κατασκευῇ, λαμπρά (marg.) | σιγαλόεντα˙ π̣εποικ[ιλμένα] | σιγαλόεντα˙ ἤτοι εὐδιάσειστα, ἢ λαμπρὰ καὶ ποικίλα τῇ κατασκευῇ. ἢ τὰ μεγάλως καὶ ποικίλως κατεσκευασμένα κτλ. |
| 227 | X | X | X | ἀποβήσ̣ο̣μ̣α̣ι̣˙ ἀ̣πελε̣[ύσομαι] | ἀποβήσομαι˙ τῆς φροντίδος τῆς περὶ αὐτούς. |
| 228 | δέδεξ[ο]˙ προσδέξου, ὑπόμεινον | δέδ[εξο | δέ̣δεξο˙ προσδέχου, ἐπιτήρει | δέδεξο˙ ἐκδέχου̣ | δέδεξο˙ προσδέχου, ἐπιτήρησον |
| | X | X | μελή̣σουσιν˙ ἐ̣ν ἐπιμελείᾳ̣ ἔσο̣ν̣ṭα̣ι̣ | μελήσουσιν˙ ἐν φροντί[δι γε]‖ νήσονται | μελήσουσιν˙ δι' ἐπιμελείας ἔσονται |
| 230 | X | X | X | [ἔ]χε˙ κατέχε | X |
| | τ⟦ω⟧εώ˙ τοὺς σούς, δυϊκῶ̣ς | τεώ˙ [τοὺς σούς ?] | X | τεώ{ν˙ τοὺς σούς | τεὼ ἵππω˙ τοὺς σοὺς ἵππους |
| 231 | X | X | X | εἰωθότες˙ ἔθος ἔχ̣ο̣ν̣τ̣ε̣ς̣ | ὑφ' ἡνιόχῳ εἰωθότι˙ τῷ συνήθει, τῷ ἐθίσαντι αὐτοὺς ἡνιοχεῖν |
| | X | X | κα[μ]π̣ύλον ἅ̣ρ̣μ̣α̣˙ ἐπεὶ πο̣λ̣λὰς ἔχει καμ̣[π ] | X | X |
| 232 | X | οἴσεṭ[ον | X | [οἴσετο]ν˙ κομίσ̣ου[σ]ιν | οἴσετον˙ οἴσουσιν, κομίσουσιν |
| | X | φ̣εβώ̣[μεθα˙ | X | [φεβώ]μεθα˙ φεύγω[μεν] | φεβώμεθα˙ φεύγωμεν. |

| | | | | | |
|---|---|---|---|---|---|
| 233 | ματήϲετον˙ ⟦μ⟧ ματαιῶϲιν, μά\|ταια ποιήϲωϲιν | [μ]ατή[ϲ̣ετον˙ μάταια \| π[οιήϲ]ο̣υϲιν | [ματήϲετον˙ μά]τ̣αιόν τι πρά̣ξουϲι̣ | X | ματήϲετον˙ ματαιοπραγήϲωϲιν, ματαίαν ἔχωϲι τὴν προθυμίαν. μάτην τι πράξωϲι. |
| 234 | φθόγγον˙ τ(ὴν) φωνήν | φθ̣ό̣[γγ]ο̣ν̣˙ φωνή̣ν̣ | X | [φθόγ]γον˙ [φωνήν] | τεὸν φθόγγον ποθέοντεϲ˙ τὴν cὴν φωνὴν ἐπιζητοῦντεϲ |
| | ποθέοντεϲ˙ ἐπιζητοῦντεϲ | X | X | [ποθέο]ντεϲ˙ [ | ↑ |
| 236 | X | μ̣ώνυχαϲ˙ μ̣ο̣νόν[υχαϲ] | [μώνυχαϲ˙ μον]ώ̣νυχ̣α̣ϲ | [μών]υ̣χ̣[αϲ˙ μ]ο̣νώνυχαϲ | μώνυχαϲ˙ μονώνυχαϲ |
| | X | X | X | [ἵπ]πω˙ [τ]οὺϲ ἵπουϲ | X |
| 238 | ἐπιόντα˙ ἐπερχόμ(εν)ον | X | X | [ἐπι]όντα˙ [ἐπ]ερχόμενον | ἐπιόντα˙ ἐπερχόμενον |
| | δεδ̣έ̣ξ̣ο̣μαι̣˙ προϲδέξομαι | X | [δεδέξομαι]˙ ἀ̣ντὶ τοῦ προϲδέξομα̣ι̣ | [δεδέξο]μαι̣˙ ἐκδέχομαι | δεδέξομαι˙ ἀποδέξομαι, ἐπιτηρήϲω |
| 243 | X | X | X | [κεχαριϲμένε]˙ πεφιλημένε | ἐμῷ κεχαριϲμένε θυμῷ˙ τῇ ἐμῇ ψυχῇ προϲφιλέϲτατε |
| 244 | X | X | X | [ὁρόω]˙ ὁράω, βλέπω | ὁρόω˙ ὁρῶ. |
| | X | X | X | [μεμαῶτε˙ προ]θ̣υμ̣ο̣υ̣μ̣[έ]νο[υϲ] | ἐπὶ ϲοὶ μεμαῶτε˙ κατὰ ϲοῦ προθυμουμένουϲ |
| 245 | ἶνα˙ ἰ̣ϲχύν | ἶνα˙ ἰϲχ̣ύ̣ν, δύναμιν̣ | [ἶνα˙ ἰϲ]χύν, δύναμιν, ἀνδρεία̣[ν] | X | ἶν᾽ ἀπέλεθρον˙ δύναμιν ἀμέτρητον καὶ μεγάλη κτλ. |
| | ἀπέλ̣α̣θρον̣˙ ἀμέτρητο̣ν, πολ`λήν̣´ | ἀπέλαθρον˙ ἄμ[ε]τρο̣ν̣, \| μεγάλην | [ἀπέλεθρον]˙ ἀμέτρητον, πολλήν. | ἀ̣[πέλεθ]ρον˙ ἀμέτρητον, πολλή(ν) | ↑ |
| 248 | ἐκγ̣εγάμ(εν)˙ ἐκγ̣εγονέναι | X | [ἐκγεγάμεν]˙ ἐκγεγενῆ̣ϲ̣θαι | ἐ̣[κγεγά]μεν˙ γ̣ε̣ν̣[έϲθαι, ε]ἶναι | ἐκγεγάμεν˙ ἐκγεγεννῆϲθαι |

| *Il.* 5 | 034 (1./2. Jh.) | 035 (2. Jh.) | 027 (4./5. Jh.) | 029.1 (5./6. Jh.) | D |
|---|---|---|---|---|---|
| 249 | χαζώμεθα˙ ἀναχωρήcω[μεν] | X | [χαζώμεθα]˙ ἀναχωρήc[ωμεν] | χ[αζώ]μεθα˙ ἀναχωρήcωμε(ν) | χαζώμεθ' ἐφ' ἵππων˙ παραχωροῦμεν ὄντες ἐπὶ τῶν ἵππων |
| 250 | X | X | X | θ[ῦνε]˙ ὅρμα | θῦνε˙ ὅρμα |
| | X | X | X | π[ρο]μάχων˙ προταγωνίcτω(ν) | X |
| | X | X | X | ἦτορ˙ τὴν ψυχήν | φίλον ἦτορ˙ τὴν προcφιλεcτάτην ψυχήν |
| 252 | X | X | X | [πει]cέμεν˙ πεῖcαι | πειcέμεν˙ πείcειν |
| | X | X | X | [οἴω]˙ ὑπολαμβάνω{ν} | οἴω˙ οἴομαι, ὑπολαμβάνω |
| 253 | X | γενναῖον˙ cυγγενικόν [ | [γενναῖον˙] ἀ[ντὶ] τοῦ cυγγενικ[ό]ν | X | γενναῖον˙ ἤτοι εὐγενὲc ἢ ἐκ γένουc παρεπόμενον |
| | ἀλυcκάζοντι˙ ἐκκλίνοντ[ι | ἀλυcκάζοντι˙ ἐκκλίνον[τι] | [ἀλυcκάζοντι]˙ ἐ[κκ]λίνοντι, φεύ[γοντι] (marg). | [ἀλυcκ]άζοντι˙ ἐκκλίνοντι, \| φεύγοντι | ἀλυcκάζοντι˙ ἐκκλείνοντι, φεύγοντι |
| 254 | X | X | X | πτώccειν˙ δειλιᾶν | καταπτώccειν˙ δειλιᾶν |
| | ἔμ[πε]δον˙ παράμονον | ἔμπεδον˙ βέβαιον, ἰcχυρ[όν] | X | [ἔμ]πεδον˙ ἀcφαλέc | ἔμπεδον˙ ἑδραῖον, βέβαιον |
| 255 | [ ] oder X | ὀκνείω˙ ὀκνῶ, εὐλαβοῦμ[αι] | [ὀκνείω]˙ εὐλαβοῦμαι, ὀκνῶ (marg.) | ὀκνείω˙ ὀκνῶ, εὐλαβ[οῦμαι] | ὀκνείω˙ ὀκνῶ |

| | | | | | |
|---|---|---|---|---|---|
| | [ ] oder X | X | X | αὕτωϲ· ματαίωϲ | ἀλλὰ καὶ ἔμπηϲ (= *Il.* 1.562, αὕτωϲ Hom.)· ἀλλὰ καὶ ὅμωϲ |
| 256 | [ ] oder X | X | X | εἶμι· πορεύομα[ι] | ἀντίον εἶμ' αὐτῶν· ἐξ ἐναντίας αὐτῶν ἄπειμι |
| | [ ] oder X | τρεῖν· φοβεῖ̣ϲθ̣[αι] [ | [τρεῖν]· φοβεῖϲ̣θ̣αι μετὰ δέ̣ο̣υϲ . . . . . . . .[ | τρεῖν· φοβεῖϲθα[ι] | τρεῖν· εὐλαβεῖϲθαι, φοβεῖϲθαι |
| | [ ] oder X | ἔα· ε̣ἴ̣[α], ϲ̣υνεχ[ώ]ρ̣ει | [οὐκ ἐᾷ]· οὐκ̣ ἀ̣φίη̣[ϲιν] | ἐᾷ· ϲυγχωρ[εῖ] | οὐκ ἐᾷ· οὐκ ἀφίει, οὐ ϲυγχωρεῖ κτλ. |

**213 029.1** ὑψηρεφεϲ pap. || **216b. 027** ηκολουθεῖ accentus altera manu additus, cfr. Fournet 1999, 158 || **228 027** δεδεξαι pap. || **249 029.1** αναχωρηϲομε(ν) pap. || **250 029.1** ωρμα pap. || **253b. 027** ϲυγγενεικ- pap. || **253b. 034 035 029.1** εκκλειν- papp.

Die griechische Kultur definierte im griechisch-römischen Ägypten soziale Schichten. Dass die Auseinandersetzung mit Homer über Jahrhunderte eine Konstante ist, um sich der Zugehörigkeit zu dieser Kultur zu versichern, bestätigen die verschiedenen und verbreiteten Homerica-Typologien sowie die homerischen Reminiszenzen in dokumentarischen Papyri[566].

Auch die Homerglossare fügen sich in dieses kulturgeschichtliche Panorama ein. Sie stellen ein grundlegendes Hilfsmittel für die Lektüre Homers dar, der für mehr oder weniger erfahrene Leser durch sie zugänglich gemacht wurde. Anders als bei den Texten der Hochliteratur stellt jedes Iliasglossar auf Papyrus eine einzigartige Redaktion dar. Denn in jedem Exemplar eines Glossars kann der Schreiber selbst eine Art Autor sein, indem er sein Exemplar an seine eigenen Zwecke durch Einfügung anderen Materials bzw. Verkürzung des (für ihn) Überflüssigen anpasst. Bei der Gesamtuntersuchung dieser Dokumente wird somit eher die zugrunde liegende Kulturlandschaft als die Überlieferungsgeschichte der *Scholia Minora* beleuchtet.

Dass die Iliasglossare die Bedürfnisse von Menschen mit unterschiedlichen kulturellen Hintergründen erfüllten, macht die Heterogenität dieser Texte und zugleich die Beliebtheit der Iliasglossare im Vergleich zu anderen Homerica-Typologien aus. Die Vielfalt der Iliasglossare zeigt sich vor allem in bibliologischer Hinsicht, so dass man unter den Glossaren sowohl Exemplare provisorischen und unerfahrenen Erscheinungsbilds als auch Produkte findet, die von professionellen Schreibern verfasst wurden. Auch wenn die Art des in den Glossaren enthaltenen Materials hinsichtlich des glossographisch-paraphrastischen Interpretationsansatzes im Grunde genommen dieselbe ist, unterscheiden sich doch das Niveau der Schreiber sowie die Ausführlichkeit und Richtigkeit der Glossare und die Vertrautheit der Schreiber bezüglich des Primärtextes.

Die materiellen Merkmale und persönlichen Erklärungsbedürfnisse können Anhaltspunkte bieten, um den jeweiligen Kontext, in dem die Glossare verfasst wurden, und das Niveau des Schreibers zu bestimmen. Bevor wir uns darauf konzentrieren, ist es sinnvoll, einen Überblick über die bisherigen Studien zu geben.

---

[566] Dazu Fournet 2012.

Nach der Veröffentlichung der ersten Iliasglossare bestand die Bedeutung dieser Texte vor allem in dem Nachweis, dass das in den D-Scholien enthaltene Material alt war und nicht eine Kompilation aus byzantinischer Zeit darstellte. Dies wurde zuerst von Wilamowitz unterstrichen, der Glossare auf Papyrus mit der Paraphrase als Methode der Philologen, vor allem Aristarchs, in Beziehung setzte[567]. Anderseits kam Wilamowitz zu dem Schluss, dass die D-Scholien, und damit ihre Vorläufer, mit dem Schulbereich zu verbinden seien[568]. Nach Wilamowitz ist diese in den Schulen fortgeführte, von Glossaren auf Papyrus bezeugte Homererklärung von den Vorlesungen im Museion nur „graduell verschieden". Sie spannen „den aristarchischen Faden" weiter, aber „dieses gelehrte Material fiel im Laufe der Zeiten fort, oder es blieb nur so viel davon, als sich für den Schulunterricht verwendbar zeigte"[569]. Die größte Bedeutung von Glossaren läge nach dieser Auffassung also darin, wie viel von dieser Homererklärung letztlich auf autoritative bzw. alexandrinische Quellen zurückgeht. Außerdem hatte seine Untersuchung nicht die Absicht, sich in die materiellen, paläographischen und kontextbezogenen Aspekte der Papyri zu vertiefen.

Wilamowitz' Aussage hatte in den folgenden Jahren, in denen die Veröffentlichung von Glossaren exponentiell zunahm, ihr Gewicht. Angesichts der Schlichtheit der Worterklärungen ist man gelegentlich davon ausgegangen, dass sie nicht anders als Schultexte betrachtet werden könnten[570]. Doch ist diese Schlichtheit weder ein ausreichender Grund für die Zuschreibung von Glossaren in das schulische Umfeld noch ist sie ein exklusives Merkmal von

---

567 Wilamowitz-Möllendorff 1888.

568 Wilamowitz-Möllendorff 1888, 145-146: „In der That führt uns diese Art der Homererklärung durch kurze Uebersetzung in das geläufige Griechisch … in das lebendige Getriebe der Grammatik oder besser des Unterrichts ein. Es ist eine Schulausgabe in unserem Sinne, berechnet nicht auf die Kreise der Zunft, sondern auf die des Lebens. Was darin steht war für den Gelehrten trivial, ist es zum grössten Theile noch; aber es ist wirkliche Gelehrsamkeit, was hier trivialisirt wird".

569 Wilamowitz-Möllendorff 1888, 146.

570 Dass die bloße Typologie der Texte manchmal die Assoziation mit dem schulischen Umfeld nahegelegt hat, scheint in einigen Ausgaben angedeutet zu werden, s. z.B. **014, 028, 043**. Manchmal ist ein mehr oder weniger explizites Werturteil sowohl für die Iliasglossare als auch für die D-Scholien zu erkennen. Unter diesen fällt van der Valk's Aussage auf. In dem Versuch zu beweisen, dass Apollonius Sophista kein derart schlichtes Material verwendet hat („one would we surprised at a grammarian of the standing of Ap.S., when composing a Lexikon, often making a nearly slavish use of a popular Homeric commentary like D", S. 205), schließt van der Valk 1963, 208: „Ap.S., as it seems, has been freed from the *stigma* of being a copyst of D" (mein Kursiv).

Iliasglossaren. Der paraphrastische Ansatz ist auch eine der alexandrinischen Methoden und befindet sich in gelehrten Kommentaren auf Papyrus[571]. Das glossographisch-paraphrastische Material knüpft an eine alte Tradition an, die die Schule gleichermaßen wie Fachkreise durchdringt[572]. Die Analyse der technischen Ausdrücke hat außerdem gezeigt, dass die Einfachheit der Erklärungen in einigen Fällen nur scheinbar ist und größtenteils auf die charakteristische Kürze des Ausdrucks und den Prozess der Reduktion zurückzuführen ist, der die vollständige vorausgesetzte Erklärung nicht mehr deutlich macht.

Die Verknüpfung mit der Schulumgebung wurde auch im Lichte der formalen Anspruchslosigkeit solcher Texte hergestellt. Dieser Mangel an formaler Genauigkeit reicht zu einer solchen Assoziation ebenso nicht aus[573]. Vielmehr scheint es ein Merkmal der Texttypologie selbst, und zwar der praktischen und funktionalen Zwecke solcher Gebrauchstexte zu sein (s. Kap. 1). Wie sehr sich eine gewisse *a priori*-Bewertung durchgesetzt hatte, zeigt als Musterbeispiel **028**. Trotz der Feststellung der kalligraphischen Schrift und der Sorgfalt bei der Mise en Page zögerte Wolfgang Müller in seiner Ausgabe nicht, das Glossar als „Worterklärungen für den Schulgebrauch zu Homer" zu bezeichnen.

Einen Wendepunkt in der Betrachtung von Glossaren stellt auch in dieser Hinsicht die Arbeit von Albert Henrichs dar. Bei der Vorstellung der Dokumentation definierte Henrichs sie als „populärwissenschaftliche Homererklärung, wie sie der antike Schulbetrieb und der interessierte Laie beim Studium der homerischen Gedichte benutzten"[574]. Henrichs konzentrierte sich übrigens auf den philologischen Aspekt der Texte und nahm keine

---

[571] Homerkommentare, die Paraphrasen des Homertextes enthalten, sind schon aus der Ptolemäerzeit überliefert, s. z.B. den bereits erwähnten P.Oxy. VII 1086 und P.Lille inv. 83+134+93b+93a+114t+114o+87 (3. Jh. V.Chr., TM 60828); dazu Lundon 2002; Lundon 2011, 168-170; Pontani 2005, 133-134. Zu der paraphrastischen Auslegung in Alexandria Montanari 1995, 62ff.; Schironi 2018, 76ff. Dass die wörtliche Auslegung und die Schlichtheit der Erklärungen der Kommentare auf Papyrus für sich selbst nicht für die Verwendung in der Schulbereich sprechen, wurde bereits von Luiselli, S. 109 in Bezug auf den Aratuskommentar P.Oxy. LXIV 4426 (= CLGP I 1.3 Aratus 3, TM 59215) unterstrichen.

[572] Sehr treffend Montanari 1995, 81-82: „quello che noi abbiamo di glosse omeriche è il resto di un grande insieme fluttuante e variabile di materiale glossografico di provenienza sia scolastica che erudita, che si è incanalato in diverse forme a seconda delle esigenze cui era chiamato a rispondere".

[573] Zu den Schwierigkeiten, endgültige Kriterien für Schultexte zu definieren s. Del Corso 2010.

[574] Henrichs 1971, 97.

Analyse bezüglich der Verwendungskontexte der Glossare vor. Denn laut ihm verlieren die Iliasglossare die ihnen von Natur aus eigene Trivialität und werden zum lohnenden Forschungsobjekt, nur wenn sie im Hinblick auf das verwandte Scholienmaterial und auf die lexikographische Tradition überlieferungsgeschichtlich ausgewertet werden[575]. Die Forschung kann m.E. hingegen beweisen, dass die Berücksichtigung der Niveaus und der Verwendungskontexte für das Verständnis und für die richtige Bewertung dieser Dokumente nicht außer Acht gelassen werden sollte.

Die Neigung, alle Glossare dem Schulbereich zuzuschreiben, ist in der Forschung nicht mehr anzutreffen[576]. Trotzdem fehlt eine systematische Untersuchung bezüglich der Benutzer solcher Texte und der Kontexte, in denen sie verwendet wurden[577]. Der Vorteil der homerischen Glossare gegenüber der mittelalterlichen Sammlung besteht in der Tat darin, dass die Papyrusglossare Hinweise sowohl auf das Niveau des Schreibers als auch auf die Verwendungskontexte des einzelnen Dokuments bewahren können, während in den D-Scholien oft eine Schichtung zwischen nicht mehr trennbaren Quellen unterschiedlichen Niveaus vorliegt. Diese Hinweise sind jedoch nicht immer eindeutig. Ihre Bewertung muss notwendigerweise für das einzelne Dokument und im Zusammenhang mit anderen Aspekten des einzelnen Papyrus getroffen werden. Aus inhaltlicher Sicht ist daran zu erinnern, dass der glossographisch-paraphrastische Ansatz verschiedene Niveaus der Texterklärung betrifft[578]. Ungenauigkeiten bei Interpretationen oder der Wiedergabe der Lexeis sind auch nicht unbedingt auf Anfänger zurückzuführen, sondern können den Einfluss verschiedener Quellen zeigen und sich aus dem selbständigen Umlauf des Glossars ergeben. Der Inhalt der Interpretamente, die technischen Ausdrücke, die Rechtschreibfehler und ausgewählte Stichwörter geben zwar einige Hinweise auf den Erfahrungsstand des Lesers, jedoch ergeben sich Informationen über die Verwendungs-

---

[575] Henrichs 1971, 99.

[576] Montanari 1995; Cribiore 1996, 50; Spooner 2002, 7-8.

[577] Wie schon Del Corso 2010, 97 Anm. 78 angemerkt hat. Ein erster Versuch, die Verwendungskontexte der Iliasglossare nachzuvollziehen, ist in Spooner 2002, 7-8 bezüglich der von ihm publizierten Papyri zu finden.

[578] Dies gilt auch für ähnliche Arten von Kommentaren zum Homertext, die manchmal zusammen mit Glossaren überliefert sind: s. z.B. die von **003** überlieferte Hypothesis zum ersten Gesang, die man auch in P.Oxy LVI 3829 (TM 60552) und P.Oxy LXXI 4817 (TM 112369) findet. Unter diesen Fragmenten kann nur P.Oxy LVI 3829 dem Schulbereich zugeschrieben werden, s. Del Corso 2010, 101.

kontexte der Papyri hauptsächlich aus bibliologischen und paläographischen Merkmalen. Allerdings ist eine solche Analyse besonders schwierig, da wir keine Informationen über die ursprünglichen Besitzer oder die Milieus haben, in denen diese Texte verwendet wurden[579]. Auch unter den demselben Kontext zugeschriebenen Papyri herrscht keine Einheitlichkeit. Daher hat die folgende Untersuchung nicht den Ehrgeiz, jedes Fragment einem bestimmten Kontext zuzuordnen, vor allem nicht im Fall sehr kleiner Fragmente. Und doch lassen sich einige von ihnen in drei Gruppen unterteilen[580]: in Schulglossare, in von professionellen Schreibern mit mehr oder weniger ausgeprägten Buchschriften verfasste Glossare, und schließlich in private Exemplare. Im letzten Abschnitt dieses dritten Kapitels wird auf die verschiedenen erkennbaren Niveaus der Iliasglossare eingegangen.

## 3.1 Schulglossare

ἐμέληcε δέ μοι … ἐπιγνῶναι τί ἀναγιγνώcκειc. καὶ ἔλεγεν τὸ ζῆτα.
P.Oxy. VI 930, 11-15 (2./3. Jh.)[581]

Ἀρχὴ γραμματικῆc πεντάcτιχόc ἐcτι κατάρα·
πρῶτοc μῆνιν ἔχει· δεύτεροc οὐλομένην,
καὶ μετὰ δ' οὐλομένην Δαναῶν πάλιν ἄλγεα πολλά·
ὁ τρίτατοc ψυχὰc εἰc Ἀΐδην κατάγει·
τοῦ δὲ τεταρταίου τὰ ἑλώρια καὶ κύνεc ἀργοί·
πέμπτου δ' οἰωνοί, καὶ χόλοc ἐcτὶ Διόc.
πῶc οὖν γραμματικὸc δύναται μετὰ πέντε κατάραc
καὶ πέντε πτώcειc μὴ μέγα πένθοc ἔχειν;
AP IX 173[582]

---

[579] Es sei an die von **027** dargestellte Ausnahme erinnert.

[580] Spooner 2002, 7-8 zählt vier Möglichkeiten bezüglich der Kontexte auf: „copies professionally produced for use by a third party, perhaps for sale; notes made by cultured individuals for private consumption; notes made by pupils in an educational context; and texts used by teachers for instruction purposes". Es erscheint schwierig, zwischen fortgeschrittenen Schülern und Lehrern zu unterscheiden und ich würde nur **031** mit einer gewissen Sicherheit der zweiten Kategorie zuschreiben. Daher werden die letzten beiden Gruppen Spooners hier unter den Schulglossaren behandelt.

[581] „Es lag mir daran, danach zu fragen, was du liest. Er (*sc.* der Lehrer) antwortete, dass du den sechsten Gesang (*sc.* der Ilias) liest".

[582] „Der Beginn der Grammatik ist ein fünfzeiliger Fluch: Die erste Zeile bringt ‚den Groll', die zweite ‚den unseligen', und nach dem ‚unseligen' wiederum die vielen ‚Schmerzen' der Danaer. Die dritte Zeile führt ‚die Seelen in den Hades' hinab. Das Thema der vierten Zeile sind die ‚Beuten' und die flinken ‚Hunde', das der fünften ‚die Raubvögel' und ‚der Zorn' des Zeus". Nun, wie kann ein *grammatikos* nach fünf Flüchen und fünf Fällen nicht großen Schmerz fühlen?".

Das schulische Umfeld ist nicht der einzige, aber einer der privilegierten Kontexte für die Verwendung von Iliasglossaren. Sie gehören zu der zweiten Stufe des Unterrichts, die dem Erlernen der Grammatik gewidmet ist[583]. Streng genommen sollte zwischen im Bildungskontext erstellten Dokumenten und in Bildungskontexten verwendeten Dokumenten unterschieden werden. Ein Beispiel für den zweiten Fall ist **027**, ein privates Exemplar, dass im Rahmen der Tätigkeit von Dioskoros als γραμματικός verwendet wurde[584]. Selbstverständlich können auch andere Glossare im schulischen Umfeld verwendet worden sein. Doch bleibt die Annahme einer Verwendung im Erziehungsbereich spekulativer, es sei denn, man hat andere Anhaltspunkte. In diesem Abschnitt werden demzufolge Schulglossare als von Schülern bzw. Lehrer geschriebene Glossare verstanden.

Die Erkennung von Schuldokumenten in diesem Bereich ist erschwert. Denn während die Papyri, die sich auf das elementare Lernen beziehen, sowohl inhaltlich als auch paläographisch stärker typisiert sind, sind Glossare Produkte fortgeschrittener Schüler, welche oft kaum unterscheidbar von den für den privaten Gebrauch angefertigten Iliasglossaren sind[585]. Die Verfasser beherrschten das Schreiben bereits und befanden sich, wie Raffaella Cribiore feststellte, meist auf dem Niveau, das sie als „rapid hand" bezeichnete[586]. Außerdem ist der informelle Charakter der Texte, der häufig in schulischen Dokumenten zu finden ist, auch für Glossare üblich, die für den privaten Gebrauch geschrieben wurden, sowohl in Bezug auf die verwendeten Schriften als auch auf die Wiederverwendung des Schriftträgers. Somit sind Palimpseste oder auf dem Verso verfasste Iliasglossare nicht endgültige Hinweise auf eine Verwendung im Bildungsbereich.

In einem Schulbereich angefertigte Iliasglossare weisen meist die folgenden Merkmale auf:

- Eine Abfassung auf Tafeln oder Einzelblättern scheint ausschließlich zu diesem Zweck verwendet worden zu sein, ein Zeichen für den meist vorläufigen Charakter dieser Texte[587]. Glossare auf Schriftrollen sind meist auf der Rückseite geschrieben, ein Umstand, der

583 Zum Erlernen der γραμματική s. Cribiore 2001, 185f. Zur Rolle Homers auf dieser Stufe *ibid.* 194ff.; zu den Homerglossaren bes. S. 207-208.

584 Zu Dioskoros als γραμματικός s. Fournet 1995 und 1999, insb. 688f und 2019.

585 Wie bereits Del Corso 2010, 74f. beobachtet.

586 Nur die Hände von **009.1, 023, 024** und **040** sind als „evolving" bezeichnet.

587 Tafeln: **017.1, 031, 036, 047, 048, 052, 053, 054**; Einzelblätter: **001, 033** und vielleicht **011.1**.

jedoch bei den Glossaren im Allgemeinen wahrzunehmen ist[588]. Wenn die volle Höhe der Rollen bzw. ein Teil der oberen und unteren Ränder erhalten sind, scheinen diese verwendeten Rollen von geringer Größe gewesen zu sein[589].

- Schulhände: Obwohl meistens geübt, zeigen diese Hände noch Probleme bei der Ausrichtung der Zeilen, der Wahrung gleichbleibender Buchstabengröße und bei in mehreren Zügen verfassten Buchstaben[590]. Die Buchstaben sind oft deutlich voneinander getrennt[591]. Die bei Iliasglossaren anzutreffenden Hände sind manchmal von zeitgenössischen Geschäftsschriften beeinflusst oder stellen informelle Versionen der Buchschriften dar. In diesen Fällen ist es nicht einfach, den Papyrus einem Schulbereich zuzuschreiben[592].Gelegentlich gibt es Einfügungen von einer zweiten, kursiveren Hand in den Text[593] oder der im Papyrus enthaltene Text ist von verschiedenen Händen geschrieben[594].

---

[588] S. Kapitel 1, bes. S. 60ff.

[589] Zwischen 13 und 16-17 cm: **002, 005, 016.1, 022.1, 041**. Höher ist **015** (ca. 20 cm). In diesem Zusammenhang sei die Hypothese erwähnt, dass die Schriftrolle für die Bearbeitung der beiden Texte in **005** möglicherweise in der Länge beschnitten und vielleicht halbiert wurde, was die Diskrepanz zwischen der Breite des erhaltenen Kollema und der geringen Höhe der Schriftrolle erklären würde, s. Fontanella 2021, 49 Anm. 66. Kleinformat haben auch die codices aus Tafeln im Schulgebrauch, s. Cribiore 1996, 72.

[590] **001, 005, 011.1, 045, 059**.

[591] **001, 009.1, 011.1, 015, 020, 025.3, 045**.

[592] **002** und **009** zeigen kursive Formen, die auch auf private, an die Verfassung von Dokumenten gewohnte Hände zurückgeführt werden können. Für **002** könnte die Grammatik auf dem Verso ein weiterer Hinweis für einen Bildungskontext sein. Das von dem Herausgeber dem Schulbereich zugeordnete **009** ist aus diesem Grund von den nachfolgenden Listen ausgeschlossen, s. bereits Del Corso 2010, 98: „Il papiro è vergato in effetti in una scrittura informale ricca di elementi corsivi, a tratti lievemente inclinata a sinistra, nel complesso piuttosto leggibile: una grafia apparentemente non professionale, per quanto fluida, sicuramente compatibile con quella di un docente o di uno studente avanzato, ma di certo non esclusiva di un ambito scolastico". Beeinflusst von dem sog. strengem Stil sind **016.1** und **018**. Während bei ersterem weitere Elemente für die Zuordnung zu den Schulglossaren sprechen, halte ich **018**, das in Del Corso 2010, 98 als Schulglossar bezeichnet wird, für einen Zweifelsfall; s. unten.

[593] **002, 015, 036**.

[594] **047** und vielleicht **041**, bei dem die Hypothesis von einer anderen Hand verfasst sein könnte (so Cribiore 1996). Nach dem Herausgeber von **041** sind die Unterschiede der Schriften in **041** auf die verschiedenen Schreibfedern zurückzuführen. Trotzdem ist m.E. Cribiores Beobachtung, dass die beiden Texte von zwei verschiedenen Händen stammen, zu teilen: Die Hypothesis in col. I scheint in einem flüssigeren Duktus verfasst worden zu sein als die zweite. Die Anzahl an Zügen einiger Buchstaben wird dort reduziert: s. z.B. ist υ in col. 1 immer in einem Zug gemacht, in col. II in zwei; α ist in col. I in einem Zug gemacht

- Eine sich durch eine bessere Lesbarkeit auszeichnende Mise en Page. Typisch für schulische Dokumente ist die im ersten Kapitel definierte Mise en Page 2a, bei der Lexeis und Metaphraseis in zwei verschiedenen Kolumnen angeordnet sind und beide, mehr oder weniger gleichmäßig, untereinanderstehen[595]. Diese visuellen Hilfsmittel halfen dabei, die beiden Elemente der Erklärungen auf einen Blick zu unterscheiden. Die Notwendigkeit, den gesamten verfügbaren Platz zu nutzen, oder die Eile bei der Ausführung können jedoch zu Ausnahmen führen[596].
- Zahlreiche Lesezeichen[597] und Schreibfehler, vor allem phonetischer Natur[598]. Wenn Lesezeichen sporadisch und zur Unterscheidung von Homographen verwendet werden, weisen sie jedoch nicht auf Schulglossare.
- Ein Hinweis auf die Verwendung im Schulbereich ist die Zusammenstellung von dem gleichen Interessengebiet angehörenden Texten[599], vor allem wenn die jeweiligen Übungen direkt vor oder nach dem Glossar abgeschrieben werden[600].
- Keine bzw. nur geringe Störungen in der Reihenfolge der Glossen, die normalerweise nur ein paar Verse in Anspruch nehmen. Zudem ist auch eine höhere Dichte der Scholien im Vergleich zu anderen Iliasglossaren zu denselben Stellen zu finden. Fast alle Verse werden oft mit mindestens einer Metaphrasis versehen[601]. Diese beiden

---

und seine Form ist gleichbleibend, während sie in col. II ständig variiert. Außerdem scheint sich der Schreiber in col. II darum zu bemühen, die Ausrichtung der Zeile beizubehalten. Einige phonetische Fehler sind auch in col. 2 zu finden. Nimmt man an, dass die Hypothesis von einer ersten, geübteren Hand geschrieben wurde, könnte man an einen Lehrer denken, der den Schüler zu Beginn der ihm zugewiesenen Aufgabe angeleitet hat.

595 **001, 005, 009.1, 011.1, 016.1, 040, 045**. Nicht konsistent sind **018**, **022.1** und **041**. Gelegentlich kommen auch Zeichen zur Abtrennung vor, wie in **024** Z. 4 und **059**.

596 **024, 048, 052, 053, 054**.

597 In **036** und **047** sind Lesezeichen beim vorherigen Homertext häufig gesetzt und weisen darauf hin, dass die Übung nicht nur aus der Erklärung schwieriger Wörter bestand, sondern zunächst aus der Lesung der Iliasstelle. Lesezeichen sind auch im Glossar-Teil in **036** zu finden.

598 Besonders häufig in **045**.

599 **002, 005, 017.1, 031, 036, 037.1, 047, 048, 052, 053, 054**.

600 Vgl. S. 64-65.

601 Besonders dicht sind **001, 002, 005, 009, 011.1, 015, 016.1, 021.2, 024, 036** obwohl kleine Abschnitte manchmal nicht glossiert werden (**024**, *Il.* 2.99-102; **016.1** *Il.* 1.345-348). Obwohl die große Dichte an Glossen in den ersten Versen der Ilias ein fast unvermeidlicher Befund ist, sei die Geringfügigkeit von **003** im Vergleich zu **001, 002** und **005** zu beachten.

Merkmale sind wahrscheinlich eine Folge von Unerfahrenheit mit Homer und davon, dass der homerische Referenztext gleichzeitig verwendet wurde[602].

- Viele der Schulglossare glossierten ursprünglich Stellen kürzeren Ausmaßes. **001**, **009.1**, **011.1**, **017.1**, **031**, **036**, **047** befassten sich ohne Zweifel mit kurzen Stellen. Für **024**, **040** und **045** ist eine ursprüngliche Beschränkung des Glossars auf die ersten Verse des sechsten Gesanges bzw. einen Teil des Neunten möglich[603]. In **024** würde der breite untere Rand (5.5 cm) darauf hindeuten, dass die Übung bei *Il.* 2.104 endete. Das Glossar könnte sich nur mit der Versammlung der Achäer (*Il.* 2.84f.) und mit der cκήπτρου παράδοcιc (*Il.* 2.101-108) beschäftigt haben, ohne die letzten vier Verse (104-108) zu glossieren.

Was den Inhalt der Glossare betrifft, lassen sich keine für Schulglossare charakteristischen Besonderheiten erkennen. Es handelt sich um dasselbe Material, das in verschiedenen Kreisen kursierte. Es sei nur darauf hingewiesen, dass in Schulglossaren kaum Termini aus dem *sermo grammaticus* zu finden sind[604]. Auch wenn dies der Fall ist, entsprechen sie ausschließlich lexikalisch-grammatischen Erklärungsbedürfnissen[605].

Ungeachtet der oben zusammengestellten Hinweise ist die Abfassung des Dokuments in einem schulischen Kontext nicht immer frei von Zweifeln. Im Fall von **002** lassen die geübte, semikursive Schrift, die an zeitgenössische Dokumente erinnert, und die Abkürzung durch das hochgestellte α Zweifel aufkommen[606]. Es ist auch nicht sicher, dass eine zweite Hand in den Text eingegriffen hat[607]. Die Mise en Page des Glossars ist zwar geräumig, hat aber keine einheitliche Ausrichtung in der Reihe der Interpretamenta. Es gibt ferner keine Lesezeichen oder signifikante Fehler. Ein Hinweis auf die Verwendung in einem schulischen Kontext seitens eines Lehrers bzw.

---

[602] Die von den Berliner Wachstafeln dargestellte Ausnahme erklärt sich aus den vielen Phasen ihrer Abfassung sowie aus dem Umfang der erklärten Stellen.

[603] s. Kap. 1, S. 72-73.

[604] S. aber **002**, **005**, **040**.

[605] Vgl. die Anmerkung zur πρόθεcιc in **040** (S. 130). Dass in **020** den glossierten Abschnitten, die zu direkten Reden gehören, der Begriff λόγοc vorangestellt werde, hat Henrichs 1971, 255-257 widerlegt.

[606] Abkürzungen sind in Schulpapyri selten zu finden, s. Cribiore 1996, 86-87.

[607] Hinzufügungen und Korrekturen (col. I, Z. 1-3) sind mit einer anderen Schreibfeder und wässrigerer Tinte gemacht, aber es könnte sich um dieselbe Hand handeln.

fortgeschrittenen Schülers könnte die auf die Rückseite geschriebene Grammatik sein, die unpubliziert ist. Ein ähnlicher Fall ist **037.1**, auf dessen Vorderseite ein Text über die Rüstung von Achilles in strengem Stil geschrieben ist und auf dessen Rückseite das Glossar in einer informelleren, aus derselben Zeit stammenden Schrift steht. Da in beiden Fällen die Texte zeitgenössisch sind, könnte man meinen, dass sie auf zwei verschiedenen Niveaus in einem schulischen Kontext verwendet wurden[608]. Das in strengem Stil verfasste **018** wäre das einzige schulische Iliasglossar auf Rolle, das mit Sicherheit mehrere Gesänge glossierte[609]. Obwohl die Mise en Page des Glossars als Typ 2a betrachtet werden kann, ist sie nicht konstant. Der Papyrus enthält einige Fehler, die jedoch oft von derselben Hand über der Zeile korrigiert wurden, sowie eine dokumentarische Abkürzung durch einen hochgestellten Buchstaben. Die Erklärungen sind oft ausführlicher als in schulischen Glossaren und fassen verschiedene Bedeutungen einer Lexis ins Auge. Schließlich ist die Höhe der Rolle größer als erwartet, aber sie ist in römischer Zeit üblich (ca. 30 cm). Von den Glossaren, die Joseph Spooner dem schulischen Umfeld zuordnete (**021.2**, **022.1**, **025.3**, **027.1**, **027.2**), schließe ich **027.1** und **027.2** aus und halte **021.2** und **025.3** für zweifelhaft. Angesichts der Schrift, der Störungen in der Reihenfolge und einer Abkürzung scheint **027.1** angemessener als private Abschrift zu bezeichnen. Die kalligraphische Schrift von **021.2** ist ständig von ornamentalen Spitzen umrandet und im Laufe des Glossars flüssiger. Wenn mehrere Erklärungen in derselben Zeile aufeinander folgen, wird ein Schrägstrich verwendet, um die Trennung hervorzuheben; die Erklärungen scheinen allerdings nicht in einer separaten Kolumne angeordnet worden zu sein. Der Kommentar zum Abschnitt ist ferner sehr dicht. Die sorgfältige Schrift von **021.2** könnte auf den Versuch, die Schrift der Vorlage zu imitieren, hinweisen. Ob aber diese Vorlage von einem Meister und die Abschrift von einem Schüler stammt, ist m.E. unsicher[610]. Was **025.3** betrifft, lassen die Verfassung auf dem Verso und ein Fehler, der wahrscheinlich durch Eile verursacht wurde, den

---

[608] So Colomo/De Kreij 2019.

[609] Vgl. aber das Odysseeglossar P.Oxy XLIV 3160 + P.Strasb. Inv. 1401 (TM 60911, Cribiore 1996 Nr. 335), das mehrere Gesänge glossiert.

[610] Der seltsame Fehler in Z. 2 (ε statt ω, über der Zeile korrigiert), der laut Spooner 2022, 44 durch die Herstellung einer Kopie eines Schülers erklärt werden könnte, scheint mir in dieser Hinsicht nicht entscheidend zu sein.

Herausgeber glauben, dass es sich um eine Schulübung handeln könnte[611]. Allerdings ist keines dieser Elemente zwingend.

Überblick über die Schulglossare[612]

| | Jh. | Cribiores Nr. | | | |
|---|---|---|---|---|---|
| **001** | 5. | 343 | **033** | 4in. | 341 |
| **005** | 2. | 330 | **036** | 3./4. | 340 |
| **009.1** | 3./4. | 339 | **040** | 3. | 337 |
| **011.1** | 7. | | **041** | 3. | 336 |
| **015** | 3in. | | **045** | 1./2. | |
| **016.1** | 3. | | **047** | 4./5. | 342 |
| **017.1** | 2.in | | **048** | 2. | 329 |
| **020** | 2.? | 332 | **052** | 2. | 328 |
| **022.1** | 2. | | **053** | 2. | 326 |
| **023** | 2. | 331 | **054** | 2. | 327 |
| **024** | 3. | 338 | **059** | 2./3. | 334 |
| **031** | 2./3. | 333 | | | |

## 3.2 Professionelle Exemplare

κύριέ μου Ἰcίδωρε, ἐρχόμενος ἔνεγκόν μοι τὰς
λέξεις Ἰλιάδος ἄλφα ὡς παρακέκληκά cε.
O.Bodl. II 2000 (2./3. Jh.)[613]

Etwa 20% der publizierten Iliasglossare lassen sich aller Wahrscheinlichkeit nach als von professionellen Schreibern in relativ sorgfältigen Schönschriften kopierte Exemplare identifizieren. Die Bezeichnung von Iliasglossaren als professionell ist jedoch besonders schwierig[614]. Diese Exemplare sind im Wesentlichen nur anhand sorgfältiger Schriften erkennbar, die oft von

---

[611] Spooner 2002, 57-58 und 107. Als paläographische Parallelen von **025.3** gibt Spooner **020** und **059** an. Im Gegensatz zu diesen beiden Dokumenten sind die Buchstaben von **025.3** jedoch besser geformt, die Schrift ist bilinear und der Einfluss des strengen Stils offensichtlich. Es ist natürlich möglich, dass dieser Einfluss auf die Nachahmung der Hand des Meisters zurückzuführen ist.

[612] Zweifelsfälle: **002** (Cribiores Nr. 325), **009, 018, 021.2, 025.2, 025.3, 037.1.**

[613] „Mein Herr Isidoros, wenn du kommst, bring mir die λέξεις des ersten Gesanges der Ilias, wie ich dich gebeten hatte".

[614] Mit professionellen Kopien meine ich diejenige, die von geübten, in der Abfassung von Buchrollen trainierten Schreibern angefertigt wurden.

großzügiger Mise en Page mit breiten Rändern begleitet sind[615]. Obwohl sie geübt und sorgfältig geschrieben worden sind, stellten aber solche Handschriften häufig informelle Versionen der streng kalligrafischen zeitgenössischen Buchschriften dar[616]. Es gibt weder ausgeprägte Merkmale noch strikte Konventionen in der Verwendung des Schreibmaterials oder der Mise en Page. Ein zu diesem Zweck angefertigtes Iliasglossar konnte auf der Rückseite einer Urkunde, in zwei klar voneinander getrennten Kolumnen oder in einer Einzigen verfasst sein.

Iliasglossare scheint man nicht als Luxusbücher betrachten zu müssen; es besteht somit ein schmaler Grat zwischen professionellen und privaten Kopien, die eventuell mit einem höheren Grad an Sorgfalt ausgeführt wurden. Ebenso ist es schwierig zu sagen, ob sie für den Buchhandel bzw. für den Umlauf unter besonderen Kreisen bestimmt waren[617]. Die höhere Sorgfalt der Schrift und der generelle Mangel an persönlichen Elementen lassen aber vermuten, dass solche Texte für Drittbenutzer angefertigt worden sind.

Einige Glossare zeichnen sich durch die sorgfältige Schönschrift aus. **014**, **025.01**, **028**, **037.2**, **056** und **056.1** sind in runder Schönschrift, im Wesentlichen bilinearen Formen geschrieben, bei der die Buchstaben durchweg ornamentale Serifen aufweisen. Besonders sorgfältig in dieser Hinsicht sind **028**, **037.2** und **056**, während **025.01** und **056.1** sich der Gruppe der „informal rounds" zuordnen lassen[618]. Zu dieser Gruppe gehört m.E. auch die Schrift von **055**, die eine sorgfältige Schönschrift ist, bei der der kalligraphische Anspruch jedoch das Ergebnis einer übermäßigen Anstrengung des Schreibers zu sein scheint, dem es auch nicht immer gelingt, die Buchstaben gleichmäßig zu bilden (Tafel X, s. unten). In einer informellen Version des strengen Stils wurden ferner **025.4** und **049** geschrieben[619]. Der Einfluss des strengen Stils zeigt sich auch in **025.1**, vor allem durch die Breite von Buchstaben wie μ, ν und π. Eine Reihe spätantiker Manuskripte zeigen

---

615 S. Johnson 2004, 156: „the typical 'deluxe' manuscript will often show … characteristics not different from those of an everyday production, excepting the fine execution of the script".

616 Nach Johnsons Klassifizierung gehören diese Hände zu der Gruppe 1 („formal, semi-formal, or pretentious hands"), s. Johnson 2004, 102.

617 Zum Unterschied zwischen „circulation" and „production", „private" and „professional" Herstellung s. Johnson 2004, 157f.

618 Parsons/Turner 1987, 21. Zu der Schrift von **056** s. Colomo 2018.

619 Vgl. oben S. 53-54.

ferner sorgfältige und ausgeprägte Schönschriften, die typisch für Bücher aus dieser Zeit sind[620].

Mehr oder weniger kalligraphische Schriften werden oft von breiten Rändern begleitet. Was die Rollen betrifft, so ist es nur im Fall von **028** möglich, die ursprünglichen Abmessungen der Kolumne und der Rolle mit relativer Sicherheit zu rekonstruieren. Die durchschnittliche Kolumnenhöhe ist 22.2 cm mit ca. 44 Zeilen[621], die Kolumnenbreite ca. 5-6 cm. Die Schriftrolle bestand daher aus hohen, engen Kolumnen[622]. Der erhaltene Ober- und Unterrand misst jeweils 2 cm und 2,5 cm. Anhand der gewöhnlichen Größe der oberen und unteren Ränder (3-4 bzw. 3-5 cm[623]) kann angenommen werden, dass die ursprüngliche Höhe der Rolle 28-31 cm betrug. Dies liegt im Rahmen der durchschnittlichen Höhe römischer Rollen[624]. Besonders breit ist der erhaltene Oberrand von **026**[625], dessen Schrift informeller verfasst, aber immer noch als Buchschrift zu charakterisieren ist (Tafel IV)[626]. Der dünne Papyrusstreifen lässt keine weiteren Beobachtungen über die Mise en Page zu, aber man kann zumindest die Möglichkeit in Betracht ziehen, dass es sich um eine professionelle, wenn auch ziemlich anspruchslose Kopie handelt. Es sei auch darauf hingewiesen, dass der Papyrus das Ende der Reihe von Erklärungen enthält, bei dem oft die Abfassung unfeiner wird. Sogar in diesen professionellen Kopien kann man manchmal das Zusammenrücken der Buchstaben am Ende der Zeile aus Platzgründen sowie Hinzufügungen über der Zeile zur Vermeidung von Zeilenumbrüchen – auf Kosten der Eleganz der Zeile – antreffen[627]. Während unter den früheren Codices nur **004** den Unterrand enthält (ca. 3 cm), sind bei byzantinischen Codices normalerweise sehr breite Ränder zu finden[628]. Unter diesen sind nur die

---

[620] **020.1, 029.1, 042, 044** und **047.1** in „maiuscola ogivale inclinata"; **050** aufrecht. Natürlich erweisen sich nicht alle Schreiber als gleich sorgsam: einen höheren Grad an Eleganz und Genauigkeit beim Schreiben zeigen **042**, **047.1** und **050**. Wenig ausgeprägt sind **029.1** und **044**.

[621] Müller 1968, 113-114.

[622] Die einzige in ihrer vollen Breite erhaltene Kolumne (Fr. A, Tafel V) misst ca. 5.2 cm.

[623] Johnson 2004, 136.

[624] Johnson 2004, 141-143.

[625] Ca. 4.8 cm. Am unteren Teil dieses Randes scheint dieselbe Hand zwei Hinzufügungen vorgenommen zu haben.

[626] Der Herausgeber beschreibt die Schrift jedoch als „semi-cursive".

[627] Auch in **025.01** col. I, **028** col. II und **037.1** sind solche interlinearen Hinzufügungen bzw. Korrekturen am Ende der Zeile von derselben Hand zu finden.

[628] **020.1**: Unterer Rand 5.6 cm; **042**: Innerer Rand 5,5 cm, äußerer Rand 6,5 cm; **044**: Unterer Rand 5 cm; äußerer Rand 4,5 cm; **050**: äußerer Rand: ca. 4,5. Das Verso von **042** hat mehrere

Ränder von **029.1** schmaler, wobei dort aber die Sorgfalt bemerkenswert ist, um bei der Herstellung der Rolle Klebungen zu vermeiden und Blätter mit entsprechender Faserorientierung anzuordnen[629].

Wie schon bemerkt, wurden die vor langer Zeit veröffentlichten Glossare trotz ihrer formalen Merkmale dem schulischen Umfeld zugerechnet[630]. Die Sachlage hingegen weist darauf hin, dass die Iliasglossare auch von professionellen Schreibern abgeschrieben wurden. Wie angedeutet, sind sie jedoch nicht als Luxuskopien anzusehen und wurden als solche auch nicht in der Antike angesehen[631]. Manchmal sind sie in der Tat auf der Rückseite von bereits geschriebenen Rollen eingetragen worden[632]; obwohl die Schrift geübt und sorgfältig ist, verschmäht sie nicht informellere Formen. Und letztlich sind solche Texte nicht frei von Fehlern. Das ist auch bei **028** anzumerken[633], das trotzdem zweifellos das feinste Beispiel eines professionellen Exemplars auf Papyrusrolle ist. Leider können wir die ursprüngliche Breite der Ränder nicht genau bestimmen, aber wie bereits erwähnt, war die Schriftrolle

---

scheinbar unsystematische Tintenflecke am äußeren Rand, s. Tafel VIII. Es sieht demzufolge nicht so aus, als ob der Schriftträger für einen neuen Text wiederverwendet wurde; aber es ist schwierig, die Flecke zu erklären.

[629] Schwendner 1988, 32. Oberer Rand: 2 cm; unterer Rand: 3.5-4 cm; äußerer Rand: 3-3,5 cm; innerer Rand: 2.-2,5.

[630] Dies ist bei **014**, **028** und **004** der Fall, wo der Herausgeber ohne weitere Begründung von einem Schüler spricht, s. Philips 1971, 92.

[631] Dass es einen Unterschied zwischen erstklassigen und zweitklassigen Büchern gab, legen zahlreiche literarische Beispiele nahe. Es sei hier an auch das Edikt des Diokletian erinnert, das zwischen der Entlohnung von Schreibern für erstklassige und zweitklassige Schriften unterscheidet, s. *Edictum de pretiis* VII 39-40: *Scriptori in sc(ri)ptura optima versus n[u]mero centum (denarii) (viginti quinque). Sequ[enti]s scripturae versuum n[u]mero centum (denarii) (viginti)* (Giacchero 1974, I 152; griechischer Text auf S. 153). In diesem Zusammenhang kann man auch an den von P.Vars. 5 (TM 64236) überlieferten Katalog literarischer Werke erinnern, in dem neben dem betreffenden Werk angegeben ist, wie viele Rollen opisthographisch, d.h. auf der Rückseite alter Rollen geschrieben, sind. Manfredi/Andorlini/Linguiti 1989, 100 weisen darauf, dass die Anmerkung ὀπιςτόγραφον bzw. ὀπιςτόγραφα „corrisponde probabilmente anche ad una precisazione sulla qualità del prodotto librario“. Dazu s. auch Puglia 2013, 77ff. In dem Fragment SB XXIV 16328, das zwei Kataloge literarischer Werke überliefert, ist es nach Puglia 2013, 38 auch möglich, dass die Textsorte eine Rolle bei der Auflistung spielt. Da in dem zweiten Katalog auch Gebrauchs- und Prosatexte vertreten sind, wäre vorstellbar, dass „il secondo fondo librario abbia un carattere più pratico e meno letterario del primo, in quanto forse connesso con gli interessi di studio o di lavoro del proprietario”.

[632] **014**, **037.2**, **056.1**. Dass die Verfassung auf dem Verso *per se* kein endgültiger Hinweis auf den Schulbereich ist, wurde schon von Turner 1980, 89-90 bemerkt.

[633] Fehler bzw. Auslassungen werden nicht immer korrigiert, häufig tritt der Iotazismus auf.

sicherlich durch hohe und schmale Kolumnen gekennzeichnet[634]. Außerdem bemerkt man manchmal das Bemühen des Schreibers, in der Reihe der Erklärungen den rechten Rand der Kolumnen durch Verkleinerung der Buchstaben oder Einrücken des Interpretaments auszurichten, was bei Glossaren praktisch unmöglich ist[635]. Daraus kann man die Frage ableiten, ob es sich dabei um Mittel handelte, die dem Produkt Eleganz verleihen sollten[636], oder ob dies als Maßnahme zur intensiveren Ausnutzung des Platzes zur Beschriftung erklärt werden kann.
Was die Codices anbelangt, so gibt es erst in byzantinischer Zeit Beispiele, die auf Kopien mit einem höheren Anspruch hinzuweisen scheinen. Diese waren oft großformatig. Hervorzuheben ist die sorgfältige Gestaltung der Seite in **050**, auf der sowohl die Erläuterungen als auch die Stichwörter untereinander angeordnet sind und zusammen mit der eleganten Schrift und dem breiten Rand zur Eleganz der Seite beitragen. Über die früheren Beispiele von auf Codices überlieferten Iliasglossaren kann weniger gesagt werden, da oft nur kleine Fragmente erhalten sind. Trotz der Sorgfalt der Schrift – vor allem bei den Lexeis[637] – scheint **004** angesichts der geringeren Qualität des Papyrus und der Hinzufügungen im Interlineum ein schlichtes Exemplar zu sein[638]. Der anspruchslose Charakter von **004** und **025.4** steht jedoch im Einklang mit der Beobachtung von Eric G. Turner für die frühesten Papyrus-Codices: „Their handwriting is often an informal and workaday type, fairly quickly written, serviceable rather than beautiful, of value to a man interested in the content of what he is reading rather than its presentation“[639]. Mit Ausnahme der üblichen Abkürzung für ν am Zeilenende gibt es bei solchen Exemplaren, wie zu erwarten, keine Abkürzungen. Abgesehen von

---

[634] Die Kolumnen der Iliasglossare sind normalerweise breiter, wie oft auch bei Gebrauchstexten. Auch bei **009**, einem eher anspruchslosen Exemplar, sind auf jeden Fall die Kolumnen ziemlich schmal und hoch. Die Proportionen der Kolumnen von **028** finden ähnliche Parallelen in der von Johnson 2004 versammelten Aufstellung von Schriftrollen, die Prosatexte enthalten und hauptsächlich aus dem zweiten Jahrhundert stammen, s. Johnson 2004, 125-128 und Tabelle auf S. 203-207; Johnson 2009, 258-259.
[635] S. z.B. col. II 55; col. IV, 119-120 und 133.
[636] Turner 1977, 36: „a really high-class roll of Greek prose literature was written in tall narrow columns“. Beispiele aus den 1. und 2. Jh. n.Chr. in Parsons/Turner 1987 Nr. 62 und 67. Feinere Prosa enthaltende Buchrollen hatten aber in der Regel schmale und niedrige Kolumnen, s. Johnson 2004, 125-128 und S. 156.
[637] S. aber Philips 1971, 92: der erklärende Teil „is roughly textured, the writing suffering accordingly“.
[638] Philips 1971, 93.
[639] Turner 1977, 37.

**028**, das ein inhaltlich reichhaltiges Glossar ist, beschränken sich die hier analysierten Exemplare in der Regel auf die Wiedergabe der prosaischen Entsprechung des Begriffs und fügen nur selten Anmerkungen anderer Art hinzu, die grammatikalischer oder genealogischer Natur sind[640]. Diese Tatsache könnte nicht völlig zufällig sein und auf zwei Faktoren zurückgeführt werden. Erstens scheint die oben erwähnte diachron zunehmende Tendenz zur Verkürzung auch hier zu wirken[641]. Außerdem zeigen schulische und private Texte am besten die Auseinandersetzung der Schreiber mit dem Homertext und die Notwendigkeit, den Text zu verstehen, d.h. das Glossar als tatsächliches Hilfsmittel zu benutzen. Das persönliche Erklärungsbedürfnis stellt wahrscheinlich eine Veranlassung dar, die Vorlage nach den eigenen Bedürfnissen zu überarbeiten und weitergehende Erklärungen hinzuzufügen. Der erfahrene Leser würde auch zusätzliche Elemente der Metaphraseis beibehalten, die sich auf den jeweiligen Kontext oder auf den Vergleich mit anderen Passagen beziehen, mit denen er sich bereits auseinandergesetzt hat oder auseinandersetzen will. Nimmt man an, dass die behandelten Iliasglossare für Drittbenutzer angefertigt worden sind, würden diese Anregungen in geringerem Maße wirken.

Überblick über die professionellen Exemplare[642]
Rollen

| | **Jh.** | **Recto/Verso** | **Andere Seite** |
|---|---|---|---|
| **003** | 3./4. | ? | leer |
| **014** | 2. | Verso | Recto: Urkunde |
| **025.01** | 2./3. | Recto | Verso: Urkunde |
| **026** | 2. | Recto | Verso: leer |
| **028** | 1. | Recto | Verso: leer |
| **037.2** | 2. | Verso | Recto: Urkunde |
| **056** | 2. | Recto | Verso: leer |
| **056.1** | 2. | Verso | Recto: Spuren |

---

640 **029.1** (Kap. 2), **004, 044, 025.4.**

641 Ausführlichere Erläuterungen befinden sich in **003, 004, 025.4** und **028.**

642 Zweifelsfälle sind **057, 025.1** und **044.** Das letzte Glossar wurde von van Minnen 1998, 166 den Schulpapyri hinzugezählt. Die geringe Anzahl von Fehlern und die breiten Ränder lassen mich jedoch daran zweifeln. Darüber hinaus spielt bei van Minnen die früher verbreitete Vorstellung eine Rolle, dass die Glossare alle in dem Schulbereich gehören.

Codices

| | Jh. | |
|---|---|---|
| **004** | 2./3. | |
| **020.1** | 5. | |
| **025.4** | 3. | |
| **029.1** | 5./6. | |
| **042** | 7. | |
| **047.1** | 6. | Pergament |
| **049** | 2./3. | |
| **050** | 7. | Pergament |

## 3.3 Private Abschriften

ἀτεχνῶς γὰρ οὐκ ἄνευ θείας τύχης οὐδ' ἄνευ Μουςῶν τε καὶ Ἀπόλλωνος ἐπιπνοίας δυνατὸν οὕτως ὑψηλὴν καὶ μεγαλοπρεπῆ καὶ προςέτι ἡδεῖαν γενέςθαι ποίηςιν, ὥςτε μὴ μόνον τοὺς ὁμογλώττους καὶ ὁμοφώνους τοςοῦτον ἤδη κατέχειν χρόνον, ἀλλὰ καὶ τῶν βαρβάρων πολλούς· καὶ τοὺς μὲν διγλώττους καὶ μιγάδας ςφόδρα ἐμπείρους εἶναι τῶν ἐπῶν αὐτοῦ, πολλὰ τῶν ἄλλων ἀγνοοῦντας τῶν Ἑλληνικῶν, ἐνίους δὲ καὶ τῶν ςφόδρα μακρὰν διῳκιςμένων.

Dio. *Or.* 53, 6[643]

Unter den homerischen Glossaren lassen sich Zeugnisse erkennen, die weder von Schülern noch für Drittbenutzer verfasst wurden, sondern eher als private Abschriften betrachtet werden können. Auch diese Gruppe ist nicht leicht zu definieren. Dies liegt vor allem an der Heterogenität der Texte, die sich aus den persönlichen Zwecken, Ansprüchen und den besonderen Umständen, unter denen die Herstellung eines Glossars erfolgte, ergibt. Die Identifizierung der Glossare als Privatkopien beruht auf den von William A. Johnson aufgelisteten und durch die berühmte Rolle der *Athenaion politeia* veranschaulichten Merkmalen[644]. Solche Iliasglossare sind nämlich in geübten Schriften verfasst, die, obwohl nicht immer streng kursiv, kursive

643 „Eine solch erhabene, prächtige und doch reizvolle Dichtung sei ohne göttliche Fügung, ohne Inspiration durch die Musen und Apollon schlechterdings undenkbar. Sonst hätte sie nicht schon so lange neben den Völkern gleicher Zunge und Sprache sogar die Barbaren zu einem großen Teil in ihren Bann schlagen können. Auch Leute, die zwei Sprachen sprechen, und Mischlinge kennen die Werke Homers genau, obwohl sie im übrigen nicht viel Ahnung von den Griechen haben. Zum Teil sind es auch Menschen, die sehr weit entfernt wohnen" (Übers. Elliger 1967).

644 Johnson 2004, 157.

Elemente und informellen Charakter aufweisen[645]. Abkürzungen werden gelegentlich verwendet. Sowohl die Intercolumnia als auch die Breite und Höhe der Kolumnen sind nicht einheitlich, die Ränder meist schmal. Schließlich sind sie häufig auf der Rückseite zu finden. Bei Glossaren ist zudem die Reihenfolge der Stichwörter häufig gestört.

Das Hauptmerkmal, das auf eine Privatredaktion hinweisen würde, ist natürlich die Schrift. Wie wir gesehen haben, sind für Drittbenutzer angefertigte Kopien nicht frei von informeller Gestaltung, sodass die Grenze zwischen professionellen und privaten Exemplaren unschärfer wird. In ähnlicher Weise bewegen sich die Schriften der Privatexemplare zwischen sorgfältiger und schlichter, unregelmäßiger, von zeitgenössischen Geschäftsschriften beeinflusster Schrift[646]. In dieser Hinsicht können wir die Schrift zweier zeitgenössischer Iliasglossare vergleichen. Auf der einen Seite des 'Spektrums' haben wir die regelmäßige, bilineare mittelgroße Buchschrift von **043**, die der Buchschrift einiger professioneller Exemplare nahekommt (Tafel IX); am anderen Ende haben wir die schnell ausgeführte Schrift von **011** mit zahlreichen Kursivformen und Ligaturen (Tafeln II und II.1). Aus derselben Zeit stammt **055**, dessen kalligraphischer Anspruch noch deutlicher – wenngleich nicht immer gelungen – ist. Das Bemühen des Schreibers macht den ursprünglichen Kontext des Papyrus schwer bestimmbar. Denn es stellt sich die Frage, ob es sich hierbei um einen Schreiber, der sich in der Buchschrift übt, oder um einen Laien handelt, der versucht hat, seiner eigenen Kopie eine elegantere Form zu verleihen.

Die Schriften solcher Glossare variieren daher stets aufgrund der Anpassung des Schreibers an die Erfordernisse einer gewünschten Buchschrift. Andererseits können bei der Abfassung Faktoren wie Eile und ein mangelnder kalligraphischer Anspruch zu nachlässigeren oder unbeständigen Schriften

---

645 In Johnsons Klassifizierung wären sie Gruppe 2 („informal and unexceptional, but for the most part probably professional hands") und 3 („substandard or cursive hands") zuzuordnen, s. Johnson 2004, 102. Zu dieser Art von gemischten, schwer klassifizierbaren Schriften siehe die sehr treffenden Beobachtungen von Lundon 2002, 9 über den Iliaskommentar P. Oxy. 1086, der oft auch für Iliasglossare gültig ist: „il testo…è redatto in una scrittura che si colloca a metà strada tra libraria e corsiva e che può perciò definirsi semilibraria, con un occhio al contenuto, o semicorsiva, se si preferisce insistere sull'aspetto formale. Si tratta appunto di una scrittura di carattere informale che, pur mantenendo i segni distinti gli uni dagli altri e pur resistendo alla corsivizzazione sistematica, conosce una certa qual riduzione dei tempi e ammette, accanto a un residuo di tratti congiuntivi, accostamenti e annessi vari".

646 Die Glossare sind ein gutes Beispiel für die vielen Abstufungen zwischen den beiden Extremen der Geschäfts- und Schönschrift. Zum Thema s. Mugridge 2010.

geführt haben. Deshalb ist oft die Schrift allein unzureichend, um den Text als Privatexemplar zu bezeichnen.

Ein konstanteres Merkmal ist die Beschriftung auf der Rückseite einer bereits beschriebenen, in der Regel ursprünglich dokumentarischen Schriftrolle. Offensichtlich wurde es daher nicht für notwendig erachtet, eine neue Rolle dafür zu verwenden. In Ermangelung einer ausreichend langen Schriftrolle haben die Verfasser von **011** und **013+016** eigens eine solche hergestellt, indem sie bereits geschriebene Dokumente zurechtgeschnitten und zusammengesetzt haben. Der Schreiber von **034** hat stattdessen die Vorderseite einer Schriftrolle – die wahrscheinlich ein Dokument enthielt[647] – durch Palimpsestierung wiederverwendet. Der private Charakter des Dokuments zeigt sich auch in der mangelnden Sorgfalt, mit der man die vorherige Schrift auf dem Papyrus auslöschte; denn es sind Spuren der früheren Schrift nicht nur oft im unbeschriebenen Raum, sondern auch im Glossar selbst hinterlassen worden[648]. Das Auftreten dieser Spuren muss selbst für einen antiken Leser lästig gewesen sein. Hier und da wird das Bemühen des Schreibers erkennbar, diese Spuren zu vermeiden, indem er die Zeile schräger stellt oder die Interpretamenta nach rechts verschiebt[649]. Die Störung dürfte aber in geringerem Maße gewirkt haben, sofern man annimmt, dass der Schreiber und der Benutzer ein und dieselbe Person waren. Des Weiteren verzichtet der Schreiber nicht auf eine intensive Nutzung des zur Verfügung stehenden Raums. Der untere und obere Rand sowie die Interkolumnen sind eher schmal; dort, wo sich die Spuren der ersten Schrift verfliegen, fügt er der Kolumne weitere Zeilen hinzu und verlängert sie[650].

Diese Tendenz, den verfügbaren Raum intensiver zu nutzen, ist ein weiteres Merkmal von privat produzierten Texten. Obwohl gelegentlich ein gewisses Bemühen zu erkennen ist, auch die Erklärungen untereinander auszurichten[651], ist die typische Mise en Page dieser Privatkopien die als „2b" definierte[652]. Sorgfalt bei der Anordnung der Stichwörter untereinander wird jedoch immer beibehalten, so dass der linke Rand der Spalte der einzige gerade und gleichmäßige ist. In Ermangelung eines anderen Mittels zur

---

647 S. Einleitung zu **034**.

648 Vgl. **005**, bei dem die Spuren der Erstbeschriftung fast ausschließlich am unteren Rand zu sehen sind und die Lesbarkeit des Glossars kaum erschweren.

649 z. B. col. III 29; col. V 9 und V 10.

650 S. Einleitung zu **034** und Tafel VI.

651 In **012.1, 013+016** und **027**.

652 S. Kap. 1, S. 68-69.

Erkennung der Lexeis und angesichts des Fehlens einer klaren Trennung zwischen Lexeis und erklärender Reihe ist die Ausrichtung der Lexeis für ihre Identifizierung grundlegend. Man kann sich gut vorstellen, dass der Schreiber, da er nicht mehr eine ausgeprägtere Gliederung eines Schultextes als Hilfsmittel benötigte, in erster Linie darauf bedacht war, den gesamten verfügbaren Platz auszunutzen[653]. Aus demselben Grund scheinen die Ränder oft nicht besonders breit gewesen zu sein. Nicht selten finden sich aber auch ausgeprägte Ansprüche an Eleganz, die sich neben einer sorgfältigeren Schrift in umfänglicheren Rändern[654] oder in aufwändigen Koronides manifestieren können[655].

Ein weiterer Hinweis auf die private Natur des Textes sind Abkürzungen dokumentarischen Charakters, d.h. Suspensionsabkürzungen, die in der Regel am Zeilenende auftreten. Einmalig sind die zum brachygraphischen System gehörenden Abkürzungen in **034**, die auch einige Überlegungen über den Verfasser selbst ermöglichen (s. unten).

Die schlichte Ausstattung dieser Exemplare sollte nicht als Zeichen für die Vorläufigkeit des Glossars selbst gewertet werden, noch spricht diese für einen sich auf eine relativ kurze Stelle bzw. auf einen einzigen Gesang beschränkenden Umfang. Dass ein solches Glossar über Jahrhunderte verwendet werden konnte, zeigt **027**.

In einigen Fällen kann auch aus gutem Grund davon ausgegangen werden, dass das ursprüngliche Exemplar Glossare zu allen Gesängen enthielt[656]. Vielmehr entspricht der oft zu sehende unaufwändige Charakter der

---

[653] Weshalb er, wenn möglich, manchmal zwei Lexeis in dieselbe Zeile einfügen kann, s. **011** und **043**. Besonders intensiv ist die Nutzung des verfügbaren Platzes in **038** und im Codex **051**, wie bereits Roberts 1938, 176 bemerkte.

[654] **037** (Tafel XII), **058** (Tafel XI), **018.1** und **013+016**. Zu der Mise en Page letzteren Glossars und zu der „competizione tra cura e trascuratezza, tra forma e contenuto" s. Lundon 2012, 208-209.

[655] S. die Koronis in **040.1** und das Bemühen des Schreibers von **013+016** bezüglich der finalen Subscriptio (s. Kap. 1, S. 77-78).

[656] **027, 051** (s. Roberts 1938, 176 und Montanari 1995, 138) und wahrscheinlich auch **043**. Dieses Glossar ist auf der Rückseite einer langen amtlichen Rolle geschrieben, deren erste erhaltene Kolumne die Zahl 155 trägt. Dreht man die Rolle um, entsprechen die 154 fehlenden Kolumnen der Fortsetzung des Glossars. Natürlich können wir nicht sagen, wie viele Kolumnen des Glossars rechts vom erhaltenen Teil verloren gegangen sind. Wenn man aber hypothetisch dieselbe Anzahl annimmt, und zwar 154, würden sie ausreichen, um den restlichen Teil der Ilias zu glossieren. Wenn jede Kolumne ca. 150 Verse glossierte, würden weitere 71 Kolumnen zum Vervollständigen des Glossars benötigt werden.

Feststellung, dass solche Gebrauchstexte normalerweise als 'zweitklassige' Texte angesehen und hergestellt wurden.
Wie oben erwähnt, gibt es nur im Fall von **027** Informationen über den Verwendungskontext des Dokuments und seinen Besitzer: ein in Geschäftsschrift verfasstes Iliasglossar, das sich in der Bibliothek des Dioskoros befand. Das Glossar liefert zusammen mit der Iliasabschrift aus demselben Archiv zum einen ein Beispiel für die Texte, auf denen der „homérisme" des Dioskoros aufbaute[657], und zum anderen für ein Studienexemplar, mit dem sich die Benutzer über mehr als ein Jahrhundert lang auseinandergesetzt haben, indem sie es mit anderen Exemplaren verglichen, Korrekturen vornahmen und den Zustand der Handschrift selbst durch das Nachzeichnen von verblassten Buchstaben bewahrten[658]. Das Bild des hellenisierten Beamten Dioskoros lässt sich, wenn auch nur spekulativ, auf die Verfasser privater Glossar-Exemplare übertragen, die von der griechischen Kultur geprägt waren bzw. eine Kenntnis dieser, wenngleich mehr oder weniger oberflächlich, als Zeugnis ihres kulturellen und sozialen Status anstrebten. Um sie zu erwerben, musste man sich in der Tat mit dem griechischen Text *par exellence* messen.

Überblick über die als private Abschriften bezeichneten Iliasglossare[659]

| | Jh. | Recto/Verso | Andere Seite |
|---|---|---|---|
| **011** | 2.ex. | Verso | Recto: Urkunden |
| **011.2** | 2./3. | Verso | Recto: PSI XVII 1673 |
| **012.1** | 1. | Verso | Recto: Rechnung |
| **013 + 016** | 2ex./3in. | Verso | Recto: P.Köln XII 488, 489, 490 |
| **019** | 3. | Codex | |
| **027** | 4ex./5.in | Codex | |
| **027.1** | 2./3. | Recto | Verso: leer (?) |
| **034** | 3. | Recto, Palimpsest | Verso: Urkunde |

[657] Leider ist eine eingehende Untersuchung der Beziehungen zwischen den beiden Texten nicht möglich, da die erhaltenen Teile nicht derselben Iliasstelle gewidmet sind, s. Fournet 1999, 97.
[658] Zu den Hinzufügungen späterer Hände s. Fournet 1999, 96f. Wie er bemerkt, deutet diese Sorgfalt und der lange Gebrauch darauf hin, dass der Codex angesichts seines Alters als wertvolles Exemplar angesehen wurde.
[659] Zweifelsfälle: **018, 025, 025.2, 025.3, 035, 055**.

| | | | |
|---|---|---|---|
| **037** | 3./4in. | Verso | Recto: Urkunde |
| **038** | 2. | Verso | Recto: Urkunde |
| **039** | 4. | Verso | Recto: leer (?) |
| **040.1** | 3 (?) | Verso | Recto: kursive Schrift |
| **043** | 2ex. | Verso | Recto: P.Berl. Lehig. II 28 |
| **051** | 3. | Codex | |
| **058** | 3./4in. | Verso | Recto: Rechnung |

## 3.4 Niveaus und Absichten der Verfasser

Bei Texten, die aufgrund der durch Zielsetzungen, kulturelle Hintergründe und Interessen des Schreibers veranlassten Eingriffe in das Material stark untereinander divergieren, fällt die Aktivität des Schreibers mit derjenigen eines Verfassers zusammen. Es ist auch manchmal problematisch, eindeutig zwischen Verfassern und Benutzern zu unterscheiden. Bei Schulglossaren fallen die beiden Figuren in der Regel zusammen: Die von Schüler verfassten Glossare dienten dem Verständnis des Homertextes, der oft ihnen zur Hand war. Bei privaten Abschriften deuten bestimmte Merkmale – Randzeichen, persönliche Schriftarten, Ausnutzung des Schreibplatzes – ebenfalls darauf hin, dass die Abschrift nicht für dritte Benutzer (ursprünglich) bestimmt gewesen sein musste[660]. Nichtsdestotrotz muss der Schreiber nicht der einzige Benutzer gewesen sein. Nur wenn spätere Hände den Text revidiert haben, gibt es aber Anhaltspunkte für die Erkennung nachfolgender Benutzer (z.B. **011.2**). Aus diesen Gründen betreffen die folgenden Überlegungen vor allem die Verfasser der Glossare, die den Text höchstwahrscheinlich nicht einfach abgeschrieben, sondern nach ihren eigenen Bedürfnissen verändert haben.

Diejenigen, die sich mit dem homerischen Text maßen, taten dies gewiss nicht mit demselben kulturellen Hintergrund und einem übereinstimmenden Maß an Vertrautheit. Dazu erhalten wir mehr Hinweise aus den schulischen und privaten Texten, deren formale und inhaltliche Merkmale die persönliche Auseinandersetzung mit der Glosse und dem Homertext zu erkennen geben. Die Tatsache, dass nicht alle Schüler, obwohl sie bereits schreiben konnten, des homerischen Textes gleichermaßen mächtig waren, wird insbesondere in

---

660 Die Tatsache, dass die Störungen in der Reihenfolge dem tatsächlichen Nutzen des Glossars abgeschwächt haben, schließt nicht unbedingt aus, dass der Verfasser auch der Benutzer des Textes gewesen ist. So Henrichs 1971, 240; s. oben, S. 94-95.

den Schwierigkeiten des Schülers von **047** deutlich. In einigen Fällen hingegen deuten die allgemeine Korrektheit und das Fehlen von Akzentuierung im Homertext darauf hin, dass es sich bei den Schreibern um fortgeschrittene Schüler bzw. Lehrer handeln kann[661].

Während alle Schreiber, die die Iliasglossare privat und wahrscheinlich für ihren eigenen Gebrauch erstellt haben, ausreichend geübt im Schreiben sind, können zahlreiche Rechtschreibfehler und Beispiele für ein fehlerhaftes Lesen der Vorlage auf Unerfahrenheit mit dem Homertext und mit ungewöhnlichen Formen des Griechischen hinweisen. Ungenauigkeiten bei der Worterklärung sind aber nicht unbedingt dem Schreiber zuzuweisen; oft gehören sie zu den Folgen der Herauslösung der Lexeis aus ihrem ursprünglichen Kontext. Man würde in diesen Fällen von einem interessierten Laien sprechen, der das Glossar als selbständiges Werk abschrieb, indem er nicht ständig den Homertext berücksichtigte. Ein Laie kann jedoch nur dann als Anfänger bezeichnet werden, wenn häufige Fehler im Text auf eine mangelnde Vertrautheit mit dem homerischen Griechisch oder auf mangelnde Kenntnisse der griechischen Sprache hinweisen[662].

Auf der anderen Seite darf der von einigen Glossaren gebotene Grad an Kompetenz und Vertrautheit mit dem Homertext nicht unbeachtet bleiben[663]. Die allgemeine Rechtschreibung des Textes wird oft von doppelten und kontextbezogenen Erklärungen bzw. Anmerkungen, technischen Termini und ausführlichen Erklärungen begleitet, die die Verwendung mehrerer Quellen wahrscheinlich machen. Auch der häufige Iotazismus und die Vertauschung zwischen νέατοϲ und νεατόϲ in **043** oder die Schreibfehler von **034** hindern nicht daran, die erwähnten Merkmale anzuerkennen[664]. Man würde zu Recht zögern, die Schreiber dieser Dokumente als Amateure zu betrachten.

---

661 **031**, bei dem keine Lesezeichen im Homertext gesetzt werden, könnte von einem Lehrer verfasst worden sein. Dies könnte auch bei **005** der Fall sein. Der Schreiber verwendet dort auch kursive Formen (z.B. bei κ) und Schreibfehler sind selten zu finden; dagegen Cribiore 1996, Nr. 330.

662 **011, 013+016, 040.1**. Wie Henrichs 1971, 121 (mit Belegsstellen) treffend beobachtet hat, weist der Schreiber von **011** vor allem Schwierigkeiten im Gebrauch des Optativs und des Duals, d.h. der Alltagsprache fremder Formen, auf. S. auch **013+016** col. VI 8, wo die Dualform ἐριδαίνετον durch das Partizip ἐρίζοντεϲ umschrieben wird. Zu den Fehlern von **013+016** s. die eingehende Analyse von Lundon 2012. Hier zeigt sich das Bemühen des Schreibers auch in der Unsicherheit, mit der er den Fachbegriff ἀπὸ μέρουϲ verwendet, s. oben S. 133.

663 S. vor allem **027, 034, 043, 055, 058**.

664 **043** I 38. Neben Schreibfehlern sind in **034** auch falsche Erklärungen zu finden, die aber wahrscheinlich auf die Verwendung verschiedener Quellen zurückzuführen sind, s. col. IV

Die verschiedenen Grade von Kompetenz müssen gewiss für das einzelne Dokument ausgewertet werden und können in verschiedenem Abstand zwischen den beiden Extremen liegen: dem sich offensichtlich anstrengenden Amateur einerseits und dem erfahreneren Leser andererseits, welche beide repräsentativ für das Publikum der populärwissenschaftlichen Homererklärungen des römischen und byzantinischen Ägyptens sind.

Dass sich auch Gelehrte und Philologen mit Übersetzungen der homerischen Wörter befassten, wird auch durch die Studien zu Aristarch unterstrichen[665]. Des Weiteren bestätigen die Papyri, dass es einen Austausch von Material zwischen Glossaren, Lexika und Kommentaren gab[666]. Obwohl die Iliasglossare eine eher vorbereitende Erklärungsebene des Homertextes darstellten, waren sie auch der philologischen Tradition bekannt und wurden für die Diskussion exegetischer und philologischer Fragen verwendet. Unsere Glossare weisen jedoch eher auf Benutzer von geringem oder mittlerem Bildungsstand hin, die zwar in die griechische Kultur eingeweiht, aber keine Gelehrten von Beruf waren. Selbstverständlich wurden Glossare vor allem von und für diese Benutzer abgeschrieben, denen der Text zugänglich gemacht werden sollte. Dass Glossare aber auch von Menschen mit anspruchsvolleren Anforderungen verfasst werden können, beweist das Glossar P. Köln Inv. 2381 zur Odyssee[667]. Auch wenn wir für die Ilias nichts Vergleichbares haben, kann man aber nicht ausschließen, dass es unter unseren Schreibern welche mit höheren Ansprüchen gab. Die Hypothese wird m.E. durch **034** gestützt. Es lässt sich nicht mit Sicherheit sagen, ob es sich bei dem Schreiber um einen Gelehrten, einen γραμματικός, der seine eigene Version eines Glossars für seinen Unterricht verfasst hat, oder um einen Beamten mit guten Griechischkenntnissen handelt. Einige Elemente scheinen jedoch für die erste Vermutung zu sprechen. Erstens die kompetente Verwendung von im Kreis der Grammatiker entstandenen brachygraphischen

20-21; col. V 7-9. Gelehrte Kommentare sind übrigens nicht frei von Fehlern, s. z.B. P.Oxy VIII 1086 (Lundon 2002, 27f.)

[665] Zu der Rolle der Paraphrase bei Aristarch und ihrer Funktion s. Schironi 2018, 76-90.

[666] S. nochmal P.Oxy VIII 1086, dazu Lundon 2002 und Pagani 2019, 350f; s. auch Ucciardello 2006.

[667] S. Kap. 2, S. 143-144 und Pontani 2005. Auch in diesem Fall handelt es sich nach der hier angenommenen Klassifizierung wahrscheinlich um ein privates Exemplar.

Abkürzungen, die ein Merkmal der Kommentare auf Papyrus sind[668]. Da sie für andere Papyri nicht belegt sind und es ohnehin unwahrscheinlich ist, dass sie in Texten dieser Art verbreitet waren, sind sie wahrscheinlich auf den Schreiber selbst zurückführen. Das Glossar **034** zeigt den typischen paraphrastisch-glossographischen Ansatz. Bisweilen werden aber auch andere Aspekte der homerischen Sprache vermerkt, wie z.B. syntaktische Beziehungen innerhalb des Verses oder Redefiguren[669]. Bemerkenswert sind schließlich die Akzentuierung von χηρῶϲται und die Hinweise auf die Interpretation des Verses *Il.* 5.150 und *Il.* 5.187[670]. Letztere stellt sicherlich eine äußerst knappe, auf ein absolutes Minimum reduzierte Erläuterung dar, lässt aber vermuten, dass der Schreiber ein breiteres Verständnis des Kontextes hatte, aus dem sein Stichwort entnommen wurde. Das Glossar ist reich an doppelten Erklärungen, an zum *sermo grammaticus* gehörenden Begriffen, und schließlich auch aus lexikalischer Sicht, indem es ein *hapax* und auch Interpretamenta bewahrt, die unüblich sind[671]. Man kann ferner das Zeichen % erwähnen, das normalerweise in Kommentaren zu finden ist und auf die Verwendung anderer als streng lexikographischer Quellen hinweisen könnte[672]. Diese Eigenschaften, zusammen mit der gelegentlichen Verwendung von Lesezeichen[673], deuten eher auf eine Person hin, die sich mit der Kommentierung eines Textes auskennt, als auf einen einfachen Interessierten. Bezüglich dieser etwas außergewöhnlichen Position von **034** unter den Glossaren scheint es bezeichnend zu sein, dass es sowohl in den früheren Listen von Schultexten als auch in der von Martina Del Fabbro veröffentlichten Liste der Kommentare auf Papyrus einen Platz fand[674].

Der in **034** zu erkennende enge Anschluss an den Homertext scheint daher nicht, wie bei Schulglossaren, als Zeichen des Diktats des Meisters bewertet zu werden, sondern als Ertrag des Erläuterungsverfahrens des Werkes. Dieses Verfahren hat seinen Hauptzweck immer noch in der wörtlichen Erläuterung

---

[668] Dass diese Abkürzungen in den Kreisen der Grammatiker zur Kommentierung der Klassiker entstanden, wurde von Bilabel 1923, col. 2294 beobachtet; s. oben S. 74 Anm. 248.

[669] S. Einleitung zu **034** und Kap. 2 zur Emphasis, S. 133-134.

[670] Col. III 24-26, IV 4 und 29-30, s. Kap. 2, S. 106-107.

[671] Das *hapax* ist in col. IV 22, s. Kommentar zur Stelle. Nimmt man diese Lesung an, ist auch auf das seltene ἀποκρουνίζω (col. II 25) hinzuweisen. S. ferner Einleitung zu **034**.

[672] Col. IV 8, s. Kommentar.

[673] Die sporadische Setzung von Lesezeichen wird von Turner 1956, 145 als Merkmal von „a scholar's text“ angesehen.

[674] Debut 1986, Nr. 258; Del Fabbro 1979, Nr. 104. In der Liste von Del Fabbro findet sich aber auch **020**.

des Textes. Sie scheint aber an einigen Stellen den Eindruck einer Auseinandersetzung mit dem Text zu erwecken, die von einem mit verschiedenen Quellen arbeitenden Gelehrten mit interpretativen Anforderungen durchgeführt wurde.

In gewisser Weise scheint dieses Beispiel dem Glossar **027** zu ähneln, das vergleichbare Besonderheiten aufweist[675]. Man mag sich fragen, ob dieses Exemplar wie **027** im Unterricht verwendet wurde und somit die Abschrift eines γραμματικός darstellt. Doch schließen die allgemeine Rechtschreibung und das Fehlen schwerwiegender Lese- bzw. Rechtschreibfehler[676] nicht aus, dass es sich um einen Gelehrten handelt, der vielleicht eine Vorarbeit für ein eingehenderes Werk geleistet hat[677]. Auf eine fehlerhafte Ablesung der Vorlage (wie in **013+016**) scheint nichts hinzudeuten. Auslassungen eines bzw. zweier Buchstaben (z.B. col. II 20 und VI 32) sind wahrscheinlich besser als 'slips of the pen' denn als echte Fehler zu bezeichnen. Hier wirkt m.E. eher der Einfluss der Aussprache, die Eile der Ausführung und der informelle und private Charakter des Textes als die Unwissenheit des Schreibers.

Was die Intentionen der Iliasglossare anbelangt, zeigen die Urkunden aus Dioskoros' Archiv und seine eigene poetische Produktion ferner, dass das Studium des Homertextes für seine persönliche poetische Produktion sowie für die Abfassung dokumentarischer Texte genutzt wurde[678]. Es ist nicht möglich, dieses Bild in Ermangelung anderer zu Archiven gehörender Glossare zu verallgemeinern. Man kann aber vermuten, dass die mit Hilfe unserer Glossare durchgeführte Erläuterung der Ilias nicht unbedingt ein Selbstzweck war. Neben dem Verständnis des Homertextes könnten diese Hilfsmittel nämlich auch dazu dienen, das poetische Griechisch im weiteren Sinne zu erlernen und richtig anzuwenden.

---

[675] Es sei an die Erwähnung Aristarchs und an die Textvariante sowie an den allgemeinen Erklärungsreichtum des Textes erinnert, s. Kap. 2.

[676] Rechtschreibfehler sind: c statt ν (col. II 25, III 9; Gignac 1976, I 131), ο statt ω (col. IV 25, Gignac 1976, I 275f.), überflüssiges ν innerhalb des Wortes (col. II 25-26 und 28-29, Gignac 1976, I 118-119) Verwirrung zwischen ει und ι (col. III 12; IV 11 und 20; VI 32, s. Gignac 1976, I 189f.).

[677] Der Text weist im Allgemeinen nicht die von Turner 1956 und Johnson 2010, 186f. aufgeführten Merkmale eines „scholar's text" auf. Die genannten Merkmale werden jedoch für literarische Texte *stricto sensu* konstatiert, die in der Regel mit Marginalien versehen sind.

[678] Dazu s. Fournet 1999, insb. 297ff. und 673-676.

Zusammenfassend scheint die Verwendung homerischer Glossare als erste Ebene der erklärenden Unterstützung für den am meisten gelesenen und studierten Text der Antike in vielen Kreisen und bei Menschen mit unterschiedlichen kulturellen Hintergründen weit verbreitet gewesen zu sein, unter denen sich sowohl Anfänger als auch Gelehrten erblicken lassen. Sicherlich hat keines der Iliasglossare einen exegetischen, kritischen Ansatz im engeren Sinne, noch ist das von ihnen überlieferte Material als gelehrt zu bezeichnen[679]. Man sollte aber m.E. auch unterstreichen, dass diese Analyseebenen für die Textkategorie nicht erforderlich sind: Der Zweck von Glossaren ist es, das Verständnis für die homerischen Wörter und den Homertext zu befördern. Daher ist die Genauigkeit der Glossare auf diesem Niveau, wie trivial man es auch betrachten mag, zu bewerten.
Von einer kritischen und interpretierenden Herangehensweise an Homer, wie sie die alexandrinische Philologie oder die zweite Sophistik vertrat, die in der Zeit, in der die Glossare meist auftreten, ihre Blütezeit erlebte, sind wir natürlich weit entfernt[680]. Trotzdem ist das von Iliasglossaren überlieferte Material nicht mehr trivial, wenn man es in seiner propädeutischen Funktion betrachtet. Dass die Praxis, Homer Wort für Wort zu erklären, selbst den gelehrten Vertretern der letzten erwähnten Strömung nicht fremd war, legt vielleicht eine Stelle aus dem *Wortwechsel mit Hesiod* des Lukian von Samosata nahe:

cὺ δὲ τὸ μέγιcτον ὧν ἔχομεν ἀγαθῶν ἀφαιρῇ ἡμᾶc – λέγω δὲ τὴν ἐλευθερίαν καὶ τὴν ἐν τῷ ποιεῖν ἐξουcίαν, καὶ τὰ μὲν ἄλλα οὐχ ὁρᾷc ὅcα τῆc ποιήcεωc καλά, cκινδαλάμουc δὲ καὶ ἀκάνθαc τινὰc ἐκλέγειc καὶ λαβὰc τῇ cυκοφαντίᾳ ζητεῖc. ἀλλ' οὐ μόνοc ταῦτα cὺ οὐδὲ κατ' ἐμοῦ μόνου, ἀλλὰ πολλοὶ καὶ ἄλλοι τὰ τοῦ ὁμοτέχνου τοῦ ἐμοῦ Ὁμήρου κατακνίζουcι λεπτὰ οὕτω κομιδῇ καὶ μάλιcτα μικρὰ ἄττα διεξιόντεc[681].

„Du raubst uns das größte Gut, das wir haben, nämlich die Freiheit und die Lizenz zum Dichten, und siehst alle anderen Schönheiten des Gedichtes nicht, sondern wählst Spitzfindigkeiten und Dornen aus und suchst Vorwände zu falschen Anklagen. Freilich bist du nicht der Einzige und nicht nur gegen

[679] S. McNamee 2007, 40 für die Bezeichnung von „scholarly marginalia". Merkmale solcher Marginalien sind die Ausführlichkeit, die explizite Erwähnung der Quellen, die Beschäftigung mit anspruchsvollen Themen und gelegentlich die Anwesenheit von Zitaten.
[680] Grundlegend zu dem Thema Kindstrand 1973; s. auch Fornaro 2003.
[681] Luc. *Hes.* 6.

mich wird das gemacht: viele andere zerstückeln die feinen Verse meines Kollegen Homer auf genau dieselbe Art, indem sie in Kleinigkeiten durchgehen".

So lässt der Autor Lukian in seinem fiktiven Streitgespräch Hesiod sprechen[682], in dem der Dichter versucht, sich gegen Lykinos' Vorwurf zu verteidigen, er habe die Zukunftsdeutung entgegen seiner Ankündigung in seinem Werk nicht eingelöst[683]. Am interessantesten für uns ist die Aussage, auch Homer sei ein Opfer einer Interpretationsmethode geworden, bei der der Text in kleine Teile zerlegt wird (κατακνίζειν). Obwohl ein solches Verfahren über die Glossartypologie hinausgeht, eignet es sich für die typische Beschäftigung mit den einzelnen Lexeis und das 'Zerstückeln' des Primärtextes. Diese Vorgehensweise war Lukian offensichtlich wohlbekannt. In seiner Distanzierung von dieser setzt sein Hesiod sie gleichzeitig voraus.

Die betrachtete Dokumentation befindet sich im Wesentlichen außerhalb von Fachkreisen, soweit wir das beurteilen können. Wie die literarischen Quellen zeigen jedoch auch die Iliasglossare auf Papyrus die Transversalität dieses Materials, das in verschiedenen Kreisen zirkulierte und von einem vielfältigen Publikum genutzt wurde. Parallel zu den Kontexten, in denen die Dokumente verwendet wurden, ist es daher sinnvoll, auch die verschiedenen Niveaus und Kenntnisse zu bewerten, die jedes Dokument aufweist.
Unter den Vertretern dieses Publikums stellen der unerfahrene Schüler und der zutiefst hellenisierte Dioskoros bzw. der Verfasser von **034** nur die beiden Extreme dar, die gerade deshalb umso besser erkennbar sind. Demzufolge erklärt sich der heterogene Charakter von Iliasglossaren zum einen aus ihrer Natur als 'offene' Textsorte, die durch Beibehaltung grundlegender Merkmale eine Textkategorie bildet, aber breiten Raum für Umarbeitungen und Änderungen lässt, und zum anderen aus den jeweiligen Kontexten, in denen sie angefertigt wurden, aus den Zwecken, für die sie verwendet wurden, und schließlich aus den kulturellen Ansprüchen und Hintergründen der Schreiber und Benutzer.

---

682 Zweifel an Lukians Verfasserschaft äußert Nesselrath 1999, 500 und 2010, 701.

683 Der Bezug gilt der berühmten Musenweihe, Hes. *Theog.* 32: ἵνα κλείοιμι τά τ' ἐccόμενα πρό τ' ἐόντα. Zum Dialog s. Hunter 2014, 31f.; Dolcetti 2015, 62ff; van Noorden 2018, 402-403.

Zusammengenommen stellen die Iliasglossare auf Papyrus ein Stück von Homers Fortleben im römisch-byzantinischen Ägypten dar, das mit verschiedenen Ansprechpartnern interagiert und sich ihnen anpasst. Somit bekräftigen sie die Aussage des Dion Chrysostomos: Ὅμηρος δὲ καὶ πρῶτος καὶ μέσος καὶ ὕστατος, παντὶ παιδὶ καὶ ἀνδρὶ καὶ γέροντι τοσοῦτον ἀφ' αὑτοῦ διδοὺς ὅσον ἕκαστος δύναται λαβεῖν[684].

[684] Dio, *Or.* 18, 8: „Homer aber sei Anfang, Mitte und Ende, denn er gibt jedem Jugendlichen, jedem Mann und jedem Greis soviel, wie jeder fassen kann" (Übers. Elliger 1967).

# Schluss

Im Rahmen der papyrologischen Zeugnisse zur Homererklärung nehmen die Iliasglossare eine zentrale Stellung ein, weil sie die Mehrheit der Dokumentation darstellen und einen beträchtlichen Zeitraum (1.-7. Jh. n.Chr.) umfassen. Die behandelten Dokumente befinden sich an der Schnittstelle verschiedener Textkategorien, die ähnliche Inhalte und Strukturen aufweisen. Vor der Betrachtung der Iliasglossare erschien es daher sinnvoll, den Untersuchungsgegenstand und die verwendete Terminologie zu präzisieren und das Verhältnis zu anderen Homerica auf Papyrus zu betrachten. Da Verzeichnisse in der homerischen Papyrologie ein grundlegendes Werkzeug darstellen, erschien auch ein Vergleich mit den verfügbaren Verzeichnissen nötig.
In der Einleitung wurde daher zunächst eine Eingrenzung und eine Systematisierung der verfügbaren Dokumentation vorgeschlagen, die zum einen die Betrachtung einzelner Exemplare, zum anderen eine Gesamtuntersuchung ermöglichte. Eine Untersuchung der Merkmale und Tendenzen der Iliasglossare wurde zum Teil schon durchgeführt. Doch erforderte sie m.E. nicht nur eine Aktualisierung, sondern auch einen Ansatz, der Iliasglossare nicht nur im Zusammenhang mit verwandten Texten, sondern auch *per se* als Zeugnisse der Material- und Kulturgeschichte Ägyptens betrachtet. Zu diesem Zweck sollten alle Aspekte der Iliasglossare – von den eher papyrologischen bis hin zu den inhaltlichen – untersucht werden. Bestimmte Merkmale dieser Glossare, ob sie nun in früheren Studien oder in dieser Arbeit festgestellt wurden, gewinnen an Bedeutung, wenn man sie im Lichte der kulturellen Ansprüche bewertet, auf die die Glossare reagieren.

Im ersten Teil wurden die papyrologischen und materiellen Merkmale der Iliasglossare vorgestellt. Die zeitlichen, geographischen und materiellen Daten entsprechen in der Regel denjenigen, die für literarische und paraliterarische Texte im Allgemeinen bereits festgestellt worden sind. Trotzdem ist es möglich, spezifische Überlegungen anzustellen. Unter den dort getroffenen Überlegungen mag man die Frage nach der Entstehung bzw. Verbreitung der Iliasglossare erwähnen (S. 36ff.). Trotz der Unvollständigkeit unserer Dokumentation ist es m.E. möglich, dass die

Stabilisierung des homerischen Textes in der zweiten Hälfte des 2. Jh. v.Chr. einen Anreiz für die Anordnung nach der Abfolge des Homertextes gesetzt haben könnte. Diese Annahme würde das Auftreten der Iliasglossare im Lichte der Entwicklung der Homererklärung und -philologie erklären. Dabei ist es nicht auszuschließen, dass Iliasglossare vor dem 1. Jh. n.Chr. entstanden sind. Man mag aber annehmen, dass sie in Ptolemäerzeit aus den dort angeführten Gründen weniger verbreitet waren.

Was die bibliologischen und materiellen Merkmale der Fragmente betrifft, so zeigen die Iliasglossare, selbst in der Singularität der einzelnen Beispiele, eine ausgeprägte Neigung zur intensiven Verwendung von Schriftträger. Dieses Merkmal scheint jedoch nicht unbedingt auf den provisorischen Charakter des Textes zurückzuführen zu sein; vielmehr deutet es darauf hin, dass Iliasglossare in der Regel informelle Produkte sind und als solche angesehen wurden. Die formalen Merkmale der Glossare spielen ferner eine Rolle für die Untersuchung der Verwendungskontexte. In diesem Zusammenhang ist an die Bedeutung der Mise en Page der Typen „2a“ und „2b“ zu erinnern (S. 68ff.). Obwohl diese Zuordnungen unter Berücksichtigung des hybriden Charakters der Mise en Page einiger Dokumente nicht allzu streng zu nehmen sind, erlaubt die vorgeschlagene Trennung eine Bewertung der Mise en Page im Hinblick auf ihre Funktionalität und auf die visuelle Orientierung, die sie dem Leser bot. Schließlich war es nicht ohne Interesse, sich zu fragen, wie solche Texte im betreffenden Zeitraum gewöhnlich genannt wurden, da der Begriff „Glossar“ nicht aus diesem Zeitraum stammt. Darauf geben die Iliasglossare wenige direkte Hinweise. Es ist aber wahrscheinlich, dass sie als Sammlungen von λέξεις bekannt waren. Dass sie ὀνομαστικά genannt wurden, kann meiner Meinung nach ausgeschlossen werden.

Der zweite Teil ging auf die unterschiedliche Verteilung der Glossare bezüglich der einzelnen Gesänge der Ilias, auf die verschiedene Erklärungsdichte und auf die Hauptbestandteile der Iliasglossare ein. Ohne zu übersehen, dass der fragmentarische Zustand der Glossare und das persönliche Erklärungsbedürfnis strenge Verallgemeinerungen nicht zulassen, waren wiederkehrende Tendenzen bereits nach den ersten Veröffentlichungen sichtbar. Diese Tendenzen werden durch neue Editionen bestätigt. In der vorliegenden Arbeit wird jedoch auch vorgeschlagen, diese Tendenzen mit den Verwendungskontexten und mit dem betreffenden kulturellen Klima zu verknüpfen. Während die abnehmende Häufigkeit der

Scholien im Laufe des Textes bzw. des Gesanges das naheliegende Leseverfahren sowohl in der schulischen als auch in der fachlichen scholiographischen Praxis widerspiegeln, sollte man bei der höchsten Frequenz der ausgewählten Lexeis auch die Verwendungskontexte mitberücksichtigen.

In dem zweiten Teil der Arbeit sind auch die Hauptbestandteile der Iliasglossare betrachtet worden. Was die Lexeis betrifft, wird die vom Homertext abweichende Form einiger Lexeis betrachtet, für welche Banalisation, rückwirkender Einfluss der Worterklärung selbst, der Vergleich mit anderen Homerstellen und lemmatisierende Umformung ursächlich sein können. Das Hauptinteresse der Homerglossare besteht aber in den Erklärungen der entsprechenden homerischen Wörter durch die Wiedergabe in das geläufige Griechisch, die sich in die Traditionskette der Homererklärung einfügen. Die Worterklärungen umfassen lexikalische und grammatische Besonderheiten, Elementarerklärungen und etymologische Ableitungen. Es war aber nicht ohne Interesse festzustellen, dass Interpretationsfragen auftreten können (S. 106-107). Diese und andere Anmerkungen zeigen zunächst, wie die Ausdrucksweise solcher Texte sich durch eine extreme Knappheit auszeichnet. Aus diesem Grund gewinnt die Analyse der zum antiken *sermo grammaticus* gehörenden Begriffe noch mehr an Bedeutung. Sie bieten die Möglichkeit, diese Erklärungen tiefer zu untersuchen und helfen die Annahme zu entkräften, dass Erklärungen immer ein ausschließlich paraphrastisches Interesse haben.

Der erste Unterabschnitt der Interpretamente analysiert verschiedene Erläuterungen mythographischen Charakters. Die mythographischen Erklärungen können m.E. auf die jeweilige, eng umgrenzte glossographische Intention zurückgeführt werden. Sie setzten nicht unbedingt eine mythografische Quelle voraus. Das gilt auch für die Hekataios zugeschriebene Erklärung in **028**, die eher als anonyme Erläuterung des Homertextes aufzufassen ist (S.113ff.).

Der zweite Unterabschnitt behandelt die Dialektalglossen und analysiert den in den Texten verwendeten *sermo grammaticus* (z.B die Verwendung von νῦν, „nun, jetzt" als Hinweis auf Sprachwandel, aber auch auf Spezialbedeutungen, „an der Stelle", von ἀντὶ τοῦ sowie grammatische, rhetorische und literarkritische Termini). Die Erklärungen setzten oft in diesen Fällen die philologischen Auseinandersetzungen mit dem Homertext und der homerischen Grammatik voraus. Trotzdem waren sie bei Iliasglossaren ohne den ihnen zugrunde liegenden Gedankengang im Umlauf. Die Verwendung der Fachtermini lässt auch Rückschlüsse auf das Bildungsniveau des jeweiligen Schreibers zu. Des Weiteren lässt die Auslassung der Fachtermini vielleicht eine diachrone Entwicklung der Glossare in Richtung einer lexikografischen Spezialisierung erkennen, bei der der lexikalische und grammatikalische Aspekt der homerischen Begriffe *per se* und nicht in Bezug auf ihren ursprünglichen Kontext und auf den homerischen Sprachgebrauch letztlich überwiegt.

Zusammenfassend ergibt sich die Hypothese einer Entwicklung der Glossare in der betreffenden chronologischen Zeitspanne (1./7. Jh.) in Richtung einer lexikografischen Spezialisierung, die eine größere Entfernung der Iliasglossare von ihrem ursprünglichen Zweck zur Folge hatte. Der Primärtext ist das ursprüngliche Werk, aus dem *glossandum* und *interpretamentum* herausgezogen werden, aber Glossare sind immer eher lexikografische Texte als „Homerica" im engeren Sinne, d.h. Texte, die dem Verständnis von Homer an bestimmten Stellen dienten und den homerischen Sprachgebrauch illustrieren sollten. In diesem Sinne werden die Einträge der Glossare eher Lexeis als Lemmata, d.h. Wörter, die erklärungsbedürftig und beachtenswert *per se* waren. Dies würde auch erklären, warum mehrere Wörter in jüngeren Glossaren kommentiert werden. Auch die Tendenz bei den Lexeis, den Text in kleinere Einheiten in Laufe der Zeit zu zerstückeln, kann m.E. auch mit einem zunehmenden lexikografischen Interesse im Zusammenhang stehen.

Diese Überlegungen haben ihre Bedeutung auch im Hinblick auf das Verhältnis der Iliasglossare zu der mittelalterlichen Sammlung der D-Scholien. Der Prozess der konsistenten Ansammlung von unterschiedlichem Material, der sich in mittelalterlichen D-Scholien niedergeschlagen hat, ist in den Papyri nicht zu sehen. Wenn man die dargelegte Entwicklung der Iliasglossare annimmt, geht diese Entwicklung vielmehr in die gegensätzliche Richtung. Obwohl eine Untersuchung zu dem Verhältnis der Iliasglossare zu den D-Scholien über die Ziele der vorliegenden Arbeit hinausgeht, können einige Tendenzen der Iliasglossare m.E. vielmehr in Zusammenhang mit dem kulturellen Klima des römischen und byzantinischen Ägyptens gebracht werden.

Während die betreffenden Papyri ihrer Natur nach bei allgemeinen Überlegungen zur Überlieferungsgeschichte der *Scholia Minora* und zur Annahme einer Standardsammlung der *Scholia Minora* in der Antike zu

großer Vorsicht mahnen, können sie Licht auf die Rolle Homers und seiner Gedichte im römischen und byzantinischen Ägypten werfen. Für solche Gebrauchtexte empfiehlt sich nämlich eine Untersuchung, die die Verwendungskontexte, die Verfasser und die jeweiligen Zwecke mitberücksichtigt, für die die Texte geschrieben wurden.
Den unterschiedlichen Kontexten, Niveaus und Benutzern ist der dritte Teil dieser Dissertation gewidmet. Anhand von bibliologischen, paläographischen und inhaltlichen Merkmalen wird die folgende Dreiteilung der Iliasglossare vorgeschlagen: Schulglossare, von professionellen Schreibern mit mehr oder weniger ausgeprägten Buchschriften verfasste Glossare, und schließlich private Exemplare.
Obwohl keines der Iliasglossare gelehrten Charakters ist, sollte man die dort enthaltenen Erklärungen nicht immer als trivial ansehen noch das Niveau einiger Beispiele verkennen. Das glossographisch-paraphrastische Material, ebenso wie der homerische Text selbst, ist stark transversal. Unter den Verfassern der Iliasglossare lassen sich nicht nur Anfänger wahrnehmen, sondern auch von der griechischen Kultur geprägte Laien, Grammatiker und Gelehrter.

Die Iliasglossare stellen Dokumente mit kulturbewahrender Funktion dar, weisen aber auch auf kulturgeschichtliche Entwicklungen hin und zeigen die Interaktion mit verschiedenen Benutzern. Das Gesamtbild, das sich aus der Betrachtung ergab, offenbart den hohen Wert der Iliasglossare als Zeugnisse der Kulturgeschichte Ägyptens.

# Anhang I: Neueditionen

Angaben über die Größe der Papyri erfolgen in der Form Breite x Höhe.
Wenn nicht anders angegeben, sind die Lesungen und Ergänzungen der im folgenden edierten Texte in den *editiones principes* zu finden. Für abweichende Lesungen bzw. Ergänzungen der jeweiligen Herausgeber und bei Rechtschreibfehlern verweise ich auf den Apparat.
Zur Zitierweise und Ausgaben der homerischen Scholien, der Iliaskommentare und anderer lexikographischer Werke sei auf S. 310ff. hingewiesen. Wenn nicht anders angegeben, beziehen sich die homerischen Scholien und die modernen Kommentare zur Ilias auf die betreffende Iliasstelle.

## Zeichenerklärung bei Erwähnung der Zeugen

= („ebenso“) steht für übereinstimmende Worterklärungen. Abweichungen werden durch die beiden folgenden Zeichen signalisiert:

- \+ nach dem betreffenden Zeugen bedeutet, dass er mehr Interpretamente als der Papyrus bietet, unter denen es auch das von dem Papyrus überlieferte Interpretamentum gibt.
- [ ] wenn der Zeuge zwischen Klammern ist, steht die Lexis in einer anderen Rektionsform.

≠ („anders“) kann die Vokabeln der Worterklärung, das Wortlaut und den Inhalt betreffen.

## P.Strasb. Inv. Gr. 1015 recto (**034**)

*1/2. Jh. n.Chr.* *38 x 16 cm* *Unbekannt*

Tafeln VI, VI.1, VI.2

Das von Ludwig Borchardt in Kairo erworbene Fragment gehört zu den ersten veröffentlichten Glossaren zur Ilias[685]. Die Herkunft ist unbekannt[686]. Auf dem breiten Papyrusfragment sind fünf Kolumnen eines Homerglossars zum fünften Gesang der Ilias erhalten. Mit Ausnahme von geringen Resten ist eine vorherige Kolumne verloren gegangen[687].

Das Glossar ist auf dem Recto verfasst, stellt jedoch die nachträgliche *scriptio superior* eines Palimpsests dar[688]. Die Wiederverwendung wird durch die erhaltene Klebung in col. V nahegelegt, die entgegen der Regel nach links geöffnet ist. Der Prozess der Wiederverwendung der Rolle ähnelt daher dem von **005**, bei dem die Nachrangigkeit der Wiederverwendung der Vorderseite gegenüber der Rückseite ebenfalls durch die Richtung der Klebung nahegelegt wird[689]. Wie auch in **005**, sind die Spuren der ersten Schrift am bestem am unteren Rand zu sehen. Im Vergleich zu **005** wurde die Löschung des ersten Textes jedoch wesentlich oberflächlicher vorgenommen. Spuren der *scriptio inferior* treten in größerem Umfang auch in der Mitte des

---

685 Plasberg 1903, 196, der aber nicht das genaue Ankaufsdatum mitteilt. Zu diesem Fragment ist keine eindeutige Information im Straßburger Archiv des Deutschen Papyruskartells zu finden. Der Ankauf durch Borchardt ist dort erst in der im Jahr 1907 von Friedrich Preisigke verfassten Liste ausdrücklich erwähnt; daneben gibt Preisigke „R. Schachtel" an. Zu Borchardts Ankäufen für die Universitäts- und Landesbibliothek in Straßburg s. Primavesi 1996, 175f. Für ihre Hilfe bei der Untersuchung des Archivs der Universitäts- und Landesbibliothek in Straßburg und für die Möglichkeit, das Originalfragment zu sehen, gilt mein Dank Mme. Gisela Bélot.

686 Die auf dem Verso erhaltene Rechnung besteht aus drei Kolumnen, an deren Schluss sich anscheinend eine Gesamtabrechnung findet. Das dokumentarische Verso scheint keinen klaren Hinweis auf die Herkunft des Fragmentes zu liefern, es sei denn, das abgekürzte Ψινθ() in der dritten Kolumne wäre als Hinweis auf das Dorf Psinteo im Arsinoites aufzufassen. In der zweiten Kolumne ist vielleicht der Eigenname Πεθέως zu lesen, der typisch für den Arsinoites zu sein scheint, s. Hagedorn/Youtie 1969, 17f.

687 Zu diesen Überresten s. Plasberg 1903, 198. Die erste erhaltene Kolumne ist nach Plasbergs Nummerierung mit „col. II" gekennzeichnet. Diese Nummerierung findet sich auch in Lundon 2012.

688 Eine neue Analyse des Materialzustandes dieses Fragments wird in dem erscheinenden Buch von Demokritos Kaltsas, *Untersuchungen zum Buchwesen des griechisch-römischen Ägypten: Literatur auf der Rückseite von Dokumenten* veröffentlicht werden. Einige Bemerkungen dazu sind dank seiner Mitwirkung in Fontanella 2021, 49 zu finden.

689 Dazu oben, S. 61-62 und Fontanella 2021, 47ff.

Fragmentes auf. Dies erschwert die Lektüre an vielen Stellen. Es ist unmöglich genau festzustellen, was der erste Text enthielt. Das Vorhandensein langer vertikaler oder schräger Striche deutet jedoch auf Zeichen hin, die vielleicht der Kontrolle dienen und die auch auf der dokumentarischen Rückseite des Dokuments zu finden sind (s. auch Komm. zu col. V 13). Dies würde auf einen dokumentarischen Text hindeuten, der obsolet geworden war.

Zu dem Glossar gehört höchstwahrscheinlich der Nachtrag auf der Rückseite, dessen Ausrichtung dieselbe des Glossars ist und im Verhältnis zu der auf dem Verso verfassten Rechnung auf dem Kopf steht[690]. Ein Beispiel von solchen Nachträgen hat man in dem Odysseeglossar P.Amh. II 18. Man kann auch paläographische Ähnlichkeiten mit P.Amh. II 18 feststellen, die die paläographische Datierung von **034** unterstützen[691].

Die mittelkleine, runde und informelle Schrift ist geschickt, allerdings oft uneinheitlich: ε erscheint manchmal in römischer Form (vor allem am Wortende), β ist besonders bei Lexeis mit einem Unterstrich geschrieben (vgl. **043**), die Rundung von c ist gelegentlich völlig geschlossen und ähnelt der eines o, der Bauch von α ist manchmal offen, τ normalerweise gespalten; ι wird oft in Ligatur mit dem vorherigen Buchstaben geschrieben. Die Schrift neigt ab und an zur Kursive und aus Platzgründen zum Zusammendrängen der Buchstaben. Die Korrekturen sind auf dieselbe Hand zurückzuführen.

Auch bei der Mise en Page ist der Schreiber nicht besonders sorgfältig. Der erhaltene obere Rand misst maximal 1,5 cm; am Anfang der col. II und III sind aber wahrscheinlich einige Zeilen verloren gegangen, von denen nur noch wenige Spuren vorhanden sind (s. Abbildungen in col. II 1-2 und III 1). Die Interkolumnien sind im Allgemeinen schmal (ca. 1-1,5 cm), der untere Rand variiert stark. Ein Grund dafür ist wahrscheinlich die Notwendigkeit, die Spuren der ersten Beschriftung zu vermeiden. Die ersten beiden Kolumnen, in denen die Spuren der *scriptio inferior* am stärksten auftreten, haben einen breiteren unteren Rand (jeweils 1,5 cm und 1,8 cm). Der untere Rand bei col. IV, V und VI misst 1 cm.

---

690 Es handelt sich um drei kursive, beschädigte Zeilen am unteren Rand des Versos, bei denen Plasberg α in Z.1 und ιcωc am Ende der Z. 2 erkannte. Es ist auch mir nicht gelungen, mehr zu erkennen.

691 Zur Datierung von P.Amh. II 18 s. die Erstedition. Zu Zusätzen am Verso von literarischen Texten s. Kaltsas 2015.

*Lemmata* und *interpretamenta* sind durch einen kleinen Zwischenraum getrennt, in den nicht mehr als ein oder zwei Buchstaben passen würden. Nicht selten kommen die beiden Elemente miteinander in Berührung. Dabei verwendet der Schreiber weder Satzzeichen noch scheint er sich die Mühe zu machen, die Lemmata grafisch zu trennen.

Akzente werden gelegentlich eingefügt, vor allem um Verwechslungen zwischen Homographen zu vermeiden (col. II 13; V 12; VI 21). In einem Fall ist die Betonung jedoch aus Sprachgründen gesetzt und stimmt mit derjenigen überein, die Eustathius Herakleides von Milet zuschreibt (col. IV 4). Iota Adscriptum ist zweimal geschrieben worden (col. II 2 und col. IV 26), Trema begegnet am Wortanfang (col. III 12; V 9; VI 28) und Wortinnern (col. II 16; IV 13; VI 10; VI 16). Häufig werden die entsprechenden Artikel zu den Worterklärungen hinzugefügt.

Der fünfte Gesang der Ilias ist einer der am häufigsten in Homerglossaren vertretenen Gesänge. Das vorliegende Glossar überschneidet sich mit **027**, **029.1** und **035**. Die Dichte der Scholien in **034** ist höher als in **027** und **035**, geringer als in **029.1**.

Das Glossar unterscheidet sich in mehrfacher Hinsicht von den meisten homerischen Glossaren. Auffällig sind von allem die Abkürzungen, die dem in Papyruskommentaren verwendeten Abkürzungssystem entsprechen[692]. Folgende Abkürzungen und Zeichen sind zu finden:

- Partikeln: κˊ = καί; μˊ = -μ(εν)-.
- Artikel: τˋ = τ(ήν); τˊ = τ(ῶν).
- Präpositionen κˋ = κ(ατά), κ(ατε); κτεˋ = κ(α)τε; μˋ = μ(ετά); πˊ = π(ερί); πˋ = π(αρά); υˋ = ὑ(πέρ).
- Zeichen: / = ἐϲτίν; // = εἰϲίν; ⸍· = s. Komm. zu col. IV 8.

Durch ein hochgestelltes τ ist ἀντὶ τοῦ abgekürzt ($\alpha\nu^{\tau}$)[693]. Durch Suspension ist προ- in col. III 22 abgekürzt. Die Verwendung dieses Abkürzungssystems

[692] Zu der Art der in Papyruskommentaren auffindbaren Abkürzungen s. Del Fabbro 1979, 90-91; Degni 1999; CPF I 1**, 276-281 (insb. S. 278-281); Stroppa 2019 und oben, S. 73ff. Vergleichbar sind die Abkürzungen des berühmten P.Lond.Lit. 108 (TM 59294), das aus demselben Zeitraum stammt.

[693] Diese Art der Abkürzung durch Suspension findet eine Parallele in P. Lond. Lit. 181, Z. 61, der zwar zu derselben Rolle des oben erwähnten P.Lond.Lit. 108 gehört, aber für die Eintragung von Scholien zu Kallimachos (im Verhältnis zum aristotelischen Text auf den Kopf gestellt) verwendet wurde. Ebenso ist ἀντὶ τοῦ in PSI IX 1095 (TM 64037) in dieser Weise abgekürzt.

hat unter den Homerglossaren keine Parallele mit der Ausnahme von P.Amh. II 18, in dem die Abkürzungen allerdings nicht so zahlreich wie in **034** sind[694]. Das vorliegende Glossar überliefert einige unbelegte Worterklärungen. Von diesen sind die Worterklärungen in col. II 25 und col. IV 22 besonders erwähnenswert, da auch die Erklärungen aus einem seltenen Wort und aus einem *hapax legomenon* bestehen. Noch zu erwähnen sind das homerische φειδώ (col. V 21) und παράμονον als Erklärung für ἔμ̣πεδον (col. VI 33). Das Glossar zeichnet sich auch durch ein gewisses Interesse nicht nur an einzelnen Wörtern, sondern auch an der Syntax des Homertexts aus. In col. VI 10-13 wird klar auf die Ellipse des εἰμί im ersten Hemistichion des Verses hingewiesen. In zwei Fällen (col. III 24; IV 29) wird das betreffende Syntagma aufgegriffen und es werden die dazwischen liegenden Wörter weggelassen, um den syntaktischen Zusammenhang klarzustellen. Dafür lassen sich nur wenige Beispiele finden[695]. In **034** ist es jedoch eindeutig, dass sich die Erklärungen ausgewählter, nicht aufeinanderfolgender Wörter auch mit den betreffenden Interpretationsfragen beschäftigen. Was die Terminologie anbelangt, enthält das Glossar mehrere Fachbegriffe, die in der technischen Sprache der mittelalterlichen Scholien auftreten. Sie betreffen nicht nur die Morphologie, sondern auch eine Redefigur (col. III 20-21) und syntaktische Notationen (col. IV 20-21; VI 10-13).

Mehrere Elemente scheinen darauf hinzuweisen, dass der Schreiber mehrere Texte zur Verfassung des Glossars verwendet hat. Zunächst scheint er bei seiner Arbeit stets mit Hilfe des Primärtextes vorgegangen zu sein. Dies wird durch die Diskrepanz der Rektionsform zwischen Lemma und Interpretament gestützt. In diesen Fällen (col. II 27; III 12) wird zwar das Lemma in einer vom Homertext abweichenden Rektionsform, die Erklärung jedoch in der zum Homertext passenden Rektionsform wiedergegeben. In diese Richtung gehen auch syntaktische Erklärungen, die über das einzelne Stichwort hinaus die Beachtung des epischen Kontextes erfordern. Ein weiteres Indiz für die ständige Benutzung des Homertextes ist das Vorhandensein von Erklärungen, die aus Komposita bestehen, während in den verwandten Quellen ein Simplex verwendet wird. Die Präfixe der Worterklärungen beziehen sich in diesen Fällen auf die von dem Verb regierten Ergänzungen (col. IV 7; V 10;

---

[694] Dazu s. S. 73ff.

[695] **038** (P.Yale II 127, 15 zu *Il.* 5.749): s. S. 14, Anm. 46; **011** IX 2 (zu *Il.* 1.326) zur Klarstellung der Tmesis; **051** I 12-13 (zu *Il.* 13.217), bei dem das Epitheton der Stadt Kalydon ausgelassen wird.

vielleicht auch col. III 20-21; s. auch col. II 20; V 19 und VI 5). Dass der Schreiber mehrere Gebrauchtexte zur Verfassung des Glossars benutzt hat, scheint sich auch aufgrund der Erklärungen in col. IV 3 vermuten zu lassen, in dem ἀφείλετο aus ἀφείλατο korrigiert ist. In den mittelalterlichen Handschriften der D-Scholien sind in der Tat beide Formen zu finden[696]. Der Schreiber könnte gewiss die häufigen doppelten Erklärungen in seiner Vorlage gefunden haben oder im oben erwähnten Fall die Form ἀφείλατο als reinen Schreibfehler betrachtet und die attizistische Form hergestellt haben. Das Vorhandensein von Erklärungen bezüglich verschiedener Bereiche (Akzentuierung, Vokabeln, Syntax, Rhetorik, Interpretation) lässt jedoch vermuten, dass der Schreiber mehrere Quellen verwendet hat. Dafür sprechen auch die zahlreichen Korrekturen, oft *in scribendo*, die auf die Unterbrechung der Arbeit zwecks einer Untersuchung verschiedener Texte und eine Auseinandersetzung mit einem Text hinzuweisen scheinen, den der Schreiber nicht nur transkribiert, sondern auch überarbeitet. Akzeptiert man die Auslegung des Zeichens % in col. IV 8, könnten die von dem Schreiber verwendeten Quellen auch aus Kommentaren bzw. mit Marginalien ausgestatteten Ilias-Texten bestehen. Auch die Erläuterung in col. IV 29-30 scheint darauf hinzudeuten, dass der Schreiber einen Kommentar dort als Quelle verwendete und ihn in seiner Abfassung abkürzte[697]. Diese Erläuterung scheint nämlich eine synthetische Überarbeitung breiter angelegter Kommentare zu sein.

Die Merkmale des Papyrus deuten auf ein privates, formal anspruchsloses Exemplar hin. Dafür sprechen die Wiederverwendung des Schreibmaterials (nicht im allerbesten Zustand), die Ungezwungenheit der Schrift und der geringe Leserlichkeitsgrad, der sich auch aus dem Fehlen einer klaren Trennung zwischen Stichwörtern und Erläuterungen ergibt. Diese Privatkopie ist jedoch meines Erachtens nicht das Ergebnis einer bloßen Abschrift der Vorlage, sondern stellt eine persönliche Überarbeitung anhand verschiedener Quellen und des Homertextes dar, die vielleicht einem Grammatiker bzw. Gelehrten zuzuschreiben ist. Auf ihn ist wahrscheinlich auch die Verwendung des Abkürzungssystems zurückzuführen, was der deutlichste Hinweis auf seine persönliche Überarbeitung des Textes bzw. der Texte ist, die er als Quellen verwendete.

---

[696] ἀφείλατο nur in Bibl. Naz. Centr. Gr. 6 (= Z van Thiel 2014).

[697] Dazu s. oben, S. 106f..

col. II

*Il.* 5

χ̣[ειμάρρῳ̣˙ τῷ̣ χειμῶ]νος ῥ̣[έοντ]ι πο- 88
] ταμῶι
ἐκέδα[ccε˙ . . . . . . . ]εν ἐ̣cκόρπιcεν 88
ἐεργμ[έναι˙ . . . . . . . .]εναι 89
ἰcχανόῳ̣[cιν˙ . . . . . .]c̣ι 89
ἕρκεα˙[. . . . . .]π̣ε̣ρ̣[ι]φράγματα 90
ἀλωάω[ν˙] τῶν ἀμπ[ε]λ̣[ο]φόρων 90
[. . ]π̣ων
ἐριθηλέω[ν˙] τ̣ῶν μεγάλως θαλλου\`cῶν´ 90
ἐπιβ̣ρ̣ίcη̣˙ [ἐπι]β̣αρύνη̣ 91
κατήριπε˙ [κ]ατέπεcε 92
αἰζηῶν˙ ν̣ε̣ῶν 92
πυκιναί˙ ὀχ[υρ]α̣ί, ἀcφα⟦α⟧λεῖc 93
πρὸ ἕθεν˙ πρὸ αὐτοῦ 96
ἐτιταίνετο˙ ἔ̣τ̣εινε 97
ἐπαΐccοντα˙ ἐφορμήc̣α̣\`ο´ντα 98
γ[ύ]αλον˙ τὸ κ̣ύ̣τοc 99
διὰ δ᾽ ἔπτατο˙ [δ]ι̣επ⟦α⟧έτατο δέ, διε- 99
πετάcθη δ̣έ
παλάccατο˙ κ(α)τεμλύνθη 100
cχήcε̣c̣θαι˙ ἀ̣[ν]θ̣έξειν, ὑπομένειν 104
εἰ ἐτεόν με˙ ε̣[ἰ] ἀ̣λ̣ηθῶc με 104
πεποc˙ φίλε [δι]αμπερέc˙ διανταί\`αν´ 109/112
ἐξέρυcε˙ ἐξε̣ί̣[λκ]υ̣cε 112
ἀνηκ̣ό̣ν̣τ[ιζ]ε̣˙ ἀ̣πεκρούνιζε, ἀνέ̣ν̣- 113
δυ[νε]
cτρεπτοῖο χιτῶνεc˙ ἤτοι τοῦ ἀλυ̣- 113
cιδῳ̣τοῦ [θ]ώρακοc ἢ τοῦ ὑπεν-
δύτου

1 χ̣[ειμάρρῳ̣˙ τῷ̣ χειμῶ]νος φ̣[. . .] . λο Plasberg **2** [πο]τα̣μ̣ῶι Plasberg **5** ]ι Plasberg **10** [. . .]β̣αρυνη̣ Plasberg **13** ὀχυραί pap. **16** ἐπαϊ- pap. **20** l. κ(α)τεμολύνθη **21** . [.]θεξειν Plasberg , ἀ̣[ν]θ̣έξειν in comm. **22** [.]αληθωc με Plasberg **23** l. πέπον **25** [ἀ]ν̣εκρούνιζε Plasberg **25-26** l. ἀνέ̣|δ[υνε], αν . .|δυ[. .] Plasberg **28-29** l. ὑπο|δύτου, cfr. comm.

col. III

]ε̣μβο̣λ̣ήν̣[ 118?

[φθά]μ(εν)οϲ˙ φθ̣άϲα̣[ϲ], προλ̣α̣[βών 119
θ̣[αρ]ϲῶν˙ τε̣θ̣α̣ρ̣[.]ϲηκώϲ 124
μένοϲ πα̣τ̣ρ̣ῴ̣ϊ̣ο̣ν˙ τὸ πα . . 125
ϲοῦ̣ π . . . . [.]ημα
ἧ̣κα˙ ἐνῆ̣[κα, ἐ]ν̣ε̣π̣οίηϲα 125
ϲακέϲπαλο̣ϲ̣˙ . . ϲάκοϲ πάλλ̣[ω]ν̣, του⟨τ⟩(έϲτι) 126
[ τ]ὴ̣ν ἀ̣ϲ̣π̣ίδα π(ερι)φ.ων
εἵ κε˙ [ἥ]ν 131
οὐτάμεν̣α̣ι̣˙ τρ̣ῶϲαι 132
ἰών˙ προε̣λ̣θών 134
⟨ε⟩ἰροπόκο̣υ̣[ϲ]˙ ἐρίων πόκ̣ουϲ 137
ἐχούϲαιϲ
χραύϲῃ˙ ἀμύξῃ̣ 138
ὑπεράλμε̣ν̣ον˙ ὑ(περ)α⟦ρ⟧λόμ(εν)ο̣ν̣ 138
ὑ(περ)πηδῶντα
δύεται˙ καταδύεται, κ(α)τ⟦ϲ̓⟧έρ- 140
χε[τ]αι
ἀγχηϲτε̣ῖναι˙ ἐγγὺϲ ἀ[λλ]ή\[λω]ν̣/ 141
κέχυνται˙ ἐπικέχυντ[αι] . . ι 141
κ(ατ)επτ̣ή̣κ̣αϲι ἐμφατι[κ]ῶϲ
ἐμμεμα[ώϲ]˙ πρ(ο)θυμού̣[μ]ε̣νοϲ 142
ἐέργαθεν˙ [. . .] . . ν . [. . ] . 147
οὐκ ἐκρε[ίνα]τ̣’ [ὀ]νείρουϲ˙ . .[ ] . 150
οὐκ ὠ̣ν̣[ει]ρ̣ο̣πολήθη ὑ(πὲρ) [αὐ-]
τῶν
τηλυγέτω˙ τ̣ηλοῦ τῆϲ ἡ̣[λι-] 153
κίαϲ γενομέν\ῳ̣/ τ̣ . [.] . . ν . φ .
τεχθέντ . δ̣υ̣ι̣κ̣ῶ̣ϲ
τείρετο˙ κ(ατε)πονεῖτο 153

1 om. Plasberg **2** πρ̣ο̣ . . . Plasberg, προλαβών in comm. **6** ε̣π̣οιηϲα Plasberg, ἐ]ν̣ε̣π̣οιηϲα in comm. **8** π(ερι)φ . . ων Plasberg, περιφέρων in comm. **9** [ἐά]ν Plasberg **11** προ . . ων Plasberg, προθεών in comm. **12** ϊροποκου[ϲ] pap. **20** ἐ̣π̣ι̣κ̣ἐχυντ[α]ι̣ . Plasberg **21** κ . . π . . . . ι Plasberg, κ(ατα)ληπτικαί in comm. **25** [αὐ|τῶν] Plasberg in comm. **28** τοῖϲ γ̣ο̣νεῦ̣ϲ̣[ι] Plasberg in comm. **29** τεχθέντ[εϲ] Plasberg

## col. IV

ἐπὶ̣ κτε̣άτεϲϲι˙ ἐ̣π[ὶ̣] κτήμαϲι 154
ἐνάρ̣ιζε˙ ἐϲκύλ̣ε̣υ̣ε 155
ἐ̣ξαίν̣υτο̣˙ ἀφηρεῖτο̣ ἀντ(ὶ τοῦ) ἀφείλ⟦α⟧ετο 155
χηρῶϲται˙ οἱ ἄπωθεν κλη- 158

ρ̣ό̣ν̣ομοι
κτῆϲιν· τ(ὴν) π(ερι)ουϲίαν 158
θορών· ἐμπηδήϲαϲ 161
πόρτιοϲ· % δαμάλεωϲ 162
ξύλοχον· ξυλώδη τόποϲ 162
βοϲκομ(εν)άων· βοϲκομ(έν)ων 162
κλόνον· τὸν παλμόν, τ(ὴν) κείνη- 167
ϲιν
πτερόεντεϲ ὀϊϲτοί· ἤτοι οἱ 171
ταχεῖϲ ἢ οἱ πτερώμενοι παρό-
ϲον πτερὰ ἐντίθεται τοῖϲ
βέλεϲι εἰ̣ϲ τὸ ταχεῖον αὐτὰ
φέρ̣ε̣ϲ̣θαι̣
ἐρίζεται· ἐξιϲάζεται 172
κοτεϲϲάμ(εν)οϲ· μηνίϲαϲ 177
εἰρῶν· θαυμαϲτῶν, ἐλλείπει 178
δὲ ἡ̣ περὶ πρόθεϲιϲ
αὐλώπιδι·αὐλώδειϲ ἀνοχὰϲ 182
ἐχο̣ύϲη̣
τρυφαλε̣ίη̣· περικεφαλαία̣ 182
μαίνεται· ἐνθουϲιοδῶϲ ὁρ- 185
μᾶι
εἰλυμένοϲ· π(ερι)ειλημμ(έν)οϲ, π(ερι)κε- 186
χυμένοϲ
τούτου κιχήμενον· ἀντ(ὶ τοῦ) ὡϲ [ἐ]π̣ί τοῦτον 187
φερόμ(εν)ο̣ν
γυάλοιο· [τοῦ] κύτουϲ τοῦ θώρακο̣ϲ̣ 189

**4** χηρῶϲται pap., cfr. comm. **6** τὴν περιοῦϲαν B. Keil apud Plasberg **9** l. τόπον **13** οἴϲτοι pap. **20** l. ἱρῶν **25** l. ἐνθουϲιωδῶϲ

col. V

κο̣τ̣ήειϲ· ἔνκοτοϲ π(ερι)[.] . λ̣οϲ 191
παρέαϲι· πάρειϲι 192
πρωτοπαγεῖϲ· πρώ̣τ[ω]ϲ̣ ϲ̣υνπε- 194
πηγ̣μ̣έ[ν]οι
νεοτευχέεϲ· νεωϲ̣τ̣[ὶ] κ(ατε)ϲ̣κευα . - 194
ϲμέν̣ο̣ι
πέπλοι· πέ̣π̣λοϲ λ̣έ̣γεται τὸ 194
ἀνδρεῖον κ(αὶ) τὸ γυν̣α̣ικεῖ̣ο̣ν
ἱ̣μάτιον

πέπτανται˙ π̣(ερι)π[ε]πετασμένοι (εἰcί) 195
ἐρεπτόμ(εν)οι˙ ἐcθίοντες 196
ἦ μέν μοι˙ κ(αὶ) μέντ̣οι ἐμοί 197
αἰχμητά˙ ὁ αἰχμητής, ὁ μα̣χη`τής´ 197
ἐρχομένῳ̣˙ δεῦρο π̣(αρα)γινομ(έν)ῳ̣ 198
δόμοις ἔνι˙ ἐν τοῖc ο̣ἴκο̣ιc 198
ποιητοῖcι˙ τοῖc . υ πεπ̣[ο]ιημένοιc 198
τοῖc εὖ κατε̣cκευα̣[c]μ(έν)οιc
ἐμβ̣ε̣β̣αῶτα˙ ἐπιβ̣ε̣β̣η̣κ̣ότα 199
ἀρ̣χ̣ε̣ύειν˙ καθηγεῖc̣θαι 200
πο̣λ̣ὺ κέρδιον˙ κ(ατὰ) πο̣λ̣ὺ̣ κρεῖccον 201
φειδ̣όμ(εν)οc˙ φειδῶ ποιούμ(εν)οc 202
φορβῆc˙ τροφῆc 202
εἰλομ(έν)ων˙ cυν[κ]λειομ(έν)ων 203
εἰ̣ωθότεc˙ ἔθοc ἔ̣χ̣οντεc 203
ἔδ̣μεναι˙ ἐcθίει̣ν 203
ἄδδην˙ ἀθρόωc 204
λί̣πον˙ κατέλιπον 204
π̣[ί]cυνοc˙ π . επ{ι}`οι´θωc 205
δοιοῖcιν˙ δυcί̣ν̣ 206
⟦ο⟧`ἔ´ccευc̣α˙ οἷον ἔccευcα ἀντ(ὶ τοῦ) c̣υθῆ-
ναι ἐποίηcα 208
[ἤγ]ειρα˙ οἷον . [. .]νεcτηcα α .
]η̣cα 208

**3** . υ̣ν̣πε Plasberg, cυνπεπηγμένοι vel νῦν πεπηγμένοι in comm. **5** κ(ατε)c̣κ̣ευ̣αc|μένοι Plasberg **9** ἵματιον pap. **10** π̣εταcμένοι // Plasberg **12** ἦ pap. **24** . . ο̣ν̣τ̣εc Plasberg, ἔχοντεc in comm. **28** l. πεποιθώc **30-31** [. ]υθη|ναι Plasberg, [c]υθῆ|ναι in comm. **32** ἐ̣[πα]ν̣έ̣cτηcα Plasberg in comm. **32-33** ]ῳ̣cα Plasberg, , α[ν|ώρθ]ῳ̣cα in comm.

## col. VI

ἀγκύ̣λ̣α̣˙ ε̣ . [. .] . μ . [ 209
ἐ̣λόμη̣ν˙ ἀν[ε]ιλόμην, ἐβάcτ̣αξα 210
ὑ̣ψερεφ̣έ̣c̣˙ μεγάλην ὀροφὴν
ἔχον 213
ἡγεόμ̣η̣ν˙ καθηγούμην 211
τάμ̣ο̣ι̣˙ ἀποτάμοι, ἀποκό̣ψειαν 214
ὀπηδεῖ˙ οἷον ἀκολουθεῖ 216
cὺν ἔντεcι˙ μ(ετὰ) τ(ῶν) ὅπλων 220
ἐπιβήcεο˙ ἀντ(ὶ τοῦ) ἐπίβηθι 221
Τρώϊοι˙ οἱ τ(ῶν) τοῦ Τρωὸc ἀπόγο`νοι´ 222

ἐπιστάμ(εν)οι˙ ἐμπείρως ἔχον- 222
τες, προς⟨υπ⟩ακουστέον δὲ
τὸ εἰcί
κραιπν̣[ά]˙ ταχέως 223
φε̣̣βεcθ̣[α]ι̣˙ φ⟨ε⟩ύ̣γ̣ειν̣ 223
σαώcετ̣ον˙ cώcουcιν, δυϊκῶc 224
cιγαλόε̣ντα˙ τ̣ὰ πεποικιλμ(έν)α 226
ὀρέξῃ˙ οἷον ἐπορέξῃ, ἀντ(ὶ τοῦ) ἐπιδῷ, 225
π(αρά)cχηται
δέδεξ[ο]˙ προcδέξου, ὑπόμεινον 228
τ⟦ω⟧εώ˙ τοὺc coύc, δυϊκῶc 230
ματήc̣ετον˙ ⟦μ⟧ ματαιῶcιν, μά- 233
ταια ποιήcωcιν
φθόγγον˙ τ(ὴν) φωνήν 234
ποθέοντεc˙ ἐπιζητοῦντεc 234
ἐπιόντα˙ ἐπερχόμ(εν)ον 238
δεδέ̣ξο̣μαι̣˙ προcδέξομαι 238
ἶνα˙ ἰ̣cχύν 245
ἀπέλ̣α̣θρον̣˙ ἀμέτ̣ρητο̣ν, πολ`λήν̣´ 245
ἐκγε̣γάμ(εν)˙ ἐκγ̣εγονέναι 248
χαζώμεθα̣˙ ἀ̣ναχωρήcω[μεν] 249
ἀλυcκάζοντι˙ ἐκκλείνοντ[ι] 253
ἔμ̣[πε]δον˙ παράμονον 254

**1** . . . [.] . . . [ Plasberg **10** Τρωϊοι pap. **15** φ̣υ̣ . ειν̣ Plasberg **16** δυϊ- pap. **20** l. προcδέχου **21** τεὼ pap. **28** ϊνα, ϊcχυν pap. **29** l. ἀπέλεθρον. ἀπέλ̣ . θρον̣ Plasberg, ἀπέλ̣α̣θρον̣ in comm. **32** l. ἐκκλίνοντ[ι]

col. II

Abb. I

Abb. II

**1-2** (*Il.* 5.88) Obwohl nur ein Teil des χ am Anfang der Zeile übrig bleibt, dachte schon der Erstherausgeber, dass sich die Erklärung auf χειμάρρῳ in *Il.* 5.88 bezog. Plasbergs Ergänzung [τῷ χειμῶ]νοc ist wohl anzunehmen, nach νοc ist aber eher ρ statt φ zu lesen, da die Spuren der Senkrechten am oberen Rand nicht zu diesem Buchstaben gehören. [τῷ χειμῶ]νοc ρ̣[έοντ]ι würde paläographisch sehr gut zu den Spuren und dem verfügbaren Platz passen. Nach ρ̣[έοντ]ι kann man π̣ο lesen, bei dem die Waagerechte von π sich nach oben beugt, vgl. das π in ἐρεπτόμενοι in col. V 11 (Abb. I) oder in ἐποίηcα in col. V 31 (Abb. II). In Z. 2 gibt es keine Spuren vor ταμῶι und es scheint, dass hier kein Buchstabe verloren gegangen ist. Die *eisthesis* der Erklärungen wäre breiter als erwartet, sie fängt jedoch nicht immer an einem bestimmten Punkt an, sondern wechselt entsprechend dem Platz, den der Schreiber noch braucht. Die Erklärung [τῷ χειμῶ]νος ρ̣[έοντ]ι π̣ο|ταμῶι entspricht den mittelalterlichen D-Scholien, die die Nominalbildung ebenso durch die Trennung ihrer Elemente erklären: D 4.452: χείμαρροι· οἱ χειμῶνος ῥέοντες ποταμοὶ καὶ πληρούμενοι ἀπὸ μεγάλων ὄμβρων; *D ad loc.*: χειμάρρῳ· χείμαρροι λέγονται οἱ μὴ ἀέναον ἔχοντες τὸ ὕδωρ, ἀλλὰ χειμῶνος πληρούμενοι ὑπὸ τῶν συνεχῶν ὄμβρων; vgl. auch sch. Gen. zu *Il.* 4.452 und zu 5.89; LexHom χ 42; Eust. *Il.* I 787.9; Hdn., *Part.* 150.14; EGud. 563.59; EM 810.15; Ps.-Zon. χ 1847.1; Sud. χ 229.1. ≠ PB: χειμερινῷ.

**3** (*Il.* 5.88) Wahrscheinlich ist ἐκέδα[ccε· ἐcκέδαc]εν zu ergänzen, vgl. D: ἐcκέδαcεν, διεcκόρπιcεν.

ἐκέδαccε· ἐcκόρπιcεν = [Hsch. c 882]+, [Ps.-Zon. κ 1193.12], [Sud. c 553], sch. zu *Od.* 3.131e, [Σα c 107], LexHom ε 247. διεcκόρπιcεν D+, PB und **027** Fol. 9 →, 9+.

**4** (*Il.* 5.89) Die rechte Senkrechte von ν biegt sich nach rechts und setzt sich in einer vertikalen Linie fort, die eine Ligatur νι suggeriert. Dieser vertikale Strich könnte aber ein Abdruck sein, da man hier -μ]εναι erwartet.

**027** Fol. 9 →, 10 ἐ̣ρ̣γ̣μέναι· ε̣ἰ̣ργόμεναι, . . . . . . μ̣[εν]α̣ι; D: ἐεργμέναι· ἠcφαλιcμέναι, περιπεφραγμέναι; PB: περιπεφραγμέναι; Hsch. ε 582: ἐεργμέναι· πεφραγμέναι, ἠcφαλιcμέναι.

**5** (*Il.* 5.89) **027** Fol. 9 →, 11 ἰcχανόωcιν· ἐ̣π̣ίcχ̣ο̣υ̣c̣ι̣ν̣ D: ἰcχανόωcιν· ἐπέχουcιν, κωλύοcιν; PB: κωλύοcιν; Ap.S. 93.9 ἰcχανόωντο· κατείχοντο, ἐκωλύοντο.

**6** (*Il.* 5.90) Der rechte Teil von π ist noch sichtbar. Faserschäden führten zum Verschwinden des oberen Teils vom ε. Wie schon Plasberg vorschlug, ist vielleicht τείχη oder τειχία verloren gegangen, vgl. D: ἕρκεα· τειχία, περιφράγματα.

ἕρκεα· περιφράγματα = D+, PB, [Hdn. *Part.* 36.11], [Hsch. ε 5935]+, [Ps.-Zon. ε 870.2]+, [Sud. ε 3017.1], [EGud. 526.4], [Ep.Hom. ε 33].

**7-8** (*Il.* 5.90) Vgl. sch. Gen. zu *Il.* 18.561: [ἀλωήν]˙ ἐνταῦθα ἀμπελοφόρον χώραν, sonst ἀμπελοφύτων. In Z. 8 sind sowohl [κή]πων als auch [τό]πων möglich (so bereits Plasberg im Kommentar).
≠ D, PB, LexHom α 328, **027** Fol. 9 →, 12-4.
**9** (*Il.* 5.90) = **027** Fol. 9 →, 15 (ohne τῶν), D+ (ohne τῶν), [Ap.S. 76.11] (ohne τῶν), Hsch. ε 5838 (ohne τῶν), [Ps.-Zon. ε 859.3], [Sud. ε 2989], LexHom ε 772.
**10** (*Il.* 5.91) In lexikographischen Quellen wird meistens ἐπιβαρέω zur Glossierung von ἐπιβρίθω verwendet, s. D: ἐπιβαρήϲῃ, ϲφοδρῶϲ ἐπέλθῃ (ebenso PB); Hsch. ε 4293, 4658, 4659; Ps.-Zon. ε 835.20. Die Ergänzung [ἐπι]βαρύνῃ beruht auf sch. Pind. zu Pyth. 3.106 (S. 89 Drachmann): εὖτ' ἂν ἐπιβρίϲαϲ˙ ἡνίκα ἐπιβαρύναϲ αὐτὸν καὶ ἀθροίϲαϲ ἕπηται. An der homerischen Stelle ist ἐπιβρίϲῃ wie bei Pindar im Sinne von „schwer darauf fallen“, „mit Wucht herabstürzt“ (so AH) benutzt. ἐπιβαρέω und ἐπιβαρύνω sind als gleichbedeutende Erklärungen in Philox. Fr. 3 belegt, wo τὸ ἐπεβάρηϲεν und τὸ ἐπεβάρυνεν zur Erklärung von ἔχραε in *Od.* 5.396 („von einem Daimon gemartert“) verwenden werden. Zu der Tendenz bei Worterklärungen, das Präfix des homerischen Wortes wieder aufzunehmen, s. Henrichs 1971, 102 mit Anm. 19.
**11** (*Il.* 5.92) = [D 14.55], [Hsch. κ 1783]+. ≠ D κατήριπε˙ κατέβαλε; PB: κατέβαλε.
**12** (*Il.* 5.92) = D, PB, [Hdn. *Part.* 28.5].
**13** (*Il.* 5.93) Der Akzent unterscheidet ὀχυραί von ὀχυρᾶι. Das λ ist offensichtlich aus ϲ korrigiert. Die erste Worterklärung ist nicht belegt, die zweite in = [D 14.167]+, [D 15.529]+, [D 19.355]+, [Apion Ludw. 99.20]+, [EGud. 487.5]+. ≠ PB: ϲυνεχεῖϲ, keine Worterklärung in D an der Stelle.
**14** (*Il.* 5.96) = D und PB, Hsch. π 3396.
**15** (*Il.* 5.97) = D+, PB, LexHom ε 901, [Hsch. τ 968]+, [EM 760.44].
**16** (*Il.* 5.98) Es ist nicht klar, warum der Schreiber das Partizip im Aorist geschrieben und danach zum Futur korrigiert hat. ≠ D und PB: ἐφορμῶντα.
**17** (*Il.* 5.99) = sch. A (Ariston.)+, sch. bT (ex.) zu *Il.* 13.507b, Ap.S. 55.28 (γ 898 Steinicke)+, Hsch. θ 1016+. ≠ D: θώρηκοϲ γύαλον˙ κατὰ τὸ κοῖλον τοῦ θώρακοϲ; **027** Fol. 9 →, 18: [θώρηκ]ọϲ̣ γύαλον˙ τὸ κοῖλον τοῦ θώρακọ[ϲ].
**18-19** (*Il.* 5.99) Vgl. **027** Fol. 9 →, 19: [διὰ δ' ἔπτ]ạτọ˙ διεπ̣ẹτ̣ά̣ϲθη, διῆλθεν; D: διὰ δ' ἔπτατο˙ διέπτη δέ, ὅ ἐϲτι διῆλθεν. PB: διῆλθε.
**20** (*Il.* 5.100) παλάϲϲετο Hom. „Den Anlass zur Änderung gab wohl der vorhergehende Aorist διέϲχε“ (Plasberg 1903, 206). Da διέϲχε in dem Glossar

nicht glossiert ist, könnte die Änderung ein weiterer Hinweis darauf sein, dass der Schreiber eine Abschrift des Homertextes zur Hand hatte. Der Schrägstrich über ε zur Abkürzung von κατὰ suggeriert, dass in dem kleinen Riss zwischen κ und τ kein α geschrieben war, wie schon Plasberg dachte.
Das Verb ist in den verwandten Quellen durch das Simplex μολύνω erklärt: so **027** Fol. 9 →, 21; D+, PB, [Hsch. π 154]+, [Ps.-Zon. π 1516.5]+, LexHom π 194.

**21** (*Il.* 5.104) cχῆcạc̣θαι auch möglich. Die Lexis cχήcεcθαι hat auch D, Aristarch las ἀνcχήcεcθαι. Beide Interpretamente sind von [D 14.100], [sch. zu *Od.* 2.70a3], **027** Fol. 10 ↓, 25 und **029.1** Fol. 5 *recto*, 24-5 (beide Papyri zu ἀνcχήcεcθαι in *Il.* 5.285) überliefert, an der Stelle bieten D und PB ἀνθέξειν πρὸc τὴν βολήν. Für cχήcεcθαι˙ ἀνθέξειν = **027** Fol. 9 →, 22, D 9.235+ und [16.501]; [Hsch. c 3002]+, EM 740.35, Sud. c 1787.1; für ὑπομένειν = [Hsch. ε 7595+], LexHom α 551.

**22** (*Il.* 5.104) = D, s. sch. zu *Od.* 3.122c, Sud. ε 3285.

**23a** (*Il.* 5.109) = [Ap.Lud. 98.26]+. ≠ D: προcφιλέcτατε νῦν; PB: προcφιλέcτατε.

**23b** (*Il.* 5.112) Vergleichbar ist nur sch. A (Ariston.) zu *Il.* 20.362a: ἀλλὰ μάλα ⟨cτιχὸc εἶμι διαμπερέc⟩˙ πρὸc τὸ cημαινόμενον, ὅτι δι' ὅλης τῆc τάξεωc πορεύcομαι διανταίαν˙ ἀπ' ἀρχῆc ἕωc πέρατοc (van Thiel 2014a; διανταίαν liegt zwischen *cruces* in Erbses Ausgabe). ≠ D: διαμπερέc˙ διαμπὰξ, διόλου; **027** Fol. 9 →, 24: διαμπὰξ, όλα . . . ε . . . . . . . ., διόλου (*marg.*).

**24** (*Il.* 5.112) ἐξέρυc' Hom. = PB, sch. Gen., [Hsch. ε 3761], [3762]. Keine Erklärung in D.

**25-26** (*Il.* 5.113) Vor dem zweiten ε sind Spuren einer stark nach rechts gebogenen Senkrechten, die eher mit dem rechten Teil von π als mit dem von ν kompatibel ist. Faserschäden sind vor dieser Spur sichtbar.

Das von Plasberg transkribierte ἀνεκρούνιζε belegt der TLG nur aus Theodorus II. Laskaris, *Laudatio Ioannis Ducae Imperatoris*, Z. 563. ἀποκρουνίζω kommt im Altertum ebenso nur einmal bei Plut. *Quaest. conv.* 699E im Sinne von „hervorquellen“, „herausspritzen“ vor: τῆc γὰρ ἀρτηρίαc τρωθείcηc οὐ καταπίνεται τὸ ὑγρόν, ἀλλ' ὥcπερ ὀχετοῦ διακοπέντοc ἐκπῖπτον ἔξω καὶ ἀποκρουνίζον ὁρᾶται („Bei einer Verletzung der Luftröhre wird die Flüssigkeit nicht hinuntergeschluckt, sondern man sieht sie herauskommen und hervorquellen, wie wenn eine Wasserleitung durchgeschnitten ist“). Das Synonym entspricht der Bedeutung von ἀνηκόντ[ι]ζ̣ε̣ an der Stelle, das sich auf das Strömen von Blut bezieht, als der Diomedes verwundende Pfeil von Sthenelos herausgezogen wird. In den Homerscholien kommt κρουνίζω nur in den A-Scholien zu *Il.* 20.471 vor, wie van Thiel 2014a, III 298 bemerkt: sch. A (Did.) zu *Il.* 20.471a1: κόλπον ἐνέπληςεν˙ „ἐνέπρηςεν“ Φιλόξενος καὶ Ἀρίςταρχος. περὶ δὲ τῆς γραφῆς Ἀρίςταρχος ἐν ὑπομνήματί φηςιν οὕτως˙ τὸ αἷμα ἀπὸ τοῦ ἥπατος ἐκρούνιζε χύδην καὶ τὸν τοῦ χιτῶνος κόλπον ἐνεφύςηςεν. Aristarch diskutiert hier die Lesung ἐνέπρηςεν statt ἐνέπληςεν und paraphrasiert das homerische ἐκ δέ οἱ ἧπαρ ὄλιςθεν, ἀτὰρ μέλαν αἷμα κατ᾽ αὐτοῦ / κόλπον ἐνέπληςεν. In der Paraphrase τὸ αἷμα ἀπὸ τοῦ ἥπατος ἐκρούνιζε χύδην („das schwarze Blut ergoss sich reichlich von der Leber“) bezeichnet daher κρουνίζω ebenso den Blutfluss; zu dieser Paraphrase s. Schironi 2018, 79. In sch. bT zu *Il.* 20.471a3 wird ἐκκρουνίζον verwendet, das meines Erachtens nicht unmöglich, trotzdem weniger wahrscheinlich ist. Denn der rechte Teil κ von ist in der Regel breiter gezogen.

Nach δυ reicht die Lücke für maximal zwei Buchstaben. Für das überflüssige ν s. col. II 28-29 und Gignac 1976, I 118-119.

Sowohl ἀποκρούνιζε als auch ἀνέδυνε sind als Worterklärungen von ἀνηκόντιζε nicht belegt. Zu dieser Erklärung s. auch oben, S. 153f.

≠ D: ἀνηκόντιζε˙ ἀθρόως ἀνεφέρετο; ebenso PB und Sud. α 2406 (ohne Adverb); ἀθρόως ἀνέφερε EM 107.12; sch. AbT zur Stelle (ex.): αἷμα δ᾽ ἀνηκόντιζε˙ ἐμφαντικὴ ἡ μεταφορὰ τοῦ αἵματος ἀναθέοντος μετὰ βίας; LexHom α 520: ἀνεπήδα; **027** Fol. 9 →, 25 ad loc.: ]. . νετο . . . . . ς̣, ἀνεςτρέφετο (*marg.*); zu ἀνεςτρέφετο in **027** s. Fournets Kommentar.

**27-29** (*Il.* 5.113) ςτρεπτοῖο χιτῶνος Hom. Zur Form ὑπεν|δύτου s. oben Komm. zu Z. 25-26; ὑπενδύτης ist aber belegt (s. LSJ s.v.); vgl. auch LexHom ς 85: ςτρεπτοῖο˙ ςτρεπτοῦ, λέγει δὲ τὸν ἐπενδύτην. Für die Erklärung vgl. Hsch. ς 1985: ςτρεπτοῖο χιτῶνος˙ τοῦ ἁλυςιδωτοῦ θώρακος ἢ τοῦ θώρακος τοῦ ὑποδύτου; Ap.S. 145.22: ςτρεπτοῖο χιτῶνος˙ τοῦ ὑποδετοῦ; D: ςτρεπτοῖο χιτῶνος˙ τοῦ ἁλυςειδωτοῦ ςιδήρου. Unsicher ist die Lesung in **027** Fol. 9 →, 26.

col. III

Abb. I

Abb. II

**1** (*Il.* 5.118?) Die Zeile befindet sich dort, wo in den folgenden Spalten der obere Rand zu sehen ist. Für den unteren eckigen Teil von β vgl. βέλεϲι in col. IV 16 (Abb. I) und βοϲκομ(έν)ων in col. IV 10 (Abb. II). Von λ und ν bleiben nur punktförmige Spuren übrig. Die Erklärung muss sich auf ὁρμήν in *Il.* 5.118 beziehen, obwohl die Parallelen zeigen, dass ἐμβολή im Gegenteil durch ὁρμή erklärt wird, vgl. aber col. V 21. Für ἐμβολή˙ ὁρμή s. Hsch. ε 2303; Σα ε 325; Sud. ε 248; Ps.-Zon. ε 700. Da es sich um das zweite Vorkommen von ὁρμή in der Ilias handelt, ist es nicht unwahrscheinlich, dass das Wort erklärt wurde. Für ὁρμήν gibt es am Anfang der Zeile keinen Platz. Angesichts der Unbeständigkeit der Mise en Page – Zeilen pro Kolumne, Breite der Ränder, usw. – ist es vorstellbar, dass ἐμβολήν ursprünglich zur zweiten Zeile der Erklärung gehörte und daher leicht nach rechts eingerückt war. Entlang dem Randbruch (oben rechts von η) ist in der Tat eine Tintenspur sichtbar. ὁρμήν ist in D nicht glossiert.

**2** (*Il.* 5.119) φθά]μ(εν)οϲ˙ φθ̣άϲαϲ = D, PB, Ps.-Zon. φ 1808.6.
Das bereits von Plasberg vorgeschlagene προλαβών lassen die Spuren zu: = [D 9.502]+, [D 11.451]+, [D 16.314]+, LexHom φ 42, [Hsch. φ 388]+, [Ps.-Zon. ε 934.14]+, Sud. φ 487+, [EM 792.26]+; vgl. auch sch. zu *Od.* 4.547b: ὑποφθάμενοϲ˙ προλαβών.

**3** (*Il.* 5.124) Das erste Sigma ist völlig geschlossen und daher ähnlich wie ο, s. auch `ϲων´in col. II Z. 9. Man möchte an τεθαρϲηκώϲ denken (s. D 13.823; Hsch. θ 116: θάρϲυνοϲ˙ τεθαρρηκώϲ; sch. zu *Od.* 3.76a; Σα θ 14). Doch gibt es zwischen ρ uns ϲ Platz für einen anderen Buchstaben. Daher lässt sich die Frage aufstellen, ob der Schreiber versehentlich τεθαρρϲηκωϲ geschrieben haben könnte, vgl. SB XVIII 13154 (TM 2528), Z. 9 (ακαθαρρϲιαϲ statt ἀκαθαρϲίαϲ). Zu der Schreibweise -ρϲ- bzw. -ρρ- in Papyri s. Gignac 1976 I 142ff: „forms of θαρρῶ are usually spelled with -ρρ-, but the noun is spelled with -ρϲ-". D hat keine Erklärung, PB θαρρῶν.

**4-5** (*Il.* 5.125) Plasberg vermutete τὸ παρὰ | ϲοῦ πατρὸϲ λῆμα. Der Platz in Z. 5 reicht aber kaum für πατρόϲ. Unmittelbar nach ϲοῦ ist ein π erkennbar; danach sind nur Flecken erhalten. λῆμα als Erklärung von μένοϲ ist nur in Hsch. μ 861 belegt. ≠ D: μένοϲ˙ δύναμιν. πατρώϊον δὲ νῦν πατρικόν.

**6** (*Il.* 5.125) Erklärung nicht belegt. ≠ D: ἐνέθηκα, ἐνέβαλον, PB ἐνέθηκα.
**7-8** (*Il.* 5.126) Der Vorschlag von Plasberg περιφέρων ist wohl anzunehmen, zwischen φ und ω gibt es aber nur Platz für einen Buchstaben. Wahrscheinlich waren die Buchstaben stark zusammengedrängt, wie am Ende von Z. 7. Über ω sind nicht mehr als Schatten erhalten. Wenn die Tinte zum Glossar gehört, könnte ein ursprünglich vergessener Buchstabe im Interlineum hinzugefügt worden sein. Sie könnte aber auch, wie die Spuren ober- und unterhalb von τουτέcτι, zur *scriptio inferior* gehören. Das zweite τ von τουτέcτι scheint nicht geschrieben worden zu sein. Auch vor cάκοc sind winzige Spuren erhalten, entweder τὸ oder ὁ (τὸ Plasberg). Vor τὴν in Z. 8 vielleicht ὁ, so Plasberg in Komm. Der zweite Teil der Erklärung hat keine Parallele und ist als Umschreibung der etymologisierenden Erklärung aufzufassen. Zu τουτέcτι mit dieser Funktion s. oben S. 106 mit Anm. 377.
cακέcπαλοc˙ τὸ cάκοc πάλλων = **027** Fol. 9 → 31; vgl. D: cακέcπαλοc˙ πολεμικόc, ἀπὸ τοῦ πάλλειν τὸ cάκοc καὶ κινεῖν; EM 707.34. ≠ Ap.S. 140.14: Ἀπολλόδωροc ἤτοι τὰ τῶν πολεμίων cάκη διαcείων; PB: πολεμικόc; Hsch. c 71: πολεμιcτήc.
**9** (*Il.* 5.131) Für Plasbergs [ε̣ά]ν gibt es keinen Platz. D: ἀτὰρ εἴ κε˙ ἐὰν δέ; ebenso PB und LexHom α 800.
**10** (*Il.* 5.132) οὐτάμεν Hom. und **027** Fol. 9 → 36; οὐτάμεναι D.
= **027** Fol. 9 → 36, D+, Hesch. ο 1888, [Ps.-Zon. 1486.14]. PB: τρῶcον.
**11** (*Il.* 5.134) Plasberg vermutete προθ̣ε̣ων. Die Spuren sprechen meines Erachtens für προε̣λ̣θών.

Der Buchstabe vor ω ist eher als θ zu lesen, da die völlig geschlossene Rundung gut sichtbar ist. In den D-Scholien und in PB lautet die Worterklärung πορευθείc; πορεύομαι ist weiterhin das *interpretamentum* von εἶμι, s. z.B. hier **058** 15. Während προθέω nie zur Erklärung von εἶμι in D-Scholien verwendet wird, ist προέρχομαι von D zu *Il.* 20.254 überliefert: μέcην ἐc ἀγυιὰν ἰοῦcαι˙ εἰc μέcον τὸ ἄμφοδον προελθοῦcαι „(die Frauen), die mitten auf der Straße laufen". προε̣λ̣θών wäre zur Stelle passend: Τυδεΐδηc δ' ἐξαῦτιc ἰὼν προμάχοιcιν ἐμίχθη „der Tydeus-Sohn ging" - d.h. „kam voran" - „und mischte sich wieder unter die Vorkämpfer".
**12-13** (*Il.* 5.137) εἰροπόκοιc Hom. Der Anfangsdiphthong ist von Hdn. GG III/2 502.34 unterstrichen. = **027** Fol. 9 → 37, LexHom ε 152, Sud. ει 203.1 und Σα ε 132, EGud. 428.22. Zur Vorgehensweise der Deutung s. Komm. zu

col. II 1 und zu **043** col. I 19. ≠ D: εἰροπόκοιc˙ ἔρια ἐχούcαιc; Hsch. ε 1046: εἰροπόκοιc˙ ἔρια κειρόμενα.

**14** (*Il.* 5.138) = D+, sch. Gen.+, EM 814.5+. ≠ **027** Fol. 9 ↓ 2, PB, sch. T+.

**15-16** (*Il.* 5.138) ὑπεράλμενον˙ ὑπεραλλόμενον = D, PB, Hsch. υ 342, LexHom υ 49, **027** Fol. 9 ↓ 3.

ὑπεράλμενον˙ ὑπερπηδῶντα = [Hsch υ 340, 341], [Sud. υ 221.1], [Σα υ 62]; vgl. **027** Fol. 9 ↓ 3: ἐπιπηδόμενον.

**17-18** (*Il.* 5.140) Die Spuren der ersten Beschriftung treten stark auf. Wenn diejenigen, die unter den ersten beiden Buchstaben der Lexis zu sehen sind, nicht diesen angehören, könnte δυ korrigiert worden sein. Die punktförmigen, blassen Spuren zwischen Lexis und Metaphrasis sehen wie ein Dikolon aus, könnten aber der *scriptio inferior* gehören. Über τ gibt es Spuren eines nach rechts abwärts verlaufenden Schrägstrichs, wohl der Abkürzung für κατά. Der Punkt über c könnte ein Tilgungszeichen für das irrtümliche c sein, wie Plasberg dachte; diese Funktion versieht es auch in **018** col. III 91.

δύεται˙ καταδύεται, κατέρχεται = [D 3.322]: δῦναι˙ καταδῦναι, κατελθεῖν; [Hsch. ε 530]. δύεται˙ κατέρχεται = [Hsch. δ 2485], [Apion Ludw. 232.8], [Ps.-Zon. δ 585.1], [Sud. δ 1578.1], [Σα δ 380]. ≠ D und PB: κρύπτεται.

**19** (*Il.* 5.141) Plasberg dachte entweder an ἀγχηcτῆναι oder an ἀγχηcτῖναι.

Abb. I

Nach τ sind zwei Senkrechte erhalten, von denen die Zweite unter der Zeile fortgesetzt ist. Oben links ein Knopfloch, wohl der obere, geschlossene Teil von ε, darunter der Mittelstrich in Ligatur mit ι; vgl. ταχεῖc in col. IV 14 (Abb. I). Die Orthographie des Wortes war umstritten (vgl. Eust. *Il.* II 42.7f.; Ep.Hom. α 83; dazu s. LfrE s.v.). ἐγγὺc ἀλλήλων hat sch. T (ex.) zu ἀγχιcτῖνοι in *Il.* 17.361b. Meistens lautet die Erklärung cύνεγγυc ἀλλήλων, s. **027** Fol. 9 ↓ 7; Ap.S. 5.18: ἀγχηcτῖναι˙ cυνεχεῖc καὶ cύνεγγυc ἀλλήλων, οἷον ἀλλεπάλληλαι; Hsch. α 911: ἀγχιcτῖναι˙ cύνεγγυc ἀλλήλων ἢ cυνεχεῖc, ὅ ἐcτι πυκναί ἢ ἄλλαι ἐπ' ἄλλαιc. ≠ D: ἐπάλληλοι, πυκναὶ, πληcίον ἀλλήλων, ἅμα.

**20-21** (*Il.* 5.141)

Abb. I

Bezüglich des Endes der Z. 20 (Abb. I) dachte Plasberg, dass das kleine Häkchen nach dem Riss zum α von ἐπικέχυνται gehört und dass die letzte Senkrechte dem Glossar fremd ist. Dafür musste er annehmen, dass das α sehr in die Breite gezogen war. In dem Loch gibt es in Wahrheit genug Platz für αι (normalerweise in Ligatur). Danach wäre ἐπί möglich, wobei ein schmales ε in der Lücke angenommen werden muss.

In Z. 21 schlug Plasberg κ(ατα)ληπτικαί vor, η hätte jedoch keine Oberlänge. Nach der Abkürzung für κατὰ ist meines Erachtens eher ein ε mit römischer Form (vgl. με in col. II 22, Abb. II) zu lesen, unmittelbar danach ein π. Für das finale ϲι muss man ein ϲ mit einem senkrechten unteren Strich annehmen, vgl. aber ϲ in ἐποίηϲα und ]νεϲτηϲα (col. V 31 und 32, Abb. III).

Abb.II

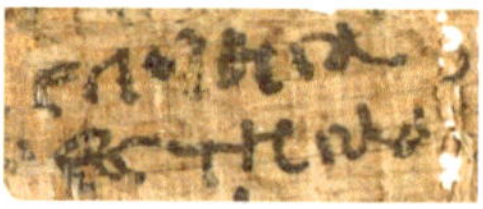

Abb. III

Die angefügte Abbildung möchte die vorgeschlagene Rekonstruktion veranschaulichen.

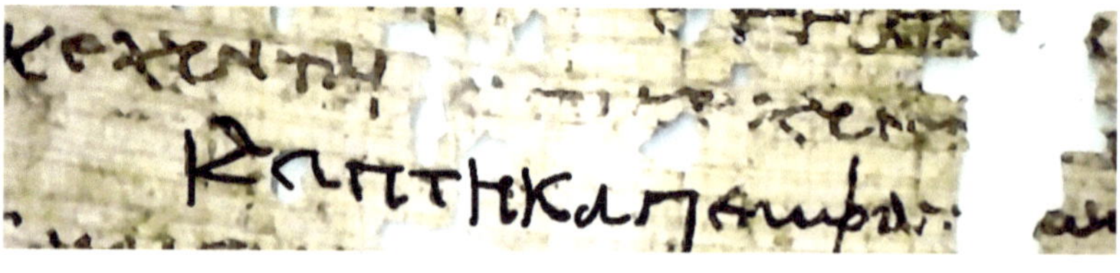

Zur Form (κατ)έπτηκα bzw. (κατ)έπτηχα s. Schwyzer I 772. Diese Erklärung ist nicht belegt, entspricht aber genau der Bedeutung des Verbs κέχυνται an der Stelle, das die sich aus Angst zusammenduckenden Schafe beschreibt, vgl. sch. bT (ex.) zu *Il.* 5.141a: οὕτω γὰρ ϲυνέρχονται (*sc.* die Schafe) ἀλλήλαιϲ, ἐπειδὰν πτοηθῶϲιν. Die Auslegung des Verbs κέχυνται ist sowohl in den antiken Quellen als auch in der Sekundärliteratur umstritten: entweder bedeutet es „sind eng zusammengedrängt“ oder „sind tot übereinander

geschüttet“, s. AH, Kirk et al., Koerner 1930, 12. Für die Interpretation vgl. auch. Eust. *Il.* II 42.10 (mit van der Valks Kommentar). Trifft der Vorschlag ἐ̣π̣ι- in Z. 20 zu, hätten wir einen weiteren Fall, bei dem die die Ergänzung regierende Präposition des Homertextes (ἐπ' ἀλλήλῃϲι κέχυνται) in die Metaphrasis einbezogen wird, s. col. IV 7; V 10; VI 4.
Die Anmerkung ἐμφατι[κ]ῶϲ entspricht *mutatis verbis sch.* bT (ex.) zu *Il.* 5.141b: κέχυνται· τὸ πλῆθοϲ δηλοῖ· διὸ καὶ ‚μελιϲϲάων ἀδινάων' (*Il.* 2.87) φηϲὶ καὶ ‚μῆλ' ἀδινά' (*Od.* 1.92); dazu oben, S. 133-134. An dieser Stelle ist die Anmerkung der Emphasis unbelegt; gleichwohl erscheint sie in den *scholia exegetica* bei anderen Vorkommen des Verbs χέω, s. sch. bT zu *Il.* 8.159 und 16.123e; s. auch Eust. *Il.* II 159.21; II 551.22; IV 167.5. ≠ D und PB: κεῖνται ἀθρόαι.
**22** (*Il.* 5.142) Das ρ ist hochgestellt. Das zweite μ ist völlig verloren, noch sichtbar ist aber der Abkürzungsstrich für μ(εν). = D. ≠ PB.
**23** (*Il.* 5.147) Vor ν wahrscheinlich ε, das von ο korrigiert sein könnte; danach ein kleines *vacat.* Die letzte Spur vor dem Riss besteht aus einer Senkrechten. Man kann vermuten, dass zwei Synonyme hier angegeben wurden, von denen nur das Ende des ersten sichtbar ist. D überliefert ἐχώριϲεν und ἀπέκοψε, **027** Fol. 9 ↓ 11 ἐχώριϲεν und ἀπεκώλυεν.
**24-26** (*Il.* 5.150) Das Stichwort umfasst fast die ganze Zeile. Die winzigen Spuren nach [ὀ]νείρουϲ könnten zur ersten Schrift gehören, doch scheint die erste Spure mit α kompatibel zu sein, vgl. α in ἀγχηϲτεῖναι (col. III 19). Am Zeilenende gibt es Überreste eine oberhalb der Zeile gesetzte Waagerechte: α̣ν̣τ̣(ὶ τοῦ)?
τοῖϲ οὐκ ἐρχομένοιϲ ὁ γέρων ἐκρίνατ' ὀνείρουϲ Hom. Die Eingliederung von οὐκ in das Stichwort deutet auf die Deutung des gesamten Verses, die schon im Altertum wegen der Zweideutigkeit (ἀμφιβολία) diskutiert wurde: Entweder deutete Phainops die Träume für seine Söhne nicht, da sie nicht zurückkamen, oder er war nur für seine Söhne kein Traumdeuter, weil er nicht ihr Schicksal sah. Die Erklärung des Papyrus stellt den Zusammenhang οὐκ ἐκρίνατο wieder her und erklärt „er (sc. der Greis) erschrak sich im Traume nicht für seine Söhne“, i.e. er sah nicht ihr Schicksal (so auch AH, Leaf und Kirk et al.). In diesem Wortlaut ist sie unbelegt, vgl. aber D, sch. AbT zur Stelle und BKT X 12 Fr. 1, I 4ff.
**27-29** (*Il.* 5.153) Überreste der *scriptio inferior* erschweren die Lesung der Zeilen, vor allem von ihren letzten Teilen. Dass die Spuren über δυϊκῶϲ fremd

sind, ergibt sich aus der Tatsache, dass die Schrift in Z. 29 etwas nach unten verläuft, wahrscheinlich um die Reste über δυϊκῶϲ zu umgehen.

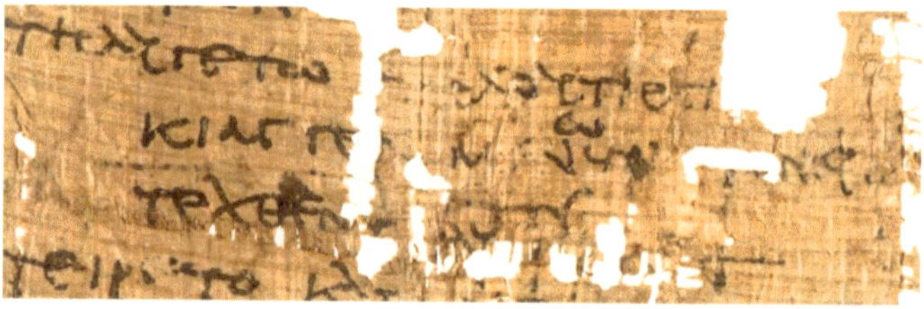

Am Ende der Z. 28 lässt sich Plasbergs τοῖϲ γ̣ο̣νεῦ̣ϲ̣[ι] nicht mit Sicherheit lesen. Zwischen τεχθεντ und δ in Z. 29 gibt es anscheinend Platz für einen einzigen Buchstaben; daher ist vielleicht τεχθέντε statt τεχθέντεϲ zu ergänzen. Der Dual könnte in der Erklärung beibehalten worden sein, um zu betonen, dass hier beide Söhne gemeint sind. Die Lesung ist hier jedoch schwierig und es ist nicht ausgeschlossen, dass vor δυϊκῶϲ τεχθέντεϲ stand.
Die Erklärung findet enge Parallelen in Ap.S. 152.17: κυρίωϲ μὲν ὁ τηλοῦ τῆϲ ἡλικίαϲ γεγονὼϲ τοῖϲ γονεῦϲι, μεθ' ὃν οὐκ ἄν τιϲ γένοιτο; Hsch. τ 782: τηλύγετοϲ· ὁ τηλοῦ τῆϲ ἡλικίαϲ τοῖϲ γονεῦϲι γεγονώϲ, ἐπὶ γήρᾳ παῖϲ μονογενήϲ; sch. bT (ex.) zu *Il.* 5.153b: οἱ τῆλε τῆϲ ἡλικίαϲ γενομένῳ τῷ πατρὶ γεννηθέντεϲ (aber τεχθέντεϲ b, s. Erbse Apparat). ≠ D: μονογενεῖϲ, ἀγαπητοί.
**30** (*Il.* 5.153) ἐτείρετο van Thiel und D, τείρετο **027** Fol. 9 ↓ 12. Gewöhnliche Worterklärung von τείρω. = D, PB, **027** Fol. 9 ↓ 12, [**030** 10], Hsch. τ 361 und *passim*, [EG 524.30], [Σα τ 63], LexHom ε 902.

col. IV
**1** (*Il.* 5.154) = **027** Fol. 9 ↓, 13, D, PB, Hsch. κ 4291+, EM 542.8, LexHom κ 405+, [Ps.-Zon. κ 1261.15].
**2** (*Il.* 5.155) Das *interpretamentum* des Papyrus „die Rüstung abnehmen" wäre an der Stelle nicht angemessen (s. AH: „erlegte"). In lexikographischen Quellen ist ϲκυλεύω jedoch oft als Metaphrasis zu finden, vgl. Ap.S. 68.6: κυρίωϲ μὲν ϲκυλεύει…καταχρηϲτικῶϲ δὲ ἀνεῖλεν; Hsch. ε 2667: ἐνάριζεν· ἀνεῖλεν, ἐφόνευεν, ἐϲκύλευεν. Auch in Homerglossaren: [**011** IV 6], [**012.1** 7], [**013** Fr. 1 2]. ≠ PB: ἐφόνευϲε, keine Erklärung in D.
**3** (*Il.* 5.155) Das letzte ε aus α korrigiert. Ob das letzte ο auch korrigiert wurde, kann ich nicht mit Sicherheit sagen (so Plasberg). Sowohl ἀφείλετο als auch ἀφείλατο überliefern die Handschriften der D-Scholien. Die Erklärung hält die Wortfigur des Imperfekts statt des Aorists nicht nur durch die beiden *interpretamenta*, sondern auch durch den Ausdruck ἀντ(ὶ τοῦ) fest;

dazu s. S. 127. ἀφῃρεῖτο = **027** Fol. 9 ↓ 14, [Hsch. ε 3508] (ἐξ-). ἀφείλετο = PB, D.

**4-5** (*Il.* 5.158) Die Akzentuierung des Papyrus ist von Eustathius Herakleides zugeschrieben: Eust. *Od.* II 27.36ff. (= Fr. 12 Cohn 1884): λέγει δὲ τοιοῦτον ἁμάρτημα εἶναι καὶ ἐν τῷ χηρῶcται. τοῦ γὰρ ῥήματοc ὄντοc περιcπωμένωc χηρῶ, τοὔνομα οὐκ ὀξυτονεῖται. Dagegen sch. A (Hdn.) zu *Il.* 5.158b: χηρωcταὶ δὲ ὡc ἀθληταί.

In diesem Wortlaut ist die Erklärung nicht belegt, vgl. aber **027** Fol. 9 ↓, 15-6, D: οἱ χήρου καὶ ἄπαιδοc κληρονόμοι; Hsch. χ 422; Sud. χ 293; Ap.S. 167.31.

**6** (*Il.* 5.158) = [Hdn. *Part.* 69.11], [Ps.-Zon. κ 1261.4]+, EGud. 350.30. ≠ **035** I 2: οὐcίαν; D und PB: τὴν οὐcίαν.

**7** (*Il.* 5.161) Gewöhnliche Worterklärung als Simplex: so **027** Fol. 9 ↓, 18, Hsch. θ 653+, [Sud. θ 408]+, [Ps.-Zon. θ 1056.10], [EM 456.50], [EGud. 266.12], Σα θ 96. Hier umfasst das *interpretamentum* ἐν βουcί („er springt unter die Rinder"). ≠ D und PB: ἐφορμήcαc.

**8** (*Il.* 5.162) Zwischen Lemma und Worterklärung gibt es einen von links unten nach rechts oben gezogenen Strich, der auf das folgende δ leicht übergreift und an beiden Seiten mit zwei Punkten versehen ist. Nach autoptischer Untersuchung scheint es auszuschließen, dass das Zeichen von einem falschen Eindruck der Überreste der *scriptio inferior* verursacht ist.

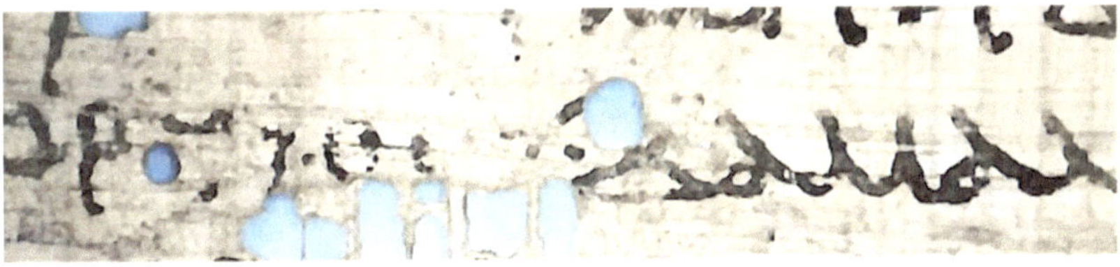

Die Bedeutung dieses Zeichens ist sonst nicht immer eindeutig. Es kann, wie Plasberg meinte, die Form ἐcτί angeben (s. z.B. P.Ryl. I 27, 60, TM 64100), obwohl die Abkürzung meist nur aus dem Schrägstrich besteht, s. McNamee 1981, 27-28; CPF I 1**, S. 278 und hier col. III 7. Manchmal weist es auf Auslassungen bzw. Fehler hin (s. Parsons/Turner 1987, 14; McNamee 2017, 129). Es kann auch in Schultexten vorkommen, um Zeilen- bzw. Versende und Pausen zu signalisieren (z. B. MPER N.S. III 24+25, TM 61304; s. Cribiore 1996, 88). Dass das Zeichen die soeben genannten Funktionen hat, halte ich für unwahrscheinlich: ἐcτί wäre überflüssig und wird in col. III 7 durch den Schrägstrich abgekürzt. Der Schreiber brauchte weder Pausen anzuzeigen noch auf Auslassungen hinzuweisen, da er Platz hatte, um ein zweites *interpretamentum* in der Zeile hinzuzufügen. Darüber hinaus verwendet der Schreiber bei den zahlreichen Gelegenheiten, bei denen sich Lemma und *interpretamentum* fast berühren, keinen Schrägstrich mit trennender Funktion.

Dieses Zeichen kommt jedenfalls besonders in Papyruskommentaren vor, s. McNamee 1992, 18. Es kann auf Marginalien verweisen (wie in P.Oxy. XI 1371 = CLGP I 1.4 Aristophanes 13, TM 59275) oder die verschiedenen Abschnitte durchlaufender Kommentare markieren (s. z.B. P.Flor. II 112 = CLGP I 1.4 Aristophanes 28, TM 59250); manchmal versieht es die Funktion eines Trennungszeichens zwischen Kommentar und folgender Lexis (s. z.B. P.Vindob. G 29780 + 29833c = CLGP I 1.4 Aristophanes 17, TM 59279). Man könnte somit vermuten, dass der Schreiber einen Kommentar bzw. einen Homertext mit Marginalien verwendet haben könnte, bei dem % als Verweiszeichen gesetzt war, und er dies mit abgeschrieb. Ferner könnte der Schreiber selbst seine Quelle abgekürzt haben, indem er daraus nur die lexikalische Erklärung entgenommen hat. Man sollte aber auch die Möglichkeit im Betracht ziehen, dass das Zeichen sich auf den Vermerk auf dem Verso bezieht, in dem der Schreiber eine zusätzliche Erläuterung zu dem betreffenden Lemma geschrieben haben könnte.

πόρτιοϲ˙ δαμάλεωϲ = **027** Fol. 9 ↓, 19-20+, D+, PB+, [Hsch. π 3075]+, [Ap.S. 133.29], [Ps.-Zon. π 1566.7]+, [EGud. 476.35]. ≠ **035** I 6: [πόρτιο]ϲ̣˙ νέαϲ βοόϲ. Zum Unterschied zwischen πόρτιϲ und δάμαλιϲ s. LfrE s.v.

**9** (*Il.* 5.162) = [Sud. χ 97]+. Ähnlich [Hsch. χ 104]+, **035** I 7: [ξύλοχο]ν˙ [ὑλ]ῴ̣δ̣η τόπον, **027** Fol. 9 ↓, 21: ξύλο̣χ̣ο̣ν˙ τ̣[ιν]α ἔχοντα . . ξύλον τόπον; D: ξύλοχον κατὰ τινα ὑλώδη καὶ ϲύνδενδρον τόπον; PB: ὑλώδη καὶ ϲύνδενδρον τόπον.

**10** (*Il.* 5.162) = D, PB.

**11-12** (*Il.* 5.167) Beide Interpretamente sind für κλόνον nicht belegt. παλμόϲ kommt als Lemma in lexikographischen Quellen vor (s. z.B. Hsch. π 252). ≠ D, **027** Fol. 9 ↓, 23, PB. Möglicherweise umfasste **035** I 10-13 κλόνον ἐγχειάων als Lemma, das *interpretamentum* ist aber unsicher.

**13-17** (*Il.* 5.171) „πτερόεντεϲ ὀϊϲτοί: entweder ‚schnelle Pfeile' oder ‚gefiederte Pfeile', insofern als Federn eingesetzt werden, damit sie sich schneller fortbewegen". Die moderne Diskussion über die Bedeutung des Adjektivs πτερόειϲ („geflügelt" bzw. „gefiedert") betrifft vor allem seine Auslegung im Rahmen der Formel ἔπεα πτερόεντα. Die Bibliographie dazu ist reichhaltig: s. z.B. LfrE s.v., Latacz 1994, 605f.; zur Entwicklung der Bedeutung von πτερόεις s. Dell'Oro 2007.

In dieser ausführlichen Form hat die Erklärung keine Parallele. Im Gegensatz zu D (s. unten) wird der Grund für die Befiederung der Pfeile ausdrücklich genannt: sie würden den Pfeilen mehr Schnelligkeit verleihen. Die Befiederung diente jedoch zur Stabilisierung des Flugs, s. Arch.Hom. Kriegswesen Teil 3, S. 273. Für die Erklärung vgl. D: ἰδὲ πτερόεντες ὀϊστοί· καὶ τὰ ταχέα ἤτοι ἐπτερωμένα βέλη; PB: τὰ ταχέα βέλη; D 4.117: πτερόεντα· ἐπτερωμένον ἢ ταχέως φερόμενον; **035** I 14-15: [πτερόε]ντες̣· [ἐ]π̣τ̣ερ̣ω̣|[μένοι] η̣ . . . ει [.

**18** (*Il.* 5.172) ≠ D: ἐρίζει, ἁμιλλᾶται; PB: ἁμιλλᾷ. In den Quellen ist ἐξιόω als Worterklärung des Verbs zu finden: vgl. Ap.S. 76.11: ἔριζεν· ἐξιcοῦτο; Ap.Lud. 237.10: ἐρίζειν· ἁμιλλᾶcθαι καὶ ἐξιcοῦcθαι; Hsch. ε 838: ἐρίζειν γὰρ τὸ ἐξιcοῦcθαι.

**19** (*Il.* 5.177) Sowohl κοτέω als auch μηνίω werden normalerweise mit dem nicht-homerischen ὀργίζω glossiert, obwohl unterschiedliche Bedeutungsnuancen der Wörter anerkannt wurden (vgl. z.B. Ep.Hom. θ 5, Eust. *Il.* I 13.19f.); zu dem Wortfeld „Zorn" s. BK zu *Il.* 1.1 und zu *Il.* 1.81-82 mit erwähnter Bibliographie: κότοc = „Ingrimm". Die Erklärung des Papyrus ist nicht belegt und es ist schwer zu sagen, ob sie aus der Quelle des Schreibers stammt oder vom Homertext selbst (*Il.* 5.177-178 εἰ μή τις θεός ἐστι κοτεσσάμενος Τρώεσσιν ἱρῶν μηνίσας) beeinflusst wurde. ≠ D, PB, LexHom κ 328.

**20-21** (*Il.* 5.178) ≠ D, PB. Plasberg glaubt, dass θαυμαcτῶν statt θυμάτων verschrieben sei. Trotzdem ist meines Erachtens die Verschreibung nicht unbedingt anzunehmen. Die Erklärung θαυμαcτόc, wenngleich an der Stelle falsch (hier bedeutet ἱρῶν „Opfer"), findet Parallelen in Σα ι 26, Sud. ι 168, EGud. 273.19 und an anderen Stelle in D (z.B. D zu *Il.* 1.366). Der Schreiber könnte sie daher in seiner Vorlage gefunden haben. Dazu vgl. auch oben, S. 155.

ἐλλείπει δὲ ἡ περὶ πρόθεcιc bezieht sich auf das Fehlen der Präposition in ἱρῶν μηνίcαc, vgl. D: ἕνεκα τῶν θυcιῶν; PB: ὑπὲρ θυcιῶν; LexHom 123: ἱρῶν· θυcιῶν ἕνεκα ὀργιcθείc. Der Ausdruck ἐλλείπει δὲ ἡ [...] πρόθεcιc hat viele Parallelen in den *Scholia Maiora*, insbesondere in Aristonikos' Kommentaren: vgl. z.B. sch. A (Ariston.) zu *Il.* 1.429 und 2.689 („zürnend um" ohne Präposition); vgl. auch. P.Oxy. VIII 1086 col. II 54-55 (zu *Il.* 2.785): ἡ | διπλῆ ὅτι ἐλλείπε[ι] ἡ διὰ πρόθεcιc. Ein solcher, technisch ausgedrückter Kommentar ist unter den homerischen Glossaren einzigartig, vgl. **035** I 17-18: [ἱρῶν] μ̣η̣νείcα̣[c˙ ἐ]π̣ὶ θυcί|[αιc ὀ]ρ̣γ̣ιcθ̣είc̣.

**22-23** (*Il.* 5.182) Zu dem problematischen Wort αὐλῶπιc s. LfrE s.v. und BK zu *Il.* 16.795. In seiner Monographie über die homerischen Helme vermutet Borchhardt 1972, 83-84, dass eine Art Knauftülle gemeint sein könnte.
Über α gibt es Spuren der ersten Schrift, die hier nochmal auftreten. Die Erklärung des Papyrus ist unbelegt. Zu verstehen wäre „mit einem röhrenartigen Überstand", „röhrenförmig hervorragend"; zu ἀνοχή = ἀνατολή s. Poll. *Onom.* IV 157.2. αὐλώδηc kommt nur bei Hippol. *Haer.*1.6.4 (= Anaximand. DK 12 A11) vor, wo es aber Diels' Korrektur zum überlieferten ἀερώδειc ist (dazu s. Conche 1991, 192 Anm. 1). Belegt ist die Form αὐλοειδήc. Zu αὐλῶπιc (τρυφαλεία) als „Helm mit einer Röhre versehen" vgl. D: αὐλώπιδι˙ αὐλίcκον ἐχούcῃ, καθ' οὗ πήγνυται ὁ λόφος, ἵν' ᾖ εἶδος περικεφαλαίας λόφον εἰc ὀξὺ ἀνατεταμένον ἐχούcηc. **035** I 21-22 ist leider lückenhaft, die Herausgeberin schlägt [εἰc] ὀ̣ξὺ ἀνα[τεταμένη περικ]ε̣φαλαία vor. Von der Erklärung in **027** Fol. 9 ↓, 25 sind nur noch Spuren übrig, am Rand sind aber mehrere Synonyme für den ersten Bestandteil von αὐλῶπιc (αὐλόc) erhalten.

**24** (*Il.* 5.182) = PB, [Hsch. τ 1572]+, [EM 771.18], [Sud. τ 1107], [Σα τ 279]. ≠ D, **027** Fol. 9 ↓, 26-8.

**25-26** (*Il.* 5.185) ≠ PB. Kein Interpretament in D. = [EM 574.336f.]: μαίνω˙ cημαίνει τρία… καὶ τὸ ἐνθουcιωδῶc ὁρμῶμαι; D 1.342: θύει˙ ἐνθουcιωδῶc ὁρμᾷ, ὅ ἐcτι μαίνεται. Vgl. Hsch. μ 89: μαινομένοιο· ἐνθουcιωδῶc κινουμένου (ebenso Σα μ 14 und Sud. μ 336).

**27-28** (*Il.* 5.186) Keine der beiden Worterklärungen ist belegt. ≠ D, PB, LexHom ι 75. *Interpretamentum* verloren in **027** Fol. 9 ↓, 29, unsicher in **035** I 24: ]α̣cμενοc.

**29-30** (*Il.* 5.187) Das π bei [ἐ]π̣ί ist unsicher, weil sein oberer Teil von einer absteigenden Kurve durchkreuzt zu sein scheint. Bei diesem Strich könnte es sich jedoch um den letzten Teil der oberen ε-Kurve handeln, die sich oft auf ihrer mittleren Strecke schließt (s. Abb. I und II). Die erhaltene Waagerechte fing wahrscheinlich am ε und wurde verlängert, um die waagerechte Linie von π zu bilden, wie es normalerweise der Fall ist (s. επ- in Abb. III). Schließlich hätte π hier eine erste kürzere Haste, was andere Beispiele im Papyrus findet (s. Abb. IV).

Natürlich muss man annehmen, dass die Buchstaben zusammengedrückt wurden (vgl. -επ- in Abb. III), das in dem Papyrus nicht selten passiert.

Abb. I

Abb. II

Abb. III

Abb. IV

Wenn in der Lücke nur die linke Rundung von ε verloren gegangen ist, würde der Platz für ein zusammengedrücktes ἐπὶ reichen. Andernfalls fehlt eine notwendige Angabe der Richtung.
Bei der Erklärung handelt es sich erstens um den syntaktischen Zusammenhang in *Il.* 5.187 (ὃς τούτου βέλος ὠκὺ κιχήμενον ἔτραπεν ἄλλῃ) und zweitens um die verbundene Interpretationsfrage. Leaf, AH und Kirk verbinden τούτου mit ἔτραπεν ἄλλῃ und interpretieren das Pronomen separativisch: „von diesem weggewandt hat anderswohin“, „away from him“. Unser Papyrus versteht τούτου als von κιχήμενον abhängigen Genitiv: „das schnelle Geschoß, das ihn erreichte“ oder, wie AH betont, mit präsentischer Bedeutung: „das im Begriff war, ihn zu treffen“. Die Möglichkeit, τούτου als „genitive of hitting“ aufzufassen, ist von Leaf erwähnt. Nimmt man ἐπί an, vermerkt die Erklärung zunächst den Austausch zwischen einem präpositionalen Ausdruck und dem Genitiv bei Verben wie „treffen“. Damit hat sich bereits Aristarch beschäftigt: s. Matthaios 1999, 602f.; Schironi 2018, 193.
φερόμενον ist keine übliche Übersetzung von κιχήμενον, das normalerweise mit Formen von καταλαμβάνω glossiert wird. Die Erklärung des Papyrus kommt dem Wortlaut von sch. A (Ariston.) zu *Il.* 5.187a nah: ὅτι Ζηνόδοτος ἠθέτηκεν αὐτόν· οὐ γὰρ ἐτράπετο ἄλλῃ τὸ βέλος, ἀλλ’ ἔτυχεν αὐτοῦ. οὐ λέγει δὲ ὅτι καθόλου ἀπέτυχεν, ἀλλ’ ὅτι ἐπὶ καίριον τόπον φερόμενον παρέτρεψεν. Der Papyrus interpretiert offensichtlich κιχήμενον als Präsens: Pandaros glaubt somit, Diomedes tödlich getroffen zu haben, aber das ist nicht der Fall. Auf die Interpretationsfrage verweist wohl das Vorhandensein von ὡς, vgl. sch. A (Ariston.) zu *Il.* 13.502a1 (Αἰνείας δὲ πρῶτος ἀκόντισεν Ἰδομενῆος): πρὸς τὸ σχῆμα, ὅτι ἐλλείπει ἡ πρόθεσις καὶ πτῶσις ἤλλακται, ἀντὶ τοῦ „ὡς ἐπ’ Ἰδομενῆα“ (auch hier wird ἐπὶ ausgelassen und Idomeneus nicht getroffen). Auch hier stellt sich die Frage, ob unser Schreiber auch Kommentare unter seinen Quellen hatte. Zu dieser Erklärung s. oben, S. 107.

≠ D: καταλαμβάνοντα, ἢ ὡρμημένον. ἐπιτυχόν, κατειληφός. PB: κατειληφός, καταλαμβανόμενον. Nur Spuren in **035** I 25.
**31** (*Il.* 5.189) s. oben zu col. II 17. = sch. A (Ariston.). ≠ D, PB.

col. V
**1** (*Il.* 5.191) Plasberg vermutet π(ερι)οργίλος im Lichte von Hsch. ε 56: ἐγκότως· ὀργίλως (ὀργίλως auch in LexHom κ 329, ὀργίλος in PB). Die Spuren unmittelbar vor λ scheinen aber mit ι nicht kompatibel zu sein. Für die erste Erklärung vgl. **035** I 29-30: ἐνκοτῷ[ν | ὀ]ρ̣γιζόμενο̣[ς]. Erklärender Teil verloren in **027** Fol. 9 ↓, 33. ≠ D: ὀργιζόμενος.
**2** (*Il.* 5.192) = D, PB, LexHom π 59. Erklärender Teil verloren in **027** Fol. 9 ↓, 34.
**3-4** (*Il.* 5.194) Vor υ eine Waagerechte, unter der sich die Spuren eines nach oben gerichteten Bogens befinden; eher c als ν trotz der Parallele von Ap.S. 135.6: πρώτως νῦν πεπηγμένους. Obwohl der Platz kaum reicht, ist πρώτως davor zu erwarten.

Vergleichbar ist sch. zu *Od.* 5.163e: πῆξαι· σύμπηξον, wo πῆξαι sich ebenso auf das Zusammensetzten der einzelnen Bestandteile bezieht (hier des Floßes, in *Il.* 5.194 des Wagens). ≠ **035** II 177 I 31: πρωτ]ο̣πα̣[γ]εῖς· κα̣ι[νοί]; D: πρώτως πεπηγότες, νεοκατασκεύαστοι.
**5-6** (*Il.* 5.194) Die letzte Spur in der Zeile könnte zur ersten Schrift gehören, da in Z. 6 c gut sichtbar ist. Ansonsten könnte der Schreiber irrtümlich zweimal c geschrieben haben. = Ap.S. 116.4, [Σα ν 59], [Sud. ν 211]. Keine Erklärung in D; das Wort bleibt unverändert in PB.
**7-9** (*Il.* 5.194) Der Abkürzungsstrich über κ scheint eher aus einem X-förmigen Zeichen als aus einem nach rechts gerichteten Strich zu bestehen. Die Erklärung hat keine Parallele. An der homerischen Stelle sind unter πέπλοι die Decken gemeint, die über den Wagen gebreitet sind. Bei Homer versteht man unter πέπλος nur Frauenbekleidung, s. z.B. D 3.228: πέπλος δὲ κυρίως τὸ γυναικεῖον ἱμάτιον. Ap.S. 130.4: πέπλος· ἔνδυμα γυναικεῖον; EM 812.16 (s.v. χιτών): διαφέρει δὲ πέπλου· ἐπὶ μὲν γὰρ ἀνδρῶν λέγεται χιτών, ἐπὶ δὲ γυναικῶν πέπλος. Zu dieser Erklärung s. oben, S. 156.
≠ D: πέπλοι δὲ λεπτὰ ὑφάσματα, ἢ σινδόνες. ἔστι δὲ καὶ γυναικεῖον ἱμάτιον.
**10** (*Il.* 5.195) Vor dem dritten π ist der oberhalb der Zeile gesetzte Strich klar zu sehen. Plasberg vermutet κ′. Dadurch wird aber καί abgekürzt, das unverständlich wäre. Unter dem Abkürzungszeichen kann man aber eine

Schatten einer nach rechts gebogenen Senkrechte erkennen, die mit dem rechten Teil von π kompatibel sind (Abb.). Diese zweite Senkrechte befindet sich bei anderen Vorkommen der Abkürzung π(ερί) genau unter dem Strich (s. Abb. I, II, III). π(ερι)πεπετασμένοι würde in Bezug auf *Il.* 5.194-195 klargestellt: ἀμφὶ δὲ πέπλοι / πέπτανται. Vgl. D zu *Il.* 5.194: ἀμφὶ δὲ πέπλοι· περὶ αὐτοὺϲ δὲ πέπλοι.

Abb. I

Abb. II

Abb. III

Vor dem *interpretamentum* gibt es verwirrende Tintenspuren, die der *scriptio inferior* anzugehören scheinen. Der Schreiber hat an mehreren Stellen versucht, die früheren Tintenspuren zu vermeiden. Auch an dieser Stelle hätte er aus demselben Grund die Erklärung leicht nach rechts verschoben.

= **027** Fol. 10 →, 2: πεπεταϲμένοι εἰϲί. Für diese Tendenz, die Präposition in das *interpretamentum* einzubeziehen, s. auch col. IV 7. ≠ D: περιβέβληνται, ἥπλωνται; PB: ἥπλωνται.

**11** (*Il.* 5.196) = D+, PB, **027** Fol. 10 →, 4-7+, Ap.S. 75.28+, Hsch. ε 5725+, LexHom ε 774, Ps.-Zon. ε 871.22+, EM 370.48+.

**12** (*Il.* 5.197) Vgl. D: καὶ μὴν ἐμοί. ≠ PB: ὄντωϲ δὴ μοι.

**13** (*Il.* 5.197) Die Einfügung des Artikels dient vielleicht der Klarstellung, dass es sich um einen durch Metaplasmos gebildeten Nominativ, nicht um einen Vokativ handelt; dagegen sch. A (Ariston.) zu *Il.* 5.197; vgl. oben, S. 126. Der Schreiber fügt aber oft Artikel zu den Interpretamenten hinzu.

Am Ende der Zeile gibt es ein Schrägstrich, der den Anfang der nächsten Kolumne erreicht. Der Strich gehört zu der ersten Schrift und ähnelt stark den Kontrollzeichen, die sich neben der Kolumne in der auf dem Verso erhaltenen Urkunde befinden.

αἰχμητά· αἰχμητήϲ: = D+, **027** Fol. 10 →, 8 (mit ἀντὶ τοῦ).

αἰχμητά· μαχητήϲ: [Ap.S. 15.11 (α 149 Steinicke)], [Apion Ludw. 215.6]+, Ps.-Zon. α 73.21+. ≠ **029.1** Fol. 3 *recto*, 3 und PB: πολεμικόϲ.

**14** (*Il.* 5.198) Vor γινομ(έν)ῳ ist Plasbergs Vorschlag π(αρά) sehr treffend und mit den Spuren kompatibel. Es gibt anscheinend keine Spur des Abkürzungsstriches. π(αρα)γενομένῳ PB. Keine Worterklärung in D.

**15** (*Il.* 5.198) = PB. Keine Worterklärung in D.

**16-17** (*Il.* 5.198) Nach dem ersten τοῖc erwartet man εὖ, trotzdem ist die Senkrechte unmittelbar nach τοῖc schwierig als ε zu lesen, es sei denn, dass es vertikaler verfasst wurde (vgl. ειρουc in der zweiten Abb.). In Zeile 17 ist κε korrigiert (aus κ\ nach Plasberg, möglich auch aus κυ).

Für die Erklärungen vgl. **027** Fol. 10 →, 9: εὖ πεποιημένοιc; **029.1** Fol. 3 *recto*, 5-6: καλῶc [κ]ατεcκευ|[α]cμένοιc; D: καλῶc κατεcκευαcμένοιc; PB: καλῶc πεποιημένοιc.

**18** (*Il.* 5.199) ἐμβεβαῶτα˙ ἐπιβεβηκότα = [Hsch. ε 2296], [Ps.-Zon. ε 706.10], [Sud. ε 942.1]. D, PB, **029.1** Fol. 3 *recto*, 7, LexHom ε 331 überliefern ἐμβεβηκότα.

**19** (*Il.* 5.200) ἡγεῖcθαι (Τρώων) D, PB, sch. Gen., Hsch. α 7588, Eust. *Il.* II 58.12. ≠ **029.1** Fol. 3 *recto*, 8. Vgl. auch col. VI 5.

**20** (*Il.* 5.201) = D, Ps.-Zon. κ 1192.9+, EM 505.44+, LexHom κ 178+. ≠ PB: πολυκερδέcτερον. Erklärung verloren in **029.1**.

**21** (*Il.* 5.202) Keine Erklärung in D, φειδόμενοc PB. In dieser periphrastischen Form ist die Erklärung nicht belegt. Es ist zu beachten, dass das hier als Erklärung verwendete φειδώ öfter als erklärungsbedürftig empfunden wird, s. z.B. Hsch. τ 808 und φ 272: φειδώ˙ τὸ φείδεcθαι.

**22** (*Il.* 5.202) = D, PB, LexHom φ 85, **027** Fol. 10 ↓, 11, [Hsch. φ 751]+, [Σα φ 176], [EM 798.32].

**23** (*Il.* 5.203) D umfasst das Wort nicht, PB hat ἐγκλειομένων. cυγκλείω erklärt jedoch oft Formen von εἴλω in D; s. auch Ap.S. 62.31, Hsch. ε 571 und *passim*, Ps.-Zon. ε 636.11, Hdn. GG III/2 499.23. ≠ **027** Fol. 10 →, 10; erklärender Teil verloren in **035**.

**24** (*Il.* 5.203) Anhand der Spuren kann man Plasbergs Vorschlag im Kommentar wohl in den Text aufnehmen, obwohl der Schrägstrich von χ zu senkrecht erscheint. Von ε ist vor allem der Mittelstrich sichtbar.
εἰωθότεc˙ ἔθοc ἔχοντεc = Hsch. ε 1215+, [Ps.-Zon. ε 644.18], [LexHom ε 165]. ≠ D und PB: εἰθιcμένοι.

**25** (*Il.* 5.203) = D, PB, Hsch. ε 481, Ps.-Zon. ε 617.9, EM 316.26 [Hdn. *Part.* 27.11]. Erklärender Teil verloren in **035**.

**26** (*Il.* 5.203) = **027** Fol. 10 →, 112+, sch. zu *Od.* 5.290e1, Hsch. α 1091+, LexHom α 85. Alle haben ἄδην als Lemma (vgl. aber Hsch. α 1025). Zu der

Orthographie des Wortes s. sch. A (Hdn.) zu *Il.* 5.203a1. ἅδδην ist überwiegend und steht in van Thiels Ausgabe und D.
≠ D und PB: δαψιλῶϲ. Erklärender Teil verloren in **035**.
**27** (*Il.* 5.204) Übliche Erklärung zu λείπω in den D-Scholien. = D, PB, [Hsch. λ 1093] und *passim*, [Sud. λ 594.1].
**28** (*Il.* 5.205) Der Schreiber hat οι im Interlineum hinzugefügt, ι darunter aber nicht getilgt. Eine Tilgung ist auch für den überflüssigen Buchstaben zwischen π und ε anzunehmen, anscheinend ο. Er meinte demzufolge πεποιθώϲ: so **027** Fol. 10 →, 13 (mit εὖ), PB, [Ap.S. 131.31], Hsch π 2377+, EGud. 468.3+, EM 673.30+, Ep.Hom. π 1. Lexis unsicher in **035** II 4. ≠ D, LexHom π 309.
**29** (*Il.* 5.206) = PB. δύο D.
**30-31** (*Il.* 5.208) ἔϲϲευα Hom., rückwirkender Einfluss des Interpretamentums (so bereits Plasberg 1903, 206). Nach αν gibt es oben rechts zwei Senkrechte, von denen eine der Abkürzung diente, wahrscheinlich die Oberste. Die Andere könnte der obere Strich eines ϲ sein. D hat ῥυῆναι ἐποίηϲα, das nicht gelesen werden kann.
Zu ἔϲ(ϲ)ευϲα οἷον ἔϲϲευα vgl. Hdn. GG III/2 298.13f.; Ep.Hom. ε 196. Zur Funktion von ἀντὶ τοῦ s. oben, S. 128 Anm. 459. Die Erklärung ϲυθῆναι ἐποίηϲα ist nicht belegt. ≠ D, PB, **027** Fol. 10 →, 17. Erklärender Teil verloren in **035** und **029.1**.
**32-33** (*Il.* 5.208) Zwischen ε und ϲ ein kleiner Bogen (Abb. I); es sieht so aus, dass der Schreiber ϲ zu nah am ε zu schreiben angefangen hat und diesen Buchstaben etwas nach rechts verschoben hat, s. auch col. VI 22.
In Z. 33 eher ]ηϲα als Plasbergs ]ωϲα, denn ein vertikaler Strich ist unten der Rundung sichtbar (Abb. II), vgl. η in ἐπιζητοῦντεϲ (col. VI, 25; Abb. III). D überliefert παρώρμηϲα, προέτρεψα, PB ἠρέθιϲα.

Abb. I

Abb. II

Abb. III

col. VI
**1** (*Il.* 5.209) ἐπικαμπῆ D, PB, **027** Fol. 10 →, 18, [Hsch. α 567]+, [Σα α 68], [Sud. α 254]+ und LexHom κ 100. Damit sind die Spuren kompatibel. Die Erklärung in **029.1** ist verloren gegangen.

**2** (*Il.* 5.210) ἑλόμην˙ ἀνειλόμην = D, [Hsch. ε 1964]+, [Sud. ει 103]+, [Σα ε 116]+. ἑλόμην˙ ἐβάσταξα = [D 24.579]+, [**011.2** I 14-15]. ≠ PB.
Die Form ἐβάςṭαξα ist in Papyri belegt, s. P.Fay. 122 (ca. 100 n.Chr.).
**3-4** (*Il.* 5.213) = P.Amh. II 18 X 131 (zu *Od.* 15.241). Vergleichbar sind **027** Fol. 10 →, 20: ἐν ὕψει ṭọṿ ὄροφον ἔ[χον], Hsch. υ 926 und Ps.-Zon. υ 1792.8. ≠ D: ὑψηλόν, μέγα, PB: ὑψηλόςτεγον. Nur Spuren in **029.1**.
**5** (*Il.* 5.211) ἡγούμην D, PB, Hsch. η 57, LexHom η 9. Auch hier könnte das Kompositum als Interpretament im Licht des im Homertext von ἡγεόμην regierten Τρώεςςι verwendet werden (vgl. col. IV 7, V 10 und col. V 19). Die Erklärung in **029.1** ist verloren.
**6** (*Il.* 5.214) Die Lesung ἀποκόψειαν ist nicht zu bezweifeln, obwohl -ειεν zu erwarten ist. Bemerkenswert ist die erste Erklärung, die auf das Kompositum hinweist, ohne die epische Optativform zu normalisieren, vgl. D: ἀποτέμοι, ἀποκόψοι; **029.1** Fol. 3 *verso*, 10 und PB: ἀποτέμοι. Für die erste Erklärung vgl. auch [Sud. τ 720]; für ἀποκόπτω D+.
**7** (*Il.* 5.216) (ohne οἷον) = D, [PB], Ap.S. 121.32, [Hsch. ο 991], LexHom ο 192, [Ps.-Zon. ο 1459.26], **035** II 9, **027** Fol. 10 →, 22: ἠκολουθεῖ (*sic*, s. Fournets Kommentar).
**8** (*Il.* 5.220) cὺν τοῖc ὅπλοιc D, PB.
**9** (*Il.* 5.221) = D, (ohne ἀντὶ τοῦ), PB.
**10-13** (*Il.* 5.222) = D+, sch. Gen.; vgl. **029.1** Fol. 4 *recto*, 3-4: οἱ ἔγγο[νοι τῶ]ν | τοῦ Τρῶοc [ἵππω]ν. ≠ PB, **035** II 10-12 (dazu s. oben, S. 112).
προcακουcτεον muss als προcυπακουcτέον aufgefasst werden: „man muss in Gedanken hinzufügen", d.h. „es fehlt", wie oft in den mittelalterlichen Scholien: οἷοι (*sc.* εἰcί) Τρώϊοι ἵπποι ἐπιcτάμενοι. Für die Erklärung vgl. sch. A (Nic.) zu *Il.* 8.106-107: βραχὺ διασταλτέον ἐπὶ τὸ ἵπποι· μᾶλλον γὰρ ἐμφαίνει τὴν τοῦ εἰσίν ἔλλειψιν. ἐπιcτάμενοι hat keine Erklärung in D an der Stelle, bleibt unverändert in PB.
ἐπιcτάμενοι˙ ἐμπείρωc ἔχοντεc: = [D 13.223]+, [sch. Gen. zu *Il.* 13.223]. ≠ **029.1** Fol. 4 *recto*, 5.
**14** (*Il.* 5.223) = D+, PB, LexHom κ 380+, **027** Fol. 10 →, 24+. ≠ **035** II 14: κρ̣α̣[ιπνῶc].
**15** (*Il.* 5.223) Das γ scheint leicht nach rechts gebogen. Auch Fournet 1999, 158 bestätigt jedoch die Lesung. = PB, D, **027** Fol. 10 →, 25, **029.1** Fol. 4 *recto*, 6, Hsch. φ 259, [Sud. φ 183]. ≠ **035** II 15-16.
**16** (*Il.* 5.224) (ohne δυϊκῶc) = **035** II 17, **029.1** Fol. 4 *recto*, 8, PB, D, LexHom c 154.

**17** (*Il.* 5.226) = Ap.S. 141.21+, Hsch. η 597, EM 712.12, [Ps.-Zon. c 1640.13]+, **029.1** Fol. 4 *recto*, 9. ≠ D, PB, **027** Fol. 10 →, 26. Erklärung verloren in **035**.

**18-19** (*Il.* 5.225) Durch οἷον wird die Tmesis signalisiert (Ζεὺc ἐπὶ Τυδεΐδῃ Διομήδεϊ κῦδοc ὀρέξῃ).

ὀρέξῃ˙ ἐπιδῷ: = [Hsch. ο 1157]+ und [ε 5029]. παρέχω ist das gewöhnliche *interpretamentum*: [D], [PB], [Hsch. ο 1128], [Σα ο 206], [Ps.-Zon. ο 1469.14], [Sud. ο 525].

**20** (*Il.* 5.228) δέδεξο˙ προcδέχου: = D+, **027** Fol. 10 →, 27+, LexHom δ 80, [Apion Ludw. 229.15]+, [Ap.S. 57.12 (δ 927 Steinicke)], [Hsch. δ 346]+. **029.1** Fol. 4 *recto*, 11 erklärt ἐκδέχου.

δέδεξο˙ ὑπόμεινον: = Hsch. δ 374. Erklärung verloren in **035**. ≠ PB.

**21** (*Il.* 5.230) Zur Akzentuierung s. sch. A. (Hdn.) zu *Il.* 5.237, hier zum Unterscheid von τέῳ. = PB, D, Hsch. τ 726, LexHom τ 234, **029.1** Fol. 4 *recto*, 15 (ohne δυϊκῶc). Erklärung verloren in **035**.

**22-23** (*Il.* 5.233) ματήcετον˙ ματαιῶcιν = [Hsch. ε 2267]+. ματήcετον˙ μάταια ποιήcωcιν = **035** II 23-24. ≠ **027** Fol. 10 →, 30, PB.

Vgl. auch D; Ap.S. 67.8: ἐμάτηcεν˙ ἐματαιοποίηcεν; Hsch. μ 414: ματῶν˙ ματαιοπραγῶν ἢ μάτην ποιῶν.

**24** (*Il.* 5.234) = D, PB, [Hsch. φ 420]+, **035** II 25, **029.1** Fol. 4 *recto*, 19.

**25** (*Il.* 5.234) ποθέοντε Hom, Einfluss des Interpretaments.

= D, [sch. zu *Od.* 2.375b2]+, [Hsch. π 2691]+, [Sud. π 1858]+. ≠ PB. Erklärung verloren in **029.1**.

**26** (*Il.* 5.238) Gewöhnliche Worterklärung. = D, PB, [Hsch. ε 5161]+ und *passim*, [Sud. ε 2311.1], [Σα ε 644], **029.1** Fol. 4 *recto*, 24.

**27** (*Il.* 5.238) s. Komm. zu col. VI 20. = **027** Fol. 10 →, 32 (mit ἀντὶ τοῦ). ≠ **029.1** Fol. 4 *recto*, 25 (ἐκ-), D, PB, Ap.S. 57.3 (δ 921 Steinicke).

**28** (*Il.* 5.245) ἶν' Hom. Die Spuren nach α, die aus zwei gebogenen und unter die Zeile reichenden Striche bestehen, könnte zur ersten Beschriftung gehören, dessen Spuren hier nochmal auftreten.

ἶνα˙ ἰ̣cχύν = **027** Fol. 10 →, 33+, **035** II 7+, [Ap.S. 92.32], [Hsch. ι 901]+. ≠ D und PB: δύναμιν.

**29** (*Il.* 5.245) Beide *interpretamenta* in **029.1** Fol. 4 *verso*, 1, **027** Fol. 10 →, 34, Ap.S. 38.17 (α 526 Steinicke), Ps.-Zon. α 246.5, EM 120.31, Σα α 755, Sud. α 3005. ἀπέλεθρον˙ ἀμέτρητον = D+. ἀπέλεθρον˙ πολλήν = sch. Gen, LexHom α 653+. ≠ PB, **035** II 28-29.

**30** (*Il.* 5.248) γεγεννῆcθαι D, PB, **027** Fol. 10 →, 35 (ἐκ-). **029.1** Fol. 4 *verso*, 2: γẹṿ[έcθαι, ε]ἶναι.

**31** (*Il.* 5.249) χαζώμεθ' Hom. = [Hsch. χ 9] und *passim*, [Sud. χ 145]; [EGud. 559.55], [Ps.-Zon. χ 1844.17]+, **029.1** Fol. 4 *verso*, 3. D+ und LexHom χ 14 umschreiben das Verb im Präsens. ≠ PB: ὑποχωρήcωμεν.

**32** (*Il.* 5.253) = D+, [Ap.S. 23.1 (α 264 Steinicke)], LexHom α 331, [Hsch. α 3336]+, [Sud. α 1442]+, [Ps.-Zon. α 138.22], **035** II 31, **027** Fol. 10 ↓, 4+, **029.1** Fol. 4 *verso*, 9-10+. ≠ PB.

**33** (*Il.* 5.254) Das *interpretamentum* ist nicht belegt. Es wird selbst in Hsch. π 595 durch καρτερόc erklärt. In mehreren Fällen enthält der Papyrus Erklärungen, die aus unüblichen Worten zu bestehen scheinen, vgl. auch col. V 21. ≠ PB, D, **035** II 32, **029.1** Fol. 4 *verso*, 12.

## P.Berol. Inv. 11634 *verso* (**043**)

*2.ex. Jh. n.Chr.* *22.5 x 27.5 cm* *Arsinoites*
Tafel IX

Das Glossar befindet sich auf dem Verso des als P.Berl.Leihg. II 28 publizierten dokumentarischen Papyrus (ca. 170 n.Chr.). Am linken Rand befinden sich Überreste der vorangehenden Kolumne des Glossars, von denen nur geringe Spuren sichtbar sind; übrig bleiben zwei Kolumnen. Die Breite der ersten Kolumne und das Intercolumnium sind wie üblich äußerst variabel. Deswegen ist es nicht möglich, die ursprüngliche Breite der zweiten Kolumne zu rekonstruieren. Nimmt man dieselbe maximale Breite der ersten an (10.5 cm), wäre knapp die Hälfte der zweiten Kolumne verloren gegangen. Erhalten sind Teile des oberen Randes (ca. 0.5 cm) und, abgesehen von col. I 1-8 und 42-47, das Intercolumnium am linken Rand. Entlang des rechten Bruchs läuft eine Klebung.

Die mittelgroße Buchschrift ist rund, geschickt, so bilinear wie möglich (s. z.B. ρ, dessen Unterlänge auf die Größe der übrigen Buchstaben reduziert ist). Selbst wenn es sich nicht um eine kalligrafische Schrift handelt, ist sie ordentlich und lesbar. Auffällig ist β mit einem markanten Unterstrich[698]. Die Lexeis sind untereinander angeordnet, die Interpretamenta wechseln ihre Position entsprechend der Länge der Lexeis. Gelegentlich ist mehr als eine Lexis auf derselben Zeile geschrieben. Nachträgliche Hinzufügungen können in der Reihe der Worterklärungen erkannt werden. Sie sind durch einen Winkel markiert (col. I 7, I 24) oder in den interlinearen Raum eingefügt (col. I 16). Trotz des informellen Charakters verleihen sowohl die Schrift als auch die aufwendige Mise en Page dem Glossar einen gewissen Anspruch. Fehler beschränken sich meist auf den Iotazismus. Verwirrung zwischen αι und ε tritt auch auf. Iota Adscriptum ist nur in col. I 21 (πτῆι) geschrieben, das Trema in col. II 8 und 9. Der Zirkumflex wird zweimal gesetzt (col. I 32, II 26), vielleicht um Homographen zu unterscheiden[699].

Kein anderes Iliasglossar auf Papyrus umfasst den zweiten Teil des achten Gesangs. Für *Il.* 9.58-64 überlappt sich **043** mit **044**. Die Auswahl der Lexeis stimmt dort wie üblich nicht vollständig überein. **044** scheint sich im

---

[698] Dies tritt auch in **034** auf. Diese Form findet man außerdem in zeitgenössischen Urkunden: s. z.B. P.Tebt.Quen. 3.

[699] Zu dem einem Zirkumflex ähnelnden Bogen in col. II 46 s. Kommentar.

Gegensatz zum vorliegenden Glossar auf die Vokabelscholien zu beschränken.

In der *editio princeps* wurde **043** als „Homer-Präparation für den Schulgebrauch“ bezeichnet. Keins der formellen oder inhaltlichen Merkmale spricht tatsächlich für eine Verwendung im Schulbereich. Die Schrift ist, wenn auch anspruchslos, einheitlich und geschickt. Die orthographischen Besonderheiten beschränken sich auf geläufige Vokalismen; neben ϲυνκ[οπῆ̣] (col. II 38) findet man ἐγκόπτειν (col. I 18). Die Erläuterungen zeigen Interesse an grammatikalischen, etymologischen und dialektalischen Aspekten der homerischen Sprache. Für die Sorgfalt des Glossars sprechen auch die Angabe verschiedener Synonyme, das Vorkommen grammatischer Termini (col. I 43: οὐθετέρωϲ; col. II 37: ὑφ’ ἕν; 38: ϲυνκοπῆ) und die zahlreichen Vorkommen des νῦν, das auf Vergleiche mit anderen Iliasstellen und vielleicht auch auf den zeitgenössischen Sprachgebrauch (col. I 45) hinweist. Bemerkenswert ist die Wiedergabe von ἐξείπω mit dem Futur (col. II 39), die der Bedeutung des Verbs an der Stelle entspricht, sowie die Anmerkung über die Verwendung des Duals in *Il.* 9.5 (col. II 15-16). In drei Fällen stimmt das Glossar mit den AbT-Scholien gegen die D-Scholien und die Paraphrase des Pseudo-Psellos überein (col. I 20; I 33; II 11).

Die informelle Buchschrift, die Abfassung auf dem Verso, die Verwendung von Verweiszeichen und die nachträglichen Hinzufügungen dürften auf eine Privatabschrift hindeuten. Der Schreiber könnte ein Funktionär mit Zugang zu veralteten Urkunden gewesen sein, die er für die Herstellung eines Glossars verwendet hätte. In seiner Gesamtheit beweist das Glossar ohnehin eine beträchtliche Kenntnis der homerischen Sprache, von der es bei einigen Worterklärungen beeinflusst zu sein scheint (col. I 13; I 19; vielleicht auch col. I 10). Ohne ein Gelehrter zu sein, muss unser Schreiber sicherlich kein Amateur, sondern ein fortgeschrittener Interessierter gewesen sein.

col. I

[ἐμῶν με]ν̣έων ἀπ̣ερωεύϲ˙ τ̣ῶν ἐ̣- 361
[μῶν ] π̣ροθυμιῶν κωλυτ̣ῆ̣ϲ̣
ϲώεϲκον˙] ἔϲωζον 363
πευκ]αλίμ̣ηϲι˙ δριμίαιϲ 366
πυλά]ρταο˙ ἰϲχυρῶϲ τὰϲ πύλαϲ ἀ̣[θ]ροῦ(ν)- 367
τ]οϲ ὅ εϲτιν ὁρμάζοντοϲ. οὐδὶϲ γὰρ ἰϲ-

Ἐρέβε]υϲ˙ ϲκότουϲ  ⌊ελθὼν ἐξέρχεται 368
κύν]α̣˙ τὸν Κέρβερον 368
Ϲτυγὸϲ ὕδωρ˙ ἰϲ Ἅδου θεῶν ὅρκοϲ 369
αἰπά˙ νῦν δινά 369
ἐξένυϲε˙ ἐτέλεϲεν 370
κορέει˙ κορέϲι, χορτάϲι 379
χιτῶνα˙ θώρηκα  ἐνδῦϲα˙ ἐνδυϲαμέ`νη´ 387
ϲυνοιϲόμεθα˙ ϲυνελευϲόμεθα 400
περιτελλομένουϲ˙ περιερχομένουϲ 404
. ἀπὸ τῆϲ ἀνατολῆϲ
ἀπαλθήϲαϲθον˙ θεραπευθήϲεϲθαι 405
ἐνικλᾶν˙ ἐγκόπτιν 408
ἀελλόποϲ˙ ἴϲη ἀέλλῃ τοὺϲ πόδαϲ 409
πρώτῃϲιν˙ ἄκραιϲ 411
πολυπτύχου˙ πολυμεροῦϲ  πῆι˙ ποῦ 411/413
μέματον˙ ὁρμᾶτε 413
ϲφῶϊν˙ νῦν ὑμῶν 413
ἀδδεέϲ˙ ἄφοβε ἢ ἀναιδέϲ . ἀδ̣[εέϲ] 423
τὰ ἕ˙ ἑαυτοῦ 430
κάπῃϲι˙ φάτναιϲ ὅθεν καὶ κάψαι τὸ κατὰ `πτι(ν)´ 434
ἐνώπια˙ πρόθυρα  κλιϲμοί˙ θρόνοι 435/436
μίγδα˙ μίγα, μεμιγμένωϲ 437
τετιημέναι˙ τρυχόμεναι, ἀχθόμεναι 437
⟨θ⟩ώκουϲ˙ τὰ ϲυνέδρια, τοὺϲ θρόνουϲ 439
βωμοῖϲι˙ νῦν βάϲεων̣ 441
λῖτα˙ λεπτὰ ὑφάϲματα 441
ἀμφίϲ˙ περὶ ἑκάτερα 444
τρέψιαν˙ μετατρέψιαν 451
μέρμερα˙ δινά, μεριμνῶν ἄξια 453
πληγέντε˙ πλ̣η̣γεῖϲε  ὄψ̣[ε]α̣ι˙ . . . 455/471
παρὰ ναῦφι˙ παρὰ ταῖϲ ναυ[ϲί] 474
⟨τ⟩ὰ νίατα˙ τ[ὰ] ἄϲπορα νῦν . . [. .] . ϲ . ν̣ι[ 478
` π̣[. . . .]´
Ὑπερίονοϲ˙ τοῦ ὑπὲρ ἡμᾶϲ ἰόντοϲ ἢ επ̣ . τ̣ο [.] 480
ἀλωμένη˙ νῦν πλανωμένη 482
κύντερον˙ ἀναιδέϲτερον 483
τ̣ρ̣ί̣λ̣λ̣ιϲτοϲ˙ πολυλιτάνευτοϲ 488

[δόρ]π̣α˙ οὐθετέρωϲ νῦν 503
[κα]λ̣λίτριχαϲ˙ εὔτριχαϲ ἐδωδήν˙ τροφήν 503/504
\`τε´
[λέγε]ϲθε˙ νῦν ϲυλλέγεϲθαι 507
[μέϲφα]˙ μέχρι, ἕωϲ ϲέλαϲ˙ φῶϲ, λαμπ[. .]α 508/509
[ἀϲπουδεί˙ ] . ρ̣γω̣ϲ λεληθότωϲ 512

4 l. δριμείαιϲ **5-6** [φ]ρου|[ροῦντ]οϲ W. Müller *apud* Poethke **6** ὀρμάζοντοϲ pro ἁρμόζοντοϲ, cfr. LSJ s.v. **6-7** l. οὐδεὶϲ γὰρ εἰϲ|ελθών **9** l. εἰϲ Ἅιδου **10** l. δεινά **11** l. ἐξήνυϲε **12** l. κορέϲει, χορτάϲει **17** l. θεραπευθήϲεϲθε, θεραπευθήϲεϲθαι Poethke **18** l. ἐγκόπτειν **24** ἀδ{δ}εέϲ Poethke, ἀναιδέϲ ἢ α . . [. . .] Poethke **26** πτι¯pap, l. πτει(ν) **32** λῖτα pap. **34** l. τρέψειαν˙ μετατρέψειαν **35** l. δεινά **36** l. πληγεῖϲαι **38** l. νείατα **39** ἀ̣π̣[ὸ] τ̣ὸ̣[ν] Poethke **45** l. ϲυλλέγεϲθε **46** [μέϲφ' ἠοῦϲ] μέχρι ἕω{ϲ} Poethke **47** ]ἀ̣ρ̣γῶ̣ϲ Poethke

col. II

ὑ̣πηῷοι˙ ὑπὸ τὴν ἀνα̣τ̣ο̣[λήν] 530
τιοίμην˙ τιμηθείην 540
κελάδηϲαν˙ ἐπεβόηϲ[α]ν 542
ἀριπρεπέα˙ μεγάλωϲ δ . . . [ . ] . 556
πρόονεϲ˙ ὑψώματα ὀ[ρ]ῶ̣[ν 557
ϲτείνι˙ ϲτενῷ̣ τόπῳ̣ . [ 476
τηϲ τὸ ϲτεῖν[οϲ
ϲέλαϊ˙ τῇ πυρᾷ̣ 563
τῆϲ ϊ *Il.* 9
θεϲπεϲίη˙ νῦν θεία 2
φύζα˙ κατάπληξιϲ με[γάλη 2
ἀτλήτῳ˙ ἀνυπομενή[τῳ 3
βεβλήατο˙ ἰακῶϲ βέβ[ληντο 3
ἰχθυόεντα˙ ἰχθυοτρ[όφον 4
τώ τε Θρήκηθεν˙ ϲυνλ[ήβδην. μόνοϲ 5
γὰρ̣ ὁ βορέαϲ ἐκ Θρᾴκ[ηϲ πνεῖ
ἄητο[ν]˙ πνέουϲι, δυϊκ̣[ῶϲ 5
ἄμυδιϲ˙ ἅμα, εὐθέωϲ 6
κορθύεται˙ ὑψοῦτε κ[ 7
παρέξ˙ ἐκτόϲ 7
φῦκοϲ˙ ἄνθοϲ τι θαλά[ϲϲιον 7
ἔχευαν˙ ἐξέβρ[αϲεν 7

ἐδαίζετο˙ νῦν ἐτε[ 8
βεβολημένος˙ β[εβλημένος 9
κλήδην˙ ὀνόματι κ[ 11
μὴ δὲ βοᾶν˙ ἀλλ’ ἡς[ύχως 12
κρήνη˙ πηγὴ ὕδα[τος 14
μελάνυδρος˙ βαθ[ύυδρος 14
αἰγίλιπος˙ ὑψηλῆς[ 15
δνοφερόν˙ μέλαν 15
ὀνίδιςας˙ ἐμέμψ[ω 34
ἴςςας’˙ οἴδαςι κα[λῶς 36
πάρ τοι˙ πάρεςτί [ςοι 43
ε̣ἰ̣λ̣ήλουθ`μ´εν˙ ἐληλύθ[αμεν 49
πάλιν ἐρέι˙ ἐναν[τίως 56
τέλος˙ ἐπὶ τὸ πέρ[ας 56
γενεῆφιν˙ ὑφ’ ἕν[ 58
γεραίτερος˙ ςυνκ[οπῇ 60
ἐξίπω˙ ἐξερῶ 61
διίξομαι˙ διελεύς[ομαι 61
ἀφρήτωρ˙ φρατρί[αν μὴ ἔχων 63
ἀθέμιςτος˙ ἄνομ̣[ος 63
ἀνέςτιος˙ ἄοικ[ος 63
ἐπιδημίου˙ ἐνδ[ήμου 64
προςε . [
ἔραται˙ αἰολικῶ[ς 64

**4** δ . . π̣[ Poethke **5** ὑψώματα . . [ Poethke **6** l. ςτείνει **6-7** ς̣[τενό]|της prop. Lucarini per litteras **7** τῆς Poethke **8** ςελαϊ pap. **16** καὶ ὁ Müller apud Poethke **17** ἄητο⟨ν⟩ Poethke **19** l. ὑψοῦται, κ[αὶ] Poethke **22** εξεβ . [ Poethke **23** ἐτέ[μνετο Poethke, ἐτε[ίρετο] Lucarini per litteras, cfr. comm. **25** ὀνοματικ[ῶς Poethke, ὀνόματι, κ[ατ’ ὄνομα] Vecchiato per litteras, cfr. comm. **26** βοᾶν pap. **31** l. ὀνείδιςας **32** ἴς{ς}ας’ Poethke **33** πάρεςτι Poethke **35** l. ἐρέει **39** l. ἐξείπω **41** φρατρι[κός Poethke **45** πρόςθε̣[ν Poethke, προςεχ̣[οῦς] Vecchiato per litteras **46** ̑εραται pap.

## col. I

**1-2** (*Il.* 8.361) Das gesamte Hemistichion glossieren D: ἐμῶν μενέων ἀπερωεύς˙ τῆς ἐμῆς δυνάμεως καὶ προθυμίας κωλυτής und Hsch. ε 2577: τῶν ἐμῶν προθυμιῶν ὁ κωλυτής. In Sud. α 3051 ist es als Beispiel erwähnt: ἀπερωεύς˙ κωλυτής. Ὅμηρος· ‚ἐμῶν μενέων ἀπερωεύς‘. Für ἀπερωεύς˙

κωλυτῆς s. auch. PB, Ap.S. 38.1 (α 514 Steinicke), Hsch. α 6031, Ps.-Zon. α 239.4. Für μένος· προθυμία = D+, Hsch. μ 848+, Hdn. *Part.* 82.1, EG 1000.1.
**3** (*Il.* 8.363) = D, PB, Hsch. c 3062, EM 742.5. Erklärung rein grammatischer Natur, wie oft für verschiedene Formen dieses Verbs in Iliasglossaren: **009** III 73 (*Il.* 1.83); **029.1** Fol. 4 r, 8, **034** VI 15 (*Il.* 5.224) und **035** II 17 (*Il.* 5.224).
**4** (*Il.* 8.366) πευκαλίμῃcιν van Thiel; πευκαλίμῃcι D.
= D *Il.* 20.35+; sch. bT (ex.) zu *Il.* 14.165+, [EM 667.1]+, [EGud. 464.9]+. ≠ D: cυνεταῖc ἢ πικραῖc. παρὰ τὴν πεύκην; PB: cυνεταῖc.
**5-7** (*Il.* 8.367) Die Erklärung umfasst Z. 5, 6 und den zweiten Teil der Z. 7. Um die Zugehörigkeit zu dem Vorhergehenden zu signalisieren, benutzt der Schreiber einen L-förmigen Strich. Das von Wolfgang Müller vorgeschlagene und vom Herausgeber transkribierte [φ]ρου|[ροῦντ]οc wirft einige Probleme auf. Zunächst gibt es zwischen πύλαc und ρου Platz für zwei Buchstaben; von dem ersten ist ein nach rechts gebogener Halbkreis zu sehen. Vor allem rechnet [φ]ρου|[ροῦντ]οc nicht mit dem über υ gesetzten Strich, der in col. I 26 statt des finalen ν gesetzt wird. Darüber hinaus ist zu bezweifeln, dass man am Anfang von Z. 6 genug Platz für fünf Buchstaben hat, da eine Eisthesis zu erwarten ist, s. col. I 2. Schließlich weist ὅ εcτιν darauf hin, dass das zwischen Z. 5 und 6 geschriebene Partizip vielmehr ein Synonym des folgenden ὁρμάζοντοc war. ἀ̣[θ]ροῦ(ν)|[τ]οc entspricht sowohl dem verfügbaren Platz als auch dem zu erwartenden Inhalt der Erklärung.
Das *interpretamentum* ist unbelegt. Es stellt jedoch eine Umschreibung der von den mittelalterlichen Scholien überlieferten Erklärung dar, vgl. D: ἰcχυρῶc cυναρμόζοντοc καὶ κλείοντοc τὰc πύλαc, διὰ τὸ μηδένα ὑποcτρέφειν ἐξ Ἄιδου. ≠ **051** *verso* I 2-3: [πυλάρταο· τοῦ] τὰc πύλαc | [κλ]είοντοc.
**7** (*Il.* 8.368) = D+, PB, sch. Gen., Hsch. ε 3747, LexHom ε 484, [Ps.-Zon. ε 868.15], [Sud. ε 2918].
**8** (*Il.* 8.368) = D, PB.
**9** (*Il.* 8.369) Der Zwischenraum zwischen ὕδωρ und εἰc legt die vorliegende Interpunktion nahe, selbst wenn der Homertext Cτυγὸc ὕδατοc hat. Die Lemmatisierung könnte entweder auf die Vorlage, die Verwendung eines alphabetischen Lexikons oder auf eine Erklärung zurückgeführt werden, die sich ursprünglich auf eine andere Stelle bezog. Cτυγὸc ὕδωρ kommt in der Tat in *Il.* 14.271 und 15.37 und in Lexika vor (s.unten); D hat Cτύξ. Für die Erläuterung vgl. D: Cτύξ· μία τῶν Ὠκεανοῦ θυγατέρων, ἣν ὁ Ζεὺc φρικωδέcτατον ὅρκον τῶν θεῶν ἐποίηcε τιμήcαc αὐτήν, ὥc φηcιν Ἡcίοδοc

ἐν θεογονίᾳ. ἔϲτι δὲ κρήνη ἐν Ἅιδου; Ap.S. 145.25: Ϲτυγόϲ˙ ὁ τῶν θεῶν ὅρκοϲ; Hsch. ϲ 2074 Ϲτυγὸϲ ὕδωρ˙ τῆϲ κρήνηϲ τοῦ ᾅδου τὸ ὕδωρ ἢ ὁ τῶν θεῶν ὅρκοϲ, und ϲ 2081.
Für εἰϲ + acc. statt ἐν + Dativ in der Koine s. Schwyzer II 461. Auch in Papyri belegt: s. z.B. BGU II 423 Z.7 (2. Jh., TM 28137).
**10** (*Il.* 8.369) Vergleichbar ist nur Eust. *Il.* IV 451.20: ὅμοιον γάρ τι τὸ αἰπὰ ῥέεθρα καὶ δεινὸϲ ποταμόϲ. ≠ D: ὑψηλά, ἐξ οὗ μεγάλα καὶ χαλεπά; Hsch. α 2043 αἰπά˙ ὑψηλά, χαλεπά; PB: χαλεπά. Vielleicht lässt sich hier der Einfluss des homerischen Ausdruckes δεινὰ ῥέεθρα (*Od.* 11.157) wahrnehmen.
**11** (*Il.* 8.370) = D+; PB: ἐξετέλεϲε.
**12** (*Il.* 8.379) κορέει˙ κορέϲει = D, PB, Eust. *Il.* II 602.2.
κορέει˙ χορτάϲει = Hsch. κ 3600, [Hsch. κ 3606]+, LexHom κ 339.
**13a** (*Il.* 8.387) *scriptio plena* statt der elidierten Form im Homertext. Keine Erklärung in D an der Stelle.
= D zu *Il.* 3.359+, [Ap.S. 168.7]+, [Hes. χ 486]+, EM 812.15+. Keine andere Quelle verwendet jedoch die ionische Form zur Erklärung. Der Gebrauch Homers könnte den Schreiber beeinflusst haben.
**13b** (*Il.* 8.387) = PB; ≠ **038** 7-8 zu *Il.* 5.736: ἢ δὲ χιτῶν' ἐν|[δῦϲα˙ ]χ̣ι̣τ̣ῶ̣ν̣α̣ ἐνεδ[ύϲατο]. Keine Worterklärung in D.
**14** (*Il.* 8.400) = Hsch. ϲ 2670. ≠ D, PB.
**15-16** (*Il.* 8.404) περιτελλομένουϲ˙ περιερχομένουϲ = D+, PB, [Hsch. π 1908], [Sud. π 1319], [Σα π 417]. Die Anmerkung in Z. 16 ist stark eingerückt (vgl. Z. 2 und 6) und scheint nachträglich hinzugefügt worden zu sein. Vor ἀπό ist eine punktförmige Spur erhalten, die wie in Z. 7 einem Winkel mit derselben Funktion angehören könnte. Die Hinzufügung ἀπὸ τῆϲ ἀνατολῆϲ findet keine Entsprechung in den verwandten Quellen. Vergleichbar ist nur Eust. *Il.* II 605.21f.: περιτελλόμενοι δὲ ἐνιαυτοὶ ἢ οἱ ἀλλαχοῦ περιπλόμενοι, ὅ ἐϲτι ϲυντελούμενοι, ἀφ' οὗ ῥήματοϲ καὶ τὸ τέλοϲ γίνεται, ἢ μᾶλλον οἱ ἀπαρτιζόμενοι διὰ τῶν πέριξ ἀνατολῶν τοῦ ἡλίου, ἀφ' οὗ καὶ τὸ ἐπιτέλλειν καὶ τὸ ἀνατέλλειν λέγεται.
**17** (*Il.* 8.405) ἀπαλθήϲεϲθον Hom. Der zu der Lexis unpassende Infinitiv konnte von der Quelle des Schreibers abhängen: Sowohl die Lexis als auch die Erläuterung stehen bei Eust. *Il.* II 606.2, Sud. α 2884 und Ps.-Zon. α 275.22 im Infinitiv. Da die Lexis im Papyrus aber nicht lemmatisiert ist, ist die Metaphrasis als θεραπευθήϲεϲθε aufzufassen. Zu der Verstauchung ε > αι s. Gignac 1976, I 193 und hier col. I 45. Der Dual wird in anderen Quellen in die 3. Person Plural umgeschrieben, vgl. PB und LexHom α 668:

θεραπευθήϲονται; Ap.S. 37.30 (α 509 Steinicke) ἀπαλθήϲεϲθον· δυϊκῶϲ, ἤτοι ἀποθεραπεύϲωϲι; Hsch. α 5744: ἀπαλθήϲεϲθον· δυϊκῶϲ. ἀποθεραπεύονται ἢ θεραπεύουϲιν. Der Papyrus bemerkt wie die D-Scholien, dass hier die 2. Person Plural gemeint ist: D ἰαθήϲεϲθε, δυϊκῶϲ. Für die Wortbedeutung = sch. T (ex.) *ad loc.*: ἀπαλθήϲεϲθον· ἀποθεραπευθήϲεϲθον. ἀλθαίνω γὰρ τὸ θεραπεύω; Ap.S. 37.30; Hsch. α 5744.

**18** (*Il.* 8.408) = Ap.S. 69.14+, Hes. ε 3102+. ≠ D und PB: ἐμποδίζειν.

**19** (*Il.* 8.409) Die Erklärung ist in diesem Wortlaut nicht belegt. Die Vorgehensweise der Deutung, die poetische Wörter als Zusammensetzung aus zwei verschiedenen Wörtern erklärt, impliziert die etymologische Ableitung von ἄελλα und ποῦϲ. Bemerkenswert ist, dass das Syntagma ἶϲοϲ ἀέλλῃ zweimal bei Homer vorkommt (*Il.* 11.298 und 12.40), während es als Erklärung nicht belegt ist. Das homerische Syntagma könnte den Wortlaut der Erklärung verursacht bzw. beeinflusst haben; s. col. I 13.

≠ D: ταχύπουϲ παρὰ τὰϲ ἀέλλαϲ, ὅ ἐϲτιν ἀνεμόπουϲ. Für die Etymologie vgl. auch sch. A (ex.) *ad loc*; Eust. *Il.* II 607.28; Hdn. GG III/2 281.19.

**20** (*Il.* 8.411) Während PB πρώτῃϲιν durch πρώταιϲ umschreibt, unterstreichen die *Scholia Maiora* wie unser Papyrus, dass hier πρῶτοϲ für ἄκροϲ gesagt wird: sch. A (Ariston.) zu *Il.* 8.411a und sch. bT zu *Il.* 8.411b. Die D-Scholien umfassen das Stichwort an dieser Stelle nicht. Ähnlich ist aber der Fall von *Il.* 22.66, bei dem D und PB πρώτῃϲι θύρῃϲι durch πρώταιϲ θύραιϲ umschreiben, die sch. A (Ariston.) zu *Il.* 22.66b hingegen kommentieren: πρώτῃϲι θύρῃϲιν· ὅτι ἀντὶ τοῦ ἄκραιϲ.

**21a** (*Il.* 8.411) πολυμεροῦϲ ist keine übliche Worterklärung. = Hsch. π 2915+. ≠ LexHom π 444; PB; D: πολλὰ ἀποκλίματα ἔχοντοϲ καὶ ἐξοχάϲ.

**21b** (*Il.* 8.413) = PB, D: πῇ μέματον· ποῦ προθυμεῖϲθε; ebenso Hsch. π 2198.

**22** (*Il.* 8.413) ≠ D, PB, Hsch. π 2198 (s. oben zu Z. 21b). προθυμέω ist das gewöhnliche Interpretamentum des Verbs auch in Iliasglossaren: [**016** VI 13]; [**028** IV 141-142]; [**029.1** Fol. 4 *recto* 28]. Für μέμονα· ὁρμάω s. Hsch. μ 784+, 814+, 816+.

**23** (*Il.* 8.413) = PB, Hsch. ϲ 2945+. Keine Worterklärung in D. νῦν verweist auf ϲφῶϊν in Vers 416, bei dem es ὑμῖν gilt.

**24** (*Il.* 8.423) Es gibt keinen Grund, das zweite Delta zu tilgen, da ἀδδεέϲ das Stichwort der D-Scholien und die Lesung der *vulgata* ist. Nach ἀναιδέϲ ist eine leicht nach rechts gebogene Senkrechte in Verbindung mit einer horizontalen Waagerechten erhalten, die auf ein γ hinweisen würde. Es ist nicht auszuschließen, dass diese Spuren, wie in Z. 7, als Zeichen für eine nachträgliche Hinzufügung der dritten Erklärung aufgefasst werden sollten. Nach dem letzten α ist die Spur kompatibel mit δ.

ἀδδεέϲ˙ ἄφοβε = D, PB, Hsch. α 1030+, [Ps.-Zon. α 39.1]+, EM 16.7, [Sud. α 451].

ἀδδεέϲ˙ ἀναιδήϲ = sch. bT (ex.) zu *Il.* 8.423-424, Eust. *Od.* II 192.10; vgl. auch Poll. *Onom.* 4,65 und sch. bT an der Stelle. In den D-Scholien ist ἀναιδεϲτάτη die Erklärung von dem zugehörigen κύον.

ἀδδεέϲ˙ ἀδεέϲ = EG 62.3: ἀδεέϲ, πλεοναϲμῷ ἑτέρου δ' ἀδδεέϲ.

**25** (*Il.* 8.430) τὰ ἅ Hom. In D gibt es kleine Worterklärungn zu dem Vers 430, vgl. aber D zu 12.280: τὰ ἃ κῆλα˙ τὰ αὐτοῦ ϲημεῖα καὶ βέλη. Ap.S. 61.18 erklärt: ἕ˙ ἐγκλινόμενον μὲν αὐτὸν ἢ αὐτὴν ἢ αὐτὸ ϲημαίνει.

**26** (*Il.* 8.434) κάπηϲιν Hom. S. Poethke zur Stelle: „Da noch ein veraltetes Stammwort ΚΑΠΩ existierte, ist der durch πτι¯ gegebene Hinweis wohl dahingehend zu interpretieren, dass die Form κάψαι von dem mit -πτ- gebildeten Stamm abgeleitet wurde, also von κάπτω“; vgl D: κάπηϲι˙ ταῖϲ φάτναιϲ, παρὰ τὸ ἐν αὐταῖϲ ἱϲταμένουϲ τοὺϲ ἵππουϲ κάπτειν, ὅ ἐϲτιν, ἐϲθίειν; Hsch. κ 701; EM 489.40.

κάπηϲι˙ φάτναιϲ = D, PB, sch. Gen., sch. zu *Od.* 4.40c, [Hsch. κ 700], Hsch. κ 701, [EM 489.40], [EGud. 297.55], [Ps.-Zon. κ 1154.27]+, Eust. *Il.* II 611.13.

**27a** (*Il.* 8.435) Die Erklärung findet nur zwei Parallelen: sch. bT (ex.) zu *Il.* 13.261b+ und sch. zu *Od.* 4.42d3+. Der Ausdruck ἐνώπια παμφανόωντα hatte in den antiken Quellen verschiedene Auslegungen: dazu s. Pontani 2020a. ≠ D, PB.

**27b** (*Il.* 8.436) κλιϲμοῖϲι Hom. Die Lemmatisierung im Nominativ Plural findet eine Parallele in Hsch. κ 3019, im Singular in Ap.S. 100.15. Die Erklärung ist äußerst geläufig. Die D-Scholien zur Stelle geben genauer an: κλιϲμοῖϲι˙ θρόνοιϲ ἔχουϲιν ἀνακλίϲειϲ; Ap.S. 100.15: κλιϲμόϲ˙ θρόνοϲ ἀνάκλιτον ἔχων.

**28** (*Il.* 8.437) μίγδ' Hom. μίγδα˙ μίγα = Ap.Dysc. *de adv.* GG I/1 139.13; Hdn. GG III/1 495.13: μίγα, ὅπερ μίγδα λέγεται.

μίγδα˙ μεμιγμένωϲ = Hsch. μ 1325+, Sud. μ 1032, Σα μ 218. ≠ D und PB: ἀναμεμιγμέναι.

**29** (*Il.* 8.437) Keine der beiden Erklärungen ist belegt. ≠ D: τεταλαιπωρημέναι, τετιμωρημέναι.

**30** (*Il.* 8.439) θώκουϲ˙ τὰ ϲυνέδρια = D+, [Ap.S. 89.12]+, Hsch. θ 671.

θώκουϲ˙ τοὺϲ θρόνουϲ = PB, [sch. zu *Od.* 5.3d1-d2], [Hsch. θ 995]+, [Ps.-Zon. θ 1065.6]+, [Hdn. *Part.* 59.12], [EGud. 253.21], [EM 441.12]+, [Σα θ 2].

**31** (*Il.* 8.441) = [Hsch. β 1385], [Ap.Lud. s.v. βωμόϲ]+, [Sud. β 493]; [sch. zu *Od.* 7.100 d2]. Für νῦν vgl. [Ap.S. 53.20 (β 854 Steinicke)]: ποτὲ μὲν ϲυνήθωϲ ἡμῖν ... ποτὲ δὲ τὰϲ βάϲειϲ. ≠ D, PB. Das Glossar umfasst gedanklich ἂμ βωμοῖϲι. Über ἀνά mit Genitiv s. Schwyzer II 440-441.

**32** (*Il.* 8.441) Der Zirkumflex könnte aus grammatischem Grund gesetzt worden sein. Das Lemma ist nämlich eine barytonierte Form, weil es sich um einen μεταπλαϲμόϲ handelt: s. sch. AbT zu *Il.* 8.441c und 441d; Eust. *Il.* II 612.19f. Ansonsten könnte er zur Unterscheidung von Homographen gesetzt worden sein, vgl. D: ἀντὶ τοῦ λιτόν.

= sch. zu *Od.* 1.130e2+ und 130g+, Eust. *Il.* II 612.10. ὕφαϲμα kommt als Worterklärung von λιτί in D zu *Il.* 18.352, Ap.S. 61.30 und Hsch. λ 1149 vor. ≠ D, PB

**33** (*Il.* 8.444) Der Ausdruck Διὸϲ ἀμφίϲ wird in der modernen Forschung einheitlich als „von Zeus gesondert“ interpretiert, s. Kirk et al. und AH. Die Erklärung des Papyrus „auf beiden Seiten“ entspricht *mutatis verbis* Aristarchs Auslegung: sch. A (Ariston.) zu *Il.* 8.444a: ἑκατέρωθεν τοῦ Διὸϲ Ἥρα καὶ Ἀθηνᾶ; ebenso Ap.S. 29.1 (α 369 Steinicke): ἀντὶ τῆϲ περί; Hsch. δ 1917. ≠ D, PB.

**34** (*Il.* 8.451) = D+, [D 13.279]. ≠ PB.

**35** (*Il.* 8.453) μέρμερα˙ δεινά = Hsch. μ 876+: χαλεπά, δεινά, φροντίδοϲ ἄξια. μέρμερα˙ μεριμνῶν ἄξια = D: μερίμνηϲ ἄξια, χαλεπά; Hsch. μ 796 (Lemma μεμέρα); LexHom μ 110; Ps.-Zon. μ 1348.12; Sud. μ 635+; EM 580.23+.

**36a** (*Il.* 8.455) = PB, D: πληγέντε˙ ἀντὶ τοῦ πληγεῖϲαι; sch. A. (Ariston.): πληγέντε˙ ὅτι ἀρϲενικῶϲ τὸ δυϊκὸν ἐϲχημάτιϲται, πληγέντε ἀντὶ τοῦ πληγεῖϲαι.

**37** (*Il.* 8.474) = D, PB.

**38** (*Il.* 8.478) Wie Poethke bereits anmerkte, verwechselt der Schreiber offensichtlich νέατοϲ („unterster“) und νεατόϲ („Brachland“). Nach νῦν sind zwei Spuren zu sehen, unmittelbar danach scheint die Tinte völlig abgerieben. Es ist nicht klar, ob sich νῦν auf τὰ ἄϲπορα bezieht oder ob es die abgeriebene zweite Wortbedeutung einführt. Das Adverb steht normalerweise vor der entsprechenden Erklärung, s. aber Z. 43. Die gewöhnliche Erklärung für νέατοϲ ist ἔϲχατοϲ, das hier nicht gelesen werden kann.

**39** (*Il.* 8.480) Poethke transkribiert ἀ̣π̣[ὸ] τ̣ὸ̣[ν] und schlug im Kommentar auch ʾΗε̣λ̣[ίοι]ο̣˙ ˋῌ[λίου]ˊ vor. Nach η ist ε gut sichtbar, aber λ ist nicht zu lesen. Demnach ist wahrscheinlich ἠ̃ zu akzentuieren. Verschiedene Erklärungen von Ὑπερίονος sind auch in D zu finden, bei dem es entweder als Epitheton oder als Patronymikon erklärt ist. Möglich wäre ἠ̃ ἐπ̣ὶ̣ το[ῦ] ˋπ̣[άτρος]ˊ im Rahmen einer Interpretation von Ὑπερίονος als Patronymikon, das aber in diesem Wortlaut nicht belegt ist; vgl. D: Ὑπερίονος˙ τοῦ Ἡλίου, ἤτοι ὅτι Ὑπερίονός ἐστιν καὶ Θείας παῖς. Für ἐπί mit Genitiv in scholiographischen Texten s. Dickey 2007, 118: „‚applied to' or ‚with reference to'"; vgl. auch das Odyseeglossar P.Köln IX 362, Z. 3 (TM 60821).

Für Ὑπερίονος als τοῦ ὑπὲρ ἡμᾶς ἰόντος vgl. D+; PB; [Hsch. υ 409]; Hdn. GG III/2 596.21; sch. zu *Od.* 1.8j1+; [Ap.S. 158.29]: ὑπερίων ὁ ἥλιος, ἀπὸ τοῦ ὑπερεῖναι ἡμῶν.

**40** (*Il.* 8.482) Gewöhnliche Erklärung zu ἀλάομαι, = D, PB, [Ap.S. 22.33 (α 263 Steinicke)], [Hdn. *Part.* 194.11], [Hsch.] *passim.* νῦν bezieht sich wahrscheinlich auf andere Bedeutungen des Verbs im Allgemeinen, nicht in der Ilias.

**41** (*Il.* 8.483) = Ap.S. 105.13+, Hsch. κ 4623+, sch. zu *Od.* 7.216d-d2+, Ps.-Zon. κ 1269.7+. ≠ D, PB.

**42** (*Il.* 8.488) = D, PB, sch. A (Ariston.) zu *Il.* 8.488a und 488b2, Ap.S. 154.35, Hsch. τ 1395, LexHom τ 240.

**43** (*Il.* 8.503) Keine Worterklärung in D. οὐθετέρως befindet sich in dieser Form in der von P.Lond.Lit. 182 überlieferten *ars grammatica* (TM 110341, ca. 300 n.Chr). Bei Homer kommt nur δόρπον vor, die Erklärung deutet jedoch auf einen ungebräuchlichen Nominativ hin. In seinem Kommentar zu *Il.* 8.503 teilt Eustathius mit, dass δόρπον von δόρπος durch μεταπλασμός abgeleitet ist (Eust. *Il.* II 660.12f.). Nach den *Scholia Exegetica* zu *Il.* 24.444 erschaffen einige das Kunstwort δόρψ, um den auffälligen Plural δόρπα in *Il.* 24.444 zu erklären. Es ist somit weder völlig klar, auf welche Nebenform das Glossar sich bezieht, noch ob diese Nebenform im Allgemeinen existierte oder laut dem Glossar auch bei Homer vorkam. Das Glossar weist jedenfalls darauf hin, dass δόρπα als Plural zu verstehen ist.

**44a** (*Il.* 8.503) = PB. Keine Worterklärung in D.

**44b** (*Il.* 8.504) = D, PB, Hsch. ε 541, Ps.-Zon. ε 613.14, Σα ε 64+. ≠ Ap.S. 62.20: ἐδωδή˙ βρῶσις.

**45** (*Il.* 8.507) Der interlineare Zusatz stößt zwar an den oberen Teil der Buchstaben, er scheint aber keine Korrektur zu sein; s. Poethkes Anmerkung: „-τε zeigt an, dass für die mediale Form auch die aktive gebraucht werden kann". Für die Erklärung = D+, [Hsch. λ 499]. ≠ PB. Für νῦν vgl. Ap.S. 107.28ff., der die verschiedenen Wortbedeutungen des Verbs bei Homer durch Beispiele illustriert. Für ε > αι s. oben col. I 17.

**46a** (*Il.* 8.508) Da keine Spur der Lexis zu sehen ist und die Erklärung nur das Adverb umfasst, ist Poethkes [μέϲφ' ἠοῦϲ] weniger wahrscheinlich. Demzufolge gibt es keinen Grund, das Sigma von ἕωϲ zu tilgen.

μέϲφα˙ μέχρι = D, Hsch. μ 963+. μέϲφα˙ ἕωϲ = Hsch. μ 963+, Sud. μ 676. ≠ PB.

**46b** (*Il.* 8.509) Bereits Poethke schlug entweder λαμπ[άδ]α oder λαμπ[ρ]ά vor. ϲέλαϲ steht bei Homer im Nominativ.

ϲέλαϲ˙ φῶϲ = [D 8.563]+. ≠ PB, D: ϲέλαϲ˙ πῦρ, λαμπηδών.

**47** (*Il.* 8.512) Wie Poethke anmerkte, kommt λεληθότωϲ häufiger in den mittelalterlichen Scholien vor. Das Adverb weist darauf hin, was der Dichter „zwischen den Zeilen" oder „indirekt" sagt; zu den verschiedenen Bedeutungen von λεληθότωϲ s. Nünlist 2009, 211. In den Papyrusglossaren gibt es kein weiteres Beispiel für diesen Gebrauch. Nimmt man Poethke ἀργῶϲ mit der Bedeutung „ohne Mühe" an, wäre λεληθότωϲ in diesem technischen Sinn unklar. Die Frage wäre nämlich, worin die Unmerklichkeit besteht. λεληθότωϲ könnte aber auch ein zweites Synonym für ἀϲπουδεί sein. In diesem Fall muss man λεληθότωϲ als Worterklärung im Sinne von „heimlich", „unvermerkt", d.h. „ohne dass sie es merkten", verstehen. In den Versen 502-516 fordert nämlich Hektor die Trojaner auf, Feuer anzuzünden, um die Achäer an der Flucht zu hindern und sie nicht unversehrt gehen zu lassen, sollten sie es versuchen: μὴ μὰν ἀϲπουδεί γε νεῶν ἐπιβαῖεν ἕκηλοι (*Il.* 8.512).

Es ist aber anzumerken, dass das α von ἀργῶϲ unsicher ist. Vor ρ sind nur geringe Spuren des oberen Teils eines Buchstaben sichtbar, die eher auf ε hinweisen. Möglich wären auch [ἀ]ε̣ργῶϲ (für den Einfluss homerischen Gebrauchs vgl. col. I 13 und 19) oder [ἐν]ε̣ργῶϲ. In diesem letzten Fall sollte λεληθότωϲ im ersten Sinne verstanden werden: wenn die Achäer die Schiffe besteigen sollen, müssen sie sich dafür anstrengen.

≠ D: ἄνευ κακοπαθείαϲ, χωρὶϲ πόνου; sch. A. (Ariston) zu *Il.* 8.512: ἀντὶ τοῦ μὴ ῥᾳδίωϲ, μήπωϲ χωρὶϲ ϲπουδῆϲ; LexHom α 775.

col. II

**1** (*Il.* 8.530) ὑπηοῖοι Hom. Obwohl die Erklärung in diesem Wortlaut nicht belegt ist, wird das etymologisch zurückliegende ἠώς oft durch ἀνατολή erklärt: z.B. D zu *Il.* 11.50, 12.239; Hsch. ε 7727, Σα η 95. Die Erklärung ist daher äquivalent zu D: ὑπὸ τὴν ἕω, ὑπὸ τὸν ὄρθρον; vgl. auch Hsch. υ 542 und LexHom υ 81.

**2** (*Il.* 8.540) = LexHom τ 168. Die D-Scholien umfassen τιοίμην nicht, τιμάω ist jedoch die gewöhnliche Worterklärung für τίω; D zu *Il.* 2.21, *passim*; Hdn. *Part.* 249.5. PB umschreibt das Verb im Präsens, Hsch. τ 932 durch τίμιος εἴην.

**3** (*Il.* 8.542) = PB. In den verwandten Quellen ist das Verb durch das Simplex erklärt, ohne Betrachtung der Tmesis an der Stelle (ἐπὶ δὲ Τρῶες κελάδησαν): D: κελάδησαν· ἐβόησαν μετὰ θορύβου; Hsch. κ 2494+; Sud. κ 1280. Auch in den D-Scholien erscheint oft das Simplex als Lemma, obwohl die Metaphrasis die Tmesis in Betracht zieht, s. van Thiel 2014, 5 Anm. 8.

**4** (*Il.* 8.556) Nach δ ist die Tinte fast vollständig verschwunden. Der von Poethke als π gelesene Buchstabe gehört vielmehr zur linken Seite eines δ, wie er bereits im Kommentar bemerkte. Sowohl δ̣ι̣ά̣δ̣[η]λ̣[α] als auch δ̣ι̣α̣π̣[ρ]ε̣[πῆ] sind möglich, vgl. D: πάνυ διάδηλον; Ap.S. 44.16 (a 648 Steinicke): ἀριπρεπές· μεγάλως διαπρέπων.

**5** (*Il.* 8.557) πρώονες Hom. Erklärung nicht belegt, vgl. aber D: οἱ προβεβλημένοι καὶ προνενευκότες τῶν ὀρῶν τόποι; PB: τὰ προνενευκότα τῶν ὀρῶν; LexHom π 543: ὀρῶν ἐξοχαί.

**6-7** (*Il.* 8.476) Am Ende des achten Gesanges ist die Reihenfolge der Verse gestört, dazu Kirk et al. Aristarch hielt die Verse 475-476 für verdächtig, unter anderem, weil man στεῖνος an dieser Stelle nicht als „enge Stelle", sondern im metaphorischen Sinne als „Gedränge der Schlacht" auslegen müsste, s. sch. A (Ariston) zu *Il.* 8.475-476; D: στείνει· στενώματι. στεῖνος γὰρ εἴωθε λέγειν τὴν στενὴν ὁδόν. λέγει δὲ τὴν ὑπὸ πολλοῦ πλήθους στενοχωρίαν; dazu s. Leaf. Nach στενῷ τόπῳ ist ϲ̣[τενό]|της τὸ στεῖνος möglich, vgl. Hsch. ϲ 1755: στενωπῷ · στενότητι, ⟨στενῷ⟩ τόπῳ. Für diesen Vorschlag danke ich Prof. Carlo Lucarini.

**8** (*Il.* 8.563) σέλα̣ Hom. In dieser Form kommt σέλαϊ in *Il.* 17.739 vor. Das Wort ist öfter durch πῦρ erklärt, so [D]+, [Hsch. ϲ 368]+ und [372]+, [Sud. ϲ 193.1]+, Σα ϲ 47.

Unter cέλαϊ kennzeichnet die Paragraphos das Ende des achten Gesanges. Sie ist darüber hinaus von einer Koronis begleitet, die am linken Rand der Kolumne vertikal läuft.

**9** Zu den Titeln der Iliasglossare s. oben, S. 75ff.

**10** (*Il.* 9.2) = D+, PB, [Hsch. θ 386]+, [Hdn. Part. 56.14], [Ps.-Zon. θ 1028.10]+, [EGud. 260.9]+, [Σα θ 64]+. Zu den verschiedenen Bedeutungen des Wortes s. D zu *Il.* 2.367; Ap.S. 87.26: δύναται δὲ καὶ παραγώγωc θεῖον εἶναι. Zu παραγώγωc in Bezug auf Worterweiterung bei Komposita s. van Thiel 2014a, IV 457.

**11** (*Il.* 9.2) Die engste Parallele ist sch. A (Ariston. | ex.) zu *Il.* 9.2b: νῦν δὲ ἔκπληξιc, durch das die Bedeutung von φύζα in Verhältnis zu dem nächsten φοβόc präzisiert wird, s. Kirk et al.; ebenso sch. Gen. und Eust. *Il.* 642.13ff. ≠ D: ἡ μετὰ δέουc φυγή, PB.

**12** (*Il.* 9.3) = D, Ps.-Zon. α 336.11, [Ap.S. 46.30 (a 706 Steinicke)], [Hsch. α 8113], Σα α 1057, die ἀνυπομονήτῳ überliefern.

**13** (*Il.* 9.3) βεβολήατο van Thiel. Die Lesung Zenodots ist nur von diesem Papyrus und den A-Scholien überliefert, bei dem sie von Aristarch kritisiert wird, da sie eine körperliche Wunde implizieren würde, dazu s. Kirk et al. Für die Erklärung kann man Eust. *Il.* II 643.5 vergleichen: βεβλήατο, ἤγουν βέβληντο. Zu ἰακῶc s. oben, S. 121. Möglich auch βεβ[λημένοι εἰcίν], so Ap.S. 51.11 (β 802 Steinicke). ≠ D, PB.

**14** (*Il.* 9.4) = Hsch. ι 1142+, sch. zu *Od.* 4.470e. ἰχθυοτρόφοc ist ein äußerst seltenes Adjektiv. PB paraphrasiert τὴν ἰχθύαc ἔχουcαν. D glossiert das Wort nicht.

**15-16** (*Il.* 9.5) Möglich auch cυνλ[ηπτικῶc]; zur Breite der Kolumne s. Einleitung. Nicht-assimilierte Formen bei Komposita sind in römischer Zeit geläufig, bei Simplicia seltener, s. Gignac 1976, I 165f. Für cυνλήβδην vgl. P.Strasb. inv. Gr. 1 (TM 59052).

Obwohl der Bauch von ρ beschädigt ist, ist *γάρ* am Anfamg der Z. 16 sichtbar. Die Überreste der Erklärung kommen den D-Scholien, auf deren Grundlage die vorliegende Rekonstruktion vorgeschlagen ist, sehr nahe: οἱ δέ φαcιν, ὅτι cυλληπτικῶc πέφρακε. μόνοc γὰρ ὁ Βορέαc ἀπὸ Θρᾴκηc πνεῖ. Dies ist eine der verschiedenen Erklärungen der D-Scholien zu dem betreffenden Zetema: πῶc ἀμφοτέρουc ἐκ Θράκηc φηcὶ πνεῖν, τοῦ μὲν Βορέου ἐξ Ἄρκτου, τοῦ δὲ Ζεφύρου ἐκ Δύcεωc πνέοντοc; Zu dieser Erklärung s. oben, S. 129.

**17** (*Il.* 9.5) = D, PB, Ap.S. 12.1 (α 118 Steinicke), [Hsch. α 1289], [Ps.-Zon. α 53.19].

**18** (*Il.* 9.6) ἄμυδιc˙ ἅμα = Ap.S. 25.4 (α 303 Steinicke); Hsch. c 3828. ≠ PB, D: ὁμοῦ, ἐξαίφνηc.
**19** (*Il.* 9.7) Sowohl Poethkes κ[αὶ] als auch κ[αλῶc] möglich, vgl. col. II 32. κορθύεται˙ ὑψοῦται = Hsch. κ 3618+, Sud. κ 2094+, Σα κ 412, [Ps.-Zon. ε 670.4]+. ≠ D, PB.
**20** (*Il.* 9.7) = sch. zu *Od.* 5.439e+, Hsch π 833+, Ep.Hom. π 187, Ps.-Zon. π 1526.12+. ≠ D παρὲξ ἅλα˙ ἔξω παρὰ τὴν θάλαccαν; PB.
**21** (*Il.* 9.7) In diesem Wortlaut ist die Erklärung nicht belegt, vgl. D: τὸ χορτῶδεc τῆc θαλάccηc ἀπόβλημα. οἱ δὲ φυκία φαcὶ βοτάνην τὴν ἐν τῷ βυθῷ τῆc θαλάccηc γιγνομένην; LexHom φ 125: φῦκοc˙ φυκία καλεῖται τὰ ὑπὸ τῆc θαλάccηc ἐκβραccόμενα χλωρά; Hsch. φ 964.
**22** (*Il.* 9.7) Im Kommentar bemerkt Poethke zurecht, dass ἐξέβαλε nicht gelesen werden kann. Nach β ist nämlich eine Senkrechte zu sehen, die mit ρ kompatibel ist. Die einzige genaue Parallele ist D ($A^{ti}$): ἐξέβραcεν. Vergleichbar ist LexHom φ 125 (s. Komm. zu col. II 21). Zu den verschiedenen Bedeutungen von χέω bei Homer s. LfrE.
**23** (*Il.* 9.8) ἐδαΐζετο ist an der Stelle im übertragenen Sinne zu verstehen: „war zerrissen“, s. AH. Poethkes ἐτέ[μνετο] ist in [Hsch. δ 96]+ belegt, würde aber dieser Bedeutung nicht entsprechen. Angesichts der allgemeinen Genauigkeit des Glossars könnte man auch an ἐτε[ίρετο] denken, das der kontextbezogenen Wortbedeutung entsprechen würde. Für diesen Vorschlag danke ich Prof. Carlo Lucarini. ≠ D, PB, LexHom ε 40.
**24** (*Il.* 9.9) = D+, PB, Hsch. β 425+. ≠ Ap.S. 51.10.
**25** (*Il.* 9.11) Das von Poethke ergänzte ὀνοματικ[ῶc] ist in der Bedeutung „beim Namen“ meines Wissens nicht verwendet. Normalerweise bezieht es sich in dem grammatischen Gebrauch auf die Wortart des Nomens. Dies ist in Bezug auf das Deverbativum κλῄδην unverständlich: vgl. Ap.S. 100.6 κλῄδην˙ τὸ καλέcαι.
Sowohl ὀνόματι, κ[ατ' ὄνομα] als auch ὀνόματι κ[αλεῖν] bzw. κ[αλοῦνταc] sind als Ergänzungen möglich. Für den ersten Vorschlag danke ich Riccardo Vecchiato. Vergleichbar wäre Hsch. κ 2944: κλῄδην˙ καλεῖν ἐξ ὀνόματοc; sch. bT (ex.) zur Stelle: κατ' ὄνομα; D: καλοῦνταc, κηρύccονταc; LexHom κ 283: ἐξ ὀνόματοc καλοῦνταc.
**26** (*Il.* 9.12) Möglich auch ἡc[υχάζειν]. Beide Ergänzungen finden keine Entsprechung und sind nur als Beispiele zu verstehen. ≠ D: μηδὲ βοῶνταc; PB: μηδὲ μετὰ βοῆc.

**27** (*Il.* 9.14) Vgl. Hsch. κ 4067. Keine Worterklärung in D, PB behält κρήνη bei.

**28** (*Il.* 9.14) Entweder βαθ[ύυδροc] oder βαθ[εῖα], s. D: μελάνυδροc˙ πολύυδροc. φύcει γὰρ μέλαν τὸ ὕδωρ, ἀλλὰ λαμπρύνεται ταῖc ἡλιακαῖc αὐγαῖc. ἢ ἡ βαθεῖα. τοῦ γὰρ μελαίνεcθαι αἴτιον τὸ βάθοc; sch. bT (ex.) zu *Il.* 16.3b: ἡ βαθύυδροc. ≠ PB: πολύυδροc.

**29** (*Il.* 9.15) = D+, Hsch. 1126, LexHom α 164. Ansonsten αἰγίλιψ· ὑψηλὴ πέτρα, so PB, Ap.S. 14.31 (α 145 Steinicke)+, Hsch. α 1713+, Hdn. *Part.* 171.5, EGud. 36.13.

**30** (*Il.* 9.15) = D, PB, Ap.S. 59.20 (δ 992 Steinicke)+, Hsch δ 2084+, LexHom δ 226, [Ps.-Zon. δ 557.9]+, EM 281.14+, Σα δ 334+.

**31** (*Il.* 9.34) = [Sud. ο 339.1]. ὀνειδίζω braucht normalerweise keine Erklärung. Es fehlt als Lemma in D; in PB wird es nicht umgeschrieben. ὀνειδίζω und μέμφομαι werden zusammen verwendet, um andere Verben mit der gleichen Bedeutung zu erklären, z.B. D zu *Il.* 17.5: ὤνατο˙ ἐξεφαύλιcεν, ὠνείδιcεν, ἐμέμψατο; Hsch. χ 855.

**32** (*Il.* 9.36) ἴcαc' Hom. Das Lemma scheint elidiert wie im Homertext, ι könnte aber auch abgerieben sein. Auch hier wäre κ[αί] möglich, s. col. II 19. Für die Umsetzung in der Koine vgl. **025.4** *verso* 9-10 (zu *Il.* 2.485 und 486). ἴccαc'˙ οἴδαcι καλῶc = Hsch. ι 911+ (ohne καλῶc). ≠ PB: γινώcκουcι; Ap.S. 92.33, der auch ἴccαcι als Stichwort hat. Keine Erklärung in D.

**33** (*Il.* 9.43) = D, Hsch. 1016, Eust. *Il.* 2 654.24.

**34** (*Il.* 9.49) = sch. zu *Od.* 3.81f, Eust. *Il.* II 655.7, [Hsch. ε 880], [Ps.-Zon. E 641.1], LexHom ε 174. ≠ PB. Keine Worterklärung in D.

**35** (*Il.* 9.56) Möglich auch ἐναν[τία ἐρεῖ], vgl. D: οὐδὲ πάλιν ἐρέει˙ οὐδὲ τὰ ἐναντία cοι ἐρεῖ; PB: τὰ ἐναντία cοι ἐρεῖ; sch. A (Ariston.) zu *Il.* 9.56-57: ἀντὶ τοῦ ἔμπαλιν ἐρεῖ, ἐναντίωc.

**36** (*Il.* 9.56) = Hsch. τ 444+, Σα τ 83+. ≠ D: ἀτὰρ οὐ τέλοc ἵκεο μύθων˙ οὐ μὴν τέλοc ἐπέθηκαc τῷ λόγῳ cου; ebenso PB.

**37** (*Il.* 9.58) Die Anmerkung über die Worttrennung ist für γενεῆφιν nicht belegt, für andere Komposita s. van Thiel 2014a IV, 524. Es ist jedoch nicht sicher, ob der Ausdruck im grammatikalischen Sinne zu verstehen ist oder ob sich ἕν auf das bezieht, was in der Lücke verloren gegangen ist.

**38** (*Il.* 9.60) vgl. Philox. Fr. 334: τὸ γεραιὸc γίνεται γεραιότεροc, ὡc παλαιὸc παλαιότεροc, καὶ κατὰ cυγκοπὴν γεραίτεροc; Ps.-Zon. α 425.20; EM 227.28; Eust. *Il.* II 657.3. D: γεραίτεροc˙ παλαιότεροc, πρεcβύτεροc.

**39** (*Il.* 9.61) Der Konjunktiv ἐξείπω fungiert hier als Futur, s. Chantraine 1953, II 209. ≠ PB: ἐξείπω, keine Worterklärung in D.
**40** (*Il.* 9.61) = **044** *recto* 5, D+, sch. A (ex.?) zu *Il.* 9.61a, [Σα δ 284]. ≠ PB.
**41** (*Il.* 9.63) = **044** *recto* 6-7, D+, LexHom α 870+, Hsch α 8763+ (οὐκ), EM 178.39+. ≠ PB: ἀcύνετοc.
**42** (*Il.* 9.63) = **044** *recto* 8+, D+, sch. bT (ex.) zu *Il.* 9.63b1+, [Hsch. α 1553]+, EM 24.21+, Sud. α 714, EG 131.1+, Σα α 151 ≠ PB: ἄδικοc.
**43** (*Il.* 9.63) =D+, PB, [Hsch. α 4978]+, Sud. α 2331, EG 847.1+, EM 104.30, Σα α 606. ≠ **044** *recto* 9-10: ἑcτίαν μὴ ἔχων | . [ ]χοc.
**44-45** (*Il.* 9.64) ἐπιδημίου· ἐνδήμου = Hsch. ε 4724+.
In der nächsten Zeile wird ἔραται erklärt, das vor ἐπιδημίου in diesem Vers steht (*Il.* 9.64 van Thiel: ὃc πολέμου ἔραται ἐπιδημίου ὀκρυόεντοc). Laut Poethke wäre πρόcθε[ν als Hinweis auf die Vertauschung der Reihenfolge aufzufassen. Solche Anmerkungen über die Anordnung der Lexeis können in keinem anderen Glossar gefunden werden, auch wenn die Vertauschungen viele Verse betreffen. Vor allem ist das bereits von Poethke im Kommentar vorgeschlagene προcε . [ paläographisch vorzuziehen. Es ist somit denkbar, dass das Glossar eine zweite Erklärung zu ἐπιδημίου in Z. 45 bietet. Dies legt vor allem die Eisthesis nahe. Möglich wäre πρὸc ἐμ[φυλίουc], vgl. D: ἐπιδημίου δὲ τοῦ ἐμφυλίου, τοῦ μὴ πρὸc πολεμίουc, ἀλλὰ πρὸc οἰκείουc γιγνομένου; sch. T zu *Il.* 9.63c; sch. Gen. zu *Il.* 9.64; Eust. *Il.* II 659.11; Hsch. ε 4723-4724; EM 359.9 **044** *recto* 12: ἐμφυλίου. Denkbar wären auch πρὸc ἑα[υτοῦ οἰκείουc] und προcεχ[οῦc]. Für den letzten Vorschlag bedanke ich mich bei Riccardo Vecchiato.
**46** (*Il.* 9.64) Wahrscheinlich αἰολικῶ[c ἐρᾷ] bzw. [ἐπιθυμεῖ]. **044** *recto* 11, PB und LexHom ε 799 erklären ἐπιθυμεῖ, D ἐρᾷ; vgl. auch **028** II 37: ἔραμαι· ἐρῶ. Das geschwungene Zeichen auf ε ist einem Zirkumflex ähnlich. Wie in col. I 32 und II 26 könnte es zur Vermeidung von Verwirrung zwischen Homographen, oder an falsche Stelle gesetzt sein, um anzuzeichnen, dass α kurz ist. Die Erklärung αἰολικῶc ist nicht belegt, anders sch. A (ex.?) zu *Il.* 9.64: ⟨ἔραται⟩· ἐπιθυμεῖ. ἡ λέξιc ἰωνική. Es besteht jedoch die Möglichkeit, dass sich αἰολικῶc auf die Verbform bezieht. In diesem Fall würde ἔραμαι im Glossar zu den athematisch flektierten *verba vocalia* gezählt werden. Zu dieser dialektalen Anmerkung und ihrer Bedeutung s. oben, S. 121-123.

P.Berol. Inv. 13420 *verso* (**058**)

*3.-4.in. Jh. n.Chr.* *6.5 x 7.5 cm* *Philadelpheia*
Tafel XI

Der von Wolfgang Müller als „Wörterbuch zu einem Gedicht" publizierte Papyrus wurde von P. J. Sijpesteijn als Iliasglossar identifiziert und erneut ediert[700]. Möglicherweise handelt es sich um denselben Schreiber von **037** (Tafel XII)[701]. Auf dem Recto befinden sich geringe Reste einer Urkunde aus dem 2. Jh. n.Chr.[702], auf dem Verso das Glossar. Nur der obere Rand ist erhalten (2 cm). Einige Elemente der mittelkleinen Schrift sprechen für eine Datierung in das 4. Jh., z.B. die lang ausgeführten Senkrechten von ι und ρ. Hingegen weist die Form von ε, ν und π auf das 3. Jh. hin[703]. Demzufolge und im Hinblick auf das Recto möchte man eine Datierung zwischen dem 3. und spätestens Anfang des 4. Jh.s erwägen.
Worterklärungen zum zwanzigsten Gesang sind auch in **027** erhalten. Die einzige gemeinsame Lexis beider Glossare ist ἁλοςύδνη aus *Il.* 20.207 (s. aber Komm. zu Z. 15). Der genaue Umfang der glossierten Stelle ist in Sijpesteijns Ausgabe sowohl am Anfang als auch am Ende unsicher. Nach den hier vorgeschlagenen Textergänzungen würden die ausgewählten Stichwörter die Verse 157-377 umfassen. Das geringe Ausmaß des Glossars, das mehr als zweihundert Verse in sechzehn Zeilen betrifft, lässt sich auf die Beschäftigung mit einem späteren Gesang zurückzuführen. Der Papyrus bietet aber nicht lediglich sporadische Erklärungen an[704], sondern Erklärungen zu seltenen bzw. Besonderheiten aufweisenden Wörtern der Ilias. Die Lexeis bestehen sowohl im Hinblick auf den Wortschatz als auch auf die Formen (ἑέ, ἴμεναι, φλοίcβου) aus *hapax* bzw. *dis legomena* in der Ilias. Die Glossierung der gewöhnlicheren Verben δειδίccομαι und

[700] Müller 1968, 119-120; Sijpesteijn 1970, 128-130.
[701] Sijpesteijn 1970, 125. Die Ausrichtung der Schrift auf den beiden Seiten schließt die Zugehörigkeit zu derselben Rolle nicht aus. Für die Zusammensetzung der Fragmente sind jedoch nicht genügend Hinweise vorhanden. Die Urkunden auf den beiden Vorderseiten sind in Geschäftsschrift aus derselben Zeit geschrieben und weisen einige Ähnlichkeiten (z.B. die nach rechts gebogene Unterlänge des ρ und die Form des π) auf. Trotzdem scheinen sie nicht von derselben Hand geschrieben worden zu sein.
[702] Publiziert von Fontanella 2022a.
[703] Vgl. Schubart 1925, 134.
[704] So Sijpesteijn 1970, 129.

παραλέχομαι erklärt sich durch den Kontext: παραλέχομαι wird nur hier für Pferde gebraucht. Aufgrund der Widersprüchlichkeit der Quellen ist es vorstellbar, dass bei der Auslegung von δειδίccομαι Missverständnisse auftreten mochten und dass somit die Lexis erklärungsbedürftig war (s. oben, S. 90-91).
Die Worterklärungen sind nicht untereinander angeordnet. In drei Fällen (Z. 1-4; 6-8; 11-12) bietet der Papyrus ausführliche Erklärungen, wie die graphische Disposition erkennen lässt: wie schon P. J. Sijpesteijn anmerkte, ist das Spatium zwischen Lexis und Metaphrasis bei kurzen Erklärungen überall sichtbar, während es wegen der Eisthesis ausführlicher Erklärungen nur am Anfang dieser zu sehen ist (Z. 1, 6, 12).
Bemerkenswert sind die dem *hapax* γλαυκιόων gewidmete Aufmerksamkeit (Z. 6-8) und die mythographische Erklärung in Bezug auf Ganymeds Entführung (Z. 12-13, s. S. 112-113). Vor allem fällt das Wort φαντακία in Z. 2 auf, das in einer technischen rhetorischen Bedeutung verwendet sein könnte[705].

*Il.* 20
[κάρκαιρε˙ (?)] πολλῶν ἐνεργούντω[ν 157?
καὶ ἅμα κι]νουμένων φαντακίαν [
[. . . . . . .]ν̣, ὅταν πολλοὶ ἀτάκτωc . [
[. . . . cυγκ]λείcονται.
[ἑὲ δ' αὐτὸ]ν˙ ἑαυτὸν δέ 171
[γλαυκιόων˙] λαμπρύνων τὰ ὄμ[ματα˙ 172
[. . . . . . c]η̣μαίνεται θυμούμε[νοc
[. . . . . . . .]αλλοντωc τῷ ζωον[
[δειδίξεc]θαι˙ εἰc δέοc ἄξι̣ν̣[ 201
[ἁλοcύδν]ην˙ τὴν ἐνάλιο̣[ν 207
[παρελέξ]ατο˙ ἐκοιμήθη [ 224
[ἀνηρείψ]αντο˙ ἀνήρπαcα[ν˙ λέγεται Γανυμή- 234
[δηc ἁρπαc]θ̣ῆνα̣ι̣ ὑπ' ἀκρατ̣[είαc Διόc.
[μεccηγὺ] κολούει˙ μετε̣[ 370
[ἴμεναι˙] πορεύεcθαι 365
[φλοίcβο]υ˙ ταραχῆc 377

**1** λάμπετο (?)] Sijpesteijn **2** .]νουμένων φαντακίαν *edd.* **3** ἀτακτῶcι̣[ν *edd.* **4** κ]λείcονται *edd.* **6-7** [ὁ λέων | οὕτωc cη]μαίνεται] Koenen *apud* Sijpesteijn **8** ἀλλ' ὄντωc *edd.*, ζώον̣[τι (?)

[705] Zu φαντακία an dieser Stelle s. oben, S. 135-137.

Müller, τῷ ζῷον [ἄγριον εἶναι] Stein per litteras, cfr. comm. **9** l. ἄξειν, ἀξιο[ Müller **13** ἀκρατ[είας Sijpesteijn, ἀκράτ[ου Müller **14** μετε[ Müller, μετα[ξὺ παύεται] Sijpesteijn **15** ]πορεύεσθαι *edd.* **16** ]υ ταραχῆς *edd.*

**2** (*Il.* 20.157?) Aus Platzgründen könnte man ἅμα ergänzen, ein Synonym (z.B. ὁμοῦ) ist aber nicht auszuschließen.

**3** . . . . . . .]ν: wahrscheinlich ein finites Verb, etwa ἐποίησε]ν, παρεῖχε]ν, δίδωσι]ν.

**3-4** ἀτάκτως. [: Obwohl man einen Konjunktiv erwartet, ist die Lesung der Herausgeber ἀτακτῶσι[ν] fraglich. ι ist normalerweise leicht nach rechts gebogen und der untere Ausläufer reicht unter die Zeile. Im Gegensatz dazu ist die erhaltene Senkrechte an dieser Stelle kürzer und leicht nach links gebogen. Außerdem sind Spuren einer Waagerechten erhalten, die den oberen Teil der Senkrechten kreuzt; seltsam wäre Iota in Ligatur mit dem nächsten Buchstaben. Die Spuren weisen eher auf η hin, dessen horizontaler Strich immer gegen Anfang des vertikalen Strichs gesetzt ist. Auch ein γ ist möglich, wohingegen π schwierig zu lesen ist, weil sein Mittelstrich sich normalerweise nach oben biegt. η[ würde auf ἤ[χῳ hinweisen, was sich auf die onomatopoetische Wortschöpfung κάρκαιρε beziehen würde. Wortschöpfungen werden in den D-Scholien oft durch ποιὸν ἦχον (ἀποτελεῖν) erklärt; vgl. auch Ap.S. 139.12-13. Vergleichbare Stellen in Papyri: P.Oxy. XXXVII 2819, fr. 4 = SH 944, Z. 15: ποιὸν ἦχον ἐν τῶι ῥεῖν (Lexis unsicher: entweder κελα|[ρυζ- oder κελα|[δειν-); **025.3** 23 (zu *Il.* 2.334): κονάβησαν˙ τὸν] ἦχον ἀπετέλεσ[αν; vielleicht auch **024** 6 (zu *Il.* 2.95): στεναχί[ζετ]ο˙ ἦχον ἀπ[ετελεῖτο] (ἀπ[ *ed.pr.*). In diesem Wortlaut ist die Erklärung sowohl für das Geräusch des Bodens im Allgemeinen als auch für κάρκαιρε belegt: D *ad loc.* κάρκαιρε˙ ἐκινεῖτο ποιῷ ἤχει. ὀνοματοποιΐα ὁ τρόπος. A[ti] ποιὸν ἦχον ἀπετέλει; sch. Dion. Thr. GG I/3 69.29f.; Eust. *Il.* IV 385.11f.: ‚κάρκαιρε δὲ γαῖα πόδεσσιν', ὅ ἐστι ποιὸν ἦχον ἀπετέλει. Trifft die Lesung zu, könnte man an ἤ[χῳ | τινί ] denken.

**4** συγκ]λείσονται: ὅταν mit Futur ist meines Wissens nicht in Papyri belegt, kommt aber bei Ev. Luc. 13.28 und Apoll. *Polior.* 187.13 vor. Ein phonetischer Fehler ist auch möglich: l. συγκ]λείσωνται. Zu der Vertauschung zwischen ω und ο s. Gignac 1976, I 275.

Wie schon der Herausgeber anmerkte, bieten die Zeilen 1-4 eine lange Erklärung zu einer einzigen Lexis. Denn in Vergleich zu kurzen Erklärungen ist das *interpretamentum* nach links eingerückt. Nach Vorschlag von Ludwig

Koenen nahm P. J. Sijpesteijn an, dass die Erklärung sich auf die Verse 156-158 bezieht: τῶν δ᾽ ἅπαν ἐπλήϲθη πεδίον καὶ λάμπετο χαλκῷ / ἀνδρῶν ἠδ᾽ ἵππων· κάρκαιρε δὲ γαῖα πόδεϲϲιν / ὀρνυμένων ἄμυδιϲ. Es stellt sich jedoch die Frage, ob es möglich ist, die Lexis weiter zu präzisieren. In diesen Versen, die ein kurzes Bild vom Anrücken der Heere vor dem Zweikampf zwischen Achill und Aeneas vermitteln, kommen zwei Stichwörter in Frage: das *hapax* κάρκαιρε und ὀρνυμένων (ὀρνυμένων ἄμυδιϲ ist aus Platzgründen unmöglich). Angesichts des Mangels an engen Parallelen ist es unmöglich, den genauen Wortlaut mit Sicherheit zu rekonstruieren. Nachvollziehbar scheint aber der Zusammenhang der Erläuterung, bei der die Vorstellung der sich bewegenden Männer ausgedrückt wird: „[(*sc.* der Dichter) erzeugt] die Vorstellung von vielen tätigen und gleichzeitig sich in Bewegung setzenden Soldaten, wenn sich viele ungeordnet [mit einem gewissen Lärm?] zusammendrängen". ϲυγκλείω im Sinne von „zusammendrängen" findet man *exempli gratia* in D *Il.* 18.76: ἀλήμεναι· ϲυναθροιϲθῆναι, ϲυγκλειϲθῆναι. Der zweite Teil der Erläuterung sowie die Tendenz des Glossars, seltene Wörter bzw. Formen zu kommentieren, lassen vermuten, dass die Lexis eher κάρκαιρε als ὀρνυμένων war. Dafür spricht auch die Verwendung eines semantisch reichen Wortes wie φανταϲία, das im rhetorischen Bereich die vom Dichter erzeugten Vorstellungen herausstellt und oft in Zusammenhang mit Lautmalerei in den *Scholia Maiora* vorkommt. κάρκαιρε gilt in verschiedenen Quellen als Beispiel für Lautmalerei: D (s. oben zu Z. 1); sch. Dion. Thr. GG I/3 69.29ff.; Ap.S. 95.9 κάρκαιρε· ἰδίωμα ἤχου. Für die Erklärung des Papyrus vgl. auch. Philox. Fr. 593b: ‚κάρκαιρε δὲ γαῖα πόδεϲϲιν', οἷον ἐν κινήϲει καὶ ταραχῇ ἡ γῆ ἐγένετο διὰ τὸ πλῆθοϲ τῶν ϲειόντων αὐτὴν ποδῶν; PB: ἤχει δὲ ἡ γῆ ὑπὸ τῶν ποδῶν πορευομένων ἀθρόωϲ.

**5** (*Il.* 20.171) = Ap.S. 62.22, Hsch. ε 553. αὐτὸϲ δὲ ἑαυτὸν D, sch. Gen., PB.

**6-8** (*Il.* 20.172) Die Erklärung hat keine Parallele. Die in den Ausgaben angenommene Worttrennung ἀλλ᾽ ὄντωϲ kann nicht ausgeschlossen werden, aber [ὑπερβ]αλλόντωϲ ist genauso möglich. Da das von Müller vorgeschlagene, poetische ζώοṿ[τι als Erklärung seltsam wäre, ist wahrscheinlich am Ende der Zeile ζῷον zu akzentuieren. Möglich wäre ὑπερβ]αλλόντωϲ τῷ ζῷον [ἄγριον εἶναι]. Für diesen Vorschlag danke ich Prof. Markus Stein.

Die Worterklärung scheint zuerst die Wortbedeutung („mit funkelnden Augen") und danach eine kontextbezogene Erklärung anzugeben. An dieser

Stelle ist nämlich die Kampfwut Achills durch das Gleichnis mit dem Löwen geschildert.

≠ D: γλαυκιόων· πυρρῶδες καὶ φοβερὸν βλέπων. ἀφ᾽ οὗ ἀγριούμενος, PB: ἀγριούμενος; LexHom γ 48: γλαυκόφθαλμος.

**9** (*Il.* 20.201) = D zu *Il.* 4.184, 12.52, 13.810, wo δειδίccομαι auch mit transitivem Gebrauch aufzufassen ist. Die D-Scholien *ad loc.* geben sowohl εἰc δέος ἄξειν, φοβήcειν als auch φοβηθῆναι (Lexis: δειδίξαcθαι) wieder, was auf eine gewisse Verwirrung zwischen dem transitiven und intransitiven Gebrauch hinzuweisen scheint. ≠ PB: φοβήcειν

**10** (*Il.* 20.207) ἁλοcύδνη kommt bei Homer nur im Genitiv vor (*Il.* 20.207 und *Od.* 4.404). In dieser Form ist das Wort in den lexikographischen Quellen glossiert, gelegentlich im Nominativ lemmatisiert. Die einzige genaue Parallele sowohl für die Lemmatisierung im Akkusativ als auch für die zweiendige Form von ἐνάλιοc ist Ap.S. 12.21 (α 238 Steinicke): ἁλοcύδνην· τὴν ἐν ἁλὶ cευομένην, οἷον ἐνάλιον. Vgl. D: ἐναλίαc θεοῦ ἐν θαλάccῃ διαγούcηc. Worterklärung verloren in **027** 16 ↓, 10. ≠ PB: θαλαccίαc.

**11** (*Il.* 20.224) = Hsch. π 805+, Ps.-Zon. π 1522.6; ≠ PB. Die D-Scholien erklären das Verb an dieser Stelle nicht, an anderen Stellen umschreiben sie es durch παρακοιμάομαι: s. D *Il.* 2.515; 6.198.

Zu dem καταχρηcτικῶc-Gebrauch in Bezug auf Pferde s. sch. A (Ariston.) zu *Il.* 20.224a; sch. T (ex.) zu *Il.* 20.224b; Sud. π 534.1.

**12-13** (*Il.* 20.234) In Z. 12 wäre auch [φαcι Γανυμή|δην] möglich. ἀνηρείψαντο· ἀνήρπαcαν = D, PB, sch. A (Hdn.) zu *Il.* 20.234c1, sch. zu *Od.* 1.241c1, Hsch. α 5083, Sud. α 2431.1, Ep.Hom. α 70; EGud. 145.4, EM 107.58.

In sch. A (Ariston.) zu *Il.* 20.234a ist die Rede von der homerischen Fassung der Entführung Ganymeds': οὐ γὰρ δι᾽ ἔρωτα τὸν Γανυμήδην ὑπὸ Διὸc ἀνηρπάcθαι, ἀλλ᾽ ὑπὸ τῶν θεῶν, ἵνα οἰνοχοῇ τῷ Διῒ διὰ τὸ κάλλοc. ὑπ᾽ ἀκρατ̣[είαc] deutet darauf hin, dass das Glossar die verbreitetste Version andeutete, wonach Ganymed nur von Zeus aufgrund von dessen mangelnder erotischer Selbstkontrolle entführt wurde.

**14** (*Il.* 20.370) Eher Müllers μετε̣[ als μετα̣[. Koenen *apud* Sijpesteijn schlug in diesem Fall μετέ̣[ωρον ἐᾶ̣] vor, das unbelegt ist. μεccηγύ(c) wird in der Regel durch μεταξύ erklärt: s. D 5.41; Hsch. μ 940+.

Die Worterklärung zu κολούει kann nicht mit Sicherheit ergänzt werden; vgl. die verschiedenen Umschreibungen von D. Prof. Carlo Lucarini merkte *per litteras* an, dass bei Annahme von Sijpesteijns παύω die Form παύει im Aktiv ergänzt werden sollte.

**15** (*Il.* 20.365) = D (A[ti]); ≠ PB. πορεύομαι ist auch sonst *interpretamentum* von εἶμι in Homerglossaren auf Papyrus: [**016** VII 15]; [**029.1** Fol. 4 *verso* 15].

Hier gibt es eine kleine Vertauschung in der Abfolge der Lexeis. Ob ἴμεναι auch in **027** Fol. 16 →, 4 glossiert wird, ist unsicher, s. Fournet 1999, 173.

**16** (*Il.* 20.377) = PB. Der Homertext hat das metrisch erforderliche φλοίϲβοιο. Die Verwechslung lässt sich entweder auf gedankliche Parallele oder auf Vergleich mit dem an anderen Homerstellen verwendeten φλοίϲβου zurückführen, dazu van Thiel 2014, 6. An dieser Stelle wird das Wort in den D-scholien nicht glossiert.

φλοίϲβου˙ ταραχῆϲ = D 5.322, LexHom φ 71, [Hsch. φ 641]+, [Ps.-Zon. φ 1813.12]+, **029.1** Fol. 6 *r*, 28 (zu *Il.* 5.322).

# ANHANG II: ADDENDA ZU DEN ALPHABETISCHEN *SCHOLIA MINORA IN HOMERUM*

Im Folgenden sind die von den zuletzt publizierten Iliasglossaren überlieferten *Scholia Minora in Homerum* gesammelt und alphabetisch angeordnet. Es handelt sich somit um die Aktualisierung von Lundons alphabetischer Liste, damit jenes Werk seinen hohen Nutzwert beibehält. Die Lexeis werden in diese Liste aufgenommen, wenn sie in der Transkription stehen und die entsprechende homerische Lexis angegeben ist[706]. Die Redaktionsprinzipien sind die bereits von John Lundon verwendeten[707]: auf die homerische Lexis in Fettdruck folgen der sie enthaltende Papyrus, die entsprechende Trismegistos-Nummer, die Zeile und der Bezugvers. Darüber hinaus wird die Identifikationsnummer in dem hier vorliegenden Iliasglossar-Verzeichnis in Fettdruck angegeben. Wenn die Lexis des Papyrus von van Thiels Ausgabe der Ilias wesentlich abweicht, wird van Thiels Lesung in Klammern angegeben[708]. Die einzigen diakritischen Zeichen sind die in den Papyri enthaltenen. Hinzu kommt der Hochpunkt zur Abtrennung von Lexeis und Metaphraseis.

**ἀγήνωρ** P.CUL Plumley Inv. 3 = MP$^3$ 1170.401, II 9-10 *ad Il.* 2.276 (**025.01**)
αγη̣ν̣ω̣ρ̣[ ˙ ] |θαδ̣η̣ϲ̣[

**ἀέντεϲ** P.Berol. Inv. 11647 = TM 63351, I 3 *ad Il.* 5.526 (**037.2**)
[αεν]τ̣ε̣ϲ̣ ˙ π[ν]ε̣υ̣ϲ̣α̣ν̣τ̣[εϲ

**ἄκοϲμα** P.CUL Plumley Inv. 3 = MP$^3$ 1170.401, I 3 *ad Il.* 2.213 (**025.01**)
[ακοϲμα] ˙ αδιδ̣ακ̣τ̣α̣

**αἴθοπι** P.Berol. Inv. 11647 = TM 63351, I 9 *ad Il.* 5.562 (**037.2**)
αιθοπι ˙ λαμ`πρω´

---

706 S. z.B. **047.1** *recto*, 3. In diesem Fall ist die Lexis in der Transkription nicht ergänzt, aber der Vers angegeben. In **037.2** I 3 ist es nicht sicher, ob ζαχρειῶν als Lexis oder als Teil der Erläuterung aufzufassen ist. Deswegen ist es hier nicht aufgenommen. S. auch **056.1** 13 und **025.01** II 11, wo die Lexis unsicher ist.

707 Lundon 2012, 7. Um den Tintenfleck in **011.2** wiederzugeben, folge ich der *editio princeps* des Fragments und benutze das Zeichen ■. Für **037.2** folge ich Esposito 2016.

708 van Thiel 2010.

**αἱματόεις** PSI XVII 1668 = TM 786082, 5 *ad Il.* 17.298 (**056.1**)
αιμ[α]τοεις ˙ αι̣[

**αἰχμητάων** PSI XVII 1667 = TM 786062, II 5 *ad Il.* 1.152 (**011.2**)
[α]ιχμηταω̣[ν

**ἅμ'** PSI 1667 = TM 786062, II 11 *ad Il.* 1.158 (**011.2**)
αμα ˙ ο̣[μου

**ἀμετροεπής** P.CUL Plumley Inv. 3 = MP³ 1170.401, I 1-2 *ad Il.* 2.212 (**025.01**)
[αμετρο]ε̣πης̣ ˙ [*vac.*] . . . .η̣[. .]α̣cα | ] ι̣ειc απεραν . . c

**ἀμφ' αὐτῷ βεβάμεν** PSI XVII 1668 = TM 786082, 11 *ad Il.* 17.359 (**056.1**)
αμφ αυτω βεβα[μεν ˙

**ἀναιμωτί** PSI XVII 1668 = TM 786082, 12 *ad Il.* 17.363 (**056.1**)
[α]ν̣εμωτι [

**ἀνιηθέντα** P.CUL Plumley Inv. 3 = MP³ 1170.401, II 12 *ad Il.* 2.291 (**025.01**)
ανει̣[ηθεντα

**ἀνέcχε** PSI XVII 1668 = TM 786082, 9 *ad Il.* 17.310 (**056.1**)
ανεcχεν ˙ α̣[

**ἀντάξιον** PSI XVII 1667 = TM 786062, I 13 *ad Il.* 1.136 (**011.2**)
[ανταξιον ˙ ιcονκατα]τ̣ηναξιαν

**ἀντεφέροντο** P.Berol. Inv. 11647 = TM 63351, II 2 *ad Il.* 5.701 (**037.2**)
αντ̣[εφεροντο

**ἅπας** P.Messeri 12 = TM 901292 recto, 13 *ad Il.* 11.98 (**047.1**)
απαc ˙ ολοc

**ἀποcφήλειε** P.Berol. Inv. 11647 = TM 63351, I 12-13 *ad Il.* 5.567 (**037.2**)
[αποc]φηλιε ˙ απ[ο]c̣φ̣[α]λ̣η̣[ναι] | ] ποιηc̣[ειε

**ἀρνύμενοι** PSI XVII 1667 = TM 786062, II 13 *ad Il.* 1.159 (**011.2**)
αρ̣[ν]υ̣μ[ενοι

**ἄρcαντεc κατὰ θυμόν** PSI XVII 1667 = TM 786062, I 11-12 *ad Il.* 1.136 (**011.2**)
[αρcαντεcκαταθυμο]ν ˙ ■αρεcτονκατα | ] ■ ψυχη̣νποιηcαντεc

**αὐλόν** PSI XVII 1668 = TM 786082, 6 *ad Il.* 17.297 (**056.1**)
α̣υλ[ον] ˙ .[

**αὐτὰρ ἔμ' αὔτωc** PSI XVII 1667 = TM 786062, I 6 *ad Il.* 1.133 (**011.2**)
[αυταρεμαυτωc ˙ ■εμεδεμα]τ̣α[ιωc

**βήccηcιν** P.Messeri 12 = TM 901292 recto, 3 *ad Il.* 11.87 (**047.1**)
[ τ]ων ορω[ν

**βιότοιο** P.Berol. Inv. 11647 = TM 63351, I 8 *ad Il.* 5.544 (**037.2**)
βιο]τ̣ο̣ι̣ο̣ ˙ π̣ρ̣ο̣c του βιου κτηcεω`c´

**βωτιανείρῃ** PSI XVII 1667 = TM 786062, II 7 *ad Il.* 1.155 (**011.2**)
. [.] βωτια⟦ν⟧`ν´ει[ρη

**γὰρ δίε** P.Berol. Inv. 11647 = TM 63351, I 10 *ad Il.* 5.566 (**037.2**)
[γαρ δι]ε ˙ εφοβ̣ειτο

**γέραc** PSI XVII 1667 = TM 786062, I 5 *ad Il.* 1.133 (**011.2**)
[γεραc ˙ ■ τιμ]ην̣[

**δρυμά** P.Messeri 12 = TM 901292 verso, 6 *ad Il.* 11.118 (**047.1**)
[δρυμα ˙] οι δρυμωδειc και ευ | ]δειc τοποι

**ἐγὼ δέ κεν αὐτὸc ἕλωμαι** PSI 1667 = TM 786062, I 14-15 *ad Il.* 1.137 (**011.2**)
[εγωδεκεναυτοcελωμ]α̣ι̣ ˙ εγωδαυ̣[τοc] | ⟦βαcταξ]αι⟧μ̣ην (m2) `αφ]ε̣λοι´

**ἐδηλήcαντ'** PSI XVII 1667 = TM 786062, II 8-9 *ad Il.* 1.156 (**011.2**)
ε̣δηλη`⟦η⟧´cα[ντο (ἐδηλώcαντο *ante corr.*)

**εἴνατος** P.CUL Plumley Inv. 3 = MP[3] 1170.401, II 14 *ad Il.* 2.295 (**025.01**)
ει̣ν̣[ατοc

**εἰν ἐνί** P.Messeri 12 = TM 901292 recto, 14 *ad Il.* 11.103 (**047.1**)
ειν ενι˙ εν ενι [

**εἴcαιτο** P.CUL Plumley Inv. 3 = MP[3] 1170.401, I 4 *ad Il.* 2.215 (**025.01**)
[ειcαιτο]˙ φανειη

**ἐκπάγλωc** P.CUL Plumley Inv. 3 = MP[3] 1170.401, I 15-16 *ad Il.* 2.223 (**025.01**)
[εκπαγλωc˙ ε]κπλη[κτικ]ωc | [και cφ]ο̣δρωc

**ἑλών** PSI XVII 1667 = TM 786062, I 16 *ad Il.* 1.139 (**011.2**)
[ελων˙ αφελομ]ενοc

**ἔμμεναι** P.CUL Plumley Inv. 3 = MP[3] 1170.401, I 5 *ad Il.* 2.216 (**025.01**)
[εμμεν]α̣ι˙ είναι

**Ἐνυαλίῳ** PSI XVII 1668 = TM 786082, 1 *ad Il.* 17.259 (**056.1**)
[ε]νυαλιω˙ [ ] τ̣[ω Αρει

**ἔοργε** P.CUL Plumley Inv. 3 = MP[3] 1170.401, II 1 *ad Il.* 2.272 (**025.01**)
εοργε[

**ἐπενήνοθε** P.CUL Plumley Inv. 3 = MP[3] 1170.401, I 12-13 *ad Il.* 2.219 (**025.01**)
[επενη]ν̣οθε˙ πα[ . ] . κταιλε | ] . . . [ . ] . `] . ν̣ . κτ[´

**ἐπεcβόλοc** (ἐπεcβόλον van Thiel) P.CUL Plumley Inv. 3 = MP[3] 1170.401, II 3-4 *ad Il.* 2.275 (**025.01**)
επεcβολοc̣[˙ | λω̣ν̣[

**ἐρευγομένηc** PSI XVII 1668 = TM 786082, 4 *ad Il.* 17.265 (**056.1**)
ερευ̣[γο]μενηc˙ ε̣[κβραccομενηc

**ἔcχ᾽ἀγοράων** P.CUL Plumley Inv. 3 = MP[3] 1170.401, II 6 *ad Il.* 2.275 (**025.01**)
εcχ α̣γ̣ο̣ρ̣α̣ω̣ν . [

**ἤλαcαν** PSI XVII 1667 = TM 786062, II 6 *ad Il.* 1.154 (**011.2**)
ηλα̣cαν [

**ἦcθαι** PSI XVII 1667 = TM 786062, I 7 *ad Il.* 1.134 (**011.2**)
[ηcθαι ˙] ■κ̣[αθεζεcθαι

**ἠχήεcca** PSI XVII 1667 = TM 786062, II 10 *ad Il.* 1.157 (**011.2**)
ηχηεccα [

**θεοείκελ᾽** PSI XVII 1667 = TM 786062, I 1 *ad Il.* 1.131 (**011.2**)
[θεοεικελε ˙ θεοι]c ομοιε

**θηρόc** P.Messeri 12 = TM 901292 verso, 7-8 *ad Il.* 11.119 (**047.1**)
[θηροc ˙] λεοντοc

**θρέπτρα** PSI XVII 1668 = TM 786082, 7 *ad Il.* 17.302 (**056.1**)
θεπ[τ]ρα ˙ τρ[οφεια

**ἴθι** PL III/997 = MP[3] 1161.03 verso, II 6 *ad Il.* 1.32 (**007.2**)
ιθι˙ [ ] [.] . ε [. .] . [ ] . [

**ἰθύc** P.Messeri 12 = TM 901292 recto, 9 *ad Il.* 11.95 (**047.1**)
ϊθυc ˙ επ ευθειαc [

**κατεπάλμενοc** P.Messeri 12 = TM 901292 recto, 8 *ad Il.* 11.94 (**047.1**)
κατ᾽επαλμενοc ˙ κατ[

**κεκλόμενοι** P.Messeri 12 = TM 901292 recto, 7 *ad Il.* 11.91 (**047.1**)
κεκλομενοι ˙ παρακε[λευομενοι

**κέλεαι** PSI XVII 1667 = TM 786062, I 8 *ad Il.* 1.134 (**011.2**)
[κελεαι ˙ κελε]■υει̣c

**κερδαλεόφρον** PSI XVII 1667 = TM 786062, II 3 *ad Il.* 1.149 (**011.2**)
[κ]ε̣ρδαλε̣[οφρον

**κεχολώcεται** PSI XVII 1667 = TM 786062, I 17 *ad Il.* 1.139 (**011.2**)
[κεχολωcεται ˙ οργιcθηcετ]α̣ι̣

**Κίλαν τε** PL III/997 = MP$^{3}$ 1161.03 verso, II 9-10 *ad Il.* 1.38 (**007.2**)
[Κιλαν τε]˙ | και Κιλαν

**κλέπτε** PSI XVII 1667 = TM 786062, I 2 *ad Il.* 1.132 (**011.2**)
[κλεπτε ˙]⟦π̣αραλογειζου⟧ (m2)`παρα]λογιζου⟦τηδιανοια⟧´

**κορύccων** P.CUL Plumley Inv. 3 = MP$^{3}$ 1170.401, II 2 *ad Il.* 2.273 (**025.01**)
κορυ̣[ccων

**κύκλα** P.Berol. Inv. 11647 = TM 63351, II 5 *ad Il.* 5.722 (**037.2**)
κυκ̣[λα

**λάχνη** P.CUL Plumley Inv. 3 = MP$^{3}$ 1170.401, I 14 *ad Il.* 2.219 (**025.01**)
λαχνη ˙ τρι]χωcι[c]

**λωβητῆρα** P.CUL Plumley Inv. 3 = MP$^{3}$ 1170.401, II 5 *ad Il.* 2.275 (**025.01**)
λωβητηρα̣[

**μαίνεcθαι** P.Berol. Inv. 11647 = TM 63351, II 3 *ad Il.* 5.717 (**037.2**)
μα[ινεcθαι

**μεγάθυμοι** PSI XVII 1667 = TM 786062, I 10 *ad Il.* 1.135 (**011.2**)
[μεγαθυμοι ˙ μεγ]α̣■λοψυχοι

**μενεχάρμην** P.Messeri 12 = TM 901292 verso, 10-11 *ad Il.* 11.122 (**047.1**)
[μενεχα]ρ̣μην ˙ υπομενητικον | ]ο̣τα την μαχην

**μεταπαυόμενοι** PSI XVII 1668 = TM 786082, 13 *ad Il.* 17.373 (**056.1**)
[μ]εταπ̣αυομ[ενοι

**μεταφραcόμεcθα** PSI XVII 1667 = TM 786062, I 19 *ad Il.* 1.140 (**011.2**) [μεταφρασομεσθα ˙ μετ]α̣βουλευς̣[ομ]ε̣[θα

**μή μ᾽ ἐρέθιζε** PL III/997 = MP[3] 1161.03 verso, II 7 ad Il. 1.32 (**007.2**)
μη μ᾽ ερεθ[ι]ζ[ε]˙ μη με π̣[αροξυνε]

**νέεσθαι** P.CUL Plumley Inv. 3 = MP[3] 1170.401, II 13 *ad Il.* 2.291 (**025.01**)
νεε[cθαι

**νειαίρῃ** P.Berol. Inv. 11647 = TM 63351, I 7 *ad Il.* 5.539 (**037.2**)
[νιαι]ρ̣η ˙ κατοτατη

**νεμέσσηθεν** P.CUL Plumley Inv. 3 = MP[3] 1170.401, I 17-18 *ad Il.* 2.223 (**025.01**)
[νεμεcc]η̣θεν ˙ ενεμεc̣ηcαν | και ]ηγανακτηcαν

**νῆα μέλαιναν** PSI XVII 1667 = TM 786062, I 20 *ad Il.* 1.141 (**011.2**)
[νημελαιναν ˙ τηνπολ]υ̣βαθ̣ειαν̣[ν]α̣υν[

**νήπια** P.Messeri 12 = TM 901292 verso, 3 *ad Il.* 11.113 (**047.1**)
[νηπια ˙]μικρα [

**ὁμῶς** P.Berol. Inv. 11647 = TM 63351, I 6 *ad Il.* 5.535 (**037.2**)
[ομω]c ˙ ο̣μ̣οιωc

**ὅν κεν ἵκωμαι** PSI XVII 1667 = TM 786062, I 18 *ad Il.* 1.139 (**011.2**)
[ονκενικωμαι ˙ ⟦οναν]ευρω̣μ̣α̣[ι]⟧ (m2) `[εφονανπαρα]γ̣ε̣νωμαι´

**ὅς Χρύσην** PL III/997 = MP[3] 1161.03 verso, II 8-9 *ad Il.* 1.37 (**007.2**)
οc] | Χρυcην˙ Χρυcα πολιc [

**οὔ θην** P.CUL Plumley Inv. 3 = MP[3] 1170.401, II 7 *ad Il.* 2.276 (**025.01**)
ου θην [

**οὐκ εἴασχ᾽** P.Messeri 12 = TM 901292 verso, 12 *ad Il.* 11.125 (**047.1**)
[οὐκ εἴαcκ]ε ˙ ο̣υκ ει .

**οὐ παρελεύσεαι** PSI XVII 1667 = TM 786062, I 3 *ad Il.* 1.132 (**011.2**)
[ουπαρελευcεαι ˙] ■ου⟦παραπειcειc⟧ `νεικηcειc´

**πάλιν αὖτις** P.CUL Plumley Inv. 3 = MP[3] 1170.401, II 8 *ad Il.* 2.276 (**025.01**)
π̣α̣λ̣ι̣ν̣[ αυτις

**Πανοπῆϊ** PSI XVII 1668 = TM 786082, 8 *ad Il.* 17.307 (**056.1**)
Πανοπη ˙ π[ολ- της Φωκιδος

**παρέβασκε** P.Messeri 12 = TM 901292 recto, 15 *ad Il.* 11.104 (?) (**047.1**)
π̣[ ] . . . επ[

**πείσεις** PSI XVII 1667 = TM 786062, I 4 *ad Il.* 1.132(**011.2**)
[πεισεις ˙ ■παραπει]ς̣ε[ις

**πεπάλακτο** P.Messeri 12 = TM 901292 recto, 13 *ad Il.* 11.98 (**047.1**)
πεπαλακ[το

**περὶ ἵμερος** P.Messeri 12 = TM 901292 recto, 4 *ad Il.* 11.89 (**047.1**)
[περὶ (?) ιμ]ε̣ρος ˙ πληθ̣[

**πέφανται** P.Berol. Inv. 11647 = TM 63351, I 5 *ad Il.* 5.531 (**037.2**)
[πεφα]ν̣τ̣αι ˙ π̣ε̣φο⟦ν⟧ευται

**πρέσβα** P.Berol. Inv. 11647 = TM 63351, II 4 *ad Il.* 5.721 (**037.2**)
πρε[σβα

**πρόφρων** PSI XVII 1667 = TM 786062, II 4 *ad Il.* 1.150 (**011.2**)
π̣ρ̣[ο]φρων [

**προχοῇσι** PSI XVII 1668 = TM 786082, 2-3 *ad Il.* 17.263 (**056.1**)
[π]ροχοης̣ι̣ ˙[ ] τ̣α̣[ις εις θαλασσαν ε|κρο[αι]ς

**σαώτερος** PL III/997 = MP[3] 1161.03 verso, II 8 *ad Il.* 1.32 (**007.2**)
σαωτερος ˙ σωζομ̣[ενος υγιης

**σόοι** P.Berol. Inv. 11647 = TM 63351, I 4 *ad Il.* 5.531 (**037.2**)
]. . .[ .] . . . σοοι ˙ σεσ̣ο̣μ̣ε̣ν̣ο̣ι̣

**στεφάνη** P.Messeri 12 = TM 901292 recto, 10 *ad Il.* 11.96 (**047.1**)
στεφανη ˙ ειδος περι̣[κεφαλαιας

**στρατόν** P.CtYBR Inv. 4673 = TM 832312 verso, 7 *ad Il.* 5.495 (**037.1**)
] . [(.)]ϲ̣τρα̣[ . ] . [

**ϲυνέαξε** P.Messeri 12 = TM 901292 verso, 4 *ad Il.* 11.114 (**047.1**)
[ϲυνεαξε ˙] κατεαξε

**ϲυνοχωκότεϲ** (ϲυνοχωκότε van Thiel) P.CUL Plumley Inv. 3 = MP³ 1170.401, I 7-8 *ad Il.* 2.218 (**025.01**)
[ϲυνοχω]κοτεϲ ˙ ϲυμπ̣ε̣πτω|[κοτ]εϲ και ϲυνεχομ̣ενοι

**ϲφαϲ** P.Berol. Inv. 11647 = TM 63351, I 11 *ad Il.* 5.567 (**037.2**)
[ϲφα]ϲ̣· αυτουϲ

**ϲφε** P.Messeri 12 = TM 901292 verso, 2 *ad Il.* 11.111 (**047.1**)
[ϲφε ˙] αυτου̣[ϲ

**ϲφῆ** P.Messeri 12 = TM 901292 recto, 6 *ad Il.* 11.90 (**047.1**)
ϲφη ˙ τη εαυτων [

**ϲχέθε** P.Messeri 12 = TM 901292 recto, 11 *ad Il.* 11.96 (**047.1**)
ϲχεθεν ˙ επεϲχεν [

**τάρφεϲιν** P.Berol. Inv. 11647 = TM 63351, I 9 *ad Il.* 5.555 bzw. 562 (**037.2**)
[ταρφ]εϲι̣ ˙ ποικνοιϲ

**Τενέδοιο** PL III/997 = MP³ 1161.03 verso, II 10-11 *ad Il.* 1.38 (**007.2**)
Τενεδο[ιο˙ καὶ τηϲ Τεν]|εδου[. .] α̣ν [ ] . . κ̣η̣

**τέο δ' αὖτ'** P.CUL Plumley Inv. 3 = MP³ 1170.401, I 19 *ad Il.* 2.225 (**025.01**)
[τεο δ αυ]τε ˙ τουτο̣υ δη

**τηλεκλειτῶν** P.CtYBR Inv. 4673 = TM 832312 verso, 3-5 *ad Il.* 5.491 (**037.1**)
]κ̣λειτων ω̣ν . [ | ]λ̣εο[] . . . κ̣ρ̣α̣ . . [ | ] . . . . θη̣ [ ] . . . [

**τῆμοϲ** P.Messeri 12 = TM 901292 recto, 5 *ad Il.* 11.90 (**047.1**)
τημοϲ ˙ τηνικαυτ[α

**τὴν δ' ἐγώ** PSI XVII 1667 = TM 786062, I 9 *ad Il.* 1.29 (**011.2**)
[τηνδεγω ˙ ταυτ]η■νδεγω

**τιμήν** PSI XVII 1667 = TM 786062, II 12 *ad Il.* 1.159 (**011.2**)
τιμην̣ [

**τύχηϲι** P.Messeri 12 = TM 901292 verso, 5 *ad Il.* 11.116 (**047.1**)
[τυχηϲι ˙] παρατυχει

**ὑμήν** P.CtYBR Inv. 4673 = TM 832312 verso, 2 *ad Il.* 5.489 (**037.1**)
] . ν̣ υμετερ̣ . [

**υπερθεο** (ὑπερδέα van Thiel) PSI XVII 1668 = TM 786082, 10 *ad Il.* 17.330 (**056.1**)
υπερθεο ˙ π̣[

**ὑπόδρα ἰδών** PSI XVII 1667 = TM 786062, II 2 *ad Il.* 1.148 (**011.2**)
[υπ]οδραιδ[ων

**φοβέοντο** (φέβοντο van Thiel) P.Messeri 12 = TM 901292 verso, 9 *ad Il.* 11.121 (**047.1**)
] εφευγον

**φολκόϲ** P.CUL Plumley Inv. 3 = MP³ 1170.401, I 6 *ad Il.* 2.217 (**025.01**)
[φολκοϲ ˙ ]την οψιν διεϲ̣τ̣ρ̣αμμε`νοϲ´

**φοξόϲ** P.CUL Plumley Inv. 3 = MP³ 1170.401, I 9-10 *ad Il.* 2.219 (**025.01**)
[φοξοϲ ˙ ]οξυκεφα[λοϲ] κ̣αι | [πρ]ο̣μετωπο[ϲ]

**χαλκοβάρεια** P.Messeri 12 = TM 901292 recto, 12 *ad Il.* 11.96 (**047.1**)
χαλκοβαρεια ˙ ϊϲχυρα [

**ψεδνή** P.CUL Plumley Inv. 3 = MP³ 1170.401, I 11 *ad Il.* 2.219 (**025.01**)
[ψεδνη ˙ ]μαδαρα και αρα̣ι̣α

## ANHANG III: KATALOG

Zu der Numerierungsprinzipien der Iliasglossare und den Unterschieden mit anderen Verzeichnissen s. S. 26ff.

### 001 = P.Berol. Inv. 5014

MP³ 1158; LDAB 2173; TM 61036; CPP 111.
Berlin, Staatliche Museen P. 5014

| | |
|---|---|
| Material und Größe: | Papyrus, 17.5x24 cm |
| Datierung: | 5. Jh. n.Chr. |
| Herkunft: | Arsinoites |
| Form: | Einzelblatt |
| Verwendungskontext: | Schulglossar |
| Inhalt: | Glossar zu *Il.* 1.1-6; 8-12. |
| Edition: | F. Blass 1880, ZÄS 18 (1880), 35-36 (*descr.*); U. Wilcken, SPAW 2 (1887), 819-820; A. Erman/ F. Krebs, Aus den Papyrus der Königlichen Museen, Berlin 1899, 232-233; Aristarchus 001. |
| Kataloge: | Allen/Sutton/West h2; Raffaelli 001; Cribiore 343 |
| Abbildungen: | Cribiore Tafeln LIV-LV; AFP 55 (2009), Tafeln II-III; Berliner Papyrusdatendank; **Tafel I**. |

### 002 = P.Mich. Inv. 1588

MP³ 1158.1; LDAB 1462; TM 60341; CPP 134.
Ann Arbor, Michigan University, Library P. 1588 ro

| | |
|---|---|
| Material und Größe: | Papyrus, 17.7x15 cm |
| Datierung: | 1./2. Jh. n.Chr. |
| Herkunft: | unbekannt |
| Form: | Papyrusrolle, Recto |
| Verwendungskontext: | Schulglossar (?) |
| Inhalt: | Glossar zu *Il.* 1.1-9. |
| Edition: | T. Renner, HSPh 83 (1979), 313-321; Aristarchus 002 |
| Kataloge: | Allen/Sutton/West h4; Raffaelli 002; Cribiore 325 |
| Abbildungen: | APIS Website |

### 003 = P.Achmîm 2

MP³ 1159; LDAB 2090; TM 60959; CPP 159.
Paris, Bibliothèque Nationale Suppl. grec 1099

| | |
|---|---|
| Material und Größe: | Papyrus, 11x23 cm |

| | |
|---|---|
| Datierung: | 3./4. Jh. n.Chr. |
| Herkunft: | Panopolis |
| Form: | Rolle (?) |
| Verwendungskontext: | Professionelles Exemplar |
| Inhalt: | *Il.* 1.1 und Hypothesis zum ersten Gesang; Glossar zu *Il.* 1.1-21. |
| Edition: | U. Wilcken, SPAW 2 (1887), 816-818; P. Achmîm 2; van Rossum-Steenbeek 1998, 246 (nur Hypothesis). |
| Kataloge: | Allen/Sutton/West h3; Raffaelli 003 |
| Abbildungen: | nicht publiziert |

## *003.1 = P.Oxy. Inv. 105/62a

Oxford, Sackler Library, Papyrology Rooms 105/62a

| | |
|---|---|
| Inhalt: | Glossar zu *Il.* 1.1-14. |
| Edition: | unpubliziert |

## 004 = P.Oxy. XLIV 3207

MP[3] 1159.1; LDAB 2022; TM 60893; CPP 82.
Oxford, Sackler Library, Papyrology Rooms 8 1B 189/E(1-3)a

| | |
|---|---|
| Material und Größe: | Papyrus, 6.4x20.4 cm |
| Datierung: | 3. Jh. n.Chr. |
| Herkunft: | Oxyrhynchus |
| Form: | Codex |
| Verwendungskontext: | professionelles Exemplar |
| Inhalt: | Glossar zu *Il.* 1.4-18. |
| Edition: | F. Carter Jr. Philips, BASP 8 (1971), 91-98; P.Oxy. XLIV 3207. |
| Kataloge: | Allen/Sutton/West h5; Raffaelli 004 |
| Abbildungen: | BASP 8 (1971), 95; POxy online |

## 005 = P.Oslo II 12

MP[3] 1160; LDAB 1669; TM 60545; CPP 169.
Oslo, University Library P. 308 Ro

| | |
|---|---|
| Material und Größe: | Papyrus, 31.5x15 cm |
| Datierung: | 2. Jh. n.Chr. |
| Herkunft: | Theadelphia (?) |
| Form: | Rolle, Recto; *scriptio superior* eines Palimpsests |
| Verwendungskontext: | Schulglossar |
| Inhalt: | Glossar zu *Il.* 1.5-24. |

| | |
|---|---|
| Edition: | P.Oslo II 12; V. Fontanella, ZPE 217 (2021), 37-52; Aristarchus 005. |
| Kataloge: | Cribiore 330; Allen/Sutton/West h6; Raffaelli 005 |
| Abbildungen: | OPES: Oslo Papyri Electronic System |
| Anmerkungen: | Der Schreiber könnte entweder ein fortgeschrittener Schüler oder ein Lehrer sein. |

### 006 = P.IFAO Inv. 105

MP$^3$ 1161; LDAB 1904; TM 60777; CPP 516.
Cairo, IFAO P. 105

| | |
|---|---|
| Material und Größe: | Papyrus, 4x2 cm |
| Datierung: | 3. Jh. n.Chr. (?) |
| Herkunft: | unbekannt |
| Form: | Rolle, Verso |
| Verwendungskontext: | ? |
| Inhalt: | Glossar zu *Il.* 1.10-12. |
| Edition: | J. Schwartz, BIFAO 54 (1954), 70-71, n° 32; Aristarchus 006 |
| Kataloge: | Allen/Sutton/West h7; Raffaelli 006; W. Lameere, Aperçus de paléographie homérique, Paris 1960, Nr. 0105. |
| Abbildungen: | nicht publiziert |

### *006.1 = Bodleian Library MS. Gr. class. e. 76 (P)

Oxford, Bodleian Library, MS. Gr. class. e. 76 (P)

| | |
|---|---|
| Inhalt: | Glossar zu *Il.* 1.16-23 (?) |
| Edition: | unpubliziert |
| Anmerkungen: | s. F. Madan/ H. H. E. Craster, A Summary Catalogue of Western Manuscripts in the Bodleian Library at Oxford, Bd. 6, Nr. 32462; L. Del Corso/ R. Pintaudi, AnPap 26 (2014), 17-18 Anm. 16. |

### *007 = P.Oxy. Inv. 44 5B.61/G (4-6)a

MP$^3$ 1161.01; LDAB 2406; TM 61264.
Oxford, Sackler Library, Papyrology Rooms 44 5B 61/G(4-6)a

| | |
|---|---|
| Inhalt: | Glossar zu *Il.* 1.23-40 (?) |
| Edition: | unpubliziert |
| Kataloge: | Allen/Sutton/West h8; Raffaelli 007. |

### 007.2 = PL Inv. III/997v

MP$^3$ 1161.03
Firenze, Biblioteca Medicea Laurenziana PL Inv. III/997

| | |
|---|---|
| Material und Größe: | Papyrus. Fr. a: 3.3x5 cm; Fr. b: 3x3.9 cm; Fr. c: 8x8.8 cm. |
| Datierung: | 2.(2. Hälfte)/3.(1. Hälfte) Jh. n.Chr. |
| Herkunft: | Oxyrhynchus (?) |
| Form: | Rolle, Verso |
| Verwendungskontext: | ? |
| Inhalt: | Glossar zu *Il.* 1.32-38 |
| Edition: | L. Del Corso/ R. Pintaudi, AnPap 26 (2014), 13-26. |
| Abbildungen: | AnPap 26 (2014), 23. |

### *008 = P.Oxy. Inv. 46 5B.51/E(4-5)a

MP$^3$ 1161.12; LDAB 2407; TM 61265.
Oxford, Sackler Library, Papyrology Rooms 46 5B 51/E(4-5)a

| | |
|---|---|
| Inhalt: | Glossar zu *Il.* 1.53-75 (?) |
| Edition: | unpubliziert |
| Kataloge: | Allen/Sutton/West h12; Raffaelli 008 |

### 009 = P.Oxy. XXIV 2405

MP$^3$ 1162; LDAB 1830; TM 60704; CPP 438.
Oxford, Sackler Library, Papyrology Rooms P. Oxy. 2405

| | |
|---|---|
| Material und Größe: | Papyrus, 30x28.7 cm |
| Datierung: | 2./3. Jh. n.Chr. |
| Herkunft: | Oxyrhynchus |
| Form: | Rolle, Recto |
| Verwendungskontext: | Schulglossar oder private Abschrift |
| Inhalt: | Glossar zu *Il.* 1.58-128. |
| Edition: | P.Oxy. XXIV 2405 |
| Kataloge: | W. Lameere, Aperçus de paléographie homérique, Paris 1960, Nr. 0106; Allen/Sutton/West h13; Raffaelli 009 |
| Abbildungen: | L. Del Corso/ O. Pecere, Libri di scuola e pratiche didattiche, Cassino 2010, Tafel 6; POxy Online. |

### 009.1 = P.Yale II 125

MP$^3$ 1162.01; LDAB 2092; TM 60960; CPP 488.
New Haven, Yale University, Beinecke Library P. CtYBR 1245 Vo

| | |
|---|---|
| Material und Größe: | Papyrus, 5.5x8.3 cm |
| Datierung: | 3.(2. Hälfte)/4.(1. Hälfte) Jh. n.Chr. |
| Herkunft: | unbekannt |
| Form: | Rolle, Verso |
| Verwendungskontext: | Schulglossar |
| Inhalt: | Glossar zu *Il.* 1.66-74. |
| Edition: | P.Yale II 125; Aristarchus 009.1 |
| Kataloge: | Cribiore 339; Allen/Sutton/West h120; Aristarchus 009.1 |
| Abbildungen: | Cribiore 1996, Tafel LIII; APIS Website |

**010 = P. P.Narm. Inv. 69.43**

MP³ 1162.1; LDAB 1847; TM 60721; CPP 515.
Cairo, Egyptian Museum P. Medinet Madi 69.43

| | |
|---|---|
| Material und Größe: | Papyrus, 5.5x6.4 cm |
| Datierung: | 2./3. Jh. n.Chr. |
| Herkunft: | Narmouthis |
| Form: | Codex |
| Verwendungskontext: | ? |
| Inhalt: | Glossar zu *Il.* 1.73-74; 80-81. |
| Edition: | C. Gallazzi, ASAE 69 (1983), 189-193 Nr. 4; Aristarchus 010. |
| Kataloge: | Allen/Sutton/West h14; Raffaelli 010 |
| Abbildungen: | ASAE 69 (1983), Tafel I d. |

**011 = P.Turner 13**

MP³ 1163; LDAB 1854; TM 60728; CPP 212.
Strasbourg, Bibliothèque Nationale P. gr. 33 Vo (früher P. gr. 33 Vo + P. gr. 39 Vo + P. gr. 40 Vo + P. gr. 41 Vo)

| | |
|---|---|
| Material und Größe: | Papyrus. 81x20.5 cm; 2.5x2 cm; 11.5x10 cm; 19.5x4.5; 6x8 cm. |
| Datierung: | 2.(2. Hälfte) Jh. n.Chr. |
| Herkunft: | Unbekannt, s. Anmerkungen |
| Form: | Rolle, Verso |
| Verwendungskontext: | Private Abschrift |
| Inhalt: | Glossar zu *Il.* 1.83-361 |
| Edition: | R. Reitzenstein, Hermes 35 (1900), 611-626; A. Henrichs, ZPE 7 (1971), 119-148; P. Turner 13. |
| Kataloge: | Allen/Sutton/West h15; Raffaelli 011 |
| Abbildungen: | ZPE 7 (1971), Tafel 5a (partim); **Tafeln II und II.1**. |

| | |
|---|---|
| Anmerkungen: | Das Glossar könnte zusammen mit dem Iliasfragment P.Strasb. Inv. Gr. 31-32 (TM 60590) gefunden worden sein, s. Einleitung zu P.Turner 13. |

**011.1 = P.Berol. Inv. 21306**

MP[3] 1163.01; LDAB 2252; TM 61114.
Berlin, Staatliche Museen P. 21306

| | |
|---|---|
| Material und Größe: | Papyrus, 14x7.2 |
| Datierung: | 7. Jh. n.Chr. |
| Herkunft: | unbekannt |
| Form: | Einzelblatt (?) |
| Verwendungskontext: | Schulglossar |
| Inhalt: | Glossar zu *Il.* 1.97-99 |
| Edition: | W. Brashear, Proceedings 20th International Congress of Papyrology, Copenhagen 1994, 285; D. Muratore, AFP (2009), 30-31; Aristarchus 011.1. |
| Kataloge: | Allen/Sutton/West h15a, h124; Aristarchus 011.1 |
| Abbildungen: | W. Brashear, Proceedings 20th International Congress of Papyrology, Copenhagen 1994, Tafel. 19.1; Berliner Papyrusdatenbank; **Tafel III.** |

**011.2 = PSI XVII 1667**

MP[3] 1163.02; LDAB 786062; TM 786062.
Firenze, Istituto Papirologico G. Vitelli, PSI Inv. 4249 Vo

| | |
|---|---|
| Material und Größe: | Papyrus, 12.1x19.8 cm |
| Datierung: | 2./3.(1. Hälfte) Jh. n.Chr. |
| Herkunft: | unbekannt |
| Form: | Rolle, Verso |
| Verwendungskontext: | private Abschrift |
| Inhalt: | Glossar zu *Il.* 1.131-141; 148-159. |
| Edition: | PSI XVII 1667 |
| Abbildungen: | PSI XVII, Tafel 13; PSI Online. |

**012 = P.Mich. Inv. 1585**

MP[3] 1163.1; LDAB 1640; TM 60517; CPP 441.
Ann Arbor, Michigan University, Library P. 1585

| | |
|---|---|
| Material und Größe: | Papyrus, 4.3x11.8 cm |
| Datierung: | 2. Jh. n.Chr. |
| Herkunft: | unbekannt |

| | |
|---|---|
| Form: | Rolle, Verso |
| Verwendungskontext: | ? |
| Inhalt: | Glossar zu *Il.* 1.170-180. |
| Edition: | A. Henrichs, ZPE 7 (1971), 148-149. |
| Kataloge: | Allen/Sutton/West h18; Raffaelli 012 |
| Abbildungen: | ZPE 7 (1971), Tafel Vb; APIS Website. |

**012.1 = P.Yale II 126**

MP$^3$ 1163.11; LDAB 1413; TM 60293; CPP 489.
New Haven, Yale University, Beinecke Library P. CtYBR 1544

| | |
|---|---|
| Material und Größe: | Papyrus, 10.5x8 cm |
| Datierung: | 1. Jh. n.Chr. |
| Herkunft: | unbekannt |
| Form: | Rolle, Verso |
| Verwendungskontext: | Private Abschrift |
| Inhalt: | Glossar zu *Il.* 1.189-223. |
| Edition: | P.Yale II 126; Aristarchus 012.1 |
| Kataloge: | Allen/Sutton/West h121; Aristarchus 012.1 |
| Abbildungen: | APIS Website. |

**013+016 = P.Palau.Rib.Lit. I 8 + P.Köln Inv. 2281**

MP$^3$ 1163.2; LDAB 1511; TM 60390; CPP 440 + 444.
Barcelona, Palau-Ribes 147 Vo + Cologne, Papyrussammlung P. 2281 Vo

| | |
|---|---|
| Material und Größe: | Papyrus. P. Köln Inv. 2281: 60x17 cm + Fr. a (2x2 cm) und Fr. b (2x2 cm); P.Palau.Rib.Lit. I 8 besteht aus 25 Fragmenten, die aber klein und beschädigt sind. Die größeren Fragmente sind Fr. 1: 7.4x3.5 cm; Fr. 2: 1.7x7.7 cm; Fr. 3: 3.4x5.5 cm; Fr. 4: 4.4x4.1 cm; Fr. 5: 13.4x18.3 cm; Fr. 6: 3.6x9.8 cm; Fr. 7: 3.5x6.4 cm. |
| Datierung: | 2.(2. Hälfte)/3.(1. Hälfte) Jh. n.Chr. |
| Herkunft: | Oxyrhynchus (?) |
| Form: | Rolle, Verso |
| Verwendungskontext: | Private Abschrift |
| Inhalt: | Glossar zu *Il.* 1.191-195; 225-239; 261-284; 286-416; 512-610. |
| Edition: | S. Daris, Studia Papyrologica 13 (1974), 7-20; P. Palau Rib. Lit. 8; A. Henrichs, ZPE 7 (1971), 229-252. |
| Kataloge: | Allen/Sutton/West h19, h23; Aristarchus 013, 016. |
| Abbildungen: | ZPE 7 (1971), Tafeln XI-XIIa; Studia Papyrologica 13 (1974), 14; P. Palau Rib. Lit. 8, Tafel VIII; Kölner Papyri Website |

## 014 = P.Schubart 2

MP[3] 1165; LDAB 1892; TM 60765; CPP 442.
Berlin, Staatliche Museen P. 7501

| | |
|---|---|
| Material und Größe: | Papyrus, Größe nicht angegeben. |
| Datierung: | 3. Jh. n.Chr. |
| Herkunft: | Arsinoites (?) |
| Form: | Rolle, Verso |
| Verwendungskontext: | Professionelles Exemplar |
| Inhalt: | Glossar zu *Il.* 1.266-272. |
| Edition: | P.Schubart 2; Aristarchus 014. |
| Kataloge: | Allen/Sutton/West h21; Raffaelli 014. |
| Abbildungen: | Berliner Papyrusdatenbank |

## 015 = P.Oxy. XLV 3237

MP[3] 1165.1; LDAB 2021; TM 60892; CPP 443.
Oxford, Sackler Library, Papyrology Rooms P. Oxy. 3237

| | |
|---|---|
| Material und Größe: | Papyrus, 9x25.8 cm |
| Datierung: | 3.(1. Hälfte) Jh. n.Chr. |
| Herkunft: | Oxyrhynchus |
| Form: | Rolle, Recto |
| Verwendungskontext: | Schulglossar |
| Inhalt: | Glossar zu *Il.* 1.279-323. |
| Edition: | P.Oxy. XLV 3237; Aristarchus 015 |
| Kataloge: | Allen/Sutton/West h22; Raffaelli 015. |
| Abbildungen: | L. Del Corso/ O. Pecere, Libri di scuola e pratiche didattiche, Cassino 2010, Tafel 5; POxy Online. |

## 016.1 = P.Oxy. LXXI 4818

MP[3] 1165.21; LDAB 112370; TM 112370.
Oxford, Sackler Library, Papyrology Rooms 46 5B 53/G(1-5)b

| | |
|---|---|
| Material und Größe: | Papyrus, 7.4x11.5 cm |
| Datierung: | 3. Jh. n.Chr. |
| Herkunft: | Oxyrhynchus |
| Form: | Rolle, Recto |
| Verwendungskontext: | Schulglossar |
| Inhalt: | Glossar zu *Il.* 1.326-336; 340-353. |
| Edition: | P.Oxy. LXXI 4818 |
| Kataloge: | Aristarchus 016.1 |
| Abbildungen: | POxy Online. |

## 016.2 = P.Oxy. LXXI 4819

MP[3] 1165.22; LDAB 112371; TM 112371.
Oxford, Sackler Library, Papyrology Rooms 67 6B 11/N(3)

| | |
|---|---|
| Material und Größe: | Papyrus, 7.9x9.5 cm |
| Datierung: | 3./4(1. Hälfte) Jh. n.Chr. |
| Herkunft: | Oxyrhynchus |
| Form: | Codex |
| Verwendungskontext: | ? |
| Inhalt: | Glossar zu *Il.* 1.332-41; 354-60 |
| Edition: | P.Oxy. LXXI 4819 |
| Kataloge: | Aristarchus 016.2 |
| Abbildungen: | POxy Online. |

## 017 = P.Berol. Inv. 10577

MP[3] 1166; LDAB 1516; TM 60395; CPP 445.
Berlin, Staatliche Museen P. 10577

| | |
|---|---|
| Material und Größe: | Papyrus, 3x5 cm |
| Datierung: | 2. Jh. n.Chr. |
| Herkunft: | unbekannt |
| Form: | Rolle, Recto |
| Verwendungskontext: | ? |
| Inhalt: | Glossar zu *Il.* 1. 338-349. |
| Edition: | BKT V.1 S. 6 (*descr.*); A. Henrichs, ZPE 7 (1971), 252-255. |
| Kataloge: | Allen/Sutton/West h24; Raffaelli 017. |
| Abbildungen: | ZPE 7 (1971), Tafel XIIb; Berliner Papyrusdatenbank |

## 017.1 = P.Bingen 8

MP[3] 1166.1; LDAB 7989; TM 66739.
Milan, Università Statale T. Mil. Vogl. 8

| | |
|---|---|
| Material und Größe: | Wachstafeln. Seite B: 7.9x12 cm; Seite C: 8x10.4 cm. |
| Datierung: | 2.(1. Hälfte) Jh. n.Chr. |
| Herkunft: | unbekannt |
| Verwendungskontext: | Schulglossar |
| Inhalt: | cυζυγίαι βαρυτόνων; Glossar zu *Il.* 1. 405-436. |
| Edition: | P.Bingen 8 |
| Kataloge: | Aristarchus 017.1 |
| Abbildungen: | P.Bingen 8, Tafel 4 |

### 018 = P.Oxy. XLV 3238

MP[3] 1166.2; LDAB 2023; TM 60894; CPP 517.
Oxford, Sackler Library, Papyrology Rooms P. Oxy. 3238

| | |
|---|---|
| Material und Größe: | Papyrus. Fr. 1: 16.8x30.7 cm; Fr. 3: 2.6x8 cm. |
| Datierung: | 3(1. Hälfte) Jh. n.Chr. |
| Herkunft: | Oxyrhynchus |
| Form: | Rolle, Verso |
| Verwendungskontext: | Schulglossar oder private Abschrift (?) |
| Inhalt: | Glossar zu *Il.* 1. 405(?)-538; 2.385-393. |
| Edition: | P.Oxy. XLV 3238 |
| Kataloge: | Allen/Sutton/West h25; Raffaelli 018 |
| Abbildungen: | L. Del Corso/ O. Pecere, Libri di scuola e pratiche didattiche, Cassino 2010, Tafel 4; POxy Online. |

### 018.1 = P.Oxy. LXXV 5034

MP[3] 1166.21; LDAB 128962; TM 128962.
Oxford, Sackler Library, Papyrology Rooms Box 1 B5/A layer 5

| | |
|---|---|
| Material und Größe: | Papyrus, 7.5x10 cm |
| Datierung: | 2. Jh. n.Chr. |
| Herkunft: | Oxyrhynchus |
| Form: | Rolle, Verso |
| Verwendungskontext: | ? |
| Inhalt: | Glossar zu *Il.* 1. 416-427. |
| Edition: | P.Oxy. LXXV 5034 |
| Kataloge: | Aristarchus 018.1 |
| Abbildungen: | P.Oxy. LXXV, Tafel 9; POxy Online. |

### 019 = P.Ant. II 70

MP[3] 1167; LDAB 1674; TM 60550.
Oxford, Sackler Library, Papyrology Rooms P. Ant. 70

| | |
|---|---|
| Material und Größe: | Papyrus, 6.2x7.9 cm |
| Datierung: | 3. Jh. n.Chr. |
| Herkunft: | Antinoupolis |
| Form: | Codex |
| Verwendungskontext: | Private Abschrift |
| Inhalt: | Glossar zu *Il.* 1. 464-469; 480-486. |
| Edition: | P.Ant. II 70 |

| | |
|---|---|
| Kataloge: | Allen/Sutton/West h26; Raffaelli 019 |
| Abbildungen: | nicht publiziert |

### 020 = P.Mil.Vogl. III 120

MP$^3$ 1168; LDAB 1659; TM 60535; CPP 514.
Milan, Università Statale 613

| | |
|---|---|
| Material und Größe: | Papyrus. Fr. A: 1.6x5 cm; Fr. B: 2.6x7.5 cm. |
| Datierung: | 2. Jh. n.Chr. (?) |
| Herkunft: | Tebtynis (s. C. Gallazzi, ZPE 80 (1990), 287); anders Cribiore Nr. 332. |
| Form: | Rolle, Verso |
| Verwendungskontext: | Schulglossar |
| Inhalt: | Glossar zu *Il.* 1. 525-53, 536-551. |
| Edition: | M. Vandoni, Acme 14 (1961), 238-239; P.Mil.Vogl. III 120; A. Henrichs, ZPE 7 (1971), 255-257; |
| Kataloge: | Allen/Sutton/West h28; Raffaelli 020; Del Fabbrio Nr. 107; Cribiore 332. |
| Abbildungen: | Cribiore 1996, Tafel L. |

### 020.1 = Bodleian Library Ms. Gr. class. f. 41 (P)1

MP$^3$ 1169.01; LDAB 9931; TM 68659.
Oxford, Bodleian Library MS. Gr. class. f. 41 (P)

| | |
|---|---|
| Material und Größe: | Papyrus 8.4x11.1 cm. |
| Datierung: | 5. Jh. n.Chr. |
| Herkunft: | Arsinoites |
| Form: | Codex |
| Verwendungskontext: | Professionelles Exemplar |
| Inhalt: | Glossar zu *Il.* 1. 595-604; 2. 5-10. |
| Edition: | N. Gonis/J. Lundon, ZPE 136 (2001), 111-115. |
| Kataloge: | Allen/Sutton/West h143; Aristarchus 20.1 |
| Abbildungen: | ZPE 136 (2001), 113. |

### *021.1 = P.Oxy. Inv. 58 B/72 (a)

MP$^3$ 1169.3
Oxford, Sackler Library, Papyrology Rooms 58 B/72 (a)

| | |
|---|---|
| Material und Größe: | Papyrus |
| Datierung: | 3(1. Hälfte) Jh. n.Chr. |
| Herkunft: | Oxyrhynchus |
| Form: | opisthographe Rolle |

| | |
|---|---|
| Verwendungskontext: | Schulglossar (?) |
| Inhalt: | Glossar zu *Il.* 2. 21-27, 275-294, 300-309. |
| Edition: | editura est Chiara D'Agostino |

## 021.2 = P.Oxy. LXVII 4630

MP$^3$ 1169.31; LDAB 9875; TM 68603.
Oxford, Sackler Library, Papyrology Rooms 71/19(a)

| | |
|---|---|
| Material und Größe: | Papyrus, 5.3x10.8 cm |
| Datierung: | 1. Jh. n.Chr. |
| Herkunft: | Oxyrhynchus |
| Form: | Rolle, Recto |
| Verwendungskontext: | Schulglossar (?) |
| Inhalt: | Glossar zu *Il.* 2. 24-40. |
| Edition: | P.Oxy. LXVII 4630 (*descr.*); J. Spooner, Nine Homeric papyri from Oxyrhynchos, Firenze 2002, 43-55. |
| Kataloge: | Allen/Sutton/West h131; Aristarchus 021.2 |
| Abbildungen: | J. Spooner, Nine Homeric papyri from Oxyrhynchos, Firenze 2002, Tafel I; POxy Online. |

## 022.1 = P.Oxy. LXVII 4631

MP$^3$ 1170.01; LDAB 9876; TM 68604; CPP 237.
Oxford, Sackler Library, Papyrology Rooms 71/19(a)

| | |
|---|---|
| Material und Größe: | Papyrus. Fr. 1: 7.6x15.6 cm; Fr. 2: 6.1x12 cm; Fr. 3: 1.6x4.6 cm. |
| Datierung: | 2. Jh. n.Chr. |
| Herkunft: | Oxyrhynchus |
| Form: | Rolle, Verso |
| Verwendungskontext: | Schulglossar |
| Inhalt: | Glossar zu *Il.* 2. 50-109. |
| Edition: | P.Oxy. LXVII 4631 (*descr.*); J. Spooner, Nine Homeric papyri from Oxyrhynchos, Firenze 2002, 57-82. |
| Kataloge: | Allen/Sutton/West h132; Aristarchus 022.1 |
| Abbildungen: | J. Spooner, Nine Homeric papyri from Oxyrhynchos, Firenze 2002, Tafel II; POxy Online. |

## 023 = P.Hamb. Inv. 736 v

MP$^3$ 1170.1; LDAB 1593; TM 60470; CPP 447.
Hamburg, Bibliothek gr. 736

| | |
|---|---|
| Material und Größe: | Papyrus, 4x12 cm |
| Datierung: | 2. Jh. n.Chr. |
| Herkunft: | unbekannt |
| Form: | Rolle, Verso |
| Verwendungskontext: | Schulglossar |
| Inhalt: | Glossar zu *Il.* 2. 61-222. |
| Edition: | Th. Vlachodimitris, ZPE 11 (1973), 65-68; Aristarchus 023. |
| Kataloge: | Allen/Sutton/West h34; Raffaelli 023; Cribiore 331. |
| Abbildungen: | ZPE 11 (1973), Tafel Ib. |

**024 = P.Köln Inv. 53**

MP[3] 1170.2; LDAB 1948; TM 60820; CPP 448.
Cologne, Papyrussammlung P. 53

| | |
|---|---|
| Material und Größe: | Papyrus, 5.5x15 cm |
| Datierung: | 3. Jh. n.Chr. (?) |
| Herkunft: | unbekannt |
| Form: | Rolle, Verso |
| Verwendungskontext: | Schulglossar |
| Inhalt: | Glossar zu *Il.* 2. 93-104. |
| Edition: | A. Henrichs, ZPE 7 (1971), 257-258; Aristarchus 024. |
| Kataloge: | Allen/Sutton/West h35; Raffaelli 024; Cribiore 338. |
| Abbildungen: | ZPE 7 (1971), Tafel XIIc; Kölner Papyri Website |

**025 = P.Oxy. LVI 3832**

MP[3] 1170.4; LDAB 1680; TM 60556; CPP 449.
Oxford, Sackler Library, Papyrology Rooms P. Oxy. 3832

| | |
|---|---|
| Material und Größe: | Papyrus, 9.5x15 cm |
| Datierung: | 2. Jh. n.Chr. |
| Herkunft: | Oxyrhynchus |
| Form: | Rolle, Verso |
| Verwendungskontext: | Private Abschrift (?) |
| Inhalt: | Glossar zu *Il.* 2. 201-218; 265(?)-267(?). |
| Edition: | P.Oxy. LVI 3832 |
| Kataloge: | Allen/Sutton/West h36; Raffaelli 025. |
| Abbildungen: | POxy Online |

**025.01 = P.CUL Plumley 3**

MP[3] 1170.401

Cambridge, University Library CUL Plumley 3

| | |
|---|---|
| Material und Größe: | Papyrus, 13.8x6.8 cm |
| Datierung: | 1./2. Jh. n.Chr. |
| Herkunft: | unbekannt |
| Form: | Rolle, Recto |
| Verwendungskontext: | Professionelles Exemplar |
| Inhalt: | Glossar zu *Il.* 2. 212-225; 272-295. |
| Edition: | L. Tagliapietra, BASP 54 (2017) 9-30. |
| Abbildungen: | BASP 54 (2017), 30. |

**025.1 = P.Oxy. LXVII 4632**

MP[3] 1170.41; LDAB 9877; TM 68605
Oxford, Sackler Library, Papyrology Rooms 19 2B 82/K(a)

| | |
|---|---|
| Material und Größe: | Papyrus, 3.1x9.6 cm |
| Datierung: | 3. Jh. n.Chr. |
| Herkunft: | Oxyrhynchus |
| Form: | Rolle, Verso |
| Verwendungskontext: | Professionelles Exemplar (?) |
| Inhalt: | Glossar zu *Il.* 2. 214-227. |
| Edition: | P.Oxy. LXVII 4632 (*descr.*); J. Spooner, Nine Homeric papyri from Oxyrhynchos, Firenze 2002, 83-85; |
| Kataloge: | Allen/Sutton/West h133; Aristarchus 025.1 |
| Abbildungen: | J. Spooner, Nine Homeric papyri from Oxyrhynchos, Firenze 2002, Tafel III; POxy Online. |

**025.2 = P.Oxy. LXVII 4633**

MP[3] 1170.42; LDAB 9878; TM 68606; CPP 238.
Oxford, Sackler Library, Papyrology Rooms 70/39(a)

| | |
|---|---|
| Material und Größe: | Papyrus, 14x16.2 cm |
| Datierung: | 3. Jh. n.Chr. |
| Herkunft: | Oxyrhynchus |
| Form: | Rolle, Verso |
| Verwendungskontext: | Schulglossar oder Private Abschrift (?) |
| Inhalt: | Glossar zu *Il.* 2. 277-293; 307-318. |
| Edition: | P.Oxy. LXVII 4633 (*descr.*); J. Spooner, Nine Homeric papyri from Oxyrhynchos, Firenze 2002, 87-105; Aristarchus 025.2. |
| Kataloge: | Allen/Sutton/West h134; Aristarchus 025.2 |

| | |
|---|---|
| Abbildungen: | J. Spooner, Nine Homeric papyri from Oxyrhynchos, Firenze 2002, Tafel IV; POxy Online. |

**025.3 = P.Oxy. LXVII 4634**

MP³ 1170.43; LDAB 9879; TM 68607

Oxford, Sackler Library, Papyrology Rooms 19 2B 81/C(t)

| | |
|---|---|
| Material und Größe: | Papyrus, 6.7x11.9 cm |
| Datierung: | 2./3. Jh. n.Chr. |
| Herkunft: | Oxyrhynchus |
| Form: | Rolle, Verso |
| Verwendungskontext: | Schulglossar oder private Abschrift (?) |
| Inhalt: | Glossar zu *Il.* 2. 303-336. |
| Edition: | P.Oxy. LXVII 4634 (*descr.*); J. Spooner, Nine Homeric papyri from Oxyrhynchos, Firenze 2002, 107-115; Aristarchus 025.3. |
| Kataloge: | Allen/Sutton/West h134; Aristarchus 025.3 |
| Abbildungen: | J. Spooner, Nine Homeric papyri from Oxyrhynchos, Firenze 2002, Tafel V; POxy Online. |

**025.4 = P.Oxy. LXVII 4635**

MP³ 1170.44; LDAB 9880; TM 68608

Oxford, Sackler Library, Papyrology Rooms 66 6B 28/F(1)b + 68 6B 19/J(1-3)f

| | |
|---|---|
| Material und Größe: | Papyrus. Fr. 1: 3.6x5.2 cm; Fr. 2: 6.2x9.2 cm |
| Datierung: | 2./3. Jh. n.Chr. |
| Herkunft: | Oxyrhynchus |
| Form: | Codex |
| Verwendungskontext: | Professionelles Exemplar |
| Inhalt: | Glossar zu *Il.* 2. 303-328; 463-493. |
| Edition: | P.Oxy. LXVII 4635 (*descr.*); J. Spooner, Nine Homeric papyri from Oxyrhynchos, Firenze 2002, 117-129. |
| Kataloge: | Allen/Sutton/West h136; Aristarchus 025.4 |
| Abbildungen: | J. Spooner, Nine Homeric papyri from Oxyrhynchos, Firenze 2002, Tafel VI; POxy Online. |

***025.5 = Bodleian Library Ms. Gr. class. e. 134 (P)**

Oxford, Bodleian Library, MS. Gr. class. e. 134 (P)

| | |
|---|---|
| Inhalt: | Glossar zu *Il.* 2. 374-382 |
| Edition: | Unpubliziert; editura est R. Hatzilambrou |

| | |
|---|---|
| Anmerkungen: | Abbildung: https://medieval.bodleian.ox.ac.uk/ |

## 026 = P.Harris I 10

MP[3] 1170.5; LDAB 1538; TM 60417; CPP 450.
Birmingham, Cadbury Research Library P. Harris 173 f

| | |
|---|---|
| Material und Größe: | Papyrus, 4.2x18 cm |
| Datierung: | 2. Jh. n.Chr. |
| Herkunft: | unbekannt |
| Form: | Rolle, Recto |
| Verwendungskontext: | Professionelles Exemplar |
| Inhalt: | Glossar zu *Il.* 2. 381-398. |
| Edition: | P.Harris I 10; M. Gronewald, ZPE 46 (1982), 95-96. |
| Kataloge: | Del Fabbro 21; Allen/Sutton/West h37; Raffaelli 026 |
| Abbildungen: | P.Harris 1 10, Tafel 2; ZPE 46 (1982), Tafel 2b; **Tafel IV**. |

## 027 = P.Aphrod.Lit. II

MP[3] 1171; LDAB 2144; TM 61011; CPP 451.
Cairo, Egyptian Museum JdE 45399; Strasbourg, Bibliothèque Nationale P. gr. 1607 + 1617 + 1636 + 1640 + 1641 + 1642 + 1643 + 1656 + 1660 + 1661

| | |
|---|---|
| Material und Größe: | Papyrus. Ursprüngliche Größe: [18x25] cm. |
| Datierung: | 4(2. Hälfte)/5(1. Hälfte) Jh. n.Chr. |
| Herkunft: | Aphrodito (Fundort) |
| Form: | Codex |
| Verwendungskontext: | Private Abschrift |
| Inhalt: | Glossar zu *Il.* 2.379(?)-382(?), 414-426; 4.3-15, 47-60, 105-110, 128(?), 174-220, 230-243, 277-302, 325-343, 375-409, 426(?)-435, 508-521, 540-544(?); 5.1-30, 51-68(?), 78-192, 195-287, 744-746; 18.50-164, 309-346, 410(?)-480, 486-501, 550-580; 19. 1(?)-72, 234-253; 20.167-218, 365(?), 385-391 |
| Edition: | P.Cair.Masp. III 67331; P.Aphrod.Lit. II |
| Kataloge: | Allen/Sutton/West h38; Raffaelli 027 |
| Abbildungen: | BIPAb Website: La banque des images des papyrus de l'Aphrodité byzantine. |

## 027.1 = P.Oxy. LXVII 4636

MP[3] 1171.01; LDAB 9881; TM 68609
Oxford, Sackler Library, Papyrology Rooms 31 4B 13/K(1-2)a

| | |
|---|---|
| Material und Größe: | Papyrus. Fr. 1: 1.6x4.9 cm; Fr. 2: 3.4x2.2 cm; Fr. 3: 17.6x19.7 |
| Datierung: | 2./3. Jh. n.Chr. |
| Herkunft: | Oxyrhynchus |
| Form: | Rolle, Recto |
| Verwendungskontext: | Private Abschrift |
| Inhalt: | Glossar zu *Il.* 2.593(?)-645. |
| Edition: | P.Oxy. LXVII 4636 (*descr.*); J. Spooner, Nine Homeric papyri from Oxyrhynchos, Firenze 2002, 131-137; Aristarchus 027.1 |
| Kataloge: | Allen/Sutton/West h137; Aristarchus 027.1 |
| Abbildungen: | J. Spooner, Nine Homeric papyri from Oxyrhynchos, Firenze 2002, Tafel VII; POxy Online. |

## 027.2 = P.Oxy. LXVII 4637

MP[3] 1172.01; LDAB 9882; TM 68610; CPP 239.
Oxford, Sackler Library, Papyrology Rooms 49 5B 100/H(1-2)b Vo

| | |
|---|---|
| Material und Größe: | Papyrus, 3.6x5.1 cm |
| Datierung: | 2./3. Jh. n.Chr. |
| Herkunft: | Oxyrhynchus |
| Form: | Rolle, Verso |
| Verwendungskontext: | ? |
| Inhalt: | Glossar zu *Il.* 2.632(?)-655. |
| Edition: | P.Oxy. LXVII 4637 (*descr.*); J. Spooner, Nine Homeric papyri from Oxyrhynchos, Firenze 2002, 139-145. |
| Kataloge: | Allen/Sutton/West h138; Aristarchus 027.2 |
| Abbildungen: | J. Spooner, Nine Homeric papyri from Oxyrhynchos, Firenze 2002, Tafel VIII; POxy Online. |

## 028 = P.Berol. Inv. 11518

MP[3] 1173.2; LDAB 1330; TM 60212; CPP 452.
Berlin, Staatliche Museen P. 11518

| | |
|---|---|
| Material und Größe: | Papyrus. Fr. A: 5.9x14.7 cm; Fr. B: 8.3x26.7 cm; Fr. C: 5.3x20 cm. |
| Datierung: | 1. Jh. n.Chr. |
| Herkunft: | Arsinoites (?) |
| Form: | Rolle, Recto |
| Verwendungskontext: | Professionelles Exemplar |

| | |
|---|---|
| Inhalt: | Glossar zu *Il.* 3. 1(?)-8; 433-461; 4.2-26; 47-76. |
| Edition: | W. Müller, Forschungen und Berichte 10 (1968), 113-118. |
| Kataloge: | Allen/Sutton/West h41; Raffaelli 028. |
| Abbildungen: | Forschungen und Berichte 10 (1968), Tafel 21.1; Berliner Papyrusdatenbank; **Tafel V** (*partim*). |

**029.1 = P.Mich.Inv. 2720**

MP[3] 1174.01; LDAB 2214; TM 61077; CPP 132.
Ann Arbor, Michigan University, Library P. 2720

| | |
|---|---|
| Material und Größe: | Papyrus; ursprüngliches Format: 26x26 cm. |
| Datierung: | 5/6. Jh. n.Chr. |
| Herkunft: | unbekannt |
| Form: | Codex |
| Verwendungskontext: | Professionelles Exemplar |
| Inhalt: | Glossar zu *Il.* 3.388-416; 4.508-518; 5.197-446; 528-529; 538-54; 620-661; 763-766; 782-785; |
| Edition: | P.Mich.Diss. 11 |
| Kataloge: | Allen/Sutton/West h126; Aristarchus 029.1 |
| Abbildungen: | APIS Website |

**030 = P.Dura 3**

MP[3] 1174.2; LDAB 1566; TM 60444; CPP 455.
New Haven, Yale University, Beinecke Library D.Pg. 33

| | |
|---|---|
| Material und Größe: | Pergament, 17.5x12 cm |
| Datierung: | 2.(1. Hälfte) Jh. n.Chr. |
| Herkunft: | Dura Europos |
| Form: | Codex |
| Verwendungskontext: | ? |
| Inhalt: | Glossar zu *Il.* 4.294-319. |
| Edition: | P.Dura 3; M. Gronewald in ZPE 44 (1981) 177-8; N. Bellucci, Aegyptus 93 (2013), 43-50; G. Menci, Akten Pap.Congr. XXVIII, Barcelona 2019, 374-381. |
| Kataloge: | Allen/Sutton/West h45; Raffaelli 030 |
| Abbildungen: | P.Dura, Tafel I; Aegyptus 93 (2013), 44. |

**031 = Bodleian Library Greek Inscr. 3017**

MP[3] 1176; LDAB 1844; TM 60718; CPP 382.
Oxford, Ashmolean Museum Bodl. Gr. Inscr. 3017

| | |
|---|---|
| Material und Größe: | Holztafeln, 36.5 x 13.5 cm |
| Datierung: | 2./3. Jh. n.Chr. |
| Herkunft: | unbekannt |
| Verwendungskontext: | Schulglossar |
| Inhalt: | wörtliche Paraphrase von *Il.* 4.349-363; *Il.* 4.364-373; Glossar zu 4.364-371 |
| Edition: | M. Hombert/ C. Préaux, Mélanges Grégoire Bd. 2 (1951), 161-168. |
| Kataloge: | Allen/Sutton/West h48; Raffaelli 031; Cribiore 333 |
| Abbildungen: | Mélanges Grégoire Bd. 2 (1951); Cribiore 1996, Tafel LI. |

### 033 = P.Ryl. III 537

MP³ 1178; LDAB 2118; TM 60985; CPP 457.
Manchester, John Rylands Library Gr. 537

| | |
|---|---|
| Material und Größe: | Papyrus, 9x6 cm |
| Datierung: | 4.(1. Hälfte) Jh. n.Chr. |
| Herkunft: | Oxyrhynchus |
| Form: | Einzelblatt |
| Verwendungskontext: | Schulglossar |
| Inhalt: | Glossar zu *Il.* 5.5-11; 37-53. |
| Edition: | P.Ryl. III 537 |
| Kataloge: | Allen/Sutton/West h50; Raffaelli 033; Cribiore 341 |
| Abbildungen: | Cribiore 1996, Tafel LIII |

### 034 = P.Strasb. Inv. Gr. 1015

MP³ 1179; LDAB 1712; TM 60588; CPP 210.
Strasbourg, Bibliothèque Nationale P. gr. 1015

| | |
|---|---|
| Material und Größe: | Papyrus, 38x16 cm |
| Datierung: | 1./2. Jh. n.Chr. |
| Herkunft: | unbekannt |
| Form: | Rolle, Recto; *scriptio superior* eines Palimpsests |
| Verwendungskontext: | Private Abschrift (eines Grammatikers?) |
| Inhalt: | Glossar zu *Il.* 5.88-254. |
| Edition: | O. Plasberg, AFP 2 (1903), 196-206; Anhang I. |
| Kataloge: | Allen/Sutton/West h51; Raffaelli 034; Del Fabbro 104 |
| Abbildungen: | **Tafel VI, VI.1** und **VI.2**. |

### 035 = P.Harris II 177

MP³ 1179.01; LDAB 1897; TM 60770; CPP 458.

Birmingham, Cadbury Research Library P. Harris 46

| | |
|---|---|
| Material und Größe: | Papyrus, 13x23 cm |
| Datierung: | 3. Jh. n.Chr. (1. Hälfte) |
| Herkunft: | unbekannt |
| Form: | Rolle, Verso |
| Verwendungskontext: | Private Abschrift (?) |
| Inhalt: | Glossar zu *Il.* 5. 158-256. |
| Edition: | P.Harris 2 177 |
| Kataloge: | Allen/Sutton/West h52; Raffaelli 035 |
| Abbildungen: | P. Harris II, Tafel XII |

## 036 = P.Berol. Inv. 11636

MP[3] 740.1; LDAB 2094; TM 60962; CPP 459.
Berlin, Staatliche Museen P. 11636

| | |
|---|---|
| Material und Größe: | Holztafeln, 46x20.5 cm |
| Datierung: | 3/4. Jh. n.Chr. |
| Herkunft: | unbekannt |
| Verwendungskontext: | Schulglossar |
| Inhalt: | *Il.* 5.265-289; Glossar zu *Il.* 5.265-289; *Il.* 5.287-317. |
| Edition: | G. Plaumann, Amtliche Berichte 34 (1912-1913), 220; L. M. Raffaelli, APF 36 (1990), 5-12. |
| Kataloge: | Allen/Sutton/West h53; Raffaelli 036; Cribiore 340 |
| Abbildungen: | APF 36 (1990), Tafeln I-II; Berliner Papyrusdatenbank |

## 037 = P.Amst. I 5

MP[3] 1180.1; LDAB 2060; TM 60930; CPP 460.
Amsterdam, University Library P. Sem. 81

| | |
|---|---|
| Material und Größe: | Papyrus, 8.3x13 cm |
| Datierung: | 3./4(1. Hälfte) Jh. n.Chr. |
| Herkunft: | unbekannt |
| Form: | Rolle, Verso |
| Verwendungskontext: | Private Abschrift |
| Inhalt: | Glossar zu *Il.* 5.287-315. |
| Edition: | P. J. Sijpesteijn, ZPE 6 (1970), 125-128; P.Amst. I 5 |
| Kataloge: | Allen/Sutton/West h54; Raffaelli 037 |
| Abbildungen: | ZPE 6 (1970), Tafel VIb; P.Amst. I, Tafel III; **Tafel XII**. |
| Anmerkungen: | Möglicherweise handelt es sich um denselben Schreiber von **058**. |

## 037.1 = P.CtYBR Inv. 4673

MP³ 1200.01; LDAB 832312; TM 832312.
New Haven, Yale University, Beinecke Library P. CtYBR 4673

| | |
|---|---|
| Material und Größe: | Papyrus. Fr. 1: 6x4.1 cm; Fr. 2: 4x2.7 cm; Fr. 3: 5x4.2 cm. |
| Datierung: | 2./3. Jh. n.Chr. |
| Herkunft: | unbekannt |
| Form: | Rolle, Verso |
| Verwendungskontext: | Schulglossar (?) |
| Inhalt: | Glossar zu *Il.* 5.489-495(?) |
| Edition: | M. de Kreij/ D. Colomo, BASP 56 (2019), 9-37. |
| Abbildungen: | BASP 56 (2019), 33-36. |

## 037.2 = P.Berol. Inv. 11647

MP³ 1180.11; LDAB 4558; TM 63351; CPP 533.
Berlin, Staatliche Museen P. 11647 Vo

| | |
|---|---|
| Material und Größe: | Papyrus, 10.3x9.8 cm |
| Datierung: | 2. Jh. n.Chr. (2. Hälfte des 2.Jh.s G. Menci in P. Eirene IV). |
| Herkunft: | unbekannt |
| Form: | Rolle, Verso |
| Verwendungskontext: | Professionelles Exemplar |
| Inhalt: | Glossar zu *Il.* 5.525-722 |
| Edition: | W. Müller, in: Festschrift Ägyptisches Museum, Berlin 1974, 401–402; E. Esposito, in: E sì d'amici pieno. Omaggio di studiosi italiani a Guido Bastianini per il suo settantesimo compleanno, Firenze 2016, 207–215; P. Eirene IV 1 |
| Abbildungen: | P. Eirene IV, 29; Berliner Papyrusdatenbank |

## 038 = P.Oxy. XLIV 3158 + P.Yale II 127

MP³ 1180.2; LDAB 1833; TM 60707; CPP 461.
New Haven, Yale University, Beinecke Library P. CtYBR 840 Vo
Oxford, Sackler Library, Papyrology Rooms P. Oxy. 3158

| | |
|---|---|
| Material und Größe: | Papyrus, 9.5x9 cm; 8.3x9 cm. |
| Datierung: | 2.(2. Hälfte)/3.(1. Hälfte) Jh. n.Chr. |
| Herkunft: | Oxyrhynchus |
| Form: | Rolle, Verso |
| Verwendungskontext: | Private Abschrift |

| | |
|---|---|
| Inhalt: | Glossar zu *Il.* 5.655-778; 782-822. |
| Edition: | P.Oxy. XLIV 3158; P.Yale II 127 |
| Kataloge: | Allen/Sutton/West h55; Raffaelli 038 |
| Abbildungen: | POxy Online; APIS website |

**039 = P.Lond.Lit. 177**

MP[3] 1181; LDAB 2116; TM 60984; CPP 462.
London, British Library Pap 113 (14 b)

| | |
|---|---|
| Material und Größe: | Papyrus, 8x12 cm. |
| Datierung: | 4. Jh. n.Chr. |
| Herkunft: | Arsinoites |
| Form: | Rolle, Verso |
| Verwendungskontext: | Private Abschrift |
| Inhalt: | Glossar zu *Il.* 5.670-726. |
| Edition: | P.Lond.Lit. 177; Aristarchus 039. |
| Kataloge: | Allen/Sutton/West h56; Raffaelli 039 |
| Abbildungen: | British Library Website |

**040 = P.Haun. I 3**

MP[3] 1182; LDAB 1952; TM 60824; CPP 463.
Copenhagen, Carlsberg Papyrus Collection P. Haun. 314

| | |
|---|---|
| Material und Größe: | Papyrus, 7.2x11.5 cm. |
| Datierung: | 3. Jh. n.Chr. |
| Herkunft: | Arsinoites (?) |
| Form: | Rolle, Verso |
| Verwendungskontext: | Schulglossar |
| Inhalt: | Glossar zu *Il.* 6.1-48. |
| Edition: | P.Haun. I 3 |
| Kataloge: | Allen/Sutton/West h57; Raffaelli 040; Cribiore 337 |
| Abbildungen: | Cribiore 1996, Tafel LII; **Tafel VII.** |

**040.1 = P.Sijp. 2**

MP[3] 1184.01; LDAB 109068; TM 109068.
Oxford, Sackler Library, Papyrology Rooms Box R11A: D X/25

| | |
|---|---|
| Material und Größe: | Papyrus, 13x21.5 cm. |
| Datierung: | 3. Jh. n.Chr. (?) |
| Herkunft: | Soknopaiou Nesos (?) |
| Form: | Rolle, Verso |
| Verwendungskontext: | Private Abschrift |

| | |
|---|---|
| Inhalt: | Glossar zu *Il.* 6.383-519. |
| Edition: | P.Sijp. 2 |
| Kataloge: | Aristarchus 040.1 |
| Abbildungen: | P. Sijp., Tafel 2 |

**041 = P.Oxy. XLIV 3159**

MP$^3$ 1185.1; LDAB 2016; TM 60887; CPP 41.

Oxford, Sackler Library, Papyrology Rooms P. Oxy. 3159

| | |
|---|---|
| Material und Größe: | Papyrus, 12x13 cm. |
| Datierung: | 3. Jh. n.Chr. |
| Herkunft: | Oxyrhynchus |
| Form: | Rolle, Verso |
| Verwendungskontext: | Schulglossar |
| Inhalt: | Hypothesis zu *Il.* 7; Glossar zu *Il.* 7.1-80(?). |
| Edition: | P.Oxy. XLIV 3159; M. Van Rossum-Steenbeek 1998, Nr. 33 (nur Hypothesis); Aristarchus 041 |
| Kataloge: | Allen/Sutton/West h61; Raffaelli 041; Cribiore 336 |
| Abbildungen: | Cribiore 1996, Tafel L; POxy Online |

**042 = P.Amst. I 6**

MP$^3$ 1186.1; LDAB 2250; TM 61113; CPP 464.

Amsterdam, University Library P. Sem. 82

| | |
|---|---|
| Material und Größe: | Papyrus, 7.2x13.8 cm |
| Datierung: | 6ex. / 7. Jh. n.Chr. |
| Herkunft: | unbekannt |
| Form: | Codex |
| Verwendungskontext: | Professionelles Exemplar |
| Inhalt: | Glossar zu *Il.* 8.1-11; 29-41. |
| Edition: | P. J. Sijpesteijn, ZPE 6 (1970), 130-131; P.Amst. I 6 |
| Kataloge: | Allen/Sutton/West h64; Raffaelli 042 |
| Abbildungen: | P.Amst. I, Tafel III; **Tafel VIII**. |

**043 = P.Berol. Inv. 11634v**

MP$^3$ 1186.2; LDAB 1518; TM 60397; CPP 200.

Berlin, Staatliche Museen P. 11634 Vo

| | |
|---|---|
| Material und Größe: | Papyrus, 22.5x27.5 cm |
| Datierung: | 2.(2. Hälfte) Jh. n.Chr. |
| Herkunft: | Arsinoites |
| Form: | Rolle, Verso |
| Verwendungskontext: | Private Abschrift |

| | |
|---|---|
| Inhalt: | Glossar zu *Il.* 8.561-593; 9.2-64. |
| Edition: | G. Poethke, Forschungen und Berichte 8 (1967), 105-110; Anhang I. |
| Abbildungen: | Forschungen und Berichte (8 (1967), Tafel 37; Berliner Papyrusdatenbank; **Tafel IX**. |

**044 = PSI Inv. 1733**

MP$^3$ 1187; LDAB 2253; TM 61115; CPP 465.
Florence, Istituto Papirologico 'G. Vitelli' PSI Inv. 1733

| | |
|---|---|
| Material und Größe: | Papyrus, 18x15 cm |
| Datierung: | 6. Jh. n.Chr. |
| Herkunft: | Tebtynis (?) |
| Form: | Codex |
| Verwendungskontext: | Professionelles Exemplar (?) |
| Inhalt: | Glossar zu *Il.* 9.58-93. |
| Edition: | M. Manfredi, SIFC 27-28 (1956), 50-52. |
| Kataloge: | Allen/Sutton/West h67; Raffaelli 044 |
| Abbildungen: | Comunicazioni dell' Istituto Papirologico G. Vitelli 9 (2011), pl. 12-13; PSI Online |

**045 = P.von Scherling G 99**

MP$^3$ 1189; LDAB 1460; TM 60339; CPP 467.
private collection New York, s. BASP 49 (2012), 176 n. 5.

| | |
|---|---|
| Material und Größe: | Papyrus, 18x15 cm |
| Datierung: | 1./2. Jh. n.Chr. |
| Herkunft: | Oxyrhynchus (?) |
| Form: | Rolle, Verso |
| Verwendungskontext: | Schulglossar |
| Inhalt: | Glossar zu *Il.* 9.454-468. |
| Edition: | B. A. van Groningen, Mnemosyne 5 (1937), 62-68 |
| Kataloge: | Allen/Sutton/West h70; Raffaelli 045 |
| Abbildungen: | http://lhpc.arts.kuleuven.be/img/LDAB_1460.jpg |

**045.1 = P.Köln X 399**

MP$^3$ 1190.01; LDAB 10075; TM 68804
Köln, Papyrussammlung P. 5032 a

| | |
|---|---|
| Material und Größe: | Papyrus, 2.5x4 cm |
| Datierung: | 3.(1. Hälfte) Jh. n.Chr. |
| Herkunft: | unbekannt |

| | |
|---|---|
| Form: | Rolle, Verso |
| Verwendungskontext: | ? |
| Inhalt: | Glossar zu *Il.* 10.4-7 (mit Hypothesis?) |
| Edition: | P.Köln X 399; W. Luppe, ZPE 148 (2004), 119-120. |
| Abbildungen: | P. Köln X, Tafel Iia; Kölner Papyri Website |

**046 = P.Mil.Vogl. III 119**

MP$^3$ 1190.1; LDAB 1389; TM 60269; CPP 468.
Milano, Università Statale 1031

| | |
|---|---|
| Material und Größe: | Papyrus, 9x5 cm |
| Datierung: | 1. Jh. n.Chr. |
| Herkunft: | unbekannt |
| Form: | Rolle, Recto |
| Verwendungskontext: | ? |
| Inhalt: | Glossar zu *Il.* 10. 305-346. |
| Edition: | P.Mil.Vogl. III 119 |
| Kataloge: | Allen/Sutton/West h71; Raffaelli 046. |
| Abbildungen: | nicht publiziert |

**047 = P.Alex. Inv. 28759**

MP$^3$ 1190.2; LDAB 2139; TM 61006; CPP 518.
Alexandria, Graeco-Roman Museum 28759

| | |
|---|---|
| Material und Größe: | Holztafel, 52x12 cm |
| Datierung: | 4./5. Jh. n.Chr. |
| Herkunft: | unbekannt |
| Verwendungskontext: | Schulglossar |
| Inhalt: | *Il.* 11.10-48; Glossar zu *Il.* 11.31-48; Schreibübung; *Il.* 11.49-81 |
| Edition: | H. Riad/ J. Schwartz, CE 43 (1968), 114-121. |
| Kataloge: | Allen/Sutton/West 494a2; Raffaelli 047; Cribiore 342 |
| Abbildungen: | *non vidi* |

**047.1 = P.Messeri 12**

MP$^3$ 1190.21; LDAB 901292; TM 901292.
Oxford, Bodleian Library MS. Gr. class. f. 39 (P)

| | |
|---|---|
| Material und Größe: | Pergament, 11.7x10 cm |
| Datierung: | 6. Jh. n.Chr. |
| Herkunft: | unbekannt |
| Form: | Codex |

| | |
|---|---|
| Verwendungskontext: | Professionelles Exemplar |
| Inhalt: | Glossar zu *Il.* 11. 82-122. |
| Edition: | P.Messeri 12 |
| Abbildungen: | P.Messeri, Tafel VI |

**048 = P.Berol. Inv. 10511-10512**

MP[3] 1191; LDAB 1512; TM 60391; CPP 469.
Berlin, Staatliche Museen P. 10511 + P. 10512

| | |
|---|---|
| Material und Größe: | Wachstafeln. 11.9 x 15.5 cm |
| Datierung: | 2. Jh. n.Chr. |
| Herkunft: | unbekannt |
| Verwendungskontext: | Schulglossar |
| Inhalt: | Recto: grammatikalischer Text; Verso: Glossar zu *Il.* 11.19-263 (so F. Montanari/ D.Muratore/ F.Reiter 2012; *Il.* 11.136-263 in Calderini 1921). |
| vorläufige Edition: | BKT V.1 6 (*descr.*); Calderini, Aegyptus 2 (1921), 308-309; F. Montanari/ D.Muratore/ F.Reiter, in: Actes Du 26e Congres International De Papyrologie, Genève 2012, 549-557. |
| Kataloge: | Allen/Sutton/West h73; Raffaelli 048; Cribiore 329 |
| Abbildungen: | Cribiore 1996, Tafel XLVIII |
| Anmerkungen: | Eine Neuedition der Berliner Wachstafeln wird in dem nächsten Band der BKT vorgenommen werden. |

**049 = P.Med. Inv. 72.13**

MP[3] 1191.1; LDAB 1820; TM 60695; CPP 471.
Milano, Università Cattolica P. Med. 72.13

| | |
|---|---|
| Material und Größe: | Papyrus, 2.8x3.9 cm |
| Datierung: | 2.(2. Hälfte)/3. Jh. n.Chr. |
| Herkunft: | unbekannt |
| Form: | Codex |
| Verwendungskontext: | Professionelles Exemplar |
| Inhalt: | Glossar zu *Il.* 11. 321-353. |
| Edition: | S. Strassi, Aegyptus 58 (1978), 115-116; Aristarchus 049. |
| Kataloge: | Allen/Sutton/West h77; Raffaelli 049. |
| Abbildungen: | Aegyptus 58 (1978), Tafel II. |

**050 = P.Amh. 2 19**

MP[3] 1192; LDAB 2254; TM 61116; CPP 470.

New York, Pierpont Morgan Library Amherst Gr. 19

| | |
|---|---|
| Material und Größe: | Pergament, 18x20 cm |
| Datierung: | 7. Jh. n.Chr. |
| Herkunft: | unbekannt |
| Form: | Codex |
| Verwendungskontext: | Professionelles Exemplar |
| Inhalt: | Glossar zu *Il.* 11. 558-601. |
| Edition: | P.Amh. 2 19 |
| Kataloge: | Allen/Sutton/West h74; Raffaelli 050. |
| Abbildungen: | nicht publiziert |

## 051 = P.Ryl. III 536

MP[3] 1195; LDAB 1969; TM 60841; CPP 211.
Manchester, John Rylands Library Gr. 536

| | |
|---|---|
| Material und Größe: | Papyrus, 8.3x11 cm |
| Datierung: | 3. Jh. n.Chr. |
| Herkunft: | unbekannt |
| Form: | Codex |
| Verwendungskontext: | Private Abschrift |
| Inhalt: | Glossar zu *Il.* 13. 198-562. |
| Edition: | P.Ryl. III 536; F. Montanari, Studi di filologia omerica antica, Bd. 2, Pisa 1995, 137-146. |
| Kataloge: | Allen/Sutton/West h78; Raffaelli 051. |
| Abbildungen: | F. Montanari, Studi di filologia omerica antica, Bd. 2, Pisa 1995, 144-145. |

## 052 = P.Berol. Inv. 10510

MP[3] 1196; LDAB 1512; TM 60391.
Berlin, Staatliche Museen P. 10510

| | |
|---|---|
| Material und Größe: | Wachstafeln. 6.9 x 15.4 cm |
| Datierung: | 2. Jh. n.Chr. |
| Herkunft: | unbekannt |
| Verwendungskontext: | Schulglossar |
| Inhalt: | Recto: grammatikalischer Text; Verso: Glossar zu *Il.* 13.599-799 (so F. Montanari/ D.Muratore/ F.Reiter 2012). |
| vorläufige Edition: | BKT V.1 6 (*descr.*); F. Montanari/ D.Muratore/ F.Reiter, in: Actes Du 26e Congres International De Papyrologie, Genève 2012, 549-557. |

| | |
|---|---|
| Kataloge: | Allen/Sutton/West h80; Raffaelli 052; Cribiore 328 |
| Abbildungen: | nicht verfügbar |
| Anmerkungen: | Eine Neuedition der Berliner Wachstafeln wird in dem nächsten Band der BKT vorgenommen werden. |

**053 = P.Berol. Inv. 10508**

MP³ 1198; LDAB 1512; TM 60391; CPP 473.
Berlin, Staatliche Museen P. 10508

| | |
|---|---|
| Material und Größe: | Wachstafeln. 11.9 x 15.5 cm |
| Datierung: | 2. Jh. n.Chr. |
| Herkunft: | unbekannt |
| Verwendungskontext: | Schulglossar |
| Inhalt: | Recto: Glossar zu Wörtern aus Gesang 10., 11., 13.; Verso: Glossar zu *Il.* 14. 227-521. |
| vorläufige Edition: | BKT V.1 6 (*descr.*); Calderini, Aegyptus 2 (1921), 306-307; F. Montanari/ D.Muratore/ F.Reiter, in: Actes Du 26e Congres International De Papyrologie, Genève 2012, 549-557. |
| Kataloge: | Allen/Sutton/West h82; Raffaelli 053; Cribiore 326 |
| Anmerkungen: | Eine Neuedition der Berliner Wachstafeln wird in dem nächsten Band der BKT vorgenommen werden. |

**054 = P.Berol. Inv. 10509**

MP³ 1199; LDAB 1512; TM 60391; CPP 475.
Berlin, Staatliche Museen P. 10509

| | |
|---|---|
| Material und Größe: | Wachstafeln. 7.4 x 15.5 cm |
| Datierung: | 2. Jh. n.Chr. |
| Herkunft: | unbekannt |
| Verwendungskontext: | Schulglossar |
| Inhalt: | Recto: grammatikalischer Text; Verso: Glossar zu *Il.* 15. 17-191 (so F. Montanari/ D.Muratore/ F.Reiter 2012). |
| vorläufige Edition: | BKT V.1 6 (*descr.*); Calderini, Aegyptus 2 (1921), 307-308; F. Montanari/ D.Muratore/ F.Reiter, in: Actes Du 26e Congres International De Papyrologie, Genève 2012, 549-557. |
| Kataloge: | Allen/Sutton/West h83; Raffaelli 053; Cribiore 327 |
| Anmerkungen: | Eine Neuedition der Berliner Wachstafeln wird in dem nächsten Band der BKT vorgenommen werden. |

## 055 = P.Vindob. Inv. Gr. 39940v

MP³ 1199.1; LDAB 1729; TM 60605; CPP 476.
Wien, Nationalbibliothek G 39940 Vo

| | |
|---|---|
| Material und Größe: | Papyrus, 14x15.5 cm |
| Datierung: | 2. Jh. n.Chr. (2. Hälfte) |
| Herkunft: | unbekannt |
| Form: | Rolle, verso |
| Verwendungskontext: | Private Abschrift (?) |
| Inhalt: | Glossar zu *Il.* 15. 320-633. |
| Edition: | P. J. Sijpesteijn / K. A. Worp, ZPE 15 (1974), 153-158. |
| Kataloge: | Allen/Sutton/West h84; Raffaelli 055; C. Römer, Das Phänomen Homer in Papyri, Handschriften und Drucken, Wien 2009 (Nilus 16), Nr. 12; D. Mairhofer/ B. Palme/ D. Shanzer, Handschriften und Papyri. Wege des Wissens (Nilus 24), Wien 2017, Nr. 11. |
| Abbildungen: | ZPE 15 (1974), Tafel VI; Nilus 16 und 24 (s.o.) ÖNB Website; **Tafel X**. |

## 056 = P.Ant. III 150

MP³ 1199.2; LDAB 1841; TM 60715; CPP 477.
Oxford, Sackler Library, Papyrology Rooms P. Ant. 150

| | |
|---|---|
| Material und Größe: | Papyrus, 3x8.1 cm |
| Datierung: | 1.(2. Hälfte) Jh. v.Chr./ 1.(1. Hälfte) Jh. n.Chr. |
| Herkunft: | Antinoupolis (Fundort) |
| Form: | Rolle, recto |
| Verwendungskontext: | Professionelles Exemplar |
| Inhalt: | Glossar zu *Il.* 16, 100(?)-150 |
| Edition: | P.Ant. III 150 |
| Kataloge: | Allen/Sutton/West h85; Raffaelli 056. |
| Abbildungen: | Trends in Classics, Suppl. 73 (2018), 79. |

## 056.1 = PSI XVII 1668

MP³ 1201.001; LDAB 786082; TM 786082.
Firenze, Istituto Papirologico G. Vitelli, PSI Inv. 4055 Vo

| | |
|---|---|
| Material und Größe: | Papyrus, 6x9.5 cm |
| Datierung: | 2. Jh. n.Chr. |
| Herkunft: | unbekannt |
| Form: | Rolle, Verso |
| Verwendungskontext: | Professionelles Exemplar |

| | |
|---|---|
| Inhalt: | Glossar zu *Il.* 17. 259-373. |
| Edition: | PSI XVII 1668 |
| Abbildungen: | PSI XVII, Tafel 14; PSI Online. |

***056.2 = P.Oxy. Inv. 72 / 9 (b)**

| | |
|---|---|
| Inhalt: | Glossar zu *Il.* 17 (?) |
| Edition: | unpubliziert |

***056.3 = P.Oxy. Inv. 4 1B.74 / D (d)**

| | |
|---|---|
| Inhalt: | Glossar zu *Il.* 17 (?) |
| Edition: | unpubliziert |

**057 = P.Ryl. I 25**

$MP^3$ 1202; LDAB 1634; TM 60511; CPP 479.
Manchester, John Rylands Library Gr. 25

| | |
|---|---|
| Material und Größe: | Papyrus, 3.5x16.1 cm |
| Datierung: | 2.(2. Hälfte) Jh. n.Chr. |
| Herkunft: | Oxyrhynchus |
| Form: | Rolle, Verso |
| Verwendungskontext: | Professionelles Exemplar (?) |
| Inhalt: | Glossar zu *Il.* 18. 373-386 |
| Edition: | P.Ryl. I 25 |
| Kataloge: | Allen/Sutton/West h90; Raffaelli 057. |
| Abbildungen: | nicht publiziert |

**058 = P.Berol. Inv. 13420 v**

$MP^3$ 1204.2; LDAB 2063; TM 60933; CPP 480.
Berlin, Staatliche Museen P. 13420 Vo

| | |
|---|---|
| Material und Größe: | Papyrus, 6.5x7.5 cm |
| Datierung: | 3./4(1. Hälfte) Jh. n.Chr. |
| Herkunft: | Philadelpheia (?) |
| Form: | Rolle, Verso |
| Verwendungskontext: | Private Abschrift |
| Inhalt: | Glossar zu *Il.* 20. 157(?)-377. |
| Edition: | W. Müller, Forschungen und Berichte 10 (1968), 119-120; P. J. Sijpesteijn, ZPE 6 (1970), 128-130; Anhang I |
| Kataloge: | Allen/Sutton/West h92; Raffaelli 058 |

| | |
|---|---|
| Abbildungen: | Forschungen und Berichte 10 (1968), Tafel 22.3; Berliner Papyrusdatenbank; **Tafel XI**. |
| Anmerkungen: | Möglicherweise handelt es sich um denselben Schreiber von **037**. |

### *058.01 = P.Oxy. Inv. *30 4B.39 / J (1-3) a

| | |
|---|---|
| Inhalt: | Glossar zu *Il.* 20 (?) |
| Edition: | unpubliziert |

### *058.1 = P.IFAO Inv. 350

MP³ 1205.1
Cairo, IFAO P. 350

| | |
|---|---|
| Material: | Papyrus |
| Datierung: | 2./3. Jh. n.Chr. |
| Inhalt: | Glossar zu *Il.* 21. 80-199. |
| Edition: | unpubliziert, editurus est J.-L. Fournet |
| Kataloge: | Aristarchus 058.1 |

### 059 = P.Mich. Inv. 6619

MP³ 1205.2; LDAB 1817; TM 60692; CPP 481.
Ann Arbor, Michigan University, Library P. 6619

| | |
|---|---|
| Material und Größe: | Papyrus, 5.5x9 cm |
| Datierung: | 2./3. Jh. n.Chr. |
| Herkunft: | unbekannt |
| Form: | Rolle, Verso |
| Verwendungskontext: | Schulglossar |
| Inhalt: | Glossar zu *Il.* 21. 163-186. |
| Edition: | Henrichs, ZPE 7 (1971), 259-260. |
| Kataloge: | Allen/Sutton/West h95; Raffaelli 059; Cribiore 334 |
| Abbildungen: | Cribiore 1996, Tafel LII; APIS Website |

### 060 = P.Mich. Inv. 3723b

MP³ 1206.01; LDAB 1647; TM 60523; CPP 482.
Ann Arbor, Michigan University, Library P. 3723 b (s. Anmerkungen)

| | |
|---|---|
| Material und Größe: | Papyrus, 4.8x5.9 cm |
| Datierung: | 2. Jh. n.Chr. |
| Herkunft: | Oxyrhynchus (?) |
| Form: | Rolle, Recto |

| | |
|---|---|
| Verwendungskontext: | ? |
| Inhalt: | Glossar zu *Il.* 22. 184-256. |
| Edition: | P. J. Sijpesteijn, Mnemosyne 40 (1987), 158-162; Aristarchus 060. |
| Kataloge: | Allen/Sutton/West h96; Aristarchus 060 |
| Abbildungen: | Mnemosyne 40 (1987), 160. |
| Anmerkungen: | Am 22.10.2020 teilte Brendan Haug mir mit, dass der Standort des Fragments laut einer internen Aufzeichnung (am 27.07.2003 datiert) aktuell unbekannt ist. |

***060.1 = P.Oxy. Inv. 101 / 30 (a)**

| | |
|---|---|
| Inhalt: | Glossar zu *Il.* 22 (?) |
| Edition: | unpubliziert |

## Verzeichnis der Iliasglossare auf Papyrus

| ID | | MP³ |
|---|---|---|
| 001 | P.Berol. Inv. 5014 | 1158 |
| 002 | P.Mich. Inv. 1588 | 1158.1 |
| 003 | P.Achmîm 2 | 1159 |
| *003.1 | P.Oxy. Inv. 105/62a | |
| 004 | P.Oxy. XLIV 3207 | 1159.1 |
| 005 | P.Oslo II 12 | 1160 |
| 006 | P.IFAO Inv. 105 | 1161 |
| *006.1 | Bodleian Library Ms. Gr. class. e. 76 (P) | |
| *007 | P.Oxy. Inv. 44 5B.61/G(4-6)a | 1161.01 |
| 007.2 | PL Inv. III/997v | 1161.03 |
| *008 | P.Oxy. Inv. 46 5B.51/E(4-5)a | 1161.12 |
| 009 | P.Oxy. XXIV 2405 | 1162 |
| 009.1 | P.Yale II 125 | 1162.01 |
| 010 | P.Narm. Inv. 69.43 | 1162.1 |
| 011 | P.Turner 13 | 1163 |
| 011.1 | P.Berol. Inv. 21306 | 1163.01 |
| 011.2 | PSI XVII 1667 | 1163.02 |
| 012 | P.Mich. Inv. 1585 | 1163.1 |
| 012.1 | P.Yale II 126 | 1163.11 |
| 013 + 016 | P.Palau.Rib.Lit. I 8 + P.Köln Inv. 2281 | 1163.2 |
| 014 | P.Schubart 2 | 1165 |
| 015 | P.Oxy. XLV 3237 | 1165.1 |
| 016.1 | P.Oxy. LXXI 4818 | 1165.21 |
| 016.2 | P.Oxy. LXXI 4819 | 1165.22 |
| 017 | P.Berol. Inv. 10577 | 1166 |
| 017.1 | P.Bingen 8 | 1166.1 |
| 018 | P.Oxy. XLV 3238 | 1166.2 |
| 018.1 | P.Oxy. LXXV 5034 | 1166.21 |
| 019 | P.Ant. II 70 | 1167 |
| 020 | P.Mil.Vogl. III 120 | 1168 |
| 020.1 | Bodleian Library Ms. Gr. class. f. 41 (P)1 | 1169.01 |
| *021.1 | P.Oxy. Inv. 58 B/72 (a) | 1169.3 |
| 021.2 | P.Oxy. LXVII 4630 | 1169.31 |
| 022.1 | P.Oxy. LXVII 4631 | 1170.01 |

| | | |
|---|---|---|
| **023** | P.Hamb Inv. 736 v | 1170.1 |
| **024** | P.Köln Inv. 53 | 1170.2 |
| **025** | P.Oxy. LVI 3832 | 1170.4 |
| **025.01** | P.CUL Plumley 3 | 1170.401 |
| **025.1** | P.Oxy. LXVII 4632 | 1170.41 |
| **025.2** | P.Oxy. LXVII 4633 | 1170.42 |
| **025.3** | P.Oxy. LXVII 4634 | 1170.43 |
| **025.4** | P.Oxy. LXVII 4635 | 1170.44 |
| ***025.5** | Bodleian Library Ms. Gr. class. e. 134 (P) | |
| **026** | P.Harris I 10 | 1170.5 |
| **027** | P.Aphrod.Lit. II | 1171 |
| **027.1** | P.Oxy. LXVII 4636 | 1171.01 |
| **027.2** | P.Oxy. LXVII 4637 | 1172.01 |
| **028** | P.Berol. Inv. 11518 | 1173.2 |
| **029.1** | P.Mich.Inv. 2720 | 1174.01 |
| **030** | P.Dura 3 | 1174.2 |
| **031** | Bodleian Library Greek Inscr. 3017 | 1176 |
| **033** | P.Ryl. III 537 | 1178 |
| **034** | P.Strasb. Inv. Gr. 1015 | 1179 |
| **035** | P.Harris II 177 | 1179.01 |
| **036** | P.Berol. Inv. 11636 | 740.1 |
| **037** | P.Amst. I 5 | 1180.1 |
| **037.1** | P.CtYBR Inv. 4673 | 1200.01 |
| **037.2** | P.Berol. Inv. 11647 | 1180.11 |
| **038** | P.Oxy. XLIV 3158 + P.Yale II 127 | 1180.2 |
| **039** | P.Lond.Lit. 177 | 1181 |
| **040** | P.Haun. I 3 | 1182 |
| **040.1** | P.Sijpesteijn 2 | 1184.01 |
| **041** | P.Oxy. XLIV 3159 | 1185.1 |
| **042** | P.Amst. I 6 | 1186.1 |
| **043** | P.Berol. Inv. 11634 v | 1186.2 |
| **044** | PSI Inv. 1733 | 1187 |
| **045** | P. von Scherling G 99 | 1189 |
| **045.1** | P.Köln X 399 | 1190.01 |
| **046** | P.Mil.Vogl. III 119 | 1190.1 |
| **047** | P.Alex. Inv. 28759 | 1190.2 |

| | | |
|---|---|---|
| **047.1** | P.Messeri 12 | 1190.21 |
| **048** | P.Berol. Inv. 10511-10512 | 1191 |
| **049** | P.Med. Inv. 72.13 | 1191.1 |
| **050** | P.Amh. II 19 | 1192 |
| **051** | P.Ryl. III 536 | 1195 |
| **052** | P.Berol. Inv. 10510 | 1196 |
| **053** | P.Berol. Inv. 10508 | 1198 |
| **054** | P.Berol. Inv. 10509 | 1199 |
| **055** | P.Vindob. Inv. Gr. 39940 v | 1199.1 |
| **056** | P.Ant. III 150 | 1199.2 |
| **056.1** | PSI XVII 1668 | 1201.001 |
| ***056.2** | P.Oxy. Inv. 72 / 9 (b) | |
| ***056.3** | P.Oxy. Inv. 4 1B.74 / D (d) | |
| **057** | P.Ryl. I 25 | 1202 |
| **058** | P.Berol. Inv. 13420 v | 1204.2 |
| ***058.01** | P.Oxy. Inv. *30 4B.39 / J (1-3) a | |
| ***058.1** | P.IFAO Inv. 350 | 1205.1 |
| **059** | P.Mich. Inv. 6619 | 1205.2 |
| **060** | P.Mich. Inv. 3723b | 1206.01 |
| ***060.1** | P.Oxy. Inv. 101 / 30 (a) | |

## LITERATURVERZEICHNIS

In dem folgenden Verzeichnis sind die in dieser Arbeit verwendeten Abkürzungen und zitierten antiken Autoren und Werke mitsamt den verwendeten Ausgaben angeführt.

### Abkürzungen

Arch.Hom. = Archaeologia Homerica. Die Denkmäler und das frühgriechische Epos, begründet von F. Matz und H.-G. Buchholz, Kapitel E, Kriegswesen, Teil 3, Göttingen 2010.

CLGP = G. Bastianini et al. (Hgg.), Commentaria et Lexica Graeca in Papyris Reperta. Pars. I. Commentaria et Lexica in Auctores. I 1.3: Pars. I. Vol. 1, Fasc. 3: Apollonius Rhodius – Aristides, Berlin-Boston 2011. I 1.4: Vol. 1, Fasc. 4: Aristophanes - Bacchylides, Berlin – Boston 2012[2].

CPF I 1** = Corpus dei Papiri Filosofici, Parte I: Autori noti, vol. 1**, Firenze 1992.

DK = H. Diels / W. Kranz, Die Fragmente der Vorsokratiker, griechisch und deutsch, Zürich 1952[6].

FHG = Fragmenta Historicorum Graecorum, ed. K. Müller, Paris 1841.

FrGHist = Die Fragmente der griechischen Historiker, ed. F. Jacoby, Berlin 1923-1958.

GG = Grammatici Graeci, ed. R. Schneider / G. Uhlig, Leipzig 1878-1910.

K. – A. = R. Kassel / C. F. L. Austin, Poetae Comici Graeci, 8 Bde., Berlin-New York 1983-2001.

IEG = M. L. West, Iambi et elegi Graeci ante Alexandrum cantati, I, Oxonii 1989.

LfgrE = B. Snell (Begr.), Lexikon des frühgriechischen Epos, 4 Bde., Göttingen 1979-2010.

LGGA = Lessico dei Grammatici Greci Antichi, F. Montanari, F.Montana, L. Pagani (www.aristarchus.unige.it/lgga).

RG = Rhetores Graeci, Vol. 3, ed. L. Spengel, Leipzig 1856.

Schwyzer = Schwyzer E. / Debrunner A. / Georgacas D. J. / Radt F. und St.: Griechische Grammatik, 4 Bde., München 1939-1994.

SGG = F. Montanari et al. (Hgg.), Supplementum Grammaticum Graecum, Vol. I: E. Dettori, Antidorus, Dionysius Iambus, Epigenes, Lysanias, Parmenon, Silenus, Simaristus, Simmias, Leiden-Boston 2019; Vol. III: E.

Dettori / A. Pellettieri, Glossographi and Lycophron Chalcidensis, Leiden-Boston 2020; Vol. IV: Fogagnolo M., Zoilus Amphipolitanus, Leiden-Boston 2022.

SH = Supplementum Hellenisticum, edd. H. Lloyd-Jones / P.J. Parsons, Berlin 1983.

## Ilias-Kommentare

AH = Homers Ilias. Erklärt von K. F. Ameis und C. Hentze, Leipzig/Berlin. Bd. 1.1 (Gesang 1-3) 1913, bearbeitet von P. Cauer; Bd. 1.2 (Gesang 4-6) 1908; Bd. 1.3 (Gesang 7-9) 51907; Bd. 1.4 (Gesang 10-12) 1906; Bd. 2.1 (Gesang 13-15) 1905; Bd. 2.2 (Gesang 16-18) 1908; Bd. 2.3 (Gesang 19-21) 1905; Bd. 2.4 (Gesang 22-24) 1906. Nachdruck: Amsterdam 1965.

BK = Basler Kommentar, https://graezistik.philhist.unibas.ch/de/forschung/forschungsprojekte/homerkommentar/publikationen

Kirk et al. = Kirk, G.S.: The Iliad. A Commentary, Vol. I: Books 1-4, Cambridge 1985; Vol. II: Books 5-8, Cambridge 1990; Vol. III: Books 9-12, Cambridge 1993; Vol. IV: Books 13-16, Cambridge 1992; Vol. V: Books 17-20, Cambridge 1991; Vol. VI: Books 21-24, Cambridge 1993.

Leaf = The Iliad., ed. with Apparatus Criticus, Prolegomena, Notes, and Appendices by W. Leaf, London 1900-1902.

## Kritische Editionen

Antimachus = V. J. Matthews, Antimachus of Colophon, text and commentary, Leiden-New York-Köln 1996.

Apion Ludw. = A. Ludwich, Über die homerischen Glossen Apions, Philologus 74 (1917), 209-247; 75 (1919), 95-103.

Apoll. *Polior.* = Apollodorus, Poliorcetica, ed. R. Schneider, Griechische Poliorketiker, Abhandlungen der königlichen Gesellschaft der Wissenschaften zu Göttingen, philologisch-historische Klasse N.F. 12.5 (1912), 8-36.

Ap.S. = Apollonii Sophistae Lexicon Homericum, ed. I. Bekker, Berlin 1833.

Ap.S. (… Steinicke) = Steinicke Apollonii Sophistae Lexicon Homericum , litteras α-δ, ed. K. Steinicke, Göttingen 1957.

Choer. *de spirit.* = Ammonius. De differentia adfinium vocabulorum, ed. L. C. Valckenaer, Leipzig $1822^{2}$, S. 188-215.

Dio *Or.* = Dionis Prusaensis quem vocant Chrysostomum quae extant omnia, ed. J. de Arnim, II, Berlin 1896.

EG = Etymologicum Magnum Genuinum, Symeonis Etymologicum una cum Magna Grammatica, Etymologicum Magnum Auctum, ed. F. Lasserre / N. Livadaras N., I-II (α-β), Rom 1976-Athen 1992.

EGud. = Etymologicum Graecae Linguae Gudianum, ed. F. G. Sturz, Leipzig 1818.

EM = Etymologicum Magnum, ed. T. Gaisford, Oxford 1848.

Ep.Hom. = Epimerismi Homerici, ed. A. R. Dyck. Vol. 1: Pars prior: Epimerismos continens qui ad Iliadis librum A pertinent, Berlin-New York 1983; Vol. II: Pars Altera. Epimerismos continens qui ordine alphabetico traditi sunt, Berlin-New York 1995.

Eust. *Il.* = Eustathii Commentarii ad Homeri Iliadem, ed. M. van der Valk, 4 Voll., Leiden 1971-1987. *Od.* = Eustathii Commentarii ad Homeri Odysseam, ed. G. Stallbaum, 2 Bde., Leipzig 1825-1826.

Ev. Luc. = edd. K. Aland et al., The Greek New Testament, Stuttgart 1968[2].

Gal. *Vocum Hippocratis glossarium* = s. Perilli 2017 in der Bibliographie. Im Text steht die entsprechende Stelle von Kühn K. G. (ed.), Galeni opera omnia, 19. Bd., Lipsiae 1830.

Greg. Cor. = Gregorii Corinthii et aliorum grammaticorum Graecorum libri de dialectis linguae Graecae, ed. G. H. Schäfer, Leipzig 1811.

Hdn. *Part.* = Ἡρωδιανοῦ Ἐπιμερισμοί. Herodiani Partitiones, ed. J. F. Boissonade, Amsterdam 1963[2].

Hom. = Homeri Ilias, ed. H. van Thiel, Hildesheim-Zürich-New York 2010.

Hsch. = Hesychii Alexandrini lexicon. Vol. I: Α-Δ, ed. K. Latte/I. C. Cunningham, Berlin-Boston 2018; Vol. II: Ε-Ο, ed. K. Latte, Kopenhagen 1966; Vol. III: Π-Σ, ed. P. A. Hansen, Berlin -New York 2003; Vol. IV: Τ-Ω, ed. P. A. Hansen/I. C. Cunningham, Berlin - New York 2009.

LexHom = Lexeis Homerikai, ed. van Thiel: https://kups.ub.uni-koeln.de/1815/

Luc. *Hes.* = Lucian, A Conversation with Hesiod, ed. K. Kilburn, Vol. 6, Cambridge MA 1959.

PB = Παράφρασις τῆς Ὁμήρου Ἰλιάδος, ed. Bekker 1827.

Philox. = s. Theodoridis 1976 in der Bibliographie.

Plut. *Quaest. conv.* = Plutarchi Moralia, IV, ed. C. Hubert, Lipsiae 1938.

Poll. *Onom.* = Pollucis Onomasticon, ed. E. Bethe, 3 Bde., Leipzig 1900-1937.

Ps.-Plut. *Hom.* = [Plutarchus] *De Homero*, ed. J. F. Kindstrand, Leipzig 1990.
Ps.-Zon. = Ioannis Zonarae Lexicon, ed. I. A. H. Tittmann, 2 Bde., Leipzig 1808.
Tz. *Ex.* = Ἐξήγηϲιϲ Ἰωάννου Γραμματικοῦ τοῦ Τζέτζου εἰϲ τὴν Ὁμήρου Ἰλιάδα, ed. M. Papathomopoulos, Athen 2007.
Σ = Συναγωγὴ λέξεων χρηϲίμων, ed. I. C. Cunningham (SGLG 10), Berlin-New York 2003 (Σa = versio antiqua; Σb = versio codicis B)
sch. D = Scholia D in Iliadem, ed. H. van Thiel, http://-kups.ub.unikoeln.de/id/e print/5586, 2014
sch. AbT = Scholia Graeca in Iliadem (Scholia vetera), ed. H. Erbse, 7 Bde., Berlin-New York 1969-1988.
sch. Gen. = J. Nicole, Les Scholies genevoises de l'Iliade, 2 Bde., Genève 1891.
sch. zu *Od.* = (α-κ) Scholia Graeca in Odysseam, ed. F. Pontani, 5 Bde., Roma 2007-2022. (ι-ω); Scholia Graeca in Homeri Odysseam aucta et emendata, ed. G. Dindorf, Oxford 1855.
sch. Opp. *Hal.* = Scholia et paraphrases in Nicandrum et Oppianum in Scholia in Theocritum, ed. E. C. Bussemaker, Paris 1849, 260-364.
sch. Pind. = Scholia vetera in Pindari carmina, ed. A. B. Drachmann, III, Leipzig 1903.
Sud. = Suidae Lexicon, ed. A. Adler, 5 Bde., Berlin 1928-1938.
Theodorus II. Laskaris, *Laudatio Ioannis Ducae Imperatoris* = ed. L. Tartaglia, Opuscula rhetorica, Monachii et Lipsiae 2000.
Zenob. = G. Schoemann, De Etymologici Magni fontibus. I. De Zenobii commentario rhematici Apolloniani. Fragmenta Zenobii collegit, disposuit, commentario instruxit (Programm des Städt. Gymnasiums zu Danzig), Ostern 1881.

Literatur

Alpers K., Lexikographie B., in: G. Ueding et al. (Hgg.), Historisches Wörterbuch der Rhetorik, V, Tübingen 2001, 194-210.
Apthorp M. J., Double News from Antinoopolis on Phoenix's Parricidal Thoughts (Iliad 9.458-61), ZPE 122 (1998), 182-188.
Baar J., Index zu den Ilias-Scholien. Die wichtigeren Ausdrücke der grammatischen, rhetorischen und ästhetischen Textkritik (Deutsche Beiträge zur Altertumswissenschaft 15), Baden-Baden 1961.

Bartoletti V., Papiri inediti fiorentini. 1. Parafrasi omerica, Aegyptus 19 (1939), 177-186.
Bastianini G., P. Vindob. G. 26221 riconsiderato (Omero, *Il.* 1, 601-602; 609-610 con parafrasi), Prometheus 6 (1980), 83-88.
Belke H., Gebrauchstexte, in: Arnold H. L. / Sinemus V. (Hgg.), Grundzüge der Literatur- und Sprachwissenschaft, 1. Bd., München 1975[3], 320-341.
Bellucci N., Una pseudo-biblioteca privata (L7, A)? Indagini sulla "House of the Roman Scribes", Gerión 34 (2016), 289-305.
Bilabel F., Siglae, in: RE II A 2, Stuttgart 1923, coll. 2279-2315.
Bird G. D., Multitextuality in the Homeric Iliad: The Witness of Ptolemaic Papyri (Hellenic Studies 43), Cambridge, MA-London 2010.
Blass F., Fragmente griechischer Handschriften im Königlichen ägyptischen Museum zu Berlin, ZÄS 18 (1880), 35-36.
Borchhardt J., Homerische Helme, Mainz am Rhein 1972.
Bossi F. / Tosi R., Strutture lessicografiche greche, BIFG 5 (1979-80), 7-20.
Bottin L., Metafrasi, BIFG 4 (1977-1978), 109-134.
Brashear W. M., Literary and Sub-Literary Papyri from Berlin, in: A. Bülow-Jacobsen (Hg.), Proceedings of the XXth International Conngress of Papyrologists, Copenhagen, 23-29 August 1992, Copenhagen 1994, 284-294.
Calderini A., Commenti «minori» al testo di Omero in documenti egiziani, Aegyptus 2 (1921), 303-326.
Cannatà Fera M., Pindaro interprete di Omero in Pyth. 3,81-2, Giornale italiano di filologia 17 (1986), 85-89.
Caroli M., Il titolo iniziale del rotolo librario greco-egizio, Bari 2007.
Cassio A. C. (Hg.), Aristofane. Banchettanti (ΔΑΙΤΑΛΗΣ). I frammenti, Pisa 1977.
Cassio A. C., Parlate locali, dialetti delle stirpi e fonti letterarie nei grammatici greci, in: E. Crespo/ J. L. García Ramón/ A. Striano, Dialectologica Graeca. Actas del II Coloquio Internacional de Dialectología Griega, Madrid 1993, 73-90.
Chantraine P., Grammaire homérique, 2 Bde., Paris 1942-1953.
Clarke M., Flesh and Spirit in the Songs of Homer: A Study of Words and Myths, Oxford 1999.
Collart P., A propos d'un papyrus E. von Scherling de Leyde, in: Mélanges Emile Boisacq, I, Bruxelles 1937/1938, 191-193.

Colomo D., Glossary to Odyssey VIII in a new papyrus fragment from the Leipzig Papyrus- und Ostrakasammlung, in: M.Ercoles et al. (Hgg.), Approaches to Greek Poetry. Homer, Hesiod, Pindar, and Aeschylus in Ancient Exegesis, Trends in Classics Suppl. 73, Berlin-Boston 2018, 61-82.

Colomo D. / De Kreij M., Patroclus Undressed: A Yale papyrus with Homerica on recto and verso, BASP 56 (2019), 9-37.

Cribiore R., Writing, Teachers, and Students in Graeco-Roman Egypt (American Studies in Papyrology 36), Atlanta 1996.

Cribiore R., Gymnastics of the Mind: Greek Education in Hellenistic and Roman Egypt, Princeton 2001.

Cribiore R., Higher Education in Early Byzantine Egypt: Rhetoric, Latin, and the Law, in: R. Bagnall (Hg.), Egypt in the Byzantine World, 300-700, Cambridge 2007, 47-66.

Crisci E., Scrivere greco fuori d'Egitto. Ricerche sui manoscritti greco-orientali di origine non egiziana, Firenze 1996.

Crisci E., La produzione libraria nelle aree orientali di Bisanzio tra i secoli VII e VIII: i manoscritti superstiti, in G. Prato (Hg.), I manoscritti greci tra riflessione e dibattito, Papyrologica Florentina XXXI, Firenze 2000, 3-28.

Crisci E., "Ratio delendi". Pratiche di riscrittura nel mondo antico, Aegyptus 83 (2003) 53-80.

Daly L. W., Iohannis Philoponi de vocabulis quae diversum significatum exhibent secundum differentiam accentus / On the Accent of Homonyms, Philadelphia 1983.

Dasen V., Dwarfs in Ancient Egypt and Greece, Oxford 1993.

Debut J., Les documents scolaires, ZPE 63 (1986), 251-278.

Degani E., La lessicografia, in: G. Cambiano et al. (Hgg.), Lo spazio letterario della Grecia antica, II, Roma 1995, 505-527.

Degni P., Per uno studio sulle abbreviazioni greche: dalle origini al IV secolo d.C., Scrittura e civiltà 23 (1999), 63-74.

Del Corso L., Lo 'stile severo' nei P.Oxy.: una lista, Aegyptus 86 (2006), 81-106.

Del Corso L., Libri di scuola e sussidi didattici nel mondo antico, in: L. Del Corso/ O. Pecere (Hgg.), Libri di scuola e pratiche didattiche. Dall'Antichità al Rinascimento, Atti del Convegno Internazionale di Studi, Cassino, 7-10 maggio 2008, Cassino 2010, 71-110.

Del Corso L., Osservazioni sulla datazione di alcuni frammenti di codici da Antinoupolis, in: M. Capasso/ P. De Nonno (Hgg.), Studi paleografici e papirologici in ricordo di Paolo Radiciotti (Pap. Lup. Suppl. 24), Lecce 2015, 167-192.

Del Fabbro M., Il commentario nella tradizione papiracea, StudPap 18 (1979), 69-132.

Dell'Oro F., ΕΠΕΑ PTEROENTA. La formula omerica e l'evoluzione semantica dell'aggettivo πτερόεις, Quaderni della Sezione di Glottologia e Linguistica del Dipartimento di Studi Medievali e Moderni, Università degli Studi G. D'Annunzio di Chieti 17-18 (2007), 25-40.

De Robertis F., P.Mich. Inv. 918 e la tradizione della terza Filippica di Demostene, in: T. Derda (Hg.), Proceedings of the XXVII International Congress of Papyrology, Warsaw 2013, 201-222.

Dettori E., Filita Grammatico, Rom 2000.

Dickey E., Ancient Greek Scholarship. A Guide to Finding, Reading, and Understanding Scholia, Commentaries, Lexica, and Grammatical Treatises, from Their Beginnings to the Byzantine Period, Oxford-New York 2007.

Dickey E., The Sources of our Knowledge of Ancient Scholarship, in: F. Montanari/ S. Matthaios/ A. Rengakos (Hgg.), Brill's Companion to Ancient Greek Scholarship, I, Leiden-Boston 2015, 457-514.

Dohm H., Mageiros. Die Rolle des Kochs in der griechisch-römischen Komödie (Zetemata 32), München 1964.

Dolcetti P., Luciano, Esiodo e i temi fondanti della cultura letteraria greca, tra parodia e ambivalenza, AOFL 10 (2015), 52-64.

Dubischar M., Typology of Philological Writings, in: F. Montanari/ S. Matthaios/ A. Rengakos (Hgg.), Brill's Companion to Ancient Greek Scholarship, I, Leiden-Boston 2015, 545-599.

Dyck, A. R., The Glossographoi, HSCP 91 (1987) 119-160

Elliger W., Dion Chrysostomos. Sämtliche Reden, Zurich-Stuttgart 1967.

Erbse H., Rezenzion zu: Researches on the Text and Scholia of the Iliad. Pars 1 by M. Van der Valk, Gnomon 36 (1964), 549-557.

Erbse H., Scholia Graeca in Homeri Iliadem (Scholia vetera), 7 Bände, Berlin 1969-1988.

Ercoles M., The imaginative poet: Aeschylus' phantasiai, in: Ercoles M. et al. (Hgg.), Approaches to Greek poetry. Homer, Hesiod, Pindar, and

Aeschylus in ancient exegesis, Trends in Classics Suppl. 73, Berlin-Boston 2018, 287-314.

Esposito E., Fragments of Greek Lexicography in the Papyri, in: F. Montanari/ S. Perrone (Hgg.), Fragments of the Past. Ancient scholarship and Greek Papyri, Trends in Classics 1 (2009), 255-297.

Esposito E., O. Berol. inv. 12605 riconsiderato: testo, traduzione e commento, Eikasmos 25 (2014), 159-175.

Esposito E., P.Berol.Inv. 11647: Scholia Minora al V libro dell'Iliade, in: A. Casanova/ G. Messeri/ R. Pintaudi (Hgg.), E sì d'amici pieno. Omaggio di studiosi italiani a Guido Bastianini per il suo settantesimo compleanno, Firenze 2016, 207-215.

Essler H., Zu Zuckers Erwerbung des Verwaltungsarchivs von Theadelphia, APF 67 (2021), 293-301.

Fernández Delgado J. A., Parafrasis homericas en papiros, tablillas y ostraka, Exemplaria Classica 15 (2011), 3-45.

Fernández Delgado J. A., La parafrasi omerica nei papiri scolastici, in: Bastianini G. / Casanova A. (Hgg.), I papiri omerici. Atti del convegno internazionale di studi, Firenze, 9-10 giugno 2011, Firenze 2012, 159-176.

Fontanella V., Neuedition von P.Oslo II 12: ὀνομαcτικὸν Ὁμήρου?, ZPE 2021 (217), 37-52.

Fontanella V., Lesungs- und Ergänzungsvorschläge zu Iliasglossaren auf Papyrus, ZPE 221 (2022), 43-46.

Fontanella V., P.Berol. Inv. 13420 r, ZPE 221 (2022), 197-198 (Fontanella 2022a).

Fornaro S., Immagini e letture omeriche in età imperiale, Gaia. Revue interdisciplinaire sur la Grèce archaique 7 (2003), 439-446.

Fournet J.-L., L' "Homerisme" à l'epoque protobyzantine: l' exemple de Dioscore d'Aphrodite, Ktema 20 (1995), 301-315.

Fournet J.-L., Hellénisme dans l'Égypte du VIe siècle. La bibliothèque et l'oeuvre de Dioscore d'Aphrodité, Cairo 1999.

Fournet J.-L., Homère dans les papyrus non littéraires: le Poète dans le contexte de ses lecteurs, in: Bastianini G. / Casanova A. (Hgg.), I papiri omerici. Atti del convegno internazionale di studi, Firenze, 9-10 giugno 2011, Firenze 2012, 125-157.

Fournet J.-L., At the Desk of a Man of Letters: Literate Practices in Byzantine Egypt according to the Dossier of Dioscorus of Aphrodite, in: S. F. Johnson (Hg.), Languages and Cultures of Eastern Christianity: Greek

(The Worlds of Eastern Christianity, 300-1500), VI, Farnham 2015, 221-248.

Fournet J.-L., Dioscore et l'école, in: G. Agosti/ D. Bianconi (Hgg.), Pratiche didattiche tra centro e periferia nel mediterraneo tardoantico, Spoleto 2019, 193-216.

Fronmüller W., Demokrit, seine Homer-Studien und Ansichten, Diss. Erlangen 1901.

Gagos T. / Litinas N. / Priest N. E., Homerica Varia Michiganensia, BASP 41 (2004), 39-84.

Gallazzi C., P.Cair. J.E.45612: Scholia minora, o parafrasi, a Homerus, Ilias A 43-5 e 48-50, ZPE 64 (1986) 1-9.

Gallazzi C., La "Cantina dei Papiri" di Tebtynis e ciò che essa conteneva, ZPE 80 (1990), 283-288.

Garzya A., Testi letterarî d'uso strumentale a Bisanzio, JÖB 31 (1981), 118-143 (= Garzya A., Il mandarino e il quotidiano, Napoli 1983, 35-71).

Gerlach J., Gnomica Democritea. Studien zur gnomologischen Überlieferung der Ethik Demokrits und zum Corpus Parisinum mit einer Edition deR Democritea des Corpus Parisinum, Wiesbaden 2008.

Giacchero M., Edictum Diocletiani et Collegarum de Pretiis Rerum Venalium in integrum fere restitutum e Latinis Graecisque Fragmentis, 2 Bde., Genova 1974.

Gignac F.T., A Grammar of the Greek Papyri of the Roman and Byzantine Periods, Bd. 1: Phonology, Bd. 2: Morphology, Milan 1976-1981.

Grandolini L., La parafrasi al primo libro dell'Iliade di M. Moschopulos, in: Studi in onore di Aristide Colonna, Perugia 1982, 131-149:

Gronewald M., Scholia Minora zu Ilias B 381-398 (P. Harris 10), ZPE 46 (1982), 95-96.

van Groningen B. A., Un fragment de glossaire homérique, Mnemosyne 3.5 (1937), 62-68.

Guichard Romero L. A., Sur les papyrus d'Achmîm 3 et 5, ZPE 154 (2005), 190-194.

Hagedorn D. / Hagedorn U. / L.C. Youtie/ H.C. Youtie, Das Archiv des Petaus, Opladen 1969.

Harrauer H. / Worp K. A., Literarische Papyri aus Soknopaiu Nesos, Tyche 8 (1993), 35-40.

Haslam M. W., The Homer Lexicon of Apollonius Sophista: I. Composition and Constituents, CP 8 (1994), 1-45.

Haslam M., Homeric Papyri and Transmission of The Text, in: Morris I. / Powell B. (Hgg.), A New Companion to Homer, Leiden 1997, 55-100.

Henrichs A., Scholia Minora zu Homer I, II, ZPE 7 (1971) 97-149; 229-260.

Henrichs A., Scholia Minora zu Homer III, ZPE 8 (1971) 1-12 (Henrichs 1971a).

Hillgruber M., Die pseudo-plutarchische Schrift De Homero, I, Stuttgart-Leipzig 1994.

Holtz L., Glossaires et grammaire dans l'antiquité, in: J. Hamesse (Hg.), Les manuscrits des lexiques et glossaires de l-antiquité tardive à la fin du Moyen Âge, Louvain-la-Neuve 1996, 1-21.

Hombert M., Papyrus Littéraires et documents, CdÉ (1937), 265-266.

Hunter R., Hesiodic Voices. Studies in the ancient reception of Hesiod's Works and Days, Cambridge 2014.

Jakobson R., On Linguistic Aspects of Translation, in: Brower R. A. (Hg.), On Translation, Cambridge 1959, 232-239.

Janni P., Etnografia e Mito: La storia dei Pigmei, Roma 1978.

Job L., De grammaticis vocabulis apud latinos, Diss. Paris 1893.

Johnson W.A., Bookrolls and Scribes in Oxyrhynchus, Toronto 2004.

Johnson W.A., The Ancient Book, in: R. Bagnall (Hg.), The Oxford Handbook of Papyrology, Oxford 2009.

Johnson W.A., Readers and Reading Culture in the High Empire: A Study of Elite Reading Communities, Oxford 2010.

Kaltsas D., Beiträge zum antiken Buchwesen, ZPE 193 (2015) 78-86.

Kaltsas D., Mehrfach beschriebene griechische Buchrollen, in: U. Ehmig (Hg.), Vergesellschaftete Schriften. Beiträge zum internationalen Workshop der Arbeitsgruppe 11 am SFB 933 (Philippika 128), Wiesbaden 2019, 21-39.

Kenyon F.H., Greek Papyri in the British Museum, London 1893.

Kindstrand J.F., Homer in der Zweiten Sophistik. Studien zu der Homerlektüre und dem Homerbild bei Dion von Prusa, Maximos von Tyros und Ailios Aristeides, Uppsala 1973.

Koerner O., Die homerische Tierwelt, München 1930.

Krüger, Oxyrhynchos in der Kaiserzeit. Studien zur Topographie und Literaturrezeption, Frankfurt 1990.

Lallot J., La grammaire de Denys le Thrace: Traduite et annotée, Paris 1998².

Lallot J., Strates chronologiques dans le lexique technique des grammairiens grecs: L'exemple des noms des parties du discours, in: La terminologie linguistique, Louvain 1999, 51-66.

Lama M., Aspetti di tecnica libraria ad Ossirinco: copie letterarie su rotoli documentari, Aegyptus 71 (1991), 55-120.

Lameere W., Aperçus de paléographie homérique, Paris-Bruxelles 1960.

Lamberton R., Homeric Allegory and Homeric Rhetoric in Ancient Pedagogy, in: F. Montanari (Hg.), Omero tremila anni dopo, Roma 2002, 185-205.

Landolfi M., Il significato del termine σύγγραμμα, Glotta 94 (2018), 213-233.

Latacz J., ἄπτερος μῦθος - ἄπτερος φάτις: ungeflügelte Worte?, Glotta 46 (1968), 27-47 = J. Latacz, Erschließung der Antike. Kleine Schriften zur Literatur der Griechen und Römer, Stuttgart -Leipzig 1994, 605-624.

Latte K., Glossographika, Philologus 80 (1925), 136-175.

Lausberg H., Handbuch der literarischen Rhetorik, Stuttgart 2008[4].

Lehrs K., Die Pindarscholien: eine kritische Untersuchung zur philologischen Quellenkunde, Leipzig 1873.

Lehrs, K., De Aristarchi studiis Homericis, Leipzig 1882.

Ludwich A., Aristarchs homerische Textkritik, 2 Bd., Leipzig 1885.

Luiselli, R., A Study of High Level Greek in the Non-literary Papyri from Roman and Byzantine Egypt, Diss. London 1999.

Lundon J., Σχόλια: una questione non marginale, in: Discentibus Obvius: Omaggio degli allievi a Domenico Magnino, Como 1997, 73-86.

Lundon J., Lexeis from the Scholia Minora in Homerum, ZPE 124 (1999) 25-52.

Lundon J., Un commentario aristarcheo al secondo libro dell'Iliade: POxy VIII1086 (proecdosis), Firenze 2002.

Lundon J., P.Vindob. G 26221: Scholia Minora or Paraphrase?, in: B. Palme (Hg.), Akten des 23. Internationalen Kongresses für Papyrologie, 22.-28. Juli 2001, Wien 2007, 407-414.

Lundon J., Homeric Commentaries on Papyrus: A Survey, in: S. Matthaios et al. (Hgg.), Ancient Scholarship and Grammar: Archetypes, Concepts and Contexts, Trends in Classics Suppl. 8, Berlin-New York 2011, 159-79.

Lundon J., P.Köln inv. 2281v + P.Palau Rib. inv. 147v: un glossario al primo libro dell'Iliade, in: Bastianini G. / Casanova A. (Hgg.), I papiri omerici. Atti del convegno internazionale di studi, Firenze, 9-10 giugno 2011, Firenze 2012, 195-211.

Lundon J., The Scholia Minora in Homerum. An Alphabetical List, Version 1.0, November 2012 (Lundon 2012a).

Lundon J., P.Berol. 9960: datazione, genere e contesto, AfP 59 (2013), 267-274

Maltomini F., Use and reuse of papyrus rolls and scraps: some bibliological matters, in: T. Derda et al. (Hgg.), Proceedings of the 27th International Congress of Papyrology, Warsaw, 29 July - 3 August 2013 (= JJP Suppl. 28), Warszawa 2016, 1097-1112.

Manfredi M., Opistografo, PdP 38 (1983), 44-54.

Maniaci M., Ricette e canoni di impaginazione del libro medievale. Nuove osservazioni e verifiche. Scrineum 10 (2013), 1-48.

Marini N., Ἐνάργεια e suono nello Pseudo-Demetrio, in: F. Montana (Hg.), Aner polytropos. Ricerche di filologia greca antica dedicate dagli allievi a Franco Montanari, Roma 2010, 153-161.

Martin A. / Primavesi O., L'Empédocle de Strasbourg (P.Strasb. Gr. Inv. 1665-1666). Introduction, édition et commentaire, Berlin-New York 1999.

Marzullo B., "Alcmane 92D.," RhM 98 (1955), 73-94.

Matthaios S., KURION ONOMA. Zur Geschichte eines grammatischen Terminus, in: Swiggers S. / A. Wouters (Hgg.), Ancient Grammar: Content and Context (Orbis Supplementa 7), Leuven-Paris 1996, 55- 77

Matthaios S., Untersuchungen zur Grammatik Aristarchs: Texte und Interpretation zur Wortartenlehre (Hypomnemata 126), Göttingen 1999.

Matthaios S., Der eifrig gehende Hephaistos. Zu einer Worterklärung des Bodl. MS. Gr. class. f. 41 (P) zu Ilias A 600, ZPE 148 (2004), 121-125.

Matthaios S., Philology and Grammar in the Imperial Era and Late Antiquity, in: F. Montanari/ S. Matthaios/ A. Rengakos (Hgg.), Brill's Companion to Ancient Greek Scholarship, I, Leiden-Boston 2015, 184-296.

Mazzucchi C. M., Sul sistema di accentazione dei testi greci in età romana e bizantina, Aegyptus 59 (1979), 145-167.

McNamee K., Greek Literary Papyri revised by two or more Hands, in: R. S. Bagnall (Hg.), Proceedings of the Sixteenth International Congress of Papyrology, Chico 1981, 79-91.

McNamee K., Sigla And Select Marginalia In Greek Literary Papyri, Bruxelles 1992.

McNamee K., Annotations in Greek and Latin Texts from Egypt (American Studies in Papyrology 45), Atlanta 2007.

McNamee K., Sigla in Late Greek Literary Papyri, in: G. Nocchi Macedo / M. C. Scappaticcio (hgg.), Signes dans les textes, textes sur les signes: érudition, lecture et écriture dans le monde gréco-romain: actes du colloque international, Liège, 6-7 septembre 2013, Liège 2017, 127-142.

Meijering R., Literary and rhetorical theories in Greek scholia, Groningen 1987.

Meister R. K., Die griechischen Dialekte auf Grundlage von Ahren's Werk: De Graecae linguae dialectis, I, Göttingen 1882.

Menci G., Organizzazione dello spazio negli scholia minora a Omero e nuove letture in P.Dura 3, in: A. Nodar/ S. Torallas Tovar (Hgg.), Proceedings of the 28th Congress of Papyrology, Barcelona August 1-6 2016, Barcelona 2019, 374-381.

Mette H. J., Neoptolemos von Parion, RhM 123 (1980) 1-24.

van Minnen P., Boorish or bookish? Literature in Egyptian villages in the Fayum in the Graeco-Roman period, JJP 28 (1998), 99-184.

Montana F., The Making of Greek Scholiastic Corpora, in: F. Montanari/ L. Pagani (Hgg.), From Scholars to Scholia. Chapters in the History of Ancient Greek Scholarship, Trends in Classics Suppl. 9, Berlin-New York 2011, 105-161.

Montana F., Hellenistic scholarship, in: F. Montanari/ S. Matthaios/ A. Rengakos (Hgg.), Brill's Companion to Ancient Greek Scholarship, I, Leiden-Boston 2015, 60-183.

Montana F., Exegetical dialogue through compilation: examples from the h-family of the Iliad scholia, in: B. Beck, A. Kelly, T. Phillips (Hgg.), The Ancient Scholia to Homer's Iliad: Exegesis and Interpretation, Bulletin of the Institute of Classical Studies 64.1, Oxford 2021, 6-16.

Montana F. / Montanari F., The Ecdotic Problem of the Mythographus Homericus: Some Thoughts on the Scholiastic Side, in: Pagès J. / Villagra N., Myths on the Margins of Homer Prolegomena to the Mythographus Homericus, Trends in Classics Suppl. 124, Berlin-Boston 2022, 31-56.

Montana F. / Montanari F. / Muratore D. / Pagani L., Towards a new critical edition of the scholia to the Iliad: a specimen, Trends in Classics 9.1, (2017), 1-21.

Montanari F., Un nuovo frammento di commentario a Callimaco (con appendice di Daniele Foraboschi), Athenaeum 54 (1976), 139-151.

Montanari F., Studi di filologia omerica antica, I: Pisa 1979.

Montanari F., Filologia omerica antica nei papiri, in: B. G. Mandilaras (Hg.), Proceedings of the XVIII International Congress of Papyrology Athens 25-31 May 1986, Athens 1988, I, 337-344.

Montanari F., L'erudizione, la filologia e la grammatica, in: G. Cambiano / L. Canfora / D. Lanza (Hgg.), Lo spazio letterario della Grecia antica, I 2, Roma 1993, 235-281.

Montanari F., Studi di filologia omerica antica, II, Pisa 1995.

Montanari F., 'The Mythographus Homericus', in: J. G. J. Abbenes et al. (Hgg.), Greek Literary Theory after Aristotle: A Collection of Papers in Honour of D. M. Schenkeveld, Amsterdam 1995, 135-172 (Montanari 1995a).

Montanari F., Glossario, parafrasi, edizione commentata nei papiri, in: G. Avezzù/ P. Scattolin (Hgg.), I classici greci e i loro commentatori: dai papiri ai "marginalia" rinascimentali. Atti del Convegno, Rovereto 20 ottobre 2006, Rovereto 2006, 9-16.

Montanari F., La papirologia omerica: temi, problemi, prospettive, in: Bastianini G. / Casanova A. (Hgg.), I papiri omerici. Atti del convegno internazionale di studi, Firenze, 9-10 giugno 2011, Firenze 2012, 1-14.

Montanari F., Glosse dialettali negli scholia omerici, in: M. Meier-Brügger (Hg.) Homer, gedeutet durch ein großes Lexikon. Akten des Hamburger Kolloquiums vom 6.-8. Oktober 2010 zum Abschluss des Lexikons des frühgriechischen Epos, Berlin-Boston 2012, 123-139 (Montanari 2012a).

Montanari F. / Muratore D. / Reiter F., Die Berliner Wachstafeln P.10508 - 10512: Scholia Minora und grammatikalische Passagen, in: P. Schubert (Hg.), Actes du 26e Congrès international de papyrologie, Genève, 16-21 août 2010, Genève 2012, 549-557.

Mugridge A.R., Writing and Writers in Antiquity: Two 'Spectra' in Greek Handwriting, in: T. Gagos (Hg.), Proceedings of the 25th International Congress of Papyrology (Ann Arbor, July 29-August 4 2007), Ann Arbor 2010, 573-580.

Müller W., Griechische literarische Texte auf Papyrus und Pergament, FBSM 10 (1968), 113-132.

Muratore D., A proposito di alcuni papiri berlinesi con Scholia Minora all'Iliade, AfP 55 (2009) 22-25.

Muratore D., Su alcuni papiri contenenti Scholia Minora all'Iliade (P.Hamb. 736v, P.Osl. II 12, P.Oxy. 4631), ZPE 189 (2014) 51-52.

Nachtergael G., Fragments d'anthologies homériques, CdÉ 46 (1971), 344-51.

Nagy G., Homeric Scholia, in: I. Morris / B. Powell (Hgg.), A New Companion to Homer, Leiden 1997, 101-122.

Neitzel S., Apions Γλῶccαι Ὁμηρικαί, SGLG 3, Berlin-New York 1977.

Nesselrath H.-G., Lukian, Der Neue Pauly, VII, Stuttgart 1999, 493-501.

Nesselrath H.-G., Lukian von Samosata, Reallexikon für Antike und Christentum 23 (2010), 676-702.

Nickau K., Zenodotos (3), RE X A (1972) 23-45.

Nickau K., Untersuchungen zur textkritischen Methode des Zenodotos von Ephesos, Berlin-New York 1977.

van Noorden H., Hesiod transformed, parodied, and assaulted: Hesiod in the Second Sophistic and early Christian thought, in: A. C. Loney / S. Scully (Hgg.) The Oxford handbook of Hesiod, Oxford 2018, 395-410.

Novokhatko A., Greek Scholarship from its Beginnings to Alexandria, in: F. Montanari/ S. Matthaios/ A. Rengakos (Hgg.), Brill's Companion to Ancient Greek Scholarship, I, Leiden-Boston 2015, 3-59.

Novokhatko A., Homeric Hermeneutics on the way from Athens to Alexandria, in: P. Finglass / A. Rengakos / B. Zimmermann (Hgg.), More than Homer Knew. Studies on Homer and His Ancient Commentators in Honor of Franco Montanari, Berlin-Boston 2020, 87-145.

Nünlist R., The Ancient Critic at Work: Terms and Concepts of Literary Criticism in Greek Scholia, Cambridge 2009.

Ohly K., Stichometrische Untersuchungen, Leipzig 1928.

Országh J., Recherches sur le vocabulaire grec de la traduction, Diss. Université de Strasbourg 2019.

Otranto R., Antiche liste di libri su papiro, Roma 2000.

Otto N., Enargeia. Untersuchung zur Charakteristik alexandrinischer Dichtung (Hermes Einzelschriften 102), Stuttgart 2009.

Pagani L., La Techne Grammatike e la documentazione papiracea, RFIC CXLII/1 (2014), 205-217.

Pagani L., Al crocevia di lingua e letteratura. Il grammatico Filosseno come esegeta di Omero, in: in: M. Tziatzi et al. (Hgg.), Lemmata. Beiträge zum Gedenken an Christos Theodoridis, Berlin-Boston 2015, 238-264.

Pagani L., Papyrus Commentaries on the Iliad, in: S. Boodts et al. (Hgg.), Sicut dicit: Editing Ancient and Medieval Commentaries on Authoritative Texts, Turnhout 2019, 331-362.

Pagani L., Hybridization of Scholiastic Classes in the Iliadic Corpus, in: P. Finglass / A. Rengakos / B. Zimmermann (Hgg.), More than Homer Knew. Studies on Homer and His Ancient Commentators in Honor of Franco Montanari, Berlin-Boston 2020, 147-160.

Pagès J. / Villagra N., Myths on the Margins of Homer Prolegomena to the Mythographus Homericus, Trends in Classics Suppl. 124, Berlin-Boston 2022.

Papathomas A., Scholien auf literarischen Papyri als Zeugnisse für philologische Tätigkeit in der Peripherie der griechisch-römischen Welt, Classica et Mediaevalia 54 (2003), 255-286.

Parsons P. J., A School-Book from the Sayce Collection, ZPE 6 (1970) 133-149.

Parsons, P. J., Stichometry, in: S. Hornblower, A. Spawforth (Hgg.), The Oxford Classical Dictionary, Oxford 2003, 1443.

Parsons P. J. / Turner E. G., Greek Manuscripts of the Ancient World, London 1987.

Perilli L. (ed.), Galeni vocum Hippocratis Glossarium / Galeno, Interpretazione delle parole difficili di Ippocrate: testo, traduzione e note di commento, Berlin-Boston 2017.

Pernigotti C., Raccolte e varietà redazionali nei papiri dei "Monostici di Menandro", in: Papiri filosofici. Miscellanea di studi, III, Firenze 2000, 171-228.

Pernigotti C., La tradizione manoscritta delle "Menandri Sententiae": linee generali, in: Funghi M.S. (Hg.) Aspetti di letteratura gnomica nel mondo antico, I, Firenze 2003, 121-137.

Perrone S., P.Mich. inv. 5760d e i titoli di passaggio tra canti nei rotoli omerici, ZPE 220 (2021), 84-86.

Pfeiffer R., Geschichte der Klassischen Philologie. Von den Anfängen bis zum Ende des Hellenismus, München 1978².

Philips F. C. Jr., Vocabulary to Iliad 1.4-18, BASP 8 (1971) 91-98.

Pintaudi R. / Sijpesteijn P. J. (Hgg.), Tavolette lignee e cerate da varie collezioni (Pap.Flor. XVIII), Firenze 1989.

Plasberg O., Strasburger Anekdota, APF 2 (1903), 185-228.

Poethke G., Homer-Präparation für den Schulgebrauch auf einem griechischen Papyrus aus Ägypten, FBSM 8 (1967), 105-110.

Pontani F., Sguardi su Ulisse. La tradizione esegetica greca all'Odissea, Roma 2005.

Pontani F., Scholia graeca in Odysseam, 5 Bd., Scholia ad libros α-β, γ-δ, ε-ζ, η-θ, ι-κ, Roma 2007-2022.

Pontani F., Thoughts on Editing Greek Scholia: The Case of the Exegesis to the Odyssey, in: Göransson E. et al. (Hgg.), The Arts of Editing Medieval Greek and Latin: A Casebook, Toronto 2016, 312-337.

Pontani F., From Aristarchus to Vermeer: ἐνώπια παμφανόωντα, in: P. Finglass / A. Rengakos / B. Zimmermann (Hgg.), More than Homer Knew. Studies on Homer and His Ancient Commentators in Honor of Franco Montanari, Berlin-Boston 2020, 191-216. (Pontani 2020a)

Pordomingo F., Homero en los papiros escolares de época helenística, Bastianini G. / Casanova A. (Hgg.), I papiri omerici. Atti del convegno internazionale di studi, Firenze, 9-10 giugno 2011, Firenze 2012, 243-271.

Primavesi O., Zur Geschichte des Deutschen Papyruskartells, ZPE 114 (1996), 173-187.

Puglia E., Gli inventari librari di PVindob. Gr. 39966, ZPE 123 (1998), 78-86.

Puglia E., Il libro e lo scaffale. Opere bibliografiche e inventari di libri su papiro, Napoli 2013.

Pusch H., Quaestiones Zenodoteae, Diss. Halle 1890.

Raffaelli L., Repertorio dei papiri contenenti Scholia Minora in Homerum, in: F. Montanari (Hg.), *Ricerche di filologia classica*, II, Pisa 1984, 139-177.

Raffaelli L., P.Berol. 11636: Omero E 265-317 + Scholia minora a E 265-286, APF 36 (1990), 5-12.

Reggiani N., Digital Papyrology I: Methods, Tools and Trends, Berlin 2017.

Reitzenstein R., Aus der Strassburger Papyrussammlung, Hermes 35 (1900), 602-626.

Rengakos A., Homerische Wörter bei Kallimachos, ZPE 94 (1992) 21-47.

Rengakos A., Der Homertext und die hellenistischen Dichter, Stuttgart 1993.

Riad H. / Schwartz J., Deux planchettes du Musée Gréco-Romain d?Alexandrie, CdÉ 43 (1968), 114-125.

Rispoli G. M., φαντασία ed ἐνάργεια negli scolî all'Iliade, Vichiana 13 (1984), 311-339.

Rispoli G. M., L'artista sapiente: per una storia della fantasia, Napoli 1985.

Roberts C. H., Catalogue of the Greek Papyri in John Rylands Library Manchester, III. Theological and literary texts, Manchester 1938.

Rochette B., Remarques sur le vocabulaire grec de la traduction, Revue belge de philologie et d'histoire 80 (2002), 25-34.

van Rossum-Steenbeek M., The so-called 'Homeric Anthologies', in: G. Poethke et al. (Hgg.), Akten des 21. internationalen Papyrologen-kongresses, Berlin 13-9.8.1995, II, Stuttgart 1997, 991-995.

van Rossum-Steenbeek M., Greek Readers' Digests? Studies on a Selection of Subliterary Papyri Leiden 1998.

Rutherford W.G., A Chapter in the History of Annotation, Being Scholia Aristophanica, III, London 1905.

Scarpat G., I dialetti greci in Omero secondo un grammatico antico (Studi grammaticali e linguistici 2), Arona 1952.

Schadewaldt W., Homer, Die Ilias, Düsseldorf 2007[4].

Schironi F., Aristarchus and his Use of Etymology, in: Chr. Nifadopoulos (Hg.), ETYMOLOGIA. Studies in Ancient Etymology. Proceedings of the Cambridge Conference, Münster 2003, 71-78.

Schironi F., To Mega Biblion: Book-Ends, End-Titles and Coronides in Papyri with Hexametric Poetry, Durham 2010.

Schironi F., Greek Commentaries, in: M. Popović (Hg.), The Emergence of Commentary Texts in Early Judaism from a Comparative Perspective, Dead Sea Discoveries 19 (2012), 399-441.

Schironi F., The Best of the Grammarians: Aristarchus of Samothrace on the Iliad, Ann Arbor 2018.

Schmidt M., The Homer of the scholia: What is explained to the reader?, in: F. Montanari (Hg.), Omero tremila anni dopo, Roma 2002, 159-83.

Schmidt T. S., Greek Palimpsest Papyri: Some Open Questions, in: J. Frösén et al. (Hgg.), Proceedings of the 24th International Congress of Papyrology, Helsinki 1-7 August, II, Helsinki 2007, 979-990.

Schmidt T. S., Les palimpsestes littéraires grecs sur papyrus, in: V. Somers (Hg.), Palimpsestes et édition de textes: les textes littéraires, Louvain 2009, 83-99.

Schubart W., Griechische Palaeographie, München 1925.

Schwendner G.W., Literary and non-literary papyri from the University of Michigan collection, Diss. Michigan 1988.

Sijpesteijn P.J., Homerica. Fünf literarische Papyri aus der Amsterdamer Papyrussammlung, ZPE 6 (1970), 121-131.

Sijpesteijn P.J. / Worp K.A., Ein Glossar zu Ilias O 320-633, ZPE 15 (1974), 153-158.

Slater W. J., Problems in Interpreting Scholia on Greek Texts, in: J. N. Grant (Hg.), Editing Greek and Latin Texts, New York 1989, 37-61.

Spooner J., Nine Homeric Papyri from Oxyrhynchos, Firenze 2002.

Stephen G. M., The Coronis, Scriptorium 13 (1959), 3-14.

Strassi S., Due frammenti di commentari omerici, Aegyptus 58 (1978), 110-116.

Strolonga P., Variations on the Myth of the Abduction of Ganymede, Yearbook of Ancient Greek Epic 2 (2018), 190-217.

Stroppa M., Il sistema di abbreviazioni dotte nei commentari e nei testi di studiosi, in: Capasso M. / Davoli P. / Pellé N., Proceedings of the XXIX International Congress of Papyrology, Lecce 2019, 935-943.

Tagliapietra L., Scholia Minora to Iliad 2.212-225 and 272-295, BASP 54 (2017), 9-30.

Theodoridis Ch., Die Fragmente des Grammatikers Philoxenos, Berlin-New York 1976.

van Thiel H., Die D-Scholien der Ilias in den Handschriften, ZPE 132 (2000), 1-62.

van Thiel H., Scholia D in Iliadem, 2014: http://kups.ub.uni-koeln.de/1810/.

van Thiel H., Aristarch, Aristophanes Byzantios, Demetrios Ixion, Zenodot. Fragmente zur Ilias gesammelt, neu herausgegeben und kommentiert, 4 Bde., Berlin-Boston 2014 (van Thiel 2014a).

Tolkiehn J., Lexikographie, RE XII 2 (1925) 2431-2482.

Tosi R., Studi sulla tradizione indiretta dei classici greci, Bologna 1988.

Tosi R., La lessicografia e la paremiografia in età alessandrina ed il loro sviluppo successivo, in: F. Montanari (Hg.), La philologie grecque à l'époque hellénistique et romaine, Genève 1994, 143-197.

Tosi, R., Callimaco e i Glossografi omerici, Eikasmos 7 (1997), 223-240.

Tosi, R., Osservazioni sulla letteratura 'strumentale' (alla luce degli «Gnomica Democritea» di J. Gerlach), Eikasmos 24 (2013), 307-318.

Tosi R., Typology of Lexicographical Works, in: F. Montanari/ S. Matthaios/ A. Rengakos (Hgg.), Brill's Companion to Ancient Greek Scholarship, I, Leiden-Boston 2015, 622-636.

Tozzi P., Ecateo di Mileto in Eustazio, Athenaeum 39 (1961), 26-32.

Turner E. G., Scribes and Scholars of Oxyrhynchus, in: Akten des VIII. Internationalen Kongresses für Papyrologie, Wien 1955 = Mitteilungen aus der Papyrussammlung der Österreichischen Nationalbibliothek NS 5, Wien 1956, 141-146.

Turner E. G., Papyrus Bodmer XXVIII: a satyr-play on the confrontation of Heracles and Atlas, MH 33 (1976), 1-23.

Turner E. G., The Typology of the Early Codex, University of Pennsylvania Press 1977.

Turner E. G., Greek Papyri: An Introduction, Oxford 1980[2].

Turner E. G., 'Recto' e 'verso'. Anatomia del rotolo di papiro, übers. von G. Menci/G. Messeri Savorelli, Firenze 1994.

Ucciardello G., Esegesi linguistica, glosse ed "interpretamenta" tra "hypomnemata" e lessici: materiali e spunti di riflessione, in: G. Avezzù/ P. Scattolin (Hgg.), I classici greci e i loro commentatori: dai papiri ai marginalia rinascimentali. Atti del Convegno, Rovereto 20 ottobre 2006, Rovereto 2006, 35-83.

van der Valk M., Researches on the Text and Scholia of the Iliad, I, Leiden 1963.

Vassis I., Die handschriftliche Überlieferung der sogenannten Psellos-Paraphrase der Ilias, Hamburg 1991.

Vecchiato R., Edition griechischer Papyri aus der Kölner Papyrussammlung. Ein frühhellenistisches Lexikon poetischer und dialektaler Wörter (Sonderreihe der Abhandlungen Papyrologica Coloniensia XLVI/1), Paderborn 2022.

Villoison Joh. Baptista Caspar d'Ansse de, Apollonii Sophistae Lexicon Graecum Iliadis et Odysseae, 2 Bde., Paris 1773.

West M. L., Studies in the Text and Transmission of the Iliad, Munich-Leipzig 2001.

West S., The Ptolemaic Papyri of Homer, Opladen 1967.

Wilamowitz-Möllendorff U. von, Zu den Homerscholien, Hermes 23 (1888), 142-147.

Wilcken U., Die Achmîm-Papyri in der Bibliothèque Nationale zu Paris, SPAW 2 (1887), 807-820.

Wilcken U., Recto oder verso?, Hermes 22 (1887), 487-492 (Wilcken 1887a).

Wilkins J., The boastful chef: the discourse of food in ancient Greek comedy. Oxford 2000.

Wouters A., The Grammatical Papyri from Graeco-Roman Egypt. Contributions to the Study of the 'Ars grammatica' in Antiquity, Bruxelles 1979.

Wouters A., The Chester Beatty Codex Ac. 1499. A Graeco-Latin Lexicon on the Pauline Epistles and a Greek Grammar, Leuven 1988.

# Indices

1. Iliasglossare

## 2. Papyri

TAFELN

**Tafel I: 001**, *recto* und *verso*.
Staatliche Museen zu Berlin - Ägyptisches Museum und Papyrussammlung, Foto: Sandra Steiß, P 5014.

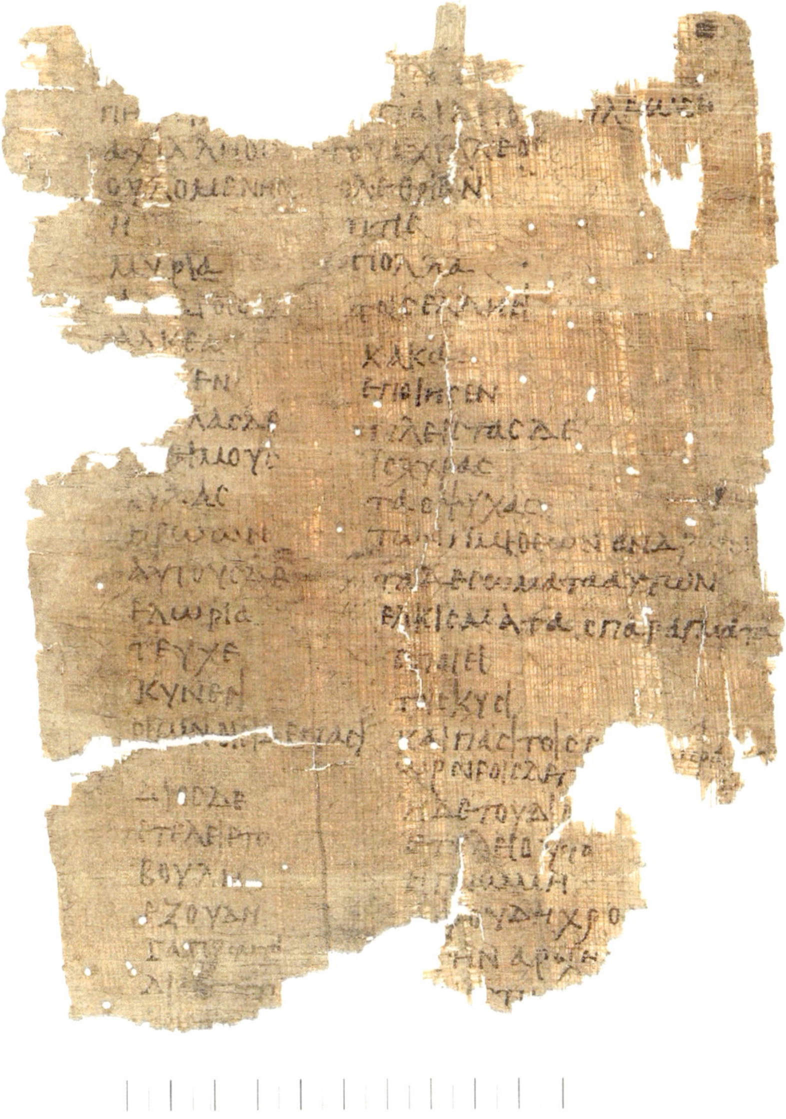

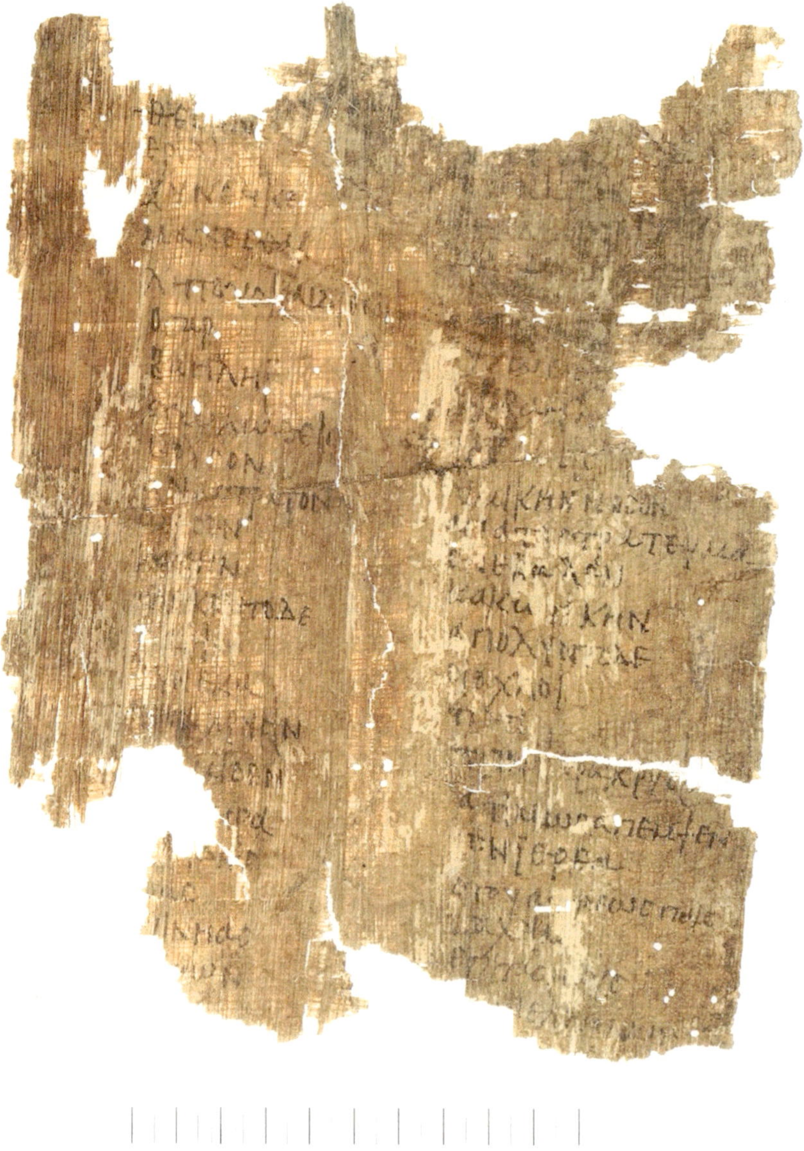

**Tafel II: 011.** Coll. and photogr. BNU de Strasbourg.

**Tafel II.1: 011**. Coll. and photogr. BNU de Strasbourg.

**Tafel III: 011.1**, *recto* und *verso*.
Staatliche Museen zu Berlin - Ägyptisches Museum und Papyrussammlung, Scan: Berliner Papyrusdatenbank, P 21306.

**Tafel IV: 026**

Cadbury Research Library: Special Collections, University of Birmingham, P.Harris I 10.

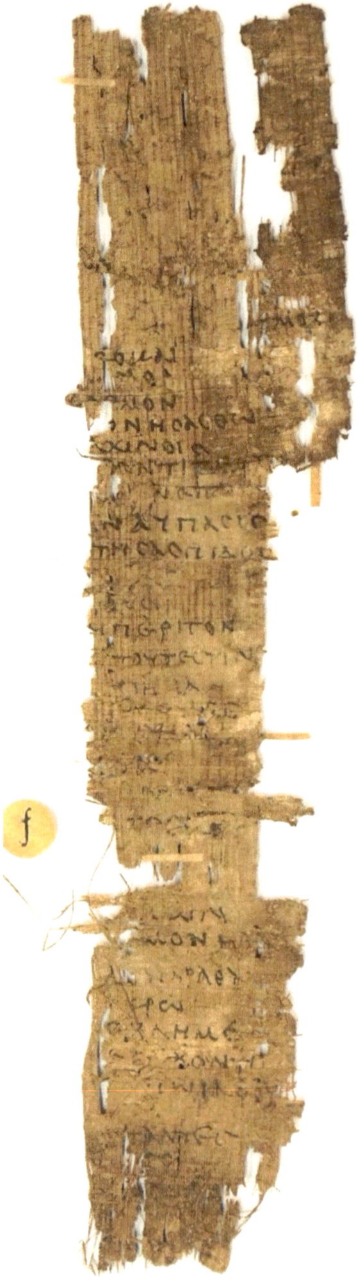

**Tafel V: 028**, Fr. A.
Staatliche Museen zu Berlin - Ägyptisches Museum und Papyrussammlung, Scan: Berliner Papyrusdatenbank, P 11518 Fr. A R.

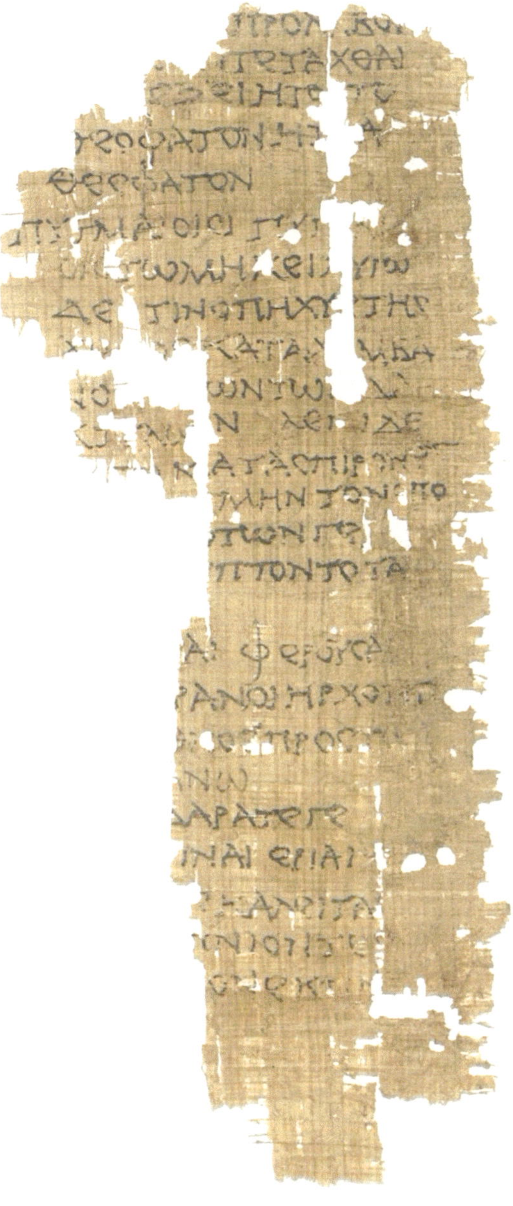

**Tafel VI: 034**. Coll. and photogr. BNU de Strasbourg.

**Tafel VI.1: 034**, col. IV 13-17.
Coll. and photogr. BNU de Strasbourg.

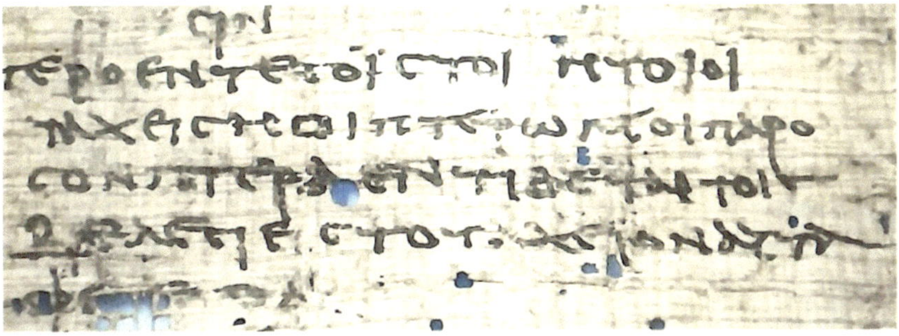

**Tafel VI.2: 034**, col. IV
Coll. and photogr. BNU de Strasbourg.

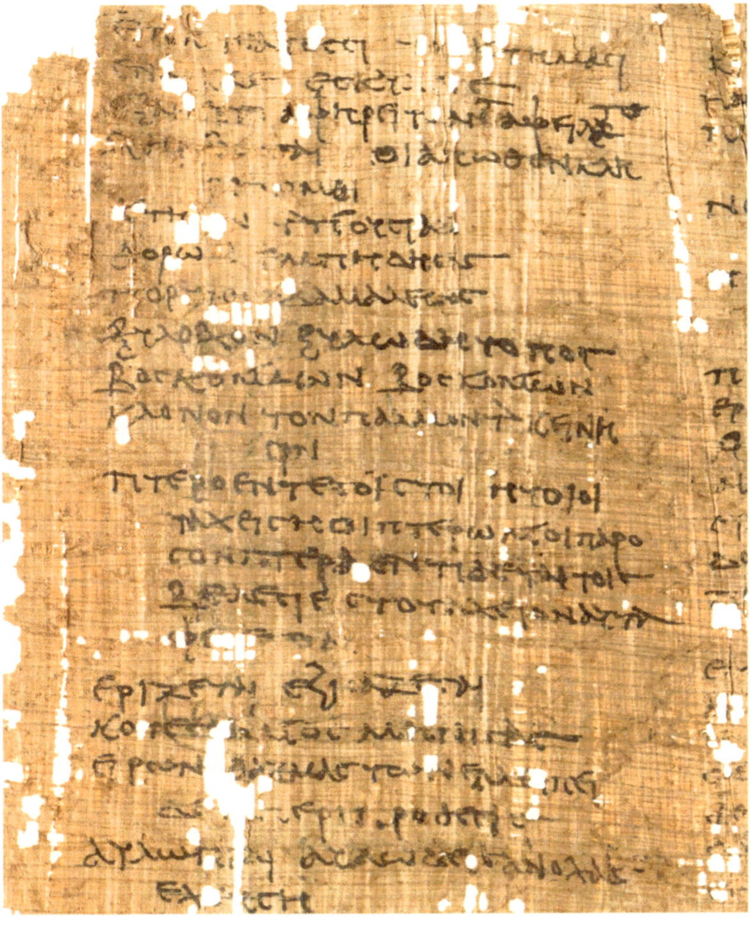

**Tafel VII: 040**
Courtesy of the Papyrus Haunensis Collection.

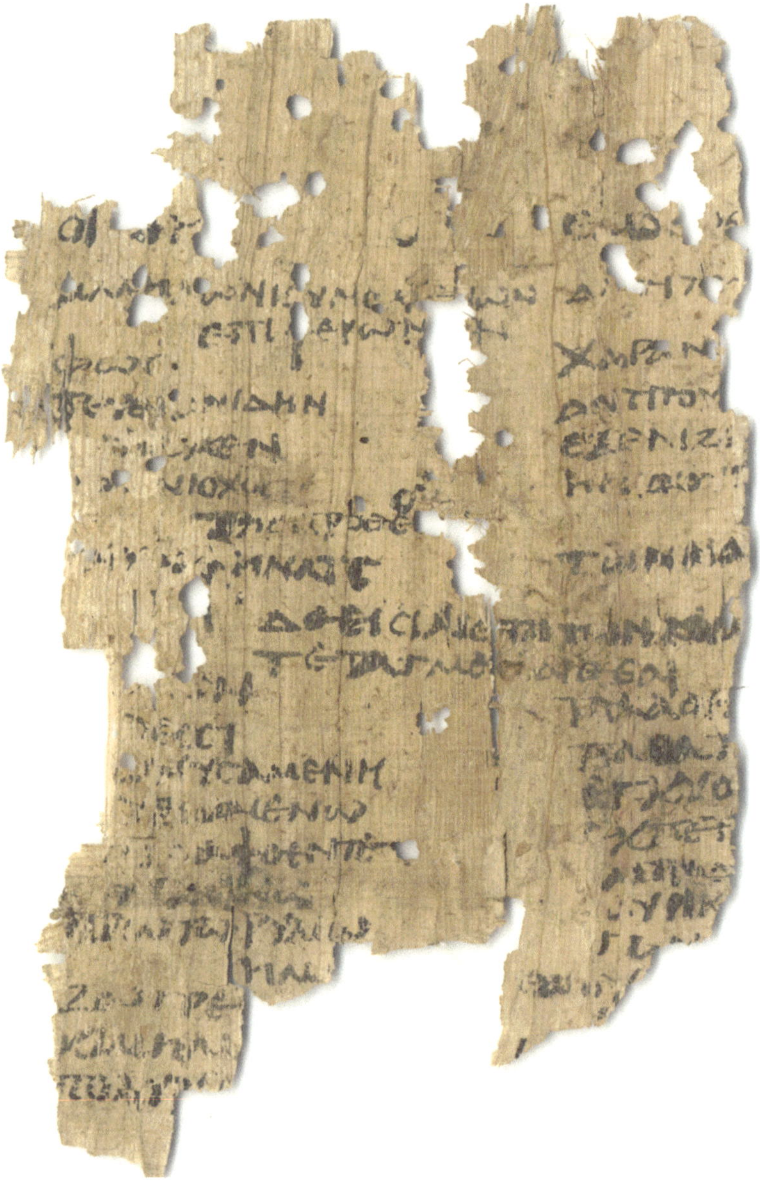

**Tafel VIII: 042**, *recto* und *verso*.
Allard Pierson, University of Amsterdam, P.Amst. I 6.

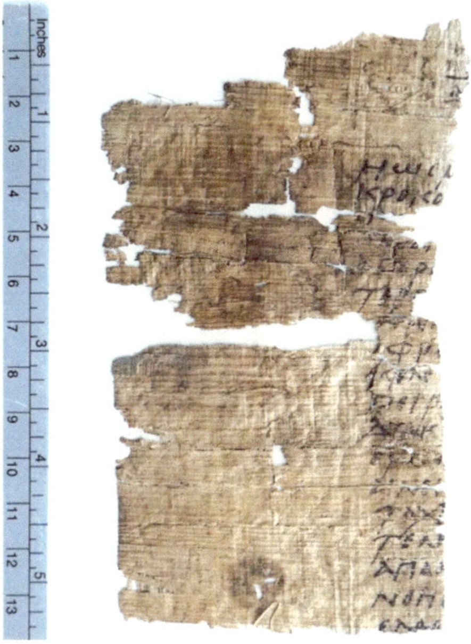

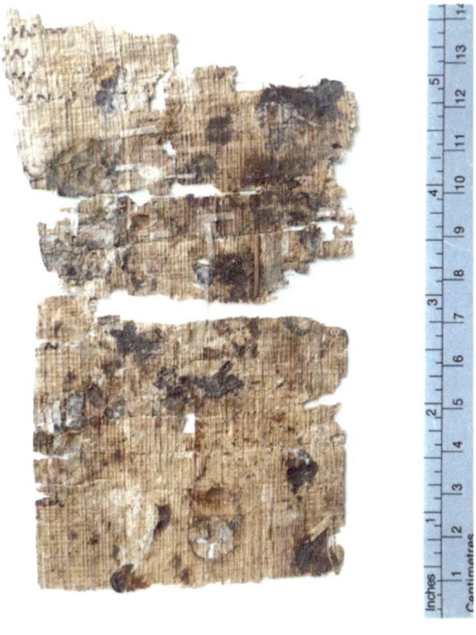

**Tafel IX: 043**

Staatliche Museen zu Berlin - Ägyptisches Museum und Papyrussammlung, Scan: Berliner Papyrusdatenbank, P 11634 V.

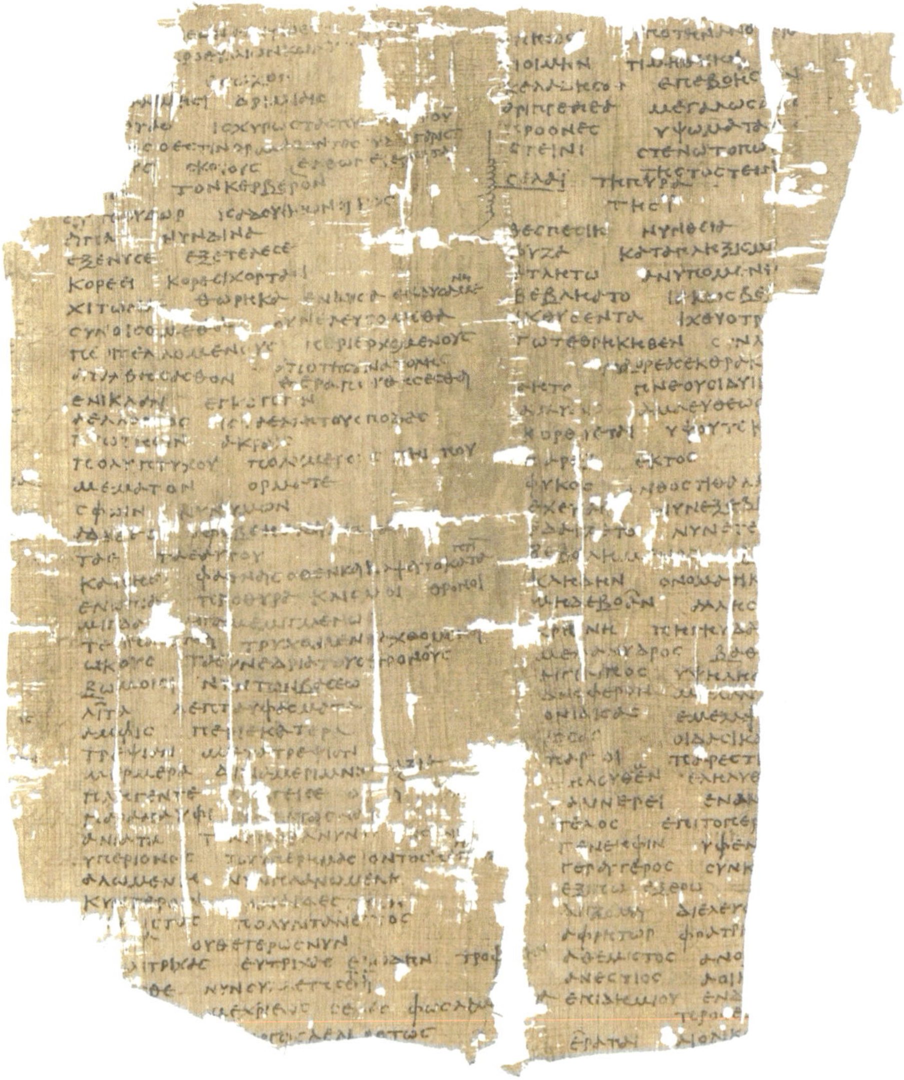

Tafel X: 055

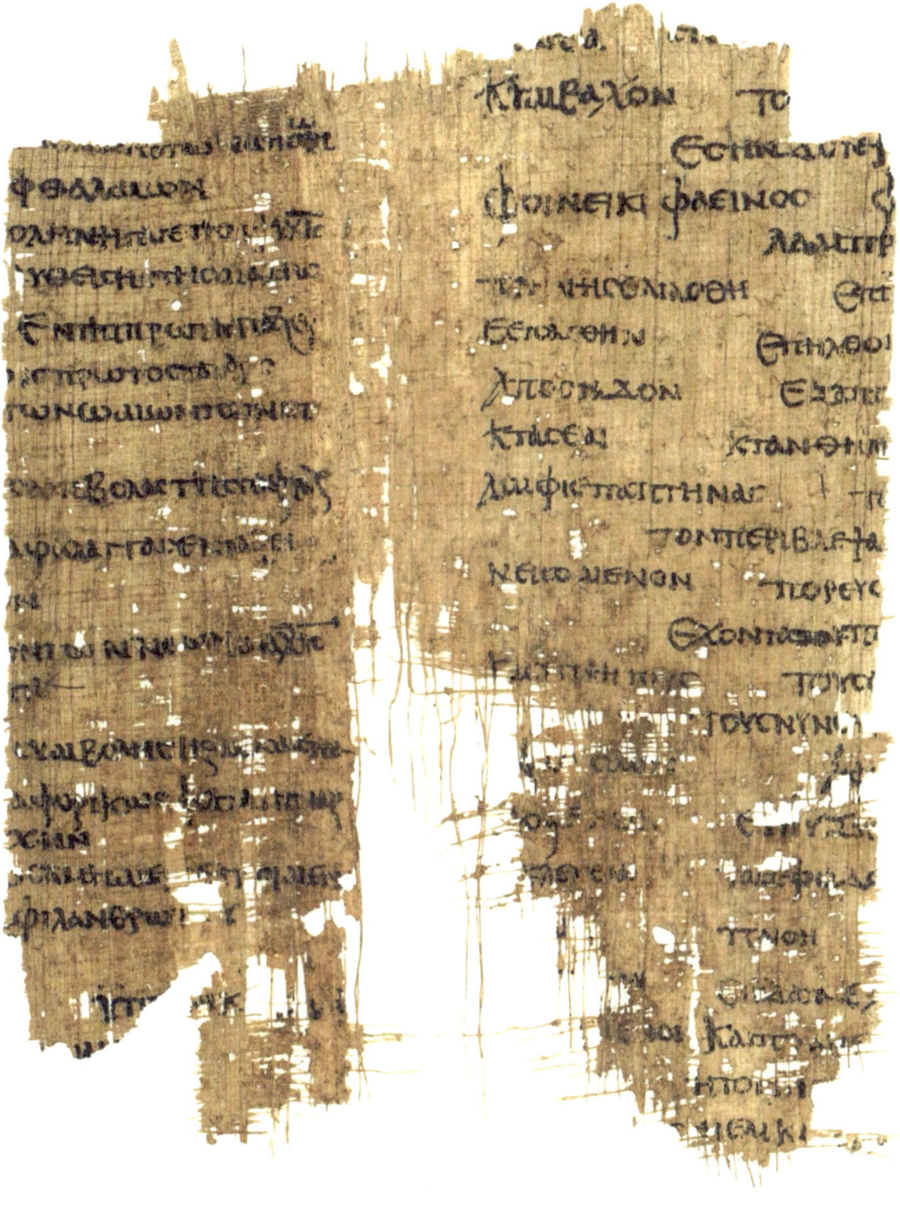

**Tafel XI: 058**
Staatliche Museen zu Berlin - Ägyptisches Museum und Papyrussammlung,
Scan: Berliner Papyrusdatenbank, P 13420 V.

**Tafel XII: 037.**
Allard Pierson, University of Amsterdam, P.Amst. I 5.

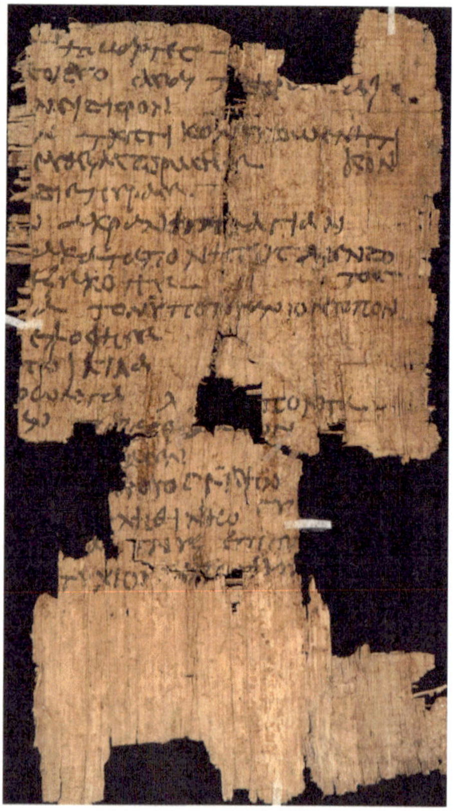

**Tafel XIII:** P.Vindob. G 26221.

**Tafel XIV:** O.Bodl. II 2000

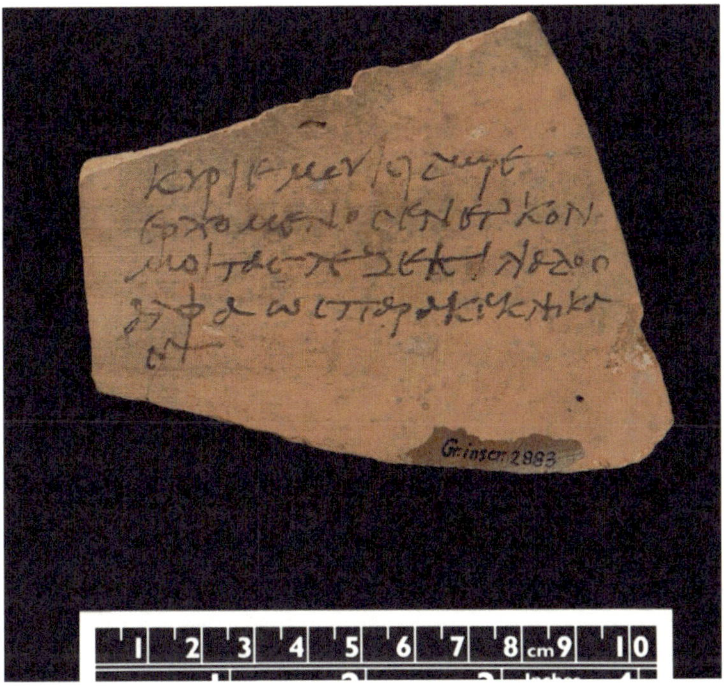